民族文化研究叢書 157

한국 근대시의 형성과 한문맥의 재구성

民族文化硏究叢書 157

한국 근대시의 형성과 한문맥의 재구성

정기인 지음

高麗大學校
民族文化硏究院

이 책은 高麗大學校 民族文化研究院이 새로운 民族文化의 暢達과 國學振興을 위하여 제정한 『芝薰國學研究造成費』와 『民族文化研究叢書刊行計劃』에 의하여 출판되었습니다.

서 문

근대시의 선구자인 최남선은 한시를 쓰고자 하는 열망을 고백하고는 자작 한시를 『소년』에 게재한다. 이광수는 자신의 시론을 펼치면서, '확이충지(擴而充之)'라는 맹자에서 나온 개념을 핵심적인 논리로 차용한다. 김억은 소네트를 '절구체'라고 설명하고 한시를 읽는 것이 낙이라고 하며 한시 800여 편을 번역한다. 김소월은 자신의 시를 논어에서 나온 개념인 '정성위음(鄭聲衛音)'이라고 규정하고 한시를 번역하며 한시 형식에서 유래한 '차운' 형식으로 국문시를 짓는다.

이처럼 이들은 한문맥의 강력한 영향력 아래에 있는 것처럼 보인다. 그러나 한국 근대문학 연구자들은 근대문학과 한문맥의 관계에 관해서는 전혀 관심이 없는 것처럼 보인다. 이러한 격차는 어떻게 설명할 수 있을까?

이를 설명하기 위해 고전문학 입장에서 이 시기 근대문학을 어떻게 파악하고 있는지를 우선 살펴보자. 고전문학 연구자들도 20세기 초반 한문학에 대해서 크게 관심은 없는 것 같다. 그럼에도 주목할만한 연구자가 바로 김진균 선생님이다. 김진균 선생님의 『모던한문학』에서는 식민지

시기를 "한시 르네상스"라고 명명한다. 도발적인 명명이지만, 한반도의 전시대를 통틀어 이 시기만큼, 한시가 적극적으로, '격렬'하게 출판된 적도 없다. 이 대목을 읽으면서 충격을 받았다. 현대문학 전공자로서 내가 공부하는 '근대'와 고전문학 전공자로서 김진균 선생님이 공부하는 '근대'는 같은 시기였지만 전혀 달랐다. 나는 호고 취향이 있어서 학부 때 라틴어 수업을 듣거나, 철학과 대학원생들과 플라톤을 한 장씩 읽는 세미나를 했었고, 한문을 공부하고 한시를 지어보기도 했다. 현대문학을 공부하면서는, 당연히 데리다를 읽고 지젝의 책을 사 모으고, 한글 자료들만을 수집하고 그 안에서의 어떠한 의미를 찾기 위해 노력했다. 『삼천리』를 선배들과 세미나 하면서 읽기도 했고, 최남선에 대한 발표문을 쓰면서 『창조』를 뒤적거렸고, "이광수와 그의 시대"를 이해하기 위해 그가 『무정』을 발표한 『매일신보』를 그 시대 인물처럼 처음부터 끝까지 읽어보기도 했다.

그때마다, 그 지면에는 한시가 있었다. 한시가 있었지만, 이는 '당연'하게도 건너뛰어야 하는 것이었다. 왜냐하면, 나는 '현대'문학을 공부하는 사람이고 한시는 과거의 것이고 의미가 없는 것이기 때문이었다. 왜 읽어볼 생각도 못하고, 이를 당연하게 전제했을까? 최남선, 이광수, 김억이 국문시를 쓰면서도 한시를 썼고, 김억과 김소월이 한시를 번역해서 잡지에 발표했다는 것은, '사실'이었지만 '근대'와는 상관없는 사실이었다.

과연 그러할까? 이 의문이 내 박사논문의 출발점이었다. 황호덕 선생님의 글을 읽다가 발견한 대목도, 정확히는 그가 인용한 글이 내 마음에 박혔다. "누구도 죽었다가 다시 태어날 수는 없다." 그렇다. 최남선, 이광수, 김억, 김소월은 한문을 배우고 한시를 감상하는 것으로 '글공부'를 시작했던 사람들이다. 이들이 근대문학을 만든 이라는 것을 부정하는 사람은 없다. 그러나 동시에 이들이 한시에 얼마나 영향을 받고, 한시의 자원들을 얼마큼 이용해서 근대문학을 창출했는지에 관심을 두는 이들도 매우 적다. 실제로 『동아일보』, 『매일신보』, 『신한민보』, 『조선중앙일보』, 『고려시보』, 『경남일보』 등의 근대 신문에 한시를 게재하는 란이 있어서 고정적으로 한시가 게재되고 이 중 『매일신보』에는 1910~1945년까지 11,776수가 게재되었고, 1920~1940년까지 『조선일보』에 1,192수, 『동아일보』에 2,058수가 게재된 것이 조사된 바 있다. 『개벽』, 『삼천리』, 『동광』, 『신생활』, 『신민』 등의 잡지에도 한시가 다량으로 게재되었다. 그 외에도 한시를 전문적으로 간행하는 신해음사(辛亥唫社), 해동문예사(海東文藝社), 만성시보사(萬姓詩譜社) 등이 한시 전문 잡지를 발간하였다. 한시뿐만 아니라 식민지시기 조선인이 간행한 단행본 중 한문 자료의 비중은 27.27%에 달한다. 이러한 근대적 매체를 통한 유통 외에도 여러 판본으로 개인 문집이나 한시 선집이 활발히 유통되었던 것도 감안한다면, 이 당시 한시의 융성은 획시기적이었다고 할 수 있을 것이다.

당시 '근대시인'들은 이러한 환경 속에서 신문과 잡지에 국문시를 발표했다. 그럼에도 지금의 현대문학 연구는 같은 지면에 있는 한시는 괄호 속에 넣고, 국문시만 존재하는 것처럼 연구를 해왔다. 당대 시인들은 이처럼 한시와 같은 지면에 국문시를 발표했을 뿐만 아니라, 그들 자신이 한시를 읽고, 번역하고, 쓰기도 했다. 그럼에도 이들의 국문시에 나타난 한시의 영향은 거의 탐구되지 못했다. 이의 근본적 원인은 한국근대문학을 '서구보편근대'라는 기준으로 재단하고 있었기 때문이라는 의심을 지울 수 없다. 즉 근대시라는 것은 국문시이고, 한시는 과거의 것이기 때문에 한국근대시 연구에서 한시의 영향은 중요하지 않은 것이라고 전제하고 있는 것은 아닐까?

나는 이러한 전제를 벗어나, 근대문학의 근시안적 태도를 극복하여 국문시와 한시의 상호작용을 살피고 싶었다. 이를 통해 궁극적으로 한국 '근대'의 특수성과 보편성을 규명하고자 했다.

박사 논문을 쓴 이후에는, 이 작업의 연장선에서 한문학을 전공하는 채송화와 함께 공동작업을 통해 3편의 소논문을 썼다. 최남선이 주재한 잡지 『청춘』 소재 한시의 특징을 규명했고, 한시와 국문시의 관계를 고찰했다. 또 최남선의 여행기라고 알려진 『풍악기유』가 사실은 박한영과 함께 쓴 것이며, 박한영의 한시와 최남선의 국문 산문이 영향을 주고받고 있는 텍스트라는 것을 서술했다. 이 외에 20세기 초 시인들의 『시경』 인식에 대한 논문을 썼다. 이후에도 이렇게 한문맥과 국문시의 연관성에 대한 논문들을 발표할 계획이다.

박사 논문을 책으로 내는 작업을 진행하면서, 새삼 '주체'라는 것이 일종의 효과에 불과하다고 느꼈다. 나는 선생님들, 선후배 및 동료 연구자들에게 직접 가르침을 얻거나 그들의 글을 통해서 내 생각을 가다듬을 수 있었다. 즉, 이 책이 그러하듯, 나 자체도 지적 네트워크의 한 노드이다. 따라서 내가 어떤 글들에 대한 이해/오해를 통해서 내 생각을 형성해 왔으며, 어떤 선생님과 선후배 및 동료 연구자와의 만남을 통해 자극을 얻어왔었는지를 밝히고 싶다.

사이토 마레시 선생님과 스티브 오웬 선생님의 글에서 내가 생각하는 '근대'가 식민지 조선만의 현상이 아님을 배웠다. 중국과 일본의 근대에도 한시가 쓰였고 이의 가치는 과소평가되고 있었다.

김윤식, 황종연, 서영채, 권보드래, 김동식, 천정환 선생님의 논저를 읽으면서 많이 배우고, 이들이 하지 않았던 논의를 해야 한다는 압박감에 시달렸다. 조동일, 김흥규, 구인모, 황호덕 선생님의 책을 읽으면서는 이들과 비슷한 글을 쓰고 싶었다. 너무 많이 부족하고, 솔직하게는 앞으로도 이들과 같은 경탄할 경지의 학문적 세계를 구축할 자신도 없다. 그러나 조금이라도 내 논의의 새로움이 있다면 이들의 논저를 읽으며 우울해 하거나 기뻐했던 날들 때문일 것이다. 특히 구인모 선생님께 논문 심사를 받을 수 있어서 너무나도 기뻤다. 심사 이후에도 찾아뵐 때마다 귀감이 되는 논문을 주시고 좋은 말씀을 해주셨다.

강의를 하거나 글을 쓸 때마다, 시에 대한 내 기본적인 생각은 모두 오세영 선생님께 배운 것이라는 점을 새삼 느끼게 된다. 오세영 선생님께서는 철없는 막내아들이나 손주에게처럼 인자하게 시를 가르쳐주셨다. 권영민 선생님께서는 한국문학 연구자가 무엇을 할 수 있고, 무엇을 해야 하는지를 몸소 보여주셨다. 김유중 선생님께서는 늘 따뜻하게 격려해주시고, 여러 자료를 소개해주셨다. 신범순 선생님의 한국문학을 대하는 열정과 애정에 늘 감탄하며 반성할 수 있었다. 이종묵 선생님께는 한시나 한문에 대한 기본적인 지식은 물론이고, 학문적 태도에 대해서 배울 수 있었다. 박슬기 선생님의 글은 모범이 되었고, 개인적으로 힘들 때마다 기댈 수 있는 선배였다. 류준필 선생님께 한문 읽는 자세를 배웠다. 선생님께 혼나던 날들이 그립다. 남윤신 선생님 덕분에 2년 동안 동경외대에서 마음을 다잡고 강의와 연구에 집중할 수 있었다. 선생님 연구실 옆에 자리 잡은 덕분에 매주 선생님과 다담을 나눌 수 있어서 정말 행운이었다. 동경외대에서의 삶은 최태원 선생님께서 닦아놓으신 길이라서 적응하기 어렵지 않았다. 이형진 선생님 덕분에 일본에서의 삶이 덜 외로웠다. 하타노 세츠코, 와타나베 나오키 선생님 등과 매달 모이는 한국문학 세미나와 선생님의 글들 덕분에 일본에서도 한국문학 연구의 끈을 놓지 않을 수 있었다. 정병설 선생님 덕분에 캠브리지에서 외롭지 않았고, 이후에도 학문 내외적으로 내 마음의 버팀목이 되어주셨다. 보고사의 이소희 선생님께서 전문가의 식견으로 편집에 많은 조언을 해주셨다.

마지막으로 친구들과 가족들에게 감사의 마음을 표하고 싶다. 고작 책 한 권 나오는데, 장황하게 말이 많다. 첫 책이고 모자라고 게으른 사람인지라, 책 한 권 내는데도 정말 많은 친구들의 도움과 가족들의 지원이 필요했다. 진규와의 대화를 통해 늘 배우고, 문학을 한다는 의미를 계속 생각하게 된다. 문석이에게서 많은 자극과 도움을 얻었다. 인관이에게 늘 기댈 수 있었다. 송화는 내 든든한 학문적 동지이자 지원자이다. 효재 누나, 진규, 미주, 선애, 아영이가 논문을 마지막으로 읽어주었다. 책을 고치는 과정에서, 서울과학기술대학교에 취직이 되어서 안정적인 환경에서 작업을 할 수 있었다. 부모님, 장인어른, 장모님의 지원 덕분에 공부에 집중할 수 있다. 그리고 사랑하는 아내와 윤아 덕분에 공부에 지치고 내 역량의 한계 때문에 우울할 때, 공부를 잘하지 못해도 괜찮다는 생각을 할 수 있었다. 모두 감사드린다. 내 이름으로 책이 나오지만, 이 책은 이 책의 많은 각주들과 더불어, 각주에 나오지는 않아도 내 곁에 있어 준 모든 사람들의 네트워크가 쓴 책이라고 생각한다.

궁극적으로는 일본, 서구, 조선, 한문의 맥락들을 모두 아울러서, 이러한 언어를 바탕으로 당대 시인들이 어떠한 고민을 했고, 어떻게 새로운 문학들을 창출했는지를 밝혔어야 했는데, 어떤 부분은 너무 기초 단계에 머물렀고, 어떤 부분은 충분히 논증하지도 못하고 주장만 강하게 내세웠다. 특히 김소월 부분이 아쉽다. 한문의 맥락과 서구의 맥락을 어떻게 절합하면서 새로운 문학을 했는지를 논의하고자 했다는 점에서는 논문의 목표에 부합하고, 가장 혁명적인 시론가이자 시인이라 생각하기에 논문의 본문 가장 마지막 장에서 그 훌륭함을 조명하고자 했는데, 공부가 많이 부족하다. 책으로 만들면서 많이 고치고 싶었고, 아예 새로 쓰고도 싶었지만 그러지 못했다. 한문맥과 근대문학의 관련성에 관한 다음 책은 채송화와 공동저서로 낼 계획이다.

차례

서문 ▸ 5

Ⅰ. 서론 ▸ 15

1. 연구사 검토 및 문제 제기 15
2. 연구의 시각 및 대상 25

Ⅱ. 근대시 형성기의 한문맥 ▸ 40

1. 한문맥 문화관습의 지속과 활용 40
2. 한문 교육의 지속과 한시의 융성 49
   1) 교육과 시험 속 한문비중 49
   2) 한시의 융성 57
3. 번역과 한문맥의 변화 63
   1) 서구의 번역과 주인 언어로서의 한문맥 63
   2) 한문맥의 번역과 국문으로의 전유 67

Ⅲ. 한문맥의 이념과 근대시의 모색 - 최남선과 이광수 ▸ 76

1. '문(文)'의 이념과 한문맥적 물의 상상력 - 최남선 76

1) '입지(立志)'의 강조와 시의 기준으로서의 『시경(詩經)』 - 최남선의 문학관 76

2) 근체시 형식의 변용과 "인자요산 지자요수(仁者樂山 知者樂水)"의 상상력 92

2. '사(士)'의 이념과 문사(文士)라는 정체성 - 이광수 136

1) '정육(情育)'과 '수양(修養)'의 강조 - 이광수의 문학관 136

2) 사(士)의 이념과 '문장보국(文章報國)'의 추구 155

Ⅳ. 한문맥의 전유와 '조선적 근대시'의 창안 - 김억 ▸ 175

1. "천리(天理)"와 "사무사(思無邪)"의 전유와 개성적 문학 옹호 175

2. 한시 재구성을 통한 국문시의 창작 185

1) 한시와 초기 국문시의 관련성 185

2) 한시의 대구(對句)와 1920년대 김억 시의 언술 구조 199

3. 한시 번역을 통한 '조선적 근대시'의 창안 212

1) '조선심(朝鮮心)'의 추상성과 한시 번역의 배경 212

2) 한시 번역의 변모와 격조시형의 제안 223

3) 격조시로서의 한시 번역 232

Ⅴ. 한문맥의 절합과 근대시의 중층성 - 김소월 ▸ 244

1. "정성위음(鄭聲衛音)"의 추구와 한시 번역 ······ 245

2. 영원과 변화 사이의 긴장과 조화 ······ 255

1) "생생불식(生生不息)"하는 역(易)의 세계와 "영원불변(永遠不變)"하는 영혼(靈魂)의 절합 ······ 255

2) 영원과 변화의 매개로서의 '산'과 '그림자' ······ 290

3. 한시 번안과 유배객의 슬픔을 통한 식민지 현실에 대한 고발 ······ 319

Ⅵ. 결론 ▸ 332

참고문헌 ▸ 343

찾아보기 ▸ 369

제Ⅰ장
서 론

1. 연구사 검토 및 문제 제기

이 책의 목적은 한국 근대시 형성과 한문맥의 연관성을 해명하고, 이를 통해 국맥, 구무맥, 한문맥간 상호 교섭의 중층적 근대시사를 복원하는 데 있다. 근대시 형성기 문학론은 '입지(立志)', '문사(文士)', '천리(天理)', '정성위음(鄭聲衛音)'과 같은 한문 개념을 종종 사용한다. 이러한 개념들은 근대시이 선구자로 일컬어지는 시인들이 그들이 문하관을 설명하면서 사용한 개념들로, 각각 최남선, 이광수, 김억, 김소월이 사용한 개념들이다. 이 중 최남선, 이광수, 김억이 쓴 한시는 지금까지 전해지고[1], 이들 모두 한시를 조선어로 번역했다.[2] 그럼에도 이러한 한문과 근대시

---

1) 최남선, 이광수, 김억은 직접 쓴 한시를 남겼고, 이들은 모두 한시를 번역한 바 있다. 김억은 자신이 쓴 한시를 출판하지는 않았지만, 지인에게 한시를 써서 보낸 자료가 근래에 발견되었다. 최남선은 39수, 이광수는 9수, 김억은 4수가 현재 확인된다. 참고로 『최남선전집』(현암사, 1973)에는 5수, 『이광수전집』(삼중당, 1963)에는 4수가 실려 있지만, 『김억전집』(한국문화사, 1987)에는 한 수도 실려 있지 않다.

2) 한 조사에 따르면 1910~20년대까지 한시를 국문시로 번역한 시인은 최남선, 이광수, 김억, 김소월이 유일하다. 1930년대 들어서 정인보가 한시를 번역하고 40년대에 들어서야

의 관계는 충분히 탐색 되지 않았다.

이 책이 연구 대상으로 삼고 있는 최남선, 이광수, 김억의 한시에 대한 연구로는, 최남선의 한시 중 한 편을 부분적으로 다룬 연구[3]와 필자에 의한 『청춘』 소재 한시에 대한 연구[4], 김억의 한시를 발굴 소개하는 연구[5]가 한 편 있을 뿐이다. 한용운, 이육사, 조지훈과 같은 몇몇 예외적인 사례를 제외하면 근대 시인이 쓴 한시는 거의 주목받지 못했다.[6]

양주동, 박종화, 이병기 등이 한시 번역을 시작한다.(정소연, 「1910~20년대 시인의 전통 한시 국역 양상과 의미 연구 -최남선, 김소월, 김억, 이광수를 중심으로」, 『고전문학과 교육』 34, 한국고전문학교육학회, 2017, 154면) 특히 한시를 가장 정력적으로 번역하면서, 이를 토대로 새로운 근대시 형식을 가다듬은 것은 김억이다.

3) 윤해연은 최남선의 신체시가 한시에 대타의식이 있었음을 지적하며, 최남선의 「관해시」가 그의 「해에게서 소년에게」보다 더 뚜렷한 시적 성취를 얻었다고 평가하며 이는 신체시가 자기 생각을 전달하기 위한 수단에 불과했지만 한시는 그의 한문 소양에 기반을 두고 작성된 것이기 때문이라고 주장했다. 최남선의 한시에 주목한 것은 선구적 업적이지만, 결국, 이를 '퇴행'으로 평가하며 시조부흥운동으로 결실을 본다는 평가로 기존 문학사적 평가를 반복하고 있다.(윤해연, 「최남선의 '신체시'와 여타 시가 장르와의 관계」, 『비평문학』 25, 한국비평문학회, 2007)

4) 정기인, 채송화, 「『청춘』 소재 한시 연구」, 『한국한시연구』 25, 한국한시학회, 2017; 「『청춘』 소재 국문시와 한시의 역할 고찰」, 『한문학논집』 51, 근역한문학회, 2018.

5) 김용직의 연구는 김억의 한시를 발굴하고 소개하였다는 점에서 큰 의의가 있으나, 그의 한시는 작품으로서의 가치는 거의 없다고 평가하고 간략히 언급하는 데 그쳤다.(김용직, 「초기 김억 작품의 해석」, 『한국문학을 위한 담론』, 푸른사상, 2006)

6) 한용운이 남긴 140여 편의 한시가 근대시인 한시 중 가장 많이 연구되었다.(이병주, 「만해선사의 한시와 그 특성」, 『한국문학연구』, 동국대 한국문학연구소, 1981.2; 박정환, 「만해 한용운 한시 연구」, 충남대 박사 논문, 1991; 최태호, 「만해 지훈의 한시 연구」, 한국외대 박사 논문, 1994; 이종찬, 「만해의 한시」, 『한국문학연구』, 동국대 한국문학연구소, 2001.12; 김덕영, 「한용운의 사상과 한시 고찰」, 『우암논총』 29, 청주대 대학원, 2007; 강선화, 「만해 한용운 한시 연구」, 중부대학교 박사 논문, 2007) 하지만 이들은 만해의 한시에 한정하여 이의 미학적, 사상적 특질을 밝히는 데 그치고 있다.

만해의 한시와 국문시의 관련성에 관한 연구로는 김재홍, 『한용운 문학연구』, 일지사, 1982.와 여지선, 「한국 근대시에 나타난 전통론과 전통 수용 양상 연구」, 건국대학교 박사 논문, 2004; 김덕영, 「한용운의 시 연구 -한시와 한글시의 연관성을 중심으로」, 청주대 최남선, 이광수, 김억, 김소월이 유년기에 한학을 학습했고, 최남선은 조선광문회를 통해 많은 한문 고전들을 발행했고, 이광수는 불교에의 경도를 수차례 고백했음에도 불구하고 그들의 시와 한문맥의 관련을 논의한 연구는 찾아보기 힘들다. 다만, 이광수의 문학론과 유학적 문학관의 연관성은 어느 정도 논의되었다.[7] 백지은은 이광수에게 있어서 '정(情)'의 의미가 유학적인 '성정(性情)'과 연속성이 있는 의미임을 밝히고[8], 이광수의 문학은 근본적으로 유학적인 문이재도(文以載道)라는 관념 안에서 문학을 사유했다고 주장했다.[9] 김보겸도 「문학이란 하오」나 「문사와 수양」을 비롯한 그의 글들에서 문이재도적 문학관이나 인격수양을 강조하는 모습이 과거 선비관과 문학관을 계승했다는 것은 분석한 바 있다.[10]

반면, 국문시를 주된 연구 대상으로 하는 근대시연구 분야에서 김억과 김소월의 한시 번역과 국문시의 상관성은 주목을 받아왔다. 특히 최근에 번역에 관한 국문학계의 전반적인 관심의 증대와 더불어 김억의 한시 번

박사 논문, 2009; 김주수, 「현대시에 나타난 두견 모티브 연구 -한시의 두견 모티브 수용을 중심으로」, 『민족문화』 36, 한국고전번역원, 2011.를 들 수 있다. 김재홍은 전체 글의 문체론적 분석을 시도하였고, 여지선은 한용운 시 한 편만을 다루었지만, 한용운 시조에 용사가 사용됨을 밝힌 바 있다. 김덕영은 한용운의 한국어시와 한시를 대상으로 그 연관성을 탐구하고 있지만, 언어 형태미에서 한시의 여러 형태의 실험이 한국어 시의 자유로운 형태를 가져왔다고 하고, 주제 사상이 연관된다는 결론에 이르는 데 그쳤다.

7) 유교의 효용론적 문학관이 최남선, 이광수의 시에 계승되었다는 점은 주승택이 지적한 바 있다. 주승택, 「한국 근대시 형성의 장르론적 측면 -한시와 근대시의 관계를 중심으로」, 『한문학과 근대문학』, 태학사, 2009, 41면. 이광수의 논리가 맹자의 도덕론과 밀접한 관계가 있다는 것은 손유경이 지적한 바 있다. 손유경, 「한국 근대 소설에 나타난 '동정'의 윤리와 미학에 관한 연구」, 서울대 박사 논문, 2006, 26면.

8) 백지은, 「정의 문학론과 근대 문학 개념의 미분화 양상 고찰」, 『민족문화연구』 56, 고려대 민족문화연구원, 2012.

9) 백지은, 「문(학)의 이념 -근대 초기 문학 담론에서 "문(체)"의 문제」, 『민족문화연구』 65, 고려대 민족문화연구원, 2014.

10) 김보겸, 「이광수 시론 연구: 전통시학을 중심으로」, 단국대 석사논문, 2016.

역은 진지한 학적 연구의 대상이 되고 있다.[11] 이러한 기존 연구는 김억이 번역한 한시와 국문시의 연관성을 운율, 구성, 유사 모티브, 회화성 등의 측면에서 보여주었지만, 정작 시론 차원에서 김억이 한시를 왜 번역했는지를 탐구하지 않았기 때문에 그의 국문시와 한시의 시론적인 연관성을 해명하지 못하고 있다.[12]

---

11) 이는 정한모의 지적에서부터 출발한다. 정한모, 『한국 현대시의 정수』, 서울대학교출판부, 1979. 이후 80년대의 오세영, 『한국낭만주의 시연구』, 일지사, 1980. 이규호, 「안서의 한시 번역과정」, 『국어국문학』 86, 국어국문학회, 1981. 강재철, 「안서시에 나타난 한시 영향 관계 고찰」, 『국문학 논집』 14, 단국대 국어국문학과, 1994. 등의 논의를 거쳐, 2000년대에 주요한 연구가 산출되었다.

노춘기, 「안서와 소월의 한시 번역과 창작시의 율격」, 『한국시학연구』 13, 한국시학회, 2005. 박슬기, 「김억의 번역론, 조선적 운율의 정초 가능성」, 『한국현대문학연구』 30, 2010. 박종덕, 「김억의 번역 한시에 나타난 미의식 연구」, 『어문연구』 65, 어문연구학회, 2010, 「안서와 석정의 번역 한시 비교고 -매창의 한시를 중심으로」, 『현대문학이론연구』 52, 현대문학이론학회, 2013. 최미란, 「김억의 한시 번역과 창작시의 관계 연구」, 한국학중앙연구원 박사 논문, 2011. 남정희, 「김억의 여성 한시 번역과 번안 시조 창작의 의의」, 『민족문학사연구』 55, 민족문학사학회, 2014. 박진영, 「번역가 김억과 임학수의 머리말 -한시와 영문학 번역 계보의 성립 배경」, 『동아시아문화연구』 60, 한양대 동아시아문화연구소, 2015. 구인모, 「한시의 근대적 전유, 자기화의 가능성 -김억의 『망우초』(1934)를 중심으로」, 『한국시가학회』 39, 2015., 「한시 번역 혹은 고전으로의 피란 -김억의 『동심초』(1943)와 『꽃다발』(1944)을 중심으로」, 『개념과 소통』 16, 한림과학원, 2015. 조성윤, 정소연, 「김억의 한중 한시 번역 비교와 그 문학사교육적 의미」, 『문학교육학』 49, 한국문학교육학회, 2015.

12) 기존연구들은 공통으로 김억 시론 내부에서 왜 한시가 필요로 했는지를 구체적으로 지적하지는 못하고 있으며, 그 이유를 서구적 문예이론과 시 양식의 함몰과 국문시가 한자표기의 한시 유형을 차용한 것의 반성(최순열, 「김억은 왜 한시를 번역했나」, 『국어국문학 논문집』 16, 동국대 국어국문학부, 1993), 서구시 번역의 미숙성 (강재철, 앞의 글), 조선인의 정서를 제대로 드러내기 위해 (박종덕, 앞의 글) 등을 드는 데 그치고 있다. 즉, 서구시 번역하는 데 미숙함을 느꼈거나, 너무 서구시만 번역했던 것에 대해 반성하였고, 한시가 한문으로 쓰였기 때문에 이를 조선어로 번역하는 것이 필요했다는 등의 논의는 김억 한시 번역 원인을, 김억 시론 내부의 전개과정에 위치하는 것이 아니라, 범박하게 '한시 번역'의 이유를 추정한 것에 불과하다.

김억 창작시와 한시와의 관계는 노춘기가 지적했는데, 김억이 한시 번역을 통해 7·5조

김소월의 문학과 한문맥의 관련성은 그의 시 연구와 「시혼」 연구로 나누어서 고찰할 수 있다. 김소월의 시와 한시의 연관성에 대해서는 특히 「초혼」, 「진달내쏫」, 「두견새」라는 세 시와 두보의 「춘망」 번역 시에 집중해서 이루어졌다.[13] 이들의 연구는 중복되는 부분이 많은데, 「두견새」나 「진달래꽃」은 한시에서 보이는 두견새 설화를 차용했고, 「초혼」의 감정분출은 조국 상실의 울분을 표출할 수 있었던 한시와 연관이 있다는 것이다. 또한, 김소월의 사상, 시상, 율격, 반복구조의 한시 영향이 단편적으로 논의된 바 있다.[14] 김소월 시론과 한문 전통과의 연관성은 관련한

정형시의 형식을 실험하며 자신감을 얻게 되었을 것이라는 점에서 7·5조 정형시에 관한 창작방법론의 확립과 한시 번역 사이의 일정한 상관관계를 주장하였다. (노춘기, 앞의 글). 이 또한 한시와 창작시의 '음절수'에만 초점을 맞추었고, 김억 시론 차원에서의 의미는 검토하지 않은 한계가 있다.

13) 김윤식, 「혼과 형식」, 『김소월』, 문학과 지성사, 1980., 「소월론」, 『한국 현대시론비판』, 일지사, 1982. 심선옥, 「김소월의 문학 체험과 시적 영향」, 『한국문학이론과 비평』 15, 2002. 김용직, 「한국 현대시 연구의 회고와 반성」, 『한국시학연구』 14, 2005. 김주수, 「현대시에 나타난 두견 모티브 연구 -한시의 두견 모티브 수용을 중심으로」, 『민족문화』 36, 한국고전번역원, 2011. 김종훈, 「김소월의 「초혼」에 나타난 감정 분출의 기제」, 『우리어문연구』 39권, 우리어문학회, 2011.

14) 소월 시의 근본 사상을 중용이라고 파악한 연구(심명호, 「소월재고」, 『한국학보』 24, 1981.9)와 원이불로, 애이불상, 낙이불음, 신임으로 파악한 연구가 있다.(노재찬, 「소월의 시와 전통의식」, 『한국 근대문학논고』, 삼영사, 1981.) 소월의 시상을 전체적으로 한시와 연결해 논의한 심선옥은 김소월 초기 시에서 "주렴, 은일촉, 영창, 난간의 달"등은 조선 시대 여류 한시와 시조의 관용적 표현임을 지적했다. 특히 여류한시에서 '창-등, 달빛-꿈'을 相思의 주제로 연결하는 의미망이 뚜렷하게 드러나는데 이것이 소월의 시에서도 자주 사용됨을 지적했다. 더 나아가 상사의 정조나 미감, 사랑 의식(임과 화자의 관계가 절대적이고 숙명적인 형태로 설정된 것)을 계승하고 있다고 지적했다. (심선옥, 「김소월 시에 형상화된 '사랑'의 근대적 의미」, 『반교어문연구』, 반교어문학회, 2000) 김소월 초기 시의 율격과 한시의 관계에 대해서 논의되었고,(노춘기, 「안서와 소월의 한시 번역과 창작시의 율격」, 『한국시학연구』 13, 한국시학회, 2005. 이동순, 「김소월 시의 전통 시가 변용 양상」, 『현대문학이론연구』 31, 현대문학이론학회, 2007) 김소월 시에서 자주 나타나는 반복을 이경수는 유형화하고 그중 '대칭적 반복'은 한시의 대구와 수미쌍관에서 영

논의들이 일찍부터 이루어졌다. 이들은 각기 이기론(理氣論)이나 성정론(性情論), 천기론(天機論), 주희 시경론(詩經論), 정성위음과 같은 개념과 김소월 시론의 연관성을 분석했다.[15] 이처럼 한문 전통에서 서로 완전히 반대되는 개념으로 소월의 시론을 분석했다는 것은 한편으로는 소월 시론의 풍부한 해석 가능성을 보여주는 것이지만, 다른 한편으로는 연구자의 과도한 의욕 때문에 소월의 시론을 무리하게 하나의 틀로 환원했던 것으로 보인다.[16]

이와 같이, 이 책이 연구대상으로 삼은 최남선, 이광수, 김억의 한시 연구는 거의 진행되지 못했다. 한시 번역과 국문시의 상관성에 관한 논의는 특히 김억을 중심으로 이루어졌는데, 김억이 한시를 번역한 이유를 그의 시론 안에서 해명하지 못하고 있다. 한국 근대시사에서 가장 주목을 많이 받아왔던 시인 중 하나인 김소월에 대해서, 그의 시와 한시의 상관성이나 시혼에 나타난 유학적 사유들이 각각 논의되었지만, 이를 통합하여 해석하는 연구는 찾아보기 힘들다. 즉, 지금까지 최남선, 이광수, 김억, 김소월과 한문맥의 관련성에 대한 연구는 소논문 분량이나 저서에서 단편적으로 언급되는 수준에 그쳤던 셈이다.

이렇게 근대시와 한문맥의 관련성에 대해서는 논의가 소략함에도 불

향을 받았다고 지적했다. (이경수, 「김소월 시의 반복 기법 연구」, 『어문연구』 133, 한국어문교육연구회, 2006.3.)

15) 정순진, 「소월 시론고 -시경론과의 관련을 중심으로」, 『어문논지』 6, 7, 충남대 국어국문학과, 1990.

염철, 「김소월 시혼 고찰」, 『어문논집』 27, 중앙어문학회, 1999. 심선옥, 「김소월 시의 근대적 성격 연구」, 성균관대 박사 논문, 2000. 조두섭, 「김소월의 시론 「시혼」에 대하여」, 『인문예술논집』 25, 대구대학교 인문과학 예술문화연구소, 2003. 박경수, 「천기론의 관점에서 본 김소월의 시학의 전통성과 근대성」, 『우리말글』 32, 우리말글학회, 2004. 김지혜, 「김소월 「시혼」의 이기론적 연구」, 경북대학교 대학원 석사논문, 2010.

16) 이에 대한 분석과 비판은 이 책의 V장 2.1절에서 다룰 것이다.

구하고, 근대 이전 한국 문학사가 한문 문학과 국문 문학의 상호교섭으로 이루어졌다는 것은 이론의 여지가 없다.[17] 특히 시에 초점을 맞추어 살펴보면, 고려 시대부터 한시는 민요를 받아들였고, 조선 후기에 이르러 일반 백성을 향한 관심, 민중의식, 한시의 쇄신 등을 이유로 민요를 수용한 한시가 중점적으로 창작되었다.[18] 시조나 가사를 한시로 번역하는 전통도 조선 시대 내내 있었고 특히 시조 한역의 경우 시조 5백여 수가 한시 7백여 수로 번역된 바 있다.[19] 한시의 시조역은 18세기 후반부터 19세기에 이르러 유행했고 중인 가객들의 취향을 반영한 것으로 여겨진다.[20] 개화기 시가 중 언문풍월(諺文風月), 층시(層詩), 수시(數詩)는 한시의 강력한 영향 아래 쓰였다.[21]

근대시와 조선(어) 전통과의 관련성은 전통 시가 율격과의 관련성[22], 시조나 잡가와 같은 전통 노래와의 연관성[23], 샤머니즘이나 축제, 노래의

17) 이러한 시각은 임형택의 논의에서 중점적으로 다루어진 바 있다. 임형택, 『한국 문학사의 논리와 체계』, 창비, 2002.

18) 조동일, 『한국문학통사』 3, 제4판, 지식문화사, 2005, 247~256면.

19) 조동일, 앞의 책, 257면. 조해숙, 『조선 후기 시조 한역과 시조사』, 보고사, 2005 참조.

20) 김석회, 「한시 현토형 시조와 시조의 7언절구형 한시화」, 김병국 외, 『장르 교섭과 고전시가』, 월인, 1999, 119면.

21) 이규호, 「개화기 변체한시와 국문시가」, 『개화기변체한시연구』, 형설출판사, 1986. 특히 언문풍월이 주목되어 김영철, 「언문풍월의 장르적 특성과 창작 양상」, 『한중인문학연구』 13, 한중인문학회, 2004;조동일, 『한국문학통사』 4권, 제4판, 지식산업사, 2005; 박슬기, 『한국 근대시의 형성과 율의 이념』, 소명출판, 2013; 박슬기, 「근대시의 인식과 언문풍월-국문으로 가능한 시의 모색」, 『한국시가연구』 38, 한국시가학회, 2015에서 주목한 바 있다.

22) 이상섭, 「시조의 리듬과 현대시의 리듬」, 『동방학지』, 연세대국학연구원, 1978. 조동일, 『한국 시가의 전통과 율격』, 한길사, 1982. 성기옥, 『한국시가 율격의 이론』, 새문사, 1986. 윤덕진, 『전통지속론으로 본 한국 근대시의 운율 형성 과정』, 소명출판, 2014. 등이 있다.

23) 박철희, 「한국시가의 지속과 변화연구: 시조, 가설시조, 개화기시가, 근대시의 순환적 전

상상계 지속[24] 등의 시각에서 연구되었고, 상당한 양의 축적을 이루었다. 이에 비해 근대시와 한문맥의 관계가 탐구되지 않았던 이유[25]는 첫째로 개화기에서 식민지시기에 이르기까지 시인과 비평가들의 한문과 한시에 대한 배타적인 태도[26], 둘째로 '국문학사'라는 역사 서술이나 '국문학' 또는 '국문과'내의 '현대문학'이라는 제도 자체가 한문과의 거리를 통해 정체성을 성립하고자 했던 것[27], 셋째로 '근대문학'이 중세 공동문어에서 벗어나 민족어를 바탕으로 성립하는 것이라는 전제[28], 마지막으로 '근대성'

개」, 영남대 박사 논문, 1979. 류철균, 「1920년대 민요조 서정시 연구 -서도 잡가와의 비교를 중심으로」, 서울대 석사논문, 1993. 오세영, 「자유시 형성에 있어서 사설 시조와 잡가」, 『한국 근대문학론과 근대시』, 민음사, 1996. 조동일, 「현대시에 나타난 전통적 율격의 계승」, 『한국민요의 전통과 시가 율격』, 지식산업사, 1996.

24) 서정주, 「한국 시정신의 전통」, 『국어국문학보』 1호, 동국대, 1958. (서정주, 『서정주전집』 2, 일지사, 1972) 이몽희, 『한국 현대시의 무속적 연구』, 집문당, 1990. 신범순, 「샤머니즘의 근대적 계승과 시학적 양상 -김소월을 중심으로」, 『시안』 18, 2002. 신범순, 『노래의 상상계』, 서울대학교출판문화원, 2012.

25) 주승택은 선구적으로 문학관과 작가의식의 측면에서 한시와 근대시 형성의 관련성을 지적한 바 있다. 그러나 스스로 밝히듯이, 구체적인 작품이나 문학 이론의 비교연구가 아니라 가설의 차원에 머물렀다. 주승택, 「한국 근대시 형성의 장르론적 측면」, 『한문학과 근대문학』, 태학사, 2009, 51면.

26) 李寶鏡, 「國文과 漢文의 過渡時代」, 『태극학보』 21, 1908.5.24; 「天喜堂詩話」, 『대한매일신보』, 1909.11.9.~12.4; 김억, 「작시법」, 『조선문단』, 1925.5~10.

27) '한국문학'의 학적 정립과 한문학의 관계에 대해서는 임형택의 연구를 참조할 수 있다. 임형택, 「한국문학의 인식체계 -그 개념 정립과 한문학의 처리 문제」, 『한국 문학사의 논리와 체계』, 창작과비평사, 2002. 1910년대 안확 이래로 1950년대 정병욱 전까지 한국문학연구에서 한문은 타자화되고 배제되었다. 이때 한글 표기는 '민족적' 또는 '근대적'인 표지로 이해되었다. 장문석, 「문학이란 무엇인가 -도남 조윤제와 가람 이병기의 해방 후 문학사 다시 읽기」, 『현대 문학의 연구』 57, 한국문학연구학회, 2015, 60~61면. 일례로 김태준은 『조선한문학사』 기술 목적을 한문학을 '결산보고'라 하여, 이제는 가치가 없는 한국한문학을 청산한다는 의식을 지녔다. 박희병, 「천태산인의 국문학 연구(상)」, 『민족문학사연구』 3, 민족문학사연구소, 1993 참조.

28) 조동일, 『한국문학통사』 5, 제4판, 2005, 16면.

을 서구적 근대성으로 이해했던 것 등이 복합적으로 작용한 탓이다.

이런 전제들에서 벗어나야 한국 근대시 형성의 실상을 풍요롭게 포착할 수 있다. 근대시 형성기 시인들은 표면적으로는 한문에 배타적이었지만, 그들은 이를 활용하면서 자신의 시론과 시를 썼고, 한시를 읽고 번역했으며 한시를 직접 쓰기도 했다. 따라서 현대문학은 국문으로 된 텍스트만을 연구대상으로 삼는다는 암묵적 전제를 벗어나야 근대 시인들의 온전한 실체를 포착할 수 있다. 또한, 궁극적으로 '근대문학'은 중세 공동문어에서 벗어나 민족어를 바탕으로 성립된 것이라는 거시적 통찰이 참이라고 해도, 중세까지 절대적 영향을 끼쳤던 한문이 근대문학에 영향을 미치지 않았을 리 없다. 특히 근대문학 형성기 문인들은 유년기에 한학을 학습하고 한시를 읽었기 때문에, 서구나 일본 근대문학을 수용할 때 이러한 한문맥의 관점이 영향을 미쳤을 것으로 추정할 수 있다. 따라서 서구적 근대에 비추어 한국 근대시의 '근대성'을 추출하거나[29] 언어 민족주의적 전제에 따라 '조선(어) 전통'만을 부각하는 것이 아니라, 한국 근대시의 실상에 비추어 한국 근대시의 독특한 '근대성'을 포착하기 위해서는 지금까지 거의 주목되지 못했던 한문맥과 한국 근대시 형성이라는 주제에 주목이 필요하다.

즉, 한국 문학사를 서구적 근대의 충격과 이에 대한 대응으로 파악하거나[30], 이에 대한 반발로 '한국적'인 것의 내재적 계승이라는 측면만을

---

29) 이타가키 류타는 "서양->일본->아시아라는 일방적인 흐름을 상정한 후 '근대'의 수용, 영향, 유입, 연쇄만을 분석한다면, 이는 '식민자의 세계 모델'을 재생산"하는 것이라 비판하며, 비근대나 전근대가 아니라, "식민화 이전의 역사적인 동태를 중시하면서 새로이 더해진 변화는 무엇이었는가"를 "내재적 시점"으로 보아야 한다고 주장한다. 이타가키 류타, 『한국 근대의 역사민족지 -경북 상주의 식민지 경험』, 홍종욱, 이대화 옮김, 혜안, 2015, 32면.

30) 대표적으로 백철, 『신문학사조사』, 신구문화사, 1986.을 들 수 있다. 백철은 외국의 '선진'

강조하는 것이 아니라[31], 제3의 지점인 한문맥에 초점을 맞추어 한국 근대시사를 재구성하는 것이 필요하다.[32] 이는 물론 한국 근대시의 기원(origin)을 한문맥으로 환원한다는 의미가 아니라, 한국 근대시의 원천(Ursprung)으로서 한문맥을 바라본다는 의미이다. 기원은 원천과 대비된다. 기원이 "문학사를 연역적으로 시계열화하는 단선적이고 직선적인 시간관의 실증주의적 원점"이라면 원천은 "전사와 후사 사이의 투쟁 속에서 드러나는 어떤 미완/미결의 이념형"이다.[33] 즉, 한문맥이라는 원천은 유동하는 교섭(negotiation) 속에서 포착되어야 하며, 중층적인 원천 중에 하나로서 자리매김 되어야 한다.

이 책은 근대시 형성기 시인들이 한문맥의 자원들을 적극적으로 활용하면서 자신의 논의를 펼치고 시를 쓴 양상을 조명하고 이 의미를 해명하

한 사조가 도입되고 "그 근대사조의 변천에 의하여 한국의 신문학이 성장되고 발달"(17면)하였다고 판단한다.

31) 대표적으로 김윤식, 김현, 『한국 문학사』, 민음사, 1973.를 들 수 있다. 여기에서는 자체 내의 모순을 언어로 표현하려는 언어의식을 근대의식으로 규정하여, 영정조 시대를 근대의식의 성장기로 규정한 바 있다.

32) 미조구치 유조는 "중국을 방법으로 세계를 목적으로"라는 테제를 제기한 바 있다. 이는 중국이라는 독자적인 세계를 방법으로 유럽을 상대화하는 것이다. 이때의 중국을 방법으로 한다는 것은 중국을 절대화하는 것이 아니라 세계의 한 구성요소로서 상대화하고 이를 통해 유럽을 상대화하는 것이다. 마찬가지로 한문맥을 방법으로 한문맥을 상대화하며 동시에 구문맥을 상대화하는 것이 이 책의 목표이다. 미조구치 유조, 『방법으로서의 중국』, 서광덕, 최정섭 옮김, 산지니, 2016, 126~129면.

33) 강동호는 근원(Ursprung)과 기원을 대비하며, 기원(origin)이 "문학사를 연역적으로 시계열화하는 단선적이고 직선적인 시간관의 실증주의적 원점"(8면)이라면 근원은 "전사와 후사 사이의 투쟁 속에서 드러나는 어떤 미완/미결의 이념형"(11면)이라 대비한다. 그는 한국 근대문학의 '기원'들을 탐색했던 연구가 '근대-전근대'라는 이항 대립을 강화하며, "근대성 자체가 의심의 여지가 없는 보편타당한 개념어로 실정화"(2면)될 수 있음을 비판하고 있다. 강동호, 「한국 근대문학과 세속화」, 연세대 박사 논문, 2016. 여기서 Ursprung는 조만영에 따라 원천으로 번역하였다. 발터 벤야민, 『독일 비애극의 원천』, 조만영 옮김, 새물결, 2008.

고자 한다. 당대 시인들이 이러한 자원을 어떻게 활용하면서 자신들의 주장을 펼치고 시를 썼는지를 해명할 때, 서구 근대를 특권화하여 한국의 근대를 단절적으로 파악하거나[34] 자국어 전통만을 폐쇄적으로 강조하는 것이 아니라, 근대의 중층적 교섭과정과 그 교섭과정이 보여주는 '새로움'의 의미도 조명할 수 있을 것이다.

2. 연구의 시각 및 대상

이 책은 한국 근대시 형성과 한문맥의 관계를 파악하기 위해서, 최남선, 이광수, 김억, 김소월의 창작 국문시, 한시, 번역시, 시론을 연구 대상으로 삼는다. 이는 모두 일종의 담론이다. 이러한 담론을 분석하기 위해서는, 단어와 문장의 의미와 지시내용을 파악하면서 동시에, 화자가 담론을 통해 행하는 것을 파악할 필요가 있다.[35] 이는 근대시 형성과 한문맥의 관계를, 단순히 어떠한 부분에서 한문맥의 영향을 받았다는 것을 지적하는 데 그치는 것이 아니라, 최남선 등을 '주체'의 위치에 놓고 왜, 그리고 어떻게 한문맥을 활용했는지를 그 양상과 '의도(intention)'를 탐구한다는 의미이다.[36] 한국 근대시 형성을 몇 가지 기원들로 환원하는 발생론

34) 이러한 문제의식에 대한 비판은 김흥규, 『근대의 특권화를 넘어서』, 창비, 2013.에서 논의되었다.

35) 이는 말은 행동이라는 비트겐슈타인의 인식(비트겐슈타인, 『철학적 탐구』, 이영철 옮김, 서광사, 1994, 221면. (1부 546번))과 이를 언어 철학적 개념으로 정식화한 오스틴의 개념에서 비롯한 인식이다. 오스틴은 수행문(performative)이라는 개념을 통해서 "문장을 발화하는 것이 바로 그와 같은 행위를 하는 것"이라는 주장을 펼친다. (오스틴, 『말과 행위-오스틴의 언어 철학, 의미론, 화용론』, 김영진 옮김, 서광사, 2005, 27면) 즉 어떤 것을 말한다는 것이 어떤 것을 진술(state)하는 것에 한정되는 것이 아니라 직접 어떠한 행위를 실행(perform)하는 측면이 있다는 것이다.

적 서사로 포착하는 것이 아니라, 다양한 원천이 교섭하는 역동성을 부각하기 위해서는 이렇게 담론의 수행성을 바탕으로 '주체'의 의도를 추적하는 것이 적절하기 때문이다. 이런 관점에서 기존에 주목되지 않은 '한문맥'에 이 책은 주목한다.

40여 년의 연구사적 시간 동안 한시와 근대시 또는 유학적 사유와 근대시론 사이의 연관성은 중요하게 탐구되어야 할 주제라는 언급은 반복되었지만, 한문맥과 근대시의 관계가 단편적으로만 논의되어왔던[37] 이유는, 한 시인의 시에 나타나는 한시적 특성과 시론에 나타나는 유학적 사유 그리고 그들이 쓴 한시를 통합적으로 살펴볼 개념이 없었기 때문이기도 하다. 이를 통합적으로 고려하기 위해서 '한문맥'이라는 개념을 통해 한국 근대시·시론 형성이라는 주제에 다시 주목해보고자 한다. 한문맥은 본래 식민지 지식인들이 사용하던 개념이다. 김우진(1897~1926)[38]의 다음

36) 여기에서 의도(intention)는 동기(motive)와 구분된다. 동기는 글의 출현보다 앞서며 이와 우연적으로 연관된 조건을 의미하며, 반면에 의도는 "특정 유형의 글을 창작하려는 계획 혹은 설계를 지시하거나 특정 방식으로 실제 글을 지시하는 것" (틴 스키너, 『역사를 읽는 방법 -텍스트를 어떻게 읽고 해석할 것인가』, 황정아, 김용수 옮김, 돌베개, 2012, 159면)을 의미한다. 스키너는 신비평의 "의도의 오류"에 대한 공격과 푸코와 바르트의 "저자의 죽음"이라는 단언, 그리고 데리다의 텍스트 해석은 무수한 오독들에 불과하다는 주장들에 맞서서, 텍스트를 이해하기 위해서 저자의 의도를 해명할 필요가 있다고 주장한다. 그는 기존의 저자 의도에 대한 공격이 발화결과적(perlocutionary) 의도(발화 결과가 독자에게 특정 효과나 반응을 의도한 것)라면, 오스틴이 설명한 발화수반적(illocutionary) 의도(발화함으로써 무엇을 하려고 하는지의 의도)는 텍스트를 이해하는 데 필수적이라 설명한다. 스키너, 앞의 책, 149~165면 참조.

37) 한국 현대시와 한시의 상관성에 대해서 학위논문을 제출한 윤동재의 경우에도 한시와 국문시를 동시에 쓴 오일도, 조지훈, 김종길에 대해서 국문시에 나타나는 한시의 기법과 그들이 쓴 한시와 국문시의 주제 상관관계만을 지적하는 데 그치고 있다. 윤동재, 『한국 현대시와 한시의 상관성』, 지식산업사, 2001.

38) 김우진(金祐鎭)은 안동 김 씨로 그의 부친 김성규(金星圭, 1863~?)는 강원도 순찰사 등의 관직을 역임하고 1905년부터는 출사하지 않고 지역에서 사학을 설립하여 교육에 힘썼다.

과 같은 글을 보자.

> 현재 조선문단에는 조선말이 없다는 것을 열거하여 순정한 조선어의 부흥과 개량을 역설할 때, 어떤 友人은 "國粹主義者"로서 나를 命名하며, 소위 신진사상가로 자처하는 그이는 일본어, 한문, 조선 속담, 歐文語脈의 메죽 말을 변호하는 것을 들었읍니다. 그이는 사상은 언어와 국어를 초월한 것으로 생각하겠지요. 그러면 같은 비평의 대상을 대하여서도, A의 말과 B의 말이 그 語句와 語色(nuance)에 관하여 相異한 것은 어떠한 연유인가요. 개성의 근본적 관찰이 符合한 것이라도 그 표현된 언어와 문자는 반드시 相同한 개인적 분위기를 갖는 일은 없읍니다. 물론 전에 말한 것 같이 文化大同의 현재에 앉아서는, 사상뿐 아니라 사고방식으로도 歐文脈나 日文脈의 混和를 피할 수 없는 처지나, 지금까지 漢文脈의 多分히 섞인 조선어와 외래어가 유기적으로 세련된 混和를 얻지 않으면 안 되겠다는 것을 뜻합니다. 이것은 言語뿐 아니라, 文脈에서도 이리하여야 할 것이외다.[39]

극작가이자 비평가인 김우진은, 조선문단에 조선어가 없다고 비판하면서 조선어의 부흥과 개량을 역설한다. 오늘 같은 대동(大同) 시대에는 한문맥이 섞인 조선어에 구문맥이나 일문맥이 섞여 들어올 수밖에 없으나, 이를 유기적으로 잘 조화시켜서 혼합해야 한다는 것이 주지이다. 김

양승국, 『김우진, 그의 삶과 문학』, 태학사, 1998, 56~58면 참조. 김성규의 『草亭集』에는 김우진과 주고받은 한시가 실려 있어, 김우진의 한학실력을 알 수 있다. 위의 책, 71~76면에서 두 한시를 번역해서 소개하고, 이의 의미를 그들의 삶과 연관하여 해석하고 있다. 김성규의 생애에 대해서는 권보드래, 「김성규와 김우진, 3·1 운동 전후 세대 갈등의 한 단면」, 『한국학연구』 31, 인하대 한국학연구소, 2013.12.에서 자세히 다루었다. 그의 한시를 본격적으로 다룬 논의로는 정대성, 「한국 근대시의 먼동: 수산 김우진의 한시 -전통의 변용과 창출, 전통과 근대의 변증법」, 『민족문화논총』 31, 영남대 민족문화연구소, 2005.가 있다.

39) 김우진, 「朝鮮말 없는 朝鮮文壇에 一言함」, 『중외일보』 1922.4.14. 『김우진전집』 2, 전예원, 1983, 166면에서 인용.

우진은 사상이 언어를 초월할 수 없다고 믿었고, 이때의 언어는 언어 자체라기보다는 언어가 속해있는 맥락인 '한문맥', '구문맥', '일문맥'이었다. 단지 "democracy"를 "民主主義"로 번역했다고 민주주의를 이해했다고 할 수 없다는 것이다. 해당 단어를 이해하기 위해서는 그 단어가 속해있는 맥락을 이해해야 한다. 이런 관점에서 그는 동양문화가 동양문화의 정수를 버리지 못할 것이고, 이 언어의 맥락에 기반을 두고 발전해야 한다고 주장한다. 따라서 진정한 '조선어'가 있는 조선문단을 만들기 위해서는 사전을 편찬하고, 민요와 동요를 모집하고, 외국 문학을 번역하며, 신문 잡지를 민중화해야 한다고 주장한다. 각기 정확한 언어의 문법과 의미를 확정하고, 풍부한 용례와 민족성을 파악하고, 외국의 것을 받아들여 확장하고, 이를 민중이 알 수 있도록 할 때만이, 진정한 조선어, 즉 '국맥'의 차원에서의 조선어가 성립 가능하다고 믿었다. 이렇게 김우진이 주장하는 '한문맥', '구문맥', '일문맥'이라는 개념은 언어 그 자체를 뛰어넘어 그 언어가 속해있는 맥락을 지칭한다. 또 하나 지적해두어야 할 것은, '조선어' 속에는 이미 '한문맥'이 포함되어 있다는 인식이다. 조선어는 '순수한' 실체가 아니라 이미 여러 가지 문맥들이 혼합되어 있으며 변화라는 과정 속에서 유동하는 교섭으로 파악된다. 이러한 시각은 '한국문학'을 살피는 데에도 시사점을 준다. 한국문학은 다양한 문맥들이 혼합되어 끊임없이 상호교섭 중이고, 특히 한국어 속에는 이미 한자 어휘들이 대량 들어와 있다는 사실을 상기할 수 있다.

이러한 관점에서 한문맥은 한문이 속해있는 맥락, 즉 한문을 포함하여 그것이 속해 있고 나타내는 사고, 감각, 세계관을 의미했다. 오늘날 한문맥이라는 개념은 한자라는 글자 자체의 개념생산능력이나 통사론적 연결, 그리고 한문으로 쓰인 글들과 그것이 속해 있고 나타내는 사고, 감각, 세계관을 아우르는 의미로 사용된다.[40] 이 책에서는 한문맥의 개념을 다음 몇 가지로 층위를 나누어 논의를 전개하고자 한다. 근대시와 한문맥의 관계를 논하기 위해서 중요한 한문맥의 층위는 한시이다. 한시라는 시 자체의 언술 구조,[41] 이미지, 상상력[42] 등은 물론, 한시가 창작되고 향유되는 문화도 한문맥의 독특한 특성을 보여준다.[43] 이에 더해서 한적들이 담고 있는 이념과 세계관 또한 한문맥의 중요한 요소이다. 이러한 개념을 바탕으로 근대시와 시론에 나타난 한시의 영향이나 유학적 사유 그리고 이와 관련된 문화를 개별적으로 살피는 것이 아니라, 이를 통합적으로 '한문맥'이라는 맥락과의 연관성 속에서 볼 수 있다.

수천 년 동안 수많은 사람이 확장하고 때로는 소멸한 맥락들의 총체였던 한문맥은 단일하지 않고 복합적이며 때로는 서로 충돌하는 맥락들의 합이다. 특히 식민지 조선의 경우는 복합적이다. 한문이 한반도에 전해진 기원전 2세기부터, 특히 조선 시대에 이르러서는 한문은 국가 경영의 문

---

40) 사이토 마레시는 "한문맥"을 "한자와 한시문을 핵으로 전개된 말의 세계"로 규정한다. 사이토 마레시, 『근대어의 탄생과 한문-한문맥과 근대 일본』, 황호덕, 임상덕, 류충희 옮김, 현실문화연구, 2010. 황호덕은 한문맥을 "한문으로부터 파생한 문체를 중심으로 하여, 한문적인 사고와 감각, 세계관까지를 포괄적으로 문제 삼을 때 제기되는 개념"으로 "통사론적 연결과 개념적 접합을 동시에 수행하는 한자의 개념생산 능력-즉 한문이 가진 잠재성 혹은 능산적 국면을 포함하는 어떤 것"으로 규정한 바 있다. 황호덕, 「한문맥의 근대와 순수언어의 꿈」, 『한국 근대문학연구』 16, 한국 근대문학회, 2007, 104면.

41) 언술은 discourse의 번역으로, 여기에서는 김인환 교수에 따라 "여러 문장들로 이루어진 복잡한 언표를, 그것을 이루고 있는 문장들이 짜여 나가는 규칙의 견지에서 이르는 개념"의 의미로 사용한다. 김인환, 『비평의 원리』, 나남, 1994, 285면.

42) 여기에서 상상력(imagination)은 바슐라르가 말한 바 있는, 이미지를 변형하는 능력을 의미한다. 바슐라르는 상상력이 일반적으로 이미지를 형성하는 능력이라는 주장을 비판하며, 기존 이미지들을 변화시키며 계속 변화해가는 역동성을 강조했다. 가스통 바슐라르, 『공기와 꿈 -운동에 관한 상상력 연구』, 정영란 옮김, 민음사, 1993, 9~15면 참조. 이런 관점에서 문이재도적 상상력이란, 문이재도라는 문학관이 만들어낸 이미지들을 변형하며 확장하는 상상력이라 할 수 있다.

43) 이에 대해서는 2장에서 상술할 것이다.

자였고, 지식인들은 이를 매개로 자신의 사유와 문학을 전개했다. 이러한 점에서는 한문맥은 한문전통과 그 내포가 같다. 그러나 1910년 국권침탈 전후, 근대시 형성기에서의 한문맥은 조선의 한문맥 뿐만 아니라 일본의 한문맥의 영향도 고려해야 한다. 일본 또한 한자가 전해진 상고시대부터 한문학이 창작되었지만, 한문 능력을 바탕으로 한 과거시험이 실행되지는 않았다. 18세기 후반에 이르러서야 주자학을 막부의 사상적 정통으로 삼고, 이에 기초한 시험제도가 정비되었다. 일본에서는 19세기에 이르러서야 한문이 공적인 소양이 되었다고 평가된다.[44] 이 책이 주된 연구대상으로 삼는 최남선 등은 한편으로는 조선의 한문전통을 의식하는 면모를 일관되게 보이지만, 그들 모두 일본 유학생으로 일본의 영향 속에서 한문맥을 활용하고 있다는 점도 강조될 필요가 있다. Ⅱ장에서 더 자세히 서술될 것이지만, 최남선이 간행한 『소년』이나 『산수 격몽요결』과 같은 문헌들에는 일본적인 한문맥의 요소도 잘 드러나 있으며, 이광수는 한문맥적 문화관습을 매개로 일본의 지식인과 교류했다.

이처럼 근대시 형성기 한문맥은 단지 조선의 한문전통만이 아니라, 식민지 조선이라는 상황 속에서 일본의 한문맥까지 포함하는 매우 복합적인 맥락이라 할 수 있다. 이 책에서 한문맥이라는 중층적이고도 거대한 맥락을 제한된 분량 속에서 모두 서술할 수 없으므로, 구체적으로 첫째는 시론(문학론)에서 어떻게 한문맥적 개념들이 논리적 계기로 전제되어 있고 활용되는지에 초점을 맞춘다. 둘째로는 그들의 국문시가 한문맥의 이미지나 한시적 특성을 어떻게 활용하고 있고, 이들에게 한시는 무엇이었는지를 서술하고자 한다. 이를 통해 한국 근대시 형성에서 한문맥적 요소가 어떻게 활용되었는지 실상을 구체적으로 보여주는 것을 이 책의 일차적

---

44) 사이토 마레시, 앞의 책, 40~43면 참조.

목표로 한다.

이렇게 식민지 조선의 근대시 형성과 한문맥의 관련성을 고찰하고자 할 때, 최남선, 이광수, 김억, 김소월을 대상으로 삼은 이유는 무엇인가? 이를 논의하기 위해서는 한문맥과 관련하여 식민지 시인들을 분류해볼 필요가 있다. 1900~1920년대 시인들은 자신이 지닌 문화자본의 특성과 정도에 따라 한시를 쓰거나 국문시를 썼다. 한문맥의 문화자본만을 지닌 이들은 황현(黃玹, 1855~1910) 등 한말사대가(韓末四大家) 같이 전통적 시회를 지속하거나 신회음사 같이 근대적 매체를 근거로 한시를 계속 지었다. 한문맥의 문화자본을 지녔으면서도 일본을 매개로 한 서구 근대에 관심이 있었던 이들은 한시를 지으면서도 근대적 국문시를 지었다. 한시를 짓고 감상할 능력이 없는 이들은 국문시만을 창작할 수밖에 없었을 것이다. 그러나 II장에서 상술하겠지만, 당시 조선의 지식인은 한문에 친숙했고 한시를 감상하는 능력을 지니고 있었다.

이 책에서 주목하는 것은 두 번째 부류, 즉 한문맥의 문화자본을 지녔으면서 동시에 일본을 경유한 서구 근대에 관심을 두고 '새로운 시'를 지으려 했던 인물들이다. 물론 이 안에서도 한문맥 문화자본의 정도와 한시와 새로운 시에 관한 열정의 정도는 차이가 있어서 다시 이들을 두 부류로 분류할 수 있다.[45)]

---

45) 서준섭은 이를 한문체, 국한문혼용체, 국문체의 혼합문체 문학을 지은 문인들과 국문체 문학을 주로 지은 문인들로 나누어서 전자에 신채호, 한용운을 들고 후자에 이광수, 김억, 주요한을 든다. 서준섭, 「한국 근대시 형성의 이면 -한문 세대의 근대 충격 경험과 그 문학적 대응의 몇 가지 양상」, 『국제학술대회』 8, 중한인문과학연구회, 2002, 31면. 그러나 이 분류는 혼란의 여지가 있다. 특히 시를 "한문체, 국한문혼용체, 국문체의 혼합문체"로 신채호와 한용운을 분류하고, 이광수 초기 글들을 국문체로 분류할 수는 없다. 한용운의 『님의 침묵』(1926)은 빼어난 국문체라고 할 수 있고, 이광수의 초기 글들, 예를 들어 「今日我韓用文에 對ᄒᆞ여」, 『황성신문』, 1910.7.24. 같은 경우가 그가 쓴 국한문혼용체를 잘 보여준다.

첫째로, 성인이 된 시점까지 한학의 전통을 학습하고, 이를 바탕으로 하여 한문 문장들을 쓰면서 동시에 국문시를 쓴 인물들이다. 이들은 시조나 한시에 더 집중하였다. 신채호(申采浩, 1880~1936)는 성균관 박사 출신으로 한문맥의 전통을 이은 지식인이지만 한시와 국문시를 동시에 지었고 이 중 한시나 시조의 비중이 매우 높다.[46] 이남규(李南珪, 1855~1907) 밑에서 신채호와 동문수학한 성균관 출신 변영만(卞榮晩, 1889~1954)은 한문맥의 세계는 물론 서구에 대해서도 1910년대 가장 박식한 사람 중 하나였다. 그는 서구 문예이론과 시론은 물론, 블레이크의 시를 번역한 바 있다. 그럼에도 그는 시조 몇 편을 제외하고는 한시에 집중했다.[47] 성균관 대사성의 손자인 홍명희(洪命憙, 1888~1968) 또한 한문맥과 구문맥 모두에 박식했던 인물로 최남선, 이광수와 더불어 조선의 세 천재로 불렸던 인물이다.[48] 그는 최남선, 이광수와 같은 시기 일본 유학을 하며 그들과 함께 조선의 신문학에 대해서 구상을 했다. 그는 『소년』지에 서구시를 번역하기도 했지만[49], 해방 이전까지 한시만을 지었다.[50] 이처럼 한문맥과 관련

---

46) 신채호의 시는 한문현토시, 논설시가, 논설 삽입시, 소설 삽입시, 자유시, 시조, 한시 등이 복잡하게 섞여 있다. 이 중에서 논설시가는 운문의 형태로 자신의 주장을 이야기한 것으로 『황성신문』, 『대한매일신보』, 『소년』 등에 수록된 것이다. 이렇게 논설이나 논설 삽입, 소설 삽입 시들을 제외하고 자신의 정서를 표현하기 위한 독립적인 시는 국문 자유시보다 시조나 한시의 수가 훨씬 더 많다. 박정규 엮음, 『신채호 시전집』, 기별미디어, 2013 참조.

47) 실시학사 고전문학연구회 엮음, 『변영만 전집』, 성균관대학교대동문화연구원, 2006. 여기에는 한시 28수, 시조 28수 (각기 연작시는 1수로 셈)가 실려 있고, 자유시는 단 1수만이 실려 있다.

48) 이는 빈번히 언급되는 언사로 해방 이후에도 '조선의 3 천재'로 불린 바 있다. 박학보, 「홍명희론」, 『신세대』, 1946.3.

49) 네덜란드 시인 네모에프스키의 작품을 일본어에서 중역했다. 「사랑」, 『소년』 3-8, 1910.8., 42~44면.

50) 국문 자유시로는 해방을 맞아 「눈문 섞인 노래」 나 그 1년 후에 「8·15 기념」을 썼다.

된 문화자본을 많이 보유한 정인보(鄭寅普, 1893~1950) 이병기(李秉岐, 1891~1968) 등은 한시를 쓰거나 아니면 시조에 집중하게 된다. 이 중 특기할 만한 인물은 한용운(韓龍雲, 1879~1944)이다. 앞의 양반가문 출신으로 한학을 학습한 이들과는 달리, 그는 승려로 불경을 한문으로 공부했다. 그는 「朝鮮佛教維新論」(회동서관, 1913)을 한문으로 쓰고, 한시도 140편 남겼지만, 동시에 『님의 침묵』(회동서관, 1926)의 저자이기도 하다는 점에서 주목된다.[51]

두 번째가 바로 이 책이 주목하는 시인들로, 유년기까지 한문을 학습했지만 이후 일본을 경유한 서구 근대에 관심을 두고 한시보다는 새로운 국문시에 집중했던 시인들이다. 최남선, 이광수, 김억, 김소월 등이 그들이다.[52] 도식적으로 나누어보자면, 한문맥적 문화자본이 뚜렷하며 동시에 서구문화자본 지향이 있었던 이들은 한시와 국문시를 동시에 썼지만 한시나 시조 등을 주로 썼고, 한문맥적 문화자본이 있지만 서구문화자본 지향이 더 강했던 경우는 한시보다는 국문시를 주로 썼다고 할 수 있다. 물론 이 두 부류는 기계적으로 완전히 나뉘는 것은 아니다. 그러나 19세기 말 태생이면서, 승려이거나 유명한 양반 가문에서 태어나서 성인이 될 때까지 한학을 중심으로 공부했던 이들과 19세기 말 20세기 초 태생으로 중인 가문이거나 서북지방에서 태어나서[53] 일본에서 유학한 이들은 분명

51) 한용운은 이러한 분류에서 예외적인 인물로, 그의 특이성과 복합성을 본격적으로 논하기 위해서는 별도의 글이 필요할 것이다.

52) 등단이나 활약 시대에서 이 책에서 다루는 최남선, 이광수, 김억, 김소월 이후의 세대라고 할 수 있는 정지용(1902~1950), 양주동(1903~1977), 이육사(1904~1944), 신석초(1909~1975), 조지훈(1920~1968) 등의 경우도 한문맥의 연관성 속에서 고찰되어야 한다. 이에 대해서는 추후의 논의를 기약한다.

53) 서북지방은 조선 시대 이후 독특한 지역성을 바탕으로, 제도권 진출을 제한받았던 지역이다. 이는 이후 개화기와 식민지 시기에 걸쳐 근대화담론을 주도했던 지역이 된다. 지역

구분된다.[54] 그럼에도 1900~1910년대에 정력적인 출판 사업가이기도 했던 최남선 주도의 신문관과 조선광문회는 일종의 학술적 공동체로써[55] 전통적인 한학자들과 서구 근대를 지향했던 이들, 그리고 이 사이에 있는 사람들이 함께 교류하며 긴밀한 영향을 주고받게 하는 매개체 역할을 했다.[56] 최남선의 이러한 활동은 텍스트의 수집과 출판을 통해 서구의 문물, 한문맥, 조선의 전통을 소개하려는 활동이었다. 또한, 최남선, 이광수, 김억, 김소월은 텍스트 자체로 서구, 한문맥, 국맥을 융합하면서 새로운 조선의 근대를 만들어나갔다.

1910~1920년대는 한국 근대시 형성기로 많은 선구적인 시인들이 등장했고, 최초로 국문시가 노래로부터 분리되었다.[57] 특히 그중에서도 시론이나 시의 영향력 측면에서 최남선, 이광수, 김억, 김소월이 이 시대를 대표하는 시인이자 시론가로 한국 근대시 형성기의 전범을 형성한 이들

성과 이들 문학의 연관성에 대해서는 정주아, 『서북문학과 로컬리티 -이상주의와 공동체의 언어』, 소명출판, 2014 참조.

54) 이육사나 이원조와 같은 경우에는 한문맥의 소양이 뚜렷하면서 동시에 서구에 관한 지식도 있었던 인물이었다. 그러나 이들은 1930년대에 본격적으로 활동하는 인물로 세대론적으로 다음 세대에 속하기 때문에 이 분류에 속하지 않는다. 1930~40년대 시와 한문맥의 관련성에 대해서는 다른 독립적인 글로 논의할 계획이다.

55) 이는 "1910년대 한국의 양산박 한국의 아카데미아"로 명명된 바 있다. 김윤식, 『이광수와 그의 시대』 1, 솔, 개정증보, 1999, 500면.

56) 관련 내용은 권두연, 「필자-독자 네트워크와 문예 주체의 양성」, 『신문관의 출판 기획과 문화운동』, 고려대학교 민족문화연구원, 2016 참조.

57) 詩는 본래 한시를 의미하는 것이고, 가는 시조 등의 국문노래를 의미하는 것이었다. 근대시의 새로움은 본질적으로, 시를 국문으로 쓰면서 노래로부터 분리한 데에 있다. 물론 이 '노래로부터의 분리'라는 것은 노래와의 완전한 단절을 의미하는 것이 아니라, 노래로 불리지 않고 읽는 시라는 의미에서이다. "노래의 상상계"의 측면에서 근대시는 노래와 연속적이었다. 신범순, 앞의 책 참조. 여전히 최남선은 일부 시들에는 악보를 부쳐서 창가의 형태로 제시했으며, 김억 등은 '詩歌'라는 표현을 쓰면서 '율의 이념'이 지속하고 있었다. 박슬기, 앞의 책 참조.

이다. 최남선은 『소년』(신문관, 1908) 창간과 「海에게서 少年에게」로 새로운 지식을 소개하며 새로운 시 형식을 조선에 전파했다. 이광수는 무수한 논쟁적 글로 20세기 초 한국문단을 이끌었고, 『무정』을 통해 한국 근대 소설사에 계몽 형식의 원형으로 영향을 미치고 있다.[58] 김억은 『오뇌의 무도』(광익서관, 1921)로 근대 최초의 번역시집을 상재하고, 또 『해파리의 노래』(조선도서주식회사, 1923)로 최초의 창작 시집을 상재한 시인으로, 이광수가 김억의 『오뇌의 무도』 이후로 청년들의 시풍은 "오뇌의 무도화" 하였다고 평가한 바 있을 정도이다.[59] 그는 '조선적 근대시'를 고민하며 1930년대에 들어 '격조시'라는 형식을 제안하기에 이른다. 김소월은 한국 민요시의 완성자로 평가되며, 이후 한국시의 핵심적인 전범으로 후대 시인들에게 영향력을 작용한 시인이다.[60] 이들은 모두 유년기에 한학을 배운 뒤, 일본에 유학해서 서구문학과 문화를 배웠다. 이들은 국문 근대시의 형성에 큰 역할을 한 한국 근대시의 선구자로 주목받았지만, 그에 못지않게 한시 작성과 번역에도 많은 공을 들인 측면은 지금까지 크게 주목받지 못했다. 영향이나 사제관계의 측면에서 최남선, 이광수, 김억, 김소월은 각기 전자가 후자에게 일정한 영향을 끼쳤다고 할 수 있다. 이러한

58) 채호석, 『한국 근대문학과 계몽의 서사』, 소명출판, 1999, 16~17면.

59) 「懊惱의 舞蹈」가 發行된 뒤로 새로 나오는 青年의 詩風은 懊惱의 舞蹈化하였다 할 이만큼 變하였다. 다만 表現法에서만 그러한 것이 아니라 思想과 情神에까지 놀랄만한 影響을 미치었다. 말하자면, 空谷의 傳聲이라 할 만하였다. 甚至於 '여라', '나니'하는 岸曙의 特殊한 用語例까지도 많이 模倣하게 되었다. 아마 一卷의 譯書로 이처럼 큰 影響을 일으킨 일은 實로 稀幻한 일이라 할 것이다. 또 이 詩集이 한번 남으로 그것이 刺激이 되어 많은 詩作이 일어난 것도 事實이니, 岸曙의 朝鮮 新詩 建設에 對한 功績은 이 「懊惱의 舞蹈」一卷으로 하여 磨滅할 수 없을 것이라고 믿는다. 「문예쇄담」, 『이광수전집 10』, 415면.

60) 김인환은 한국 근대시의 극한적 전형으로 소월을 꼽고, 현대시를 소월 좌파와 소월 우파, 그리고 이상의 계보로 구분한 바 있다. 김인환, 「소월의 여정」, 『현대시란 무엇인가』, 현대문학, 2011.

점에서 이들에 관한 연구는 통시적으로 한국 근대시·시론과 한문맥의 관계가 어떻게 변해왔는지 보여줄 수 있다. 또한, 이러한 대표성이나 역사적 흐름뿐만 아니라, 공시적 층위에서 한문맥과 근대시·시론이 맺는 관계의 다양한 유형들을 이 책은 조망할 것이다. 한문맥의 이미지나 상상력, 언술구조, 세계관 이 중 하나의 층위만이 계승되고 활용된 것이 아니라 이 모두가 각기 최남선과 이광수, 김억, 김소월의 시에서 중요하게 나타남을 조명할 것이다. 이를 통해 1910~20년대를 중심으로 한국 근대시 형성과 한문맥의 관계를 조명하는 것이 이 책의 목표이다.

앞으로의 내용을 간단하게 제시하겠다. 이 책의 제Ⅱ장은 근대시 형성기에 한문맥 문화관습이 어떻게 지속되고 활용되었는지를 해명하려 했다. 이의 배경으로 당대 한문 교육의 비중과 그 의미를 설명하고, 한시가 융성했던 상황을 밝혔다. 이를 통해 한문맥은 박제된 전통이 아니라, 한편으로는 구문맥을 수용하고 번역하면서 갱신되는 중이었고 다른 한편으로는 국문으로 번역되면서 국문을 풍요롭게 만들었던 사정을 검토했다.

제Ⅲ장은 최남선과 이광수의 문학과 한문맥의 관계에 대해서 해명하였다. 최남선과 이광수는 한문맥의 이념을 활용한다. 최남선은 '입지(立志)'나 '성(誠)'과 같이 한문맥의 존숭받는 개념을 사용하고 과거의 권위를 공개적으로 이용하면서 계몽의 논리를 펼친다. 그는 어수와 구수의 정형을 인식하면서 어수를 고정한 채 4행씩 2연이나 8행씩 2연 구성으로 대부분의 국문시를 쓴다. 특히 근체 한시를 본격적으로 『청춘』에 게재하기 시작하면서, 그의 국문시 또한 4행 4연 7·5조를 기본형으로 하는 국문 정형시로 수렴된다. 그는 시를 '읽는 시'와 '노래하는 시'로 구분하면서, 노래하는 시는 창가나 시조형식으로 썼다면, 읽는 시는 다양한 음수율과 운을 한시 번역을 토대로 실험한다. 최남선은 한시의 형식을 강하게 의식한 신체시 형식을 창안하지만, 조선적 특수성에 대해서 이론적 논의를 전개하지는 않는다. 그는 "인자요산(仁者樂山), 지자요수(知者樂水)" 그리고 "서자(逝者)로서의 물"이라는 한문맥적 상상력을 바탕으로 국문시를 창작한다. 이는 최남선이 지속했던 '문(文)'의 이념하에서는 당연한 귀결로, 열심히 수양하자는 계몽적 의도를 가장 잘 표현할 수 있는 한문맥의 이미지와 상상력을 활용한 것이었다. 이는 일제의 국권침탈 이후, "인자요산"을 바탕으로 한 준비론적 수양론의 상상력을 토대로 조선의 특수성을 강조할 수 있는 산의 이미지로 변화된다.

이광수는 표면적으로는 기존 한문맥과의 단절을 주장하지만, 근본적으로 '사(士)'의 이념을 지속한다. 그는 '확이충지(擴而充之)' 등의 한문맥의 개념을 그대로 사용하지만, 이들의 권위를 공개적으로 이용하지는 않는다. 또 기존 한문맥에서 배척당한 '정(情)'을 주장하지만, 실상 그 논리는 기존의 '양성(養性)'의 내용이었다. 즉 최남선은 적극적으로 한문맥을 다른 문맥들과 병치하면서 다른 문맥들을 한문맥을 바탕으로 이해하려고 하였다면, 이광수는 표면적으로는 한문맥을 거부하였지만, 그 거부의 논리 속에는 한문맥이 계기로 작용하고 있었다. 이광수는 한시 형식을 차용한 언문풍월을 쓰고, '송(頌)', '송(送)', '악부시(樂府詩)' 등 한시 형식을 국문시로 실험하지만, 이 실험은 지속되지 못하고 조선어의 특수성에 대한 이론적 인식도 개진하지 못한다. 그리고 "문장보국(文章報國)"을 내세우면서 기존의 '사(士)'와 '문(文)'의 이념을 자신의 한시에 담으며, 자신의 국문시에도 표출한다. 최남선과 이광수의 시는 개인적인 내면의 고백이나 풍경의 발견이 아니라 선재해있는 문의 이념을 바탕으로 형상적(figurative)인 물의 이미지를 그리거나(최남선), 사의 이념을 바탕으로 시적 자아를 구성하고 있다(이광수). 즉 이들은 개성적인 자아의 내면이 아니라, 선재한 이념을 표출하는 것에 중점을 두었다.

제Ⅳ장은 김억의 문학과 한문맥의 관계에 대해서 해명하였다. 김억은 개성적인 문학을 옹호하며 언어 자체의 심미성에 지대한 관심을 기울였다는 점에서 문이재도론을 벗어나며, 서구 낭만주의 문학론과 밀접한 연관성을 보인다. 그럼에도 그는 '천리(天理)'나 '사무사(思無邪)'와 같이 한문맥에서 존숭받는 개념을 전유하며 논증한다. 김억은 개인적인 서간에는 한시를 써서 지인들에게 보내며, 한시의 형식을 그대로 국문시로 전유해서 썼고, 한시를 번역하는 것이 낙이라고 고백했다. 그는 800여 편에 달하는 한시 번역을 하면서 이것이 어떻게 하면 조선(어)에 적합할 수 있을지를 고민하여, 한시에 강력한 영향을 받은 '조선적 근대시' 형식인 격조시형을 창안한다. 김억은 근체시의 언술 구조인 대장(對仗)구조를 초기 시부터 1920년대 시까지 반복한다. 이러한 대의 구성으로 개인의 내면을 포착한다. 앞서 최남선과 이광수의 시에서는 선재하는 문과 사의 이념이 시에서 나타난다면 이제 김억에게는 그러한 선재하는 이념이 자아를 굳건하게 지탱하는 지 못한다. 그의 시적 자아는 "지평의 상실"로 인해 '해파리'처럼 의지할 곳 없이 유랑할 뿐이다. 아무런 방향성 없이 외부의 힘에 몸을 맡기는 해파리라는 상징은, 정체성을 굳건히 지탱하던 기존의 외부적 가치 지평 상실에 따른 정체성 혼란의 이미지를 포착한 것이다. 그럼에도 그러한 내면은 여전히 한문맥적인 대의 구성과 특히 자연과 인간의 대비를 통해서 포착된다.

제Ⅴ장은 김소월의 문학과 한문맥의 관계를 해명하였다. 그는 '정성위음(鄭聲衛音)'과 같이 기존 한문맥에서 부정되던 개념을 오히려 긍정적 의미로 사용하며 자신의 주장을 전개하고, 「시혼」에서 한문맥을 심층적으로 구문맥과 국맥과 결합하여 변형한다. 소월 또한 한시를 번역하면서, '정성위음'적 성격을 강화하려고 노력했고, 한시의 형식을 바탕으로 국문시를 실험했다. 또 유배객의 심정을 담은 한시를 번안하고 이에 기반을 둔 국문시를 써서 망국민의 설움을 유배객이라는 한문맥의 주요한 전통에 기대어 표현한다. 김소월은 영원한 것과 변화하는 것, 그리고 빛과 그늘이라는 각기 구문맥과 한문맥 그리고 국맥이 상징하는 핵심적인 세계관의 충돌을 동력으로 삼아서 시를 쓴다. 그의 국문시에는 한시의 영향이 세계관의 차원에서 하나의 원천으로 작용한다. 또 김억이 형식적인 대의 구성을 통해 개인의 내면을 드러냈다면, 소월은 심층적으로 영원한 것과 변화하는 것의 대립을 통해서 개인의 내면을 드러냈다.

제Ⅱ장
근대시 형성기의 한문맥

1. 한문맥 문화관습의 지속과 활용

조선 시대에 한시는 상위 계층이 자신을 표현하는 중요한 매체였을 뿐만 아니라, 과거 시험의 과목이자 친교의 수단이고 중요한 놀이였으며[1] 동북아 외교의 중요한 관례[2]이자 문화교류의 핵심을 이루었다. 특히 한시를 주고받는 창수(唱酬)시의 문화는 한문맥 문화관습이 일상에서 드러나는 중요한 표지이다. 책의 서발문으로 한시나 한문을 주고받거나, 지인의 회갑이나 사망과 같은 인생의 중요한 계기들에, 또는 지인이 먼 길을 떠나거나 병에 걸렸을 때 한시를 써서 주는 문화관습은 식민지 시기의 근대 시인들에게도 계속되었다.

---

1) 놀이로서의 한시 문화에 대해서는 김성언, 「놀이문화로서의 한시」, 『한국한시연구』 22, 한국한시학회, 2014 참조. 여기에서 김성언은 다양한 형태의 시 놀이를 고찰하며, 이 과정에서 내기와 보상이 이루어지고 있는 면모들을 부각했다.

2) 중국 한시 외교의 관례에 대해서는 이규일, 「중국 한시 외교의 문화적 성격 연구」, 『동북아 문화연구』 39, 동북아시아문화학회, 2014 참조. 여기에서 이규일은 춘추 시기부터 오늘날까지 이어져 내려오고 있는 중국 한시 외교 관례를 "소프트 파워 전략"으로 개념화한 바 있다.

최남선의 『백팔번뇌』[3]에는 석전 박한영, 벽초 홍명희, 춘원 이광수, 위당 정인보 등 최남선과 긴밀한 관계에 있는 사람들이 발문을 썼다. 그중 박한영이 한시로 발문을 써주었고, 정인보도 한문으로 발문을 썼다. 박한영은 최남선의 시조를 초나라 가곡 「陽春調」에 비유하여 보통 사람은 이해하기 어려움을 암시하고[4] 이 시는 중국의 앞선 시들과 비교해도 그 사람들을 부끄럽게 할 것이라고 썼다.[5] 정인보도 마찬가지 맥락에서 "혹자는 최남선의 시조가 현학을 이야기하는 것 같다고 한다. 혹자는 전서와 주서라고 말한다. 그것이 난해함을 말한 것이다."[6]라고 하여 '현학(玄學)'이나 '전주(篆籀)'와 같은 한문맥의 개념들과 연결한다. 이처럼 박한영과 정인보는 한문으로 발문을 쓰면서 자연스럽게 한문맥의 문학적 개념들과 『백팔번뇌』를 연결한다. 『백팔번뇌』는 한국 최초의 현대 시조집이라는 문학사적 의의가 있지만 지금까지 이 발문들은 고찰되지 못했다.[7] 이는 '최초의 근대시조집'이라는 의의 때문에 한문으로 쓰인 발문들의 의미를 애써 눈감은 것이라고도 할 수 있다. 그러나 오히려 식민지기에 쓰인 근대 최초의 시조집이 이렇게 한문맥 속에 놓여있었다는 점이 강조되어야 한다. 또한, 『청춘』 14호에서도 신문관 10주년을 기념하여 「現代名家 萬紫千紅」라고 하여 당대 유명한 지식인들의 글을 받는다. 이때에도 김구하(金九河), 태화초부(太華樵夫), 최병헌(崔炳憲, 1858~1927), 남석우(南石祐), 권순구(權純九), 김효찬(金孝燦), 박승봉(朴勝鳳, 1871~1933)은 한시로 화답

3) 최남선, 『백팔번뇌』, 동광사, 1926.

4) 이는 훌륭한 사람의 말과 행동은 보통 사람이 이해하기 어려움을 비유한다. 宋玉의 「對楚王問」에서 유래를 찾을 수 있다.

5) 可能○和萬陽春調, 木陰崖鬱見青. 晩出黃河遠上詞, 同人結舌愧前爲.

6) 或謂公六時調,如談玄學. 或謂篆籀. 言其難解也.

7) 이복규, 「『백팔번뇌』의 서발문」, 『국제어문』 63, 국제어문학회, 2014. 여기에서도 이 사실만을 지적하고, 『백팔번뇌』 서발문만을 게재했을 뿐이다.

하고, 지석영(池錫永, 1855~1935)은 한문으로 글을 쓴다.

서문을 한문으로 써서 주고받는 관습은 최남선도 박한영에게 그대로 돌려준다. 최남선 또한 『석전시초』에 박한영의 70세를 기념으로 책을 출간하는 소회를 한문 서문으로 게재하며 한시에 관한 자신의 식견을 비춘다. 『석전시초』에 한문으로 서문을 쓰면서 "삼가 보건대, 스님께서 불경을 외우시는 사이에 문득 즐거워 시를 지으신 것이, 고르고 취하신 바가 풍성하고 넓고, 조예가 아득하고 깊다. 이것이 스님의 흥한 모습이 이른 바이니, 이에 그 원고를 청하니, 나에게 맡기셨다.[8)]"라고 출간 경위를 밝힌다. 한문으로 박한영의 한시가 "擷取富博, 造詣夐深.(고르고 취하신 것이 풍성하고 넓고, 조예가 아득하고 깊다)"라고 쓸 때의 한시에 관한 자신의 식견을 드러내고 있다. 즉, 최남선은 한문으로 글을 쓰며 자연스럽게 한문맥의 언사를 구사하고 있다. 최남선과 이광수는 한시를 써서 근대 매체에 발표한 것은 물론이고, 그들과 교류하고 있던 문인들과 개인적인 편지로 한시를 주고받았다. 특히 최남선, 이광수와 긴밀한 관계에 있었던 석전 박한영(石顚 朴漢永, 1870~1948)은 최남선과 관련한 한시를 남겼고[9)], 이광수는 박한영의 회갑을 축하하여 한시를 지었고, 토쿠토미 소호(德富蘇峰, 1863~1957)와의 14편의 서간에서 4편의 한시를 썼다.[10)]

김억이 근대 매체에 발표한 한시는 찾을 수 없지만, 김억이 지인에게

---

8) 竊覸(원문에는 門안에 나무 木자가 들어있는데 같은 의미로 보인다) 師誦經之暇, 輒喜爲韵語, 擷取富博, 造詣夐深. 意此爲師興象所寄, 廼從而請其稿, 付諸手民. 「序」, 『石顚詩抄』, 동명사, 1940.

9) 「秋夜訪崔六堂不遇」, 「同崔六堂三防峽述懷」가 있다. 『石顚詩抄』, 동명사, 1940.

10) 이는 최주한이 소개한 바 있다. 최주한, 「토쿠토미 소호와 이광수 -이광수가 소호에게 보낸 14편의 서간을 중심으로」, 『자료로 보는 이광수』, 제12회 춘원연구학회 학술대회 자료집, 2016.9. 그러나 최주한은 이 자료를 소개하고 이광수와 토쿠토미 소호와의 관계만을 조명했을 뿐, 이광수의 편지 속의 창작 한시에 대해서는 주목하지 않았다.

한시를 써서 보낸 편지[11]는 근래에 발견되었다. 이는 한문맥의 문화관습이 남아 있었음을 보여주는 흥미로운 증거이다. 특히 이광수와 김억은 왕성하게 자신들의 국문시와 국문산문을 신문 잡지에 발표했지만, 이광수가 근대 매체에 발표한 한시는 4편 밖에 되지 않고 김억은 한 편도 없다. 그러나 그들이 개인적으로 쓴 편지에서는 한시가 종종 발견된다는 것은 흥미로운 대비점이다. 김소월 또한 직접 쓴 한시는 남아있지 않지만, 김억의 「삼수갑산」(『삼천리』 1934.8.)의 차운시를 써서 김억에게 편지로 부친 바 있어서 주목할 만하다.

「삼수갑산」 – 김억

三水甲山 보고지고 三水甲山 어듸메냐
三水甲山 아득타아하 山은첩첩 흰구름만 싸인곳

三水甲山 가고지고 三水甲山 내못가네
三水甲山 길멀다 아하 배로사흘 물로사흘길멀다

三水甲山 어듸메냐, 三水甲山 내못가네
不歸不歸 이내맘 아하새드라면 날아날아가련만

三水甲山 내故향을 내못가네, 내못가네,
오락가락 無心타 아하 三水甲山그립다고 가는맘

三水甲山 먼먼길을 가고지고 내못가네
不歸不歸 이내맘 아하 三水甲山 내못가는이心思

11) 김용직, 「초기 김억 작품의 해석」, 『한국문학을 위한 담론』, 푸른사상, 2006. 김용직의 간단한 언급과 자료 소개 후에, 김억의 창작 한시에 관련한 논의는 찾아보기 힘들다.

「次岸曙先生三水甲山韻」[12] – 김소월

三水甲山 내웨왓노 三水甲山 이 어듸뇨
오고나니 奇險타 아아 물도 만코 山 쳡쳡이라 아하히

내故鄕을 돌우가쟈 내고향을 내 못가네
三水甲山 멀드라 아아 蜀道之難이 예로구나 아하하

三水甲山 이 어듸뇨 내가 오고 내 못가네
不歸로다 내故鄕아 새가되면 써가리라 아하하

님게신곳 내고향을 내못가네 왜못가네
오다 가다 야속타 아아 三水甲山이 날 가듑엇네 아하하

내고향을 가고지고 오호 三水甲山 날가듑엇네
不歸로다 내몸이야 아아 三水甲山 못버서난다 아하하

차운(次韻)이란 본디 창화시(唱和詩)의 한 갈래로, 뜻도 화답하고 운도 화답하는 화운(和韻) 중에서도 같은 운자를 그 순서까지 그대로 따라 쓰는 시의 형태를 의미한다. 이러한 차운시는 중당대에 원진(元稹)과 백거이(白居易)가 본격적으로 창작하기 시작하여 송대 이후에는 창화시의 대표적인 양식이 되었다.[13]

위의 김억과 김소월의 시를 비교해보면, 정확히 '운'을 맞추었다고는

---

12) 「차안서선생삼수갑산운」은 『신동아』 40, 1935.2의 친필본과 『신인문학』 3, 1934.11 발표본, 『소월 시초』, 박문서관 1939 수록본이 있다. 여기에서는 친필본을 기준으로 한다.

13) 강민호, 「압운의 미학으로 본 차운시의 특성에 대한 연구」, 『중국 문학』 72, 한국중국어문학회, 2012, 49~50면.

할 수 없다. 그럼에도 1연과 3연의 "삼수갑산"으로 동일하게 시작하고, 2~4연에 "못가네"를 동일하게 맞추었다. 그리고 "산 첩첩", "멀다" "불귀" "새가되면" "내고향" 등을 반복했음을 알 수 있다. 이러한 격식과 작법의 배경에는 한문맥의 전통이 있다. 차운시를 짓는다는 행위는, 원시의 작자에 대한 존중이 전제된다.[14] 특히 스승의 시를 제자가 차운한다는 행위는 조선 시대에도 사제 간의 존경의 마음을 표하는 방법이었다.[15] 소월은 이러한 한문맥의 시작 관습을 국문시에도 그대로 도입하여 스승인 김억을 존경하고 사랑하는 마음을 담아서 국문시로 차운시의 형식을 실험했다.

이처럼 한문맥의 문화관습은 지속되고 있었고, 이러한 맥락에서 최남선은 한시에 대한 무의식적 이끌림을 고백한다.

> 우리는 漢詩에는 아주 生素한 무리라 이믜 字모듬도 하아본 經驗도 업고 또 古人의 詩詞를 通讀한 資本도 업스니 簾이니 字高低니 格이니 調니 文字니 하난 것은 알 까닭이 업슴은 毋論이라 그러나 近來에 이르러 무엇이 動機인지 漢詩짓고 십은 생각이 매우 懇切하야 機會만잇스면 한 首式 지어보량으로 空然히 애를쓰난데 (『소년』 제2권 제8호, 1909.9)

여기에서 최남선은 "우리"를 한시에는 생소한 무리라고 규정하고 있다. 그러나 이 생소하다는 것은 과거와 대비하여 생소하다는 것이고, "簾, 字高低, 格, 調"와 같은 한시의 기본개념을 "알 까닭이 없"다는 것은 역설적으로 그러한 개념들이 한시 개념임을 알고 있다는 것을 전제한

---

14) 강민호, 앞의 글, 57면.

15) 한 예로, 夏時贊(1750~1828)이 스승인 宋煥箕(1728~1807)에 대한 존경심을 표해 차운시를 지었다. 이에 대한 논의는 이상주, 「華陽九曲圖와 夏時贊의 華陽九曲屛風詩에 대한 고찰」, 『고전과 해석』 21, 고전문학한문학연구학회, 2016 참조.

다. 그리고 어떤 “동기”인지 알 수 없지만 “한시짓고 싶은 생각이 매우 간절”하다는 것이 이 한문맥 문화관습의 핵심을 이룬다. 의식적으로 설명할 수 없지만, 무의식적으로는 이미 한시에 관한 동경이 작동하고 있다. 특히 이는 “나는,天稟이,詩人이,아니”라고 고백하며, “매우,頑固하게,또,强猛하게,抵抗도하고,拒絶도[16]”하였으나 어찌할 수 없이 시세에 따라 국문시를 쓸 수밖에 없었다는 그의 고백과는 매우 다른 심경을 노출한다. 즉 한시는 무의식적 이끌림으로 쓰고 싶어지는 생각이 들지만 국문시는 어쩔 수 없이 시세에 따라 쓴다는 것이다.[17] 이는 어린 시절부터 한문과 한시를 학습하여, 몸에 각인된 한문맥 문화관습의 면모를 보여준다.[18]

김억 또한 이러한 맥락에서 한시를 읽고 번역하는 것을 ‘낙(樂)’으로, 즉 일종의 도락으로 했다고 언급한다.[19] 한시를 읽고 번역하는 것이 ‘낙’일 수 있는 것은 김억의 한학 소양이 어릴 때부터 자연스럽게 몸에 배었

---

16) 『소년』 2-4, 3면.

17) 이러한 관점에서 윤해연은 최남선은 ‘신체시’에 대해서는 확신이 없었으며, 여전히 한시의 막강한 영향력 아래에 놓여 있었다고 보고 있다. 윤해연, 「최남선의 신체시와 여타 시가 장르와의 관계」, 『비평문학』 25, 한국비평문학회, 2007, 278~279면.

18) 물론 이들의 한문 실력은 그 이후로도 부단히 학습으로 유지 발전되었을 것이다. 최남선의 일기에는 이러한 면모가 잘 드러나 있다. “偶然히 今年에 무엇을願하느냐고 自問하야보앗더니 第二我의 대답인지 第三我의 대답인지는 모르겟스나 ‘글을 좀 닑엇스면’하거늘 ‘무슨 글’하니 漢文이하는지라 그 말을 듯고 료량하야보니 글 닑을 의사가 자못 만커늘 이에 저혼자 決心하고 또 發願하야 갈오대 한배님이시어 今年에는 이 헤매는 孫으로 하야곰 한참 고요히 글을 닑도록 점지하야 주소서하다“ 최남선, 「一日一件」, 『육당최남선전집』 14, 현암사, 1975, 139면.

19) 하이얀 구름이 저 넓은 하늘을 뭉게뭉게 돌다가 아모 자최도 없이 슬어지는 여름철에는 무엇보다도 漢詩冊 같은 것을 求해놓고 마음대로 이張저張 들추면서 慢讀하는 것이 나의 다시없는 樂이외다. (…) 읽어가다가 자미가 있고 마음에 드는 詩이면 하나도 빠치지 아내고 空冊에다가 적어두고는 하였습니다. 나딴은 한때의 樂일망정 닛지아니하고 두고두고 記憶을 새롭힐 結論에서외다. (「서문」, 『꽃다발』, 박문사, 1944.)

기 때문에 가능하다. 특정한 의도를 가지고 읽고 번역한 것이 아니라, 몸에 밴 소양이었기 때문에 김억에게는 한시를 읽고 번역하는 것이 자연스러운 행동양식이었다. 그가 열두 살 때까지 한문을 배우고 이후 오산학교에서 한문을 학습했다는 것은, 한시와 한문이 서구시나 서구어 학습에 앞서 있다는 것을 의미한다.

뿐만 아니라 최남선, 이광수, 김억 등은 자신이 쓰는 글의 대상 독자를 한문을 읽을 수 있고 한시를 감상할 수 있는 인물로 설정하고 있었다. 최남선은 자신과 '소년' 독자를 포함한 "우리"를 "한시에 생소한 무리"라고 규정했으나, 그의 글 속에서 한시는 자연스럽게 번역이 없이 게재된다.[20] 즉 이 정도 한시는 독자들이 무리 없이 이해할 수 있는 것으로 가정하고 있다.[21] 이는 다음과 같은 대목에서 매화를 설명하는 모습에도 반복된다.

> 張道洽의 詩에 잇난것처럼 玉色이 홀노 天地의 正을 鍾하고 鐵心이 全히 雪霜의 驚을 受치아니하면서 素艶이 사람의 눈을 비질하고 冷香이 사람의 코를 ᄭᅩ챙이질하야 그 儼然한 態度와 毅然한 氣節이 高士도 갓고 嚴師父도 갓흐니 (『소년』 2-5, 1909.5., 42면. 강조 인용자)

20) 야탐에 바라보면, 玉字超超落月東, 滄波萬頃忽翻紅, 蜿蜿百怪皆含火, 奉出金輪黃道中이라 우글 우글 우글 구름은 타고 부걱 부걱 부걱 물은 끌난데 푸른바다에 밤새도록 드리웟던 검은帳幕이 쓰윽 것티며 그속에서 디랄 대랄을 하던 百怪千妖가 다 어대로 潛跡하고 다만 하얀돗을달고 푸른솔ㅅ가리를 실은 배를 十四五歲少年한둘이 어대로 가나냐 물어도 對答도 업시 이리당겨 이리딋고 뎌리당겨뎌리 디어감을 볼ᄲᅮᆫ이오 (『소년』 제1년 제1권, 1908.11) 이외에도 『소년』, 『청춘』 등에는 한시가 번역 없이 여러 곳에 게재되어 있다.

21) 이광수의 경우도 대상 독자를 '동양'에 대해서는 잘 알지만 서양에 대해서는 잘 모르는 이로 설정하고 있다. "東洋文士의 刻苦工夫함은 다 잘 아는 배니 말 말고, 諸子의 崇拜하는 西洋의 文豪를 봅시다." (「文士와 修養」, 『이광수전집』 10, 우신사, 354면)

위 인용문 중 강조한 부분은 張道洽(1202~1268)의 시구 중 "玉色獨鍾天地正 鐵心不受雪霜驚"[22](옥의 색이 홀로 천지의 바름을 모으고, 철의 마음은 눈과 서리에 놀라지 않네)를 그대로 옮긴 것이다. 매화를 설명할 때는 자연스레 장도흡의 한시를 떠올리며 논의를 전개하며, 독자도 이에 친숙할 것이라 전제한다. 이러한 기대에 부응하듯, 최남선의 잡지를 읽고 그 독후감을 한시로 적어 보낸 것이 확인된다.[23]

이렇게 독자가 한시에 관한 지식이 있을 것이라 기대하는 것은 김억에게서도 마찬가지로 나타난다. 김억은 신위(申緯, 1800~1834)의 『時調漢詩譯』을 예로 들면서 번역 시가 그 자체로서 시가 되어야 함을 역설한다. 그러면서 「子規啼前腔」라는 시조를 번역한 한시를 그대로 제시하고, 해석이나 별다른 설명을 덧붙이지 않은 채로, 이것이 "아름답은 시"이지 않느냐고 독자에게 동의를 구한다.[24] 이는 김억이 독자를 한시 감상이 가능한 수준으로 상정하여 글을 썼음을 의미한다. 즉 근대시 형성기는 전

---

22) 張道洽(장도흡) 「梅花二十首(매화이십수)」, 『瀛奎律髓』 卷20

23) 錦堂居士, 「讀靑春雜誌」, 『청춘』 6호, 1915.3., 68면.
臘月何書讀 섣달에 무슨 책을 읽을까 靑春作伴吟 청춘이 짝이 되는 글을 지었네.
突然居座右 옆에 앉아서도 돌연 何等訪山陰 산 그늘을 살펴볼 수 있네.
物化多名蹟 사물이 변화하여 명적이 많고 文明有福音 문명은 복음이 있네
品評勤勉在 품평을 부지런히 노력하니 加我讀書心 내 독서심을 더하네
평서운에 따라서 吟, 陰, 音, 心을 운을 맞추었다. 2구와 3구, 4구와 5구가 대장을 이룬다.

24) 그의 「子規啼前腔」이라는 詩가 잇으니 『梨花月白五更天, 啼血聲聲怨杜鵑, 儘覺多情原是病, 不關人事不成眠』 이 그것이외다. 이것을 原時調인 『梨花에 月白하고 銀漢이 三更인데 一枝春心을 子規야 알랴만을 多情도 病인양 하야 잠 못 들어 하노라』 한 것과 대조해 놓지 아니하고, 그대로 전제된 어떠하겟습니까. 독립하야 原詩와는 아모 관계가 없는 아름답은 詩가 아닙니까. (「역시론 상」, 『동광』 21, 1931.5.1.) 이러한 태도는 「격조시형론소고」 1, 『동아일보』, 1930.1.16에서도 나타난다. 여기에서는 한시를 영시로 번역한 것을 제시하며, 독자가 당연히 이 한시를 이해할 것임을 전제한다. 마찬가지로 최남선의 『백팔번뇌』(동광사, 1926)에도 한문이 번역 없이 원문 게재되고 있다.

통적인 한문의 유산이 아직 '황혼'으로서 필자와 독자 사이에 전제된 시대였다.

이 절에서 서술한 것처럼, 근대시 형성기 식민지 조선의 시인들은 한문으로 지인들의 책에 서발문을 쓰고, 한시를 써서 서간으로 주고받으며, 한시에 관한 무의식적 이끌림을 표출했다. 또한 한시를 번역하고, 한시에 영향을 받은 국문시를 썼으며, 자신의 글을 읽는 독자라면 당연히 한시를 이해할 수 있다고 생각하며 글을 썼다. 당대 한문 교육을 살펴보면, 이러한 전제가 자연스러웠음을 알 수 있다.

2. 한문 교육의 지속과 한시의 융성

1) 교육과 시험 속 한문비중

근대시 형성기 독자들이 교육을 받은 1900~20년대의 교육을 살펴보면, 당대 독자들의 한문 수준을 짐작할 수 있다. 이 절에서는 이를 조명하기 위해 근대시 형성기 교육과 시험 속 한문비중을 서술한다. 여기에서 한문 능력은 한문 문해력과 한문 문장작성능력을 포함한다.

1911~1921년까지의 통계를 보면, 서당에 다니는 학생 수가 공립학교와 사립학교의 학생 수를 합한 것보다도 많았다.[25] 1910년 일제강점 이후에 일본은 공립보통학교를 설립하고 교육개혁을 시행하고자 한다.[26] 그러나 1920년 총독부 담당의 공립보통학교 취학률은 3.7%였지만, 서당의 수는 1921년에 2만5천 개에 이르렀다. 그 이전에는 서당에 다니는 학생

---

25) 「통계연보」, 조선총독부, 1911~1931. 박종선, 「일제 강점기(1920~30년대) 조선인의 서당 개량운동」, 『역사교육』 71, 역사교육연구회, 1999.9., 38면에서 재인용.

수가 훨씬 더 많았을 것이다. 1930년대에 이르러서는 서당보다 보통학교에 다니는 학생 수가 늘었지만, 그렇다고 해도 보통학교 입학 전에 서당을 다니거나 따로 한문을 배우는 등 여전히 한문 교육이 필수적인 것으로 여겨졌다.[27] 특히 1894년 과거제 폐지 이전에 교육은 한문 중심이었고[28]

초등교육의 종류별, 연도별 학생 수 비율 (%)

년도	보통학교	서당	사립각종학교	간이학교	합계
1911	14.0	61.2	24.8		100
1919	20.6	70.5	8.9		100
1923	48.5	40.7	8.8		100
1928	65.1	28.1	6.8		100
1933	73.2	19.3	7.5		100
1942	84.1	7.3	3.1	5.5	100

오성철, 『식민지 초등 교육의 형성』, 교육과학사, 2000, 113면.

26) 식민지 교육체제 속에서 보통학교-서당-사립각종학교가 초등교육을 담당했고, 고등보통학교, 여자고등보통학교, 실업학교가 중등교육을, 전문학교와 제국대학이 고등교육을 담당했다. 조선인이 건립한 사립중등학교는 조선총독부의 인가 없이 제도권 밖에 위치하여 있다가 고등보통학교로 승격되거나 지정학교 인가를 받게 된다. (김경미, 「일제하 사립중등학교의 위계적 배치」, 『한국교육사학』 26권 2호, 한국교육사학회 2004 참조.)

27) 1930년대 초등교육의 구술사적 연구를 수행한 유수정에 의하면, 유복한 가정환경의 자제들은 서당을 다녔고 가정 형편이 어려웠던 소작농들은 서당을 다니지는 못했지만 동네 어른들에게 한문을 배우는 등 입학 전 한문 교육은 보편적이었다. (유수정, 「1930년대 식민지 초등학교 교육에 관한 구술사적 연구」, 서울교육대학교 석사논문, 2009, 51면.) 오성철에 의하면 1933년 전체 보통학교 입학생의 32.9%, 남자의 37·5%, 여자의 14.7%가 입학 전 서당에 다녔다고 한다. 즉 서당이 보통학교와 대립되는 교육기관이기보다는 보통학교 입학 이전에 한문학습을 위한 기관으로 인식되었다고 볼 수 있다. (오성철, 앞의 책, 117면.)

28) 1894년 과거제 폐지 이후 한문은 기존의 입신양명의 도구로서의 역할을 잃고 쇠퇴할 수도 있었으나, 1910년대 일제의 국권침탈 이후로 일본은 『매일신보』를 필두로 한문학의 진흥에 앞장서는 모습을 보여서 1910년대에는 유림들의 적극적인 활동도 눈에 띈다. (권보드래, 「1910년대의 이중어 상황과 문학 언어」, 『한국어문학연구』 54, 한국어문연구학회, 2010, 13~18면 참조.) 참고로 고종 16년 1879년 2월 27일에 치러진 정시(庭試)에는 213,500명이 과거를 응시했다. 이를 토대로 정병설은 최소 50만명 이상의 한문 해독층이

1932년까지도 서당은 1만개 이상 존재했다고 한다.[29] 서당은 한문을 배우고 경전 등을 공부하는 곳이었고, 이를 바탕으로 유학적 가치를 학습하고, 민족의식도 가르치는 전통교육기관으로서의 역할을 했다.[30]

서당에서 한문 학습을 하지 않고, 일제 치하 근대적 학교를 다닌 이들에게도 한문은 필수적인 교과목이었다. 국권침탈 이후로 조선총독부가 "國語"로 설정한 일본어와 상대하여 설치한 교과목이 "朝鮮語及漢文"이었고, 이는 보통학교, 중등학교나 이에 기준하여 과목들을 개설해야 했던 사립학교들에 공통된 주요 교과목[31]으로서 가장 비중이 컸던 국어(일본어) 다음의 비중을 차지하고 있었다. 그리고 이 안에서도 조선어보다는 한문의 비중이 더 컸다. 이는 대만과 조선 같은 일본의 주요 식민지가 전통적인 한자문화권에 속하고, 일본어 또한 한자와의 혼용을 피할 수 없다는 점에서 식민지 문화통합을 위한 필수적인 매체였던 까닭이었다.[32]

존재했다고 추정하고 있다. 정병설, 『조선 시대 소설의 생산과 유통』, 서울대학교 출판문화원, 2016, 52~53면.

29) 고마고메 다케시, 『식민지제국 일본의 문화통합』, 149~150면. 임상석, 「일제강점기, 조선총독부의 조선어급한문 교과서 연구 시론」, 『한문학보』, 22, 2010, 140면에서 재인용. 여기에서 유념해야 할 것은 기존의 서당이 한문만을 가르쳤던 것과 달리 1920년대부터 일었던 서당 개량운동은 서당에서도 한문 이외에 신식학문을 가르쳐야 한다고 주장했다는 점이다. 그러나 여기에서도 '經史' 학습을 기본으로 하고 그 외에 신식학문을 더하는 식으로 학습이 이루어졌다는 점에는 변함이 없다. 일제하 서당 개량운동에 대해서는 박종선, 앞의 글 참조.

30) 박종선, 앞의 글, 58면.

31) 식민지 시기 공립학교는 물론 사립학교도 일왕의 칙령인 제1차 조선교육령에 따라야 했으며, 조선총독부의 엄격한 통제와 감독을 받았고 일어와 조선어급한문 교과목은 필수로 지정되어 있었다. (김규창, 「조선어과 시말과 일어교육의 역사적 배경」, 『어문집』 9, 서울교육대학교, 1977 참조.)

32) 이 교과서에는 사서 등의 경사집류와 고문진보 등의 고문류, 한국과 일본의 한문 문헌 등이 실려 있었다. (임상석, 「일제강점기, 조선총독부의 조선어급한문 교과서 연구 시론」, 『한문학보』, 22, 2010, 132~137면 참조.)

이광수, 김억, 김소월이 몸담았던 오산학교의 교과목은 밝혀져 있지 않으나, 오산학교가 모델로 삼은 대성학교의 교과목[33]을 바탕으로 추정해 볼 때, 오산학교에서도 한문과 작문 시간에 한문을 읽히고 전통적인 유교 교육에 따른 다양한 종류의 한문을 쓰게 했던 것으로 추정된다.[34] 오산학교의 초대 교장은 정주군에서 이름 높은 선비인 백이행(白彛行)이었고, 두 번째 교장은 한학과 신학문 모두 조예가 깊은 여준(呂準, 1862~1932)이었다는 것은 한문 교육의 비중을 짐작하게 한다.

20세기 초에 조선에서 교육받는다는 것은 서당을 다니거나 공립 또는 사립인 학교에 다니는 것이었고, 두 경우에서 모두 한문을 배워야 했다. 서당에 다니거나 한학을 사숙한 사람들뿐만 아니라 공립학교와 사립학교 학생들도 한시 백일장에 대거 참여하여, 공립학교와 사립학교 학생들 사

개화기부터 일제 말기까지 한문 교육을 일별하자면, 1906~1909년은 한문교과가 보통학교에서 주당수업시수가 4시간으로 조선어(6), 일어(6)과 비교해보았을 때 많은 시수를 차지하는 중요교과목이었음을 알 수 있다. 1910~1922(제1차 조선교육령 실행기)에는 일어는 주당 10시간이었지만, 조선어급한문은 1,2학년 6시간 3,4학년은 5시간으로 배정되어 있다. 1922~1938(제2차 조선교육령 시행기)에는 보통학교에서 조선어와 한문이 분리되고, 필수가 아닌 수의과목이나 선택과목으로 변했다. 고등보통학교교육과정에서는 한문이 국어급한문(즉 일본어와 한문)과 조선어급한문 등으로 편재되었고, 1922년 소학교규정에서는 국어급한문으로 한문을 일본어와 묶어서 가르치게 되었다. 일제 말기(1938~1945 제3차 조선교육령 실행기)에는 조선어의 주당 시수를 1~2시간으로 축소하고, 한문은 여전히 일본어와 함께 묶어서 가르치게 된다. (최관진, 어문정책과 한문 교육정책의 변천 연구, 『청람어문교육』 26, 청람어문교육학회, 2003 참조.)

33) 설립 연도는 다음과 같다. 보성학교(1906), 휘문의숙(1906), 오산학교(1907), 융희학교(1908), 대성학교(1908). 대성학교에서는 예비과부터 3학년까지 한문을 배우게 했으며, 작문시간에는 論, 策, 記, 銘 등 다양한 한문 글쓰기를 실행했음을 알 수 있다. (박의수, 「개화기 대성학교의 교육사적 의의」, 『한국교육사학』 19, 한국교육사학회, 1997, 191면.)

34) 김억이 학생으로 다니던 시절 오산학교에서 한문은 설립자 이승훈의 취지에 공감한 박기선이라는 선비가 가르쳤다고 한다. (이경림, 「오산학교의 교육이념과 실천 연구 -정주시대의 남강, 교직원, 학생들의 활동에 대한 분석」, 인천교육대학교 교육대학원 석사논문, 2001, 47면.)

이에 경쟁이 일어났을 정도[35]였다는 것에서도 방증된다.

이렇게 학교의 교과목이었을 뿐만 아니라, 한문은 1894년 과거제도 폐지 이후 식민지기에 이르기까지 여러 중요 시험에서 핵심 과목 중 하나여서, 시험을 거쳐서 기관에 합격하기 위해서는 한문을 읽고 쓰는 능력을 배양해야만 했다. 조선 최초의 근대식 학교관제에 의하여 설립된 최초의 관학이자 교사를 양성하기 위한 최초의 근대식 학교의 입학시험은 한문시험이었다. 1900년도 한성사범학교 입학시험을 회고하는 글을 살펴보면[36], 사서삼경을 읽고 순한문으로 작문을 하는 것이 중요한 시험과목이었다. 또한 사범학교에서 가르치는 가장 주요한 과목이 한문으로, 사서삼경 그중에서도『논어』와『맹자』가 핵심이었다. 이처럼 20세기 초 공식적인 교원양성 기관에서도 한문 능력을 기준으로 학생을 선별하였고, 그 안에서도 한문 교육의 비중이 매우 높았다. 게다가 관립 영어학교 입학 시에도 사서삼경을 읽는 것으로 시험을 보았을 정도이다.[37] 1915년 시행된

35) 이경현, 앞의 글, 63면.

36) 입학자격으로 말하면 퍽 수준이 놉핫스니, 당시난 지금과 달너서 한문이 말할것도 업시 전성하엿든 시대이라, 7書의 소양이 잇고, 純한문으로 능히 작문을 지을만한 학력이 잇서야 입학이 되엿든 것이엿다. (… 중략 …) 입학시험은 學部의 큰 대청에서 보앗는대 紙筆墨을 죽 난호아 주엇고 上試로는 학부대신, 副試로는 학무국장 그리고 일반 試官으로 각 교관이 열석하엿스며, 수험생은 최소년자 18,9세 이상으로 4,50세의 장년 또는 장년기를 지난 사람들노서 큰 갓을 쓰고 혹자는 수염까지 쓰다듬고 안젓스니, 지금과 비교하야 상상컨댄 일종 奇觀이라 할 것이다. 내가 치른 기억을 들추건대, 제1일은 독서시험이니 7書 가운대 어느 중에서나 읽혀보앗다. 나는 그때 大學 서문을 읽히다. 그리하야 제1일 독서시험에 한 절반이 떨니고, 제2일에는 純한문으로 작문을 지엇스니 이 결과 또한 절반 이상이나 떨니고, 제3일에는 합격자 발표가 잇섯다. (… 중략 …) 학과는 지금과 갓치 구비치는 못하엿스나 한문은 7書, 7書 중에도 論語와 孟子를 치중하엿고, 일주일에 작문 3회(純한문 及 국한문 등) 수학으로는 산술로부터 대수, 기하와 물리, 화학, 지리, 역사 등도 잇섯스나, 그 중 제일 만흔 학과가 한문이엿다. 김창제, 「나의 모교와 은사」, 『삼천리』 4권 1호, 삼천리사, 1932.1.1, 17~18면.

37) 장응진, 「이십 년 전 한국학계 이약이, 내가 입학시험 치르던 때, 중학도 사범도 내가

기독교 학교들의 연합시험 교과목은, 성경, 기하, 화학, 역사, 일어와 함께 한문이 포함되었다.[38] 1935년 당시 한 중등학교 입학시험을 보면 2시간 동안 한문으로 사백자 이상 작문을 하는 한문 작문시험이 필수시험이었던 것이 확인된다.[39] 전문학교와 대학교 시험과목에서도 한문이 공통된 시험과목이었다.[40] 소학교, 보통학교, 사립학교교원 시험에서도 한문 시험을 봐야 했다.[41]

일제 통치하에서 '입신출세'를 위해서도 한문 독해와 작문은 필수적인 능력이었다. 3·1운동 이후 일본의 '동화' 정책의 하나로 1924년 예과 1926년 학부를 개설하여 식민지 조선에서 '입신출세'의 경로로 주목받은[42] 경성제국대학 예과의 입학시험은 크게 4과목으로 일본어 및 한문,

---

처음 점심갑 타가며 학교에 다소」, 『별건곤』 5호, 개벽사, 1927.3.

38) 이경숙, 「일제시대 시험의 사회사」, 경북대학교 박사논문, 2007, 288면.

39) 「명교학원 제3회 입학선발시험상황」, 『일월학보』 3호, 일월시보사, 1935.5, 12~15면. 이경숙, 앞의 글, 210면에서 재인용.

40) 이경숙, 앞의 글, 272~3면. 경성제국대학, 경성법학전문학교, 경성의학전문학교, 경성고등공업학교, 보성전문학교, 연희전문학교, 세브란스의학전문학교, 경성치과의학전문학교에서 '일어 및 한문'이 시험과목이거나 '한문'이 독립된 시험과목이었다.

41) 김광규, 「일제강점기 조선인 초등교원 시책 연구」, 서울대학교 박사논문, 2013, 28면. 이경숙, 「일제시대 시험의 사회사」, 경북대학교 박사논문, 2007, 130, 133면. 흥미로운 것은 1920~30년대 일본인 교원시험위원 가운데 6회 이상 연속해서 시험위원으로 차출된 사람은 모두 5명인데, 이중 4명이 고등사범학교 출신이고 이 출신이 아닌 松橋喜代治은 한문을 수학한 사람이었다는 것이다. (이경숙, 「일제시대 시험의 사회사」, 경북대학교 박사논문, 2007, 148면 참고.) 마찬가지로 중복된 조선인 교원시험위원 중 이진호는 다른 학력 없이 한문 수학이 유일한 학력이다. (위의 글, 151면). 이런 점을 보았을 때 일제하 교원시험 중 한문시험은 전통 한학을 수학한 이들이 출제하기도 했음을 알 수 있다.

42) 정준영, 「경성제국대학과 식민지 헤게모니」, 서울대학교 박사논문, 2009, 231면. 일제하 고등문관시험 사법과에 합격하여 조선총독부의 판사, 검사로 임용된 조선인은 97명이었다. 이중 제국대학 및 관립대학 출신자들이 54명이었고 사립대학 출신자들이 43명이었다. 제국대학 및 관립대학 출신자 중 경성제대 출신이 22명으로 가장 많았다. 사립대의 경우에는 일본 중앙대학이 20명으로 가장 많았다. 전병무, 「일제하 고등문관시험 출신 조선인

외국어, 수학, 역사(문과)/박물(이과)였다.[43] 경성제국대학 예과에서 문과의 경우는 국어 및 한문 시수가 독어 다음으로 영어와 비슷한 수준으로 중요한 과목이었다.[44] 특히 경성제국대학 조선인 학생들이 선호했던 강의는 조선 한문 고전을 강독하는 '鮮式 한문 강독'이었다.[45] 총독부의 1920~30년대 고등문관시험의 행정, 외교, 사법 모든 분야에 한문은 선택과목이었고, 보통문관시험에서 한문은 필수과목으로 백문훈점(白文訓點)과 해석이 출시되었다.[46] 특히 1차로 산술, 지리, 역사, 한문 4과목을 보고, 여기에서 1/2가량이 합격이 되었으며 합격자 중에 2차로 행정법, 민법, 형법을 보고 3차로 구술시험을 보는 형태였다는 점에서 한문 시험의 비중을 짐작할 수 있다.[47]

이처럼 근대시 형성기의 식자층에게 한문을 읽고 쓰는 것은 기본적인

판, 검사의 사회경제적 배경」, 『한국학논총』 34, 국민대학교 한국학연구소, 2010 참조.

43) 정준영, 앞의 글, 130면.

44) 위의 글, 172면.

45) 위의 글, 242면.

46) 일제하 고등문관시험 사법과에 합격하여 조선총독부의 판사, 검사로 임용된 조선인의 사회경제적 배경은 지주층(양반), 대한제국 말기부터 번창한 상공업 종사자, 그리고 관리로부터 출발한 전문직 종사자들이 대부분을 이루었다. (전병무, 「일제하 고등문관시험 출신 조선인 판, 검사의 사회경제적 배경」, 『한국학논총』 34, 국민대 한국학연구소, 2010 참조.) 대한제국, 통감부, 총독부 시기 주임관 이상의 관직자를 중심으로 실증적인 연구를 진행한 김선미에 따르면, 양반을 중심으로 했던 전통사회구조의 지배계층이 일제 총독통치기에도 그대로 지속한다. 이를 바탕으로 김선미는 일제 통치가 일제 식민주의자들만의 지배가 아니라 조선 후기 이래 지속하여온 전통적 관료지배세력과 대지주, 상업, 산업자본가 등과 함께 형성한 공생적이고 협동적인 통치체제라고 결론 내린다. (김선미, 「일제 식민지시대 지배세력의 성격에 관한 연구: 주임관 이상의 관직자를 중심으로」, 이화여대 석사논문, 1992 참조.) 이는 지배세력의 사회경제적 배경이나 관직 중시뿐만 아니라, 대한제국, 통감부, 총독부 시기 관료가 되기 위해서 요청되었던 한문 소양과도 무관하지 않을 것이다.

47) 이경숙, 앞의 글, 67면.

능력이었고, 한시를 직접 짓는 사람들도 많았다.[48] 최남선, 이광수, 김억, 김소월 등 또한 한시를 번역하거나 창작하는 등의 교육을 받았다. 최남선(崔南善: 1890~1957)은 한성부에서 동주 최씨 정안공파 중시조 최헌규(崔獻圭: 1857~1933)의 차남으로 태어나 7~8세 경부터 홍충현(洪忠鉉)의 서당 및 여러 서당을 6여 년 다니면서 한학을 배웠다.[49] 이후 경성학당에서 3개월 공부하고, 일본 국비장학생으로 유학해서 1차 유학때 1개월 반, 2차 유학 때 3개월이 최남선이 받은 학교 교육의 전부이다. 특히 최남선은 자신이 도연명의 『도정절집』을 열독했다고 고백한 바 있다.[50]

이광수(李光洙: 1892~1950)는 평안북도 정주에서 전주 이씨 이종원(李鍾元) 5대 장손으로 태어나 어린 시절 한학 교육을 받았고 6살에 서당에 다녔으며, 일곱 살에 한문 편지를 쓰고, 『사략』, 『대학』, 『중용』, 『맹자』등을 읽었고 한시 백일장에 장원을 했다고 한다. 1905년 일진회 유학생으로 선발되어 대성중학에 편입했다가 귀국하고, 1906년 메이지학원(明治學院) 중학부 3년에 편입했다. 1915년 와세다대학 철학과에서 수학하고 1926년 경성제대 법문학부를 중퇴한 것이 이광수가 받은 교육이다. 특히 그는 많이 남긴 자서전적 글들에서 어린 시절 한시를 지었던 것을 기록한 바 있다.[51]

---

48) 이는 2.2.2에서 자세히 서술될 것이다.

49) 이영화, 『최남선의 역사학』, 경인문화사, 2003, 19면.

50) 「十年」, 『청춘』 14, 1918.7., 4면. “家世ㅣ藥을業하야書卷의貯ㅣ無하고다만首尾蝕煤한陶靖節集이有한지라八九歲에此를耽讀하야스스로名利外의一世界를得하니實로其意는解치못호대其味는得하얏다할것이라” 이처럼 자기서사에서 처음으로 탐독하여 깊은 영향을 받은 책으로 『陶靖節集』을 꼽았다는 것은 이를 자신의 문학관의 기원으로 삼는 것이라 평가할 수 있다.

51) 『대한매일신보』 발췌록, 청구대학출판부, 96~97면. 김윤식, 『이광수와 그의 시대 1』, 한길사, 1986, 51면에서 재인용.

김억(金億: 1896~ ?)은 1896년 평안북도 정주군에서 경주 김 씨 18대 종가의 맏이로 태어나 열두 살 때까지 한문을 배웠다.[52] 이후 김억은 오산학교를 졸업하고 일본 게이오의숙 문과에 입학했다가 아버지의 죽음으로 중퇴하고 귀국했다.

김소월(金廷湜: 1902~1934)은 평안북도 구성에서 공주 김 씨 종손으로 태어나 4~5세 때 할아버지로부터 천자문을 배우고, 그 후에 홀로 한문 선생을 모시고 3~4년 한학을 수학하였다고 한다.[53] 이후 남산보통학교를 졸업하고 오산학교과 배재고보를 졸업하고 동경상과 예과에 입학했다가 관동대지진으로 중퇴하고 귀국했다.

즉 이 시인들은 모두 적어도 3년 이상 한학만을 집중적으로 수학하는 시기를 거치고, 그 이후 식민지 조선에서의 초중등 교육을 거치면서 한문을 배웠다. 특히 취향이 형성되는 시기에 이들이 한학을 집중적으로 접했다는 것을 염두에 둔다면, 이들이 시구문학을 지향하다가 이후 한시 취향을 고백하거나 한시 번역을 하는 것이 돌발적인 것이 아니라, 유년기부터 잠재되어 있던 교육이 자연스레 드러나게 된 것임을 알 수 있다.

2) 한시의 융성

근대시 형성기는 "한시를 중심으로 한문학이 가장 융성했던 시기[54]"로, 한시는 당대에 활발히 창작되었다. 1898~1925년에 근대 매체에 실린 한시를 모두 합하면 3만여 수 이상의 한시가 수록되어 있다. 이처럼

52) 박진수, 「안서의 생애」, 김학동 외, 『김안서 연구』, 새문사, 1996, 292면.

53) 김학동, 『김소월평전』, 새문사, 2013, 206면. 그 이후 『사서삼경』을 배웠다는 기록이 있다. 김영삼, 『소월정전』, 성문각, 1961, 244면. 김학동, 앞의 책, 297면에서 재인용.

54) 김진균, 「한학과 한국한문학의 사이, 근대한문학」, 『국제어문』 51, 2011, 142면.

"25년 정도의 짧은 기간에 이토록 다양하고 많은 한시가 독자층에 제공된 것은 한국 문학사에서 유례가 없는 일"[55]이라고 평가된다. 이는 한자문화권에서 유사하게 나타났던 현상으로, 일본 메이지 30년대(1897~1906)와 청말민초(淸末民初. 20세기 초반)의 중국에서 동일하게 나타났던 현상이다.[56] 따라서 최남선 등이 국문시를 쓰면서 한시를 의식하고, 또 한시를 번역하고 한시를 창작하기도 했을 때, 이것은 유별나게 과거의 '전통'을 계승하려는 노력이 아니라 당대의 한문맥을 반영한 것이라 볼 수 있다.

『동아일보』, 『매일신보』, 『신한민보』, 『조선중앙일보』, 『고려시보』, 『경남일보』 등의 근대 신문에 한시를 게재하는 란이 있어서 고정적으로 한시가 게재되었다. 이 중 『매일신보』에는 1910~1945년까지 11,776수가 게재되었고, 1920~1940년까지 『조선일보』에 1,192수, 『동아일보』에 2,058수가 게재된 것이 조사된 바 있다.[57] 『개벽』, 『삼천리』, 『동광』, 『신생활』, 『신민』 등의 잡지에도 한시가 다량으로 게재되었다.[58] 그 외에도 한시를 전문적으로 간행하는 신해음사(辛亥唫社), 해동문예사(海東文藝社), 만성

---

55) 주승택, 「국한문 교체기의 언어생활과 문학활동」, 『한문학과 근대문학』, 태학사, 2009, 117면.

56) 齋藤希史, 『漢文脈の近代: 淸末=明治の文学圈』, 名古屋大学出版會, 2005 참조. 일본의 경우 한시나 한문장은 메이지 시대에 들어서 최고의 경지에 도달했다고 평가된다. 또 이 시기 공식적인 대학에서는 한학은 거의 폐지되었지만, 각 지방에서는 에도시대부터 존속해있었던 가학과 사숙을 통해 한학이 왕성하게 계승되고 있었다. 詩社도 메이지 시대동안 존속했고, 동판과 연판 인쇄가 발달해서 발행 부수도 비약적으로 늘면서 메이지 45년 동안 한시 문집의 수가 1400권을 넘었다고 한다. 세리카와 테쓰요, 「일본 근대시 형성과정에 있어서의 한시의 위상」, 『한국시가연구』 26, 2009, 529~530면. 이런 의미에서 "명치 20년대는 실로 한시 전성시대"라는 평가도 가능했다. 大町桂月, 「明治文壇の奇現象」, 임경화, 「지사와 문인, 정치와 문학 -일본에서의 한시와 근대와 지식인」, 『대동문화연구』 65, 성균관대학교 대동문화연구원, 2009, 353면에서 재인용.

57) 이희목 외, 『식민지시기 한시자료집』, 성균관대학교 대동문화연구원, 2009, 10면.

58) 위의 책, 8~9면.

시보사(萬姓詩譜社) 등이 한시 전문 잡지를 발간하였다.[59] 한시뿐만 아니라 식민지시기 조선인이 간행한 단행본 중 한문자료의 비중은 27.27%에 달한다.[60] 이러한 근대적 매체를 통한 유통 외에도 여러 판본으로 개인문집이나 한시선집이 활발히 유통되었던 것도 감안한다면[61], 이 당시 한시의 융성은 획시기적이었다고 할 수 있을 것이다.

이러한 한시의 융성은 독자들의 한시 향유에의 욕구와 한시 창작층의 두터움을 보여준다.[62] 이는 당시 인쇄기술이나 상업자본주의의 발달을 전제로 해서 가능했던 것은 물론이다. 그러나 이러한 기술과 환경만으로는 한시의 융성이 설명될 수 없다. 문제는 어떠한 동기가 이러한 분출을 야기했는가이다. 이러한 현상은 정치적으로는 일제가 조선의 기득권 세력을 회유하기 위한 정책으로서 한학을 장려한 것[63]과도 관련이 있다. 더

---

59) 신해음사의 성격과 그 발간인인 안택중의 '시학부흥'의 의도에 대해서는 신상필, 「근대한문학의 성격과 신해음사」, 『한문학보』 22, 우리한문학회, 2010 참조. 해동문예사가 발간한 『해동집』에 대해서는 김풍기, 「『해동집』의 편찬과 그 의미」, 『강원문화연구』 24, 강원대학교 강원문화연구소, 2005에서 간략히 소개되었다. 『萬姓詩譜』는 1920년에 伊藤卯三郞의 이름으로 나와있는 것이 남아있다. 伊藤卯三郞, 『萬姓詩譜』, 萬姓詩譜社, 1920.

60) 한기형, 「'이중출판시장'과 식민지 검열」, 『민족문학사연구』 57호, 민족문학사학회, 2015, 133면.

61) 호남지역의 20세기 한문학 문집만 천여 종이 넘는다. 『20세기 호남 한문 문집 간명 해제』, 경인문화사, 2007 참조. 한영규는 식민지시기 한시선집을 서울과 지방에서 다른 양상으로 간행되었음을 지적한다. 서울에서는 한시집이 주로 연활자본으로, 지방에서는 석판본, 목활자본으로 인쇄되었다. 그리고 지방에서 간행된 시선집이 형태도 다양하고 종수도 많다는 것이다. 한영규, 「20세기 전반 한국 한시선집의 존재상과 문학사적 위상」, 『근대 한자, 한문의 문맥과 한국어문학의 전개』, 반교어문학회 155차 정기학술발표회자료집, 2016.8. 2~3면.

62) 이희목 외, 앞의 책, 5~6면.

63) 1911년 관주도로 경학원이 설립되면서 유교단체들이 다시 흥기하기 시작한다. 일본인과 조선인이 화합하여 경학과 시문을 연구하는 목적으로 설립된 이문회(以文會)(1911)등도 설립되었다. 이경현, 「1910년대 신문관의 문학 기획과 한국 근대문학의 형성」, 서울대 박사 논문, 2013, 56면. 이와 관련하여 일제강점기의 친일 한시는 차운이나 수창과 같은

근본적인 동기는 19세기부터 양반층이 확대[64]되었고 이에 반해 과거를 통한 입신의 기회는 제약되어 지식인층이 서당교육을 통해 생계를 유지하게 된 현상과 관련이 있다. 이에 따라 시골에도 서당이 생기게 되어서 상민들도 한문교양의 기회가 생겼다.[65] 이러한 한문 학습에 관한 열의는 공식적인 신분제가 폐지되면서 오히려 양반문화의 동경과 문화자본을 획득하기 위한 학습으로 해석될 수 있다.[66] 특히 당시 인기를 끌었던 한시 선집 등이 "시의 내용성보다는 시의 형식미 추구하는 방향"[67]으로 나아가

집단 창작 방법으로 대량으로 집필되고 근대 매체를 통해서 연재되었다. 이는 조선인 다수의 참여를 이끌어내고 일제 지배 이념을 내면화하는 기제로 작용하였다. 이에 관한 분석은 박영미, 「친일의 도구, 한시 그리고 클리셰」, 『한문학논집』 31, 근역한문학회, 2010 참조.

64) 개인의 회갑 등을 축하하는 한시들은 19~20세기에 널리 출간된다. 이는 양반층의 확대와 관련하여 자신의 신분표지를 획득하기 위한 노력으로 해석된 바 있다. 김윤규, 「『암재창수록』에 나타난 19세기 말 지방 인사들의 한시 창수문화」, 『동방한문학』 62, 동방한문학회, 2015, 383~384면.

65) 이희목, 「일제 강점기 한시 소고」, 『인문과학』 45, 성균관대 인문과학연구소, 2010, 8면.

66) 이 지점은 부르디외가 쁘띠 부르주아의 특성을 탁월성을 소유하려는 상승지향으로 분석한 것과 연결해 볼 수 있다. 삐에르 부르디외, 『구별짓기』 하, 최종철 옮김, 새물결, 2005, 582~675면.

대한제국, 통감부, 총독부 시기 주임관 이상의 관직자를 중심으로 실증적인 연구를 진행한 김선미에 따르면, 양반을 중심으로 했던 전통사회구조의 지배계층이 일제 총독통치기에도 그대로 지속된다. 이를 바탕으로 김선미는 일제 통치가 일제 식민주의자들만의 지배가 아니라 조선 후기 이래 지속하여온 전통적 관료지배세력과 대지주, 상업, 산업자본가 등과 함께 형성한 공생적이고 협동적인 통치체제라고 결론 내린다. (김선미, 「일제식민지시대 지배세력의 성격에 관한 연구: 주임관 이상의 관직자를 중심으로」, 이화여자대학교 석사논문, 1992 참조.) 이는 지배세력의 사회경제적 배경이나 관직 중시뿐만 아니라, 대한제국, 통감부, 총독부 시기 관료가 되기 위해서 요청되었던 한문 소양과도 무관하지 않을 것이다. 때문에 식민지기 사람들의 양반문화의 동경은 시대착오적인 것이 아니라, 신분상승에 무엇이 필요했는지를 적확하게 파악한 결과였다고도 할 수 있다. 이와 비슷한 맥락에서 19세기에 새로이 양반신분을 취득한 이들은 원래 양반보다도 더 엄격한 태도로 유교적 실천규범을 일상화하고 내면화했음이 지적된 바 있다. (배항섭, 「19세기 지배질서의 변화와 정치문화의 변용- 仁情 願望의 향방을 중심으로」, 『한국사학보』 39, 고려사학회, 2010 참조.)

면서 “한시 창작 매뉴얼북”[68]의 성격을 지녔다는 분석은 이러한 해석을 뒷받침한다.

1934년 당대 보고서에 따르면 양반 유림의 세력은 매우 크고, 양반들의 문화가 뿌리 깊게 계승되고 있었다. 여전히 문묘(文廟), 향교(鄕校), 서원(書院), 사원(祠院)은 그대로 계승되어 이를 중심으로 단체를 결성하며 자신들의 위세를 유지하려고 노력했다.[69] 1928년 당시 조선의 유생 수는 227,546명에 이르고 있는 상황이었다.[70] 이들 중 상당수가 한시의 작가이자 독자였을 것이다.[71] 이들은 시회를 열고 시사(詩社)를 결성하여 한시를 지었으며 이에 대해서 토론하고 한시집을 펴내는 활동을 지속했다.[72]

---

67) 한영규, 앞의 글, 7면.

68) 위의 글, 9면.

69) 善生永助, 「朝鮮儒林の分包」, 『朝鮮』 226호, 1934.3. “사대사상이 강렬하고, 가문 문벌을 숭상하고, 조상을 숭배하는 것에 불타고 있는 조선은, 사민평등의 시대인 현재도 여전히 계급관념이 왕성해서 각 지방에 있어서 양반 유림의 세력이 매우 크다.”(40면. 번역은 인용자)라고 전제하며, 서인, 남인, 노론, 소론 등을 설명하며 현재도 다른 당파 양반과는 혼인하지 않고, 당파 간 매사에 충돌을 일으키고 있다고 소개한다. 이러한 양반의 세력들이 지방을 섭서하고 세력을 넓혀서 조선 시대의 文廟, 鄕校, 書院, 祠院을 그대로 계승해서 이를 중심으로 단체를 결성하고 있다고 설명하고 있다. 때문에 이들을 파악하기 위해서 조선의 지방별 문묘 수, 유림의 총수 등을 밝히고 있다. 1910년 5월 10일 조사에 의하면 관공리 15758戶, 양반 54217戶, 유생 19075戶 등이며, 1928년 총독부 조사는 조선 시대로 따지자면 양반과 유생의 수를 포함한 개념인 ‘유생’이 227,546명임을 밝히고 있다.(43면) 이 글의 저자인 善生永助(젠쇼 에이스케, 1885~1968)은 일본의 조선총독부 촉탁으로 일하면서 1923년부터 12년 동안 많은 양의 보고서를 작성했다. 박현수, 「일제의 조선조사에 관한 연구」, 서울대학교 박사 논문, 1993, 85~86면.

70) 善生永助, 앞의 글. 이문구의 『관촌수필』은 해방 이후에도 이러한 양반문화가 어떻게 남아있는지 생생하게 묘사하고 있다. (이문구, 『관촌수필』, 문학과지성사, 2003.)

71) 이종묵, 「일제강점기의 한문학 연구의 성과」, 『한국한시연구』 13, 한국한시학회, 2005, 423면.

72) 대표적으로 매천시파의 활동을 들 수 있다. 매천 황현 사후 그의 제자들은 매천의 문장과 정신을 계승하는 데 노력하였고, 이를 바탕으로 龍臺詩會, 龍湖亭詩契라는 詩社를 만들기도 했다. 김정환, 「雲樵 王粹煥의 시 세계 고찰」, 『한국문학연구』 30, 동국대 한국문학연

15세기 이후 지방 유림들의 이해를 대변하는 향촌자치기구였던 향교는 문묘 향사 및 향약(鄉約)을 시행했다. 1924년에는 전국에 324개, 1940년에는 327개의 향교가 현존하고 있었다.[73] 식민지 시기 향교의 주 임무는 문묘의 유지 및 석전제(釋奠祭, 문묘에서 공자에게 지내는 제사)와 지방교화로 크게 둘로 나눌 수 있다. 지방교화의 내용은 효자, 절부, 자선사업가 등을 표창한 선행자 표창비, 일본의 근대 선진문화의 우수성을 선전하려는 목적의 시찰 보조, 신지식 보급을 위한 서적 구입 및 유학(留學) 비용 지원 등이었다.[74] 이러한 향교는 여전히 지역사회에서 차지하는 위상이 지대하였다고 평가된다.[75]

이처럼 한시는 몰락하고 있던 구시대의 유습이 아니라, 당대 융성하고 있는 현재적인 장르였다. 앞서 살펴본 것처럼, 이러한 환경 속에서 한시를 의식하면서 근대 시인들은 국문시를 썼다. 근대시의 선구자들이 국문시를 게재한 잡지들 『학지광』, 『개벽』, 『삼천리』, 『동광』, 그리고 신문들 『동아일보』, 『매일신보』 등에는 한시가 함께 게재되고 있었다. 한시는 구세대 유학자들의 호고취미가 아니라 근대 유학생들도 여전히 창작하고 있었던 현재진행형인 관습이자 예술이었다. 기존 연구들은 이렇게 조선 '근대'의 시가 복수(複數)의 형태로 존재했다는 사실과 그 다면성의 중요한 한 장면이었던 한시의 존재를 주목하지 않았다. 이 책은 이러한 한시를 비롯한 한문맥이 근대 국문시에 영향을 끼쳤다는 사실에 주목함으로

구소, 2006 참조. 이러한 유생들의 시회와 앞서 언급한 辛亥唫社, 海東文藝社, 萬姓詩譜社의 구성원은 겹치는 부분도 있지만, 辛亥唫社의 경우 기생 등의 참여도 있었기 때문에 일정 정도 구분된다고 할 수 있다. 신해음사에 참여한 여성의 신분에 대해서는 임보연, 「18세기~20세기 초 여성 시회 연구」, 경희대학교 박사논문, 2015, 95면.

73) 김명우, 「일제 식민지시기 향교 연구」, 중앙대학교 박사논문, 2007, 37면.

74) 위의 글, 145면.

75) 위의 글, 181면.

써 근대 국문시의 새로운 측면을 드러낼 수 있다고 판단한다. 즉, 최남선, 이광수, 김억, 김소월은 서구 근대시만을 읽고 번역하여 이것만을 지향했거나, 또는 조선(어) 전통의 민요나 시조만을 계승하여 글을 쓴 것이 아니다. 이들은 한시를 읽고 번역했으며 한편으로는 이를 지향하면서 글을 썼다. 그 과정 중에 전통적인 한학자들과 교류하며, 문학이란 시란 무엇인가를 고민했다. 이러한 과정을 잘 보여주는 것이 다음 절에서 서술될 최남선 주도의 신문관과 조선광문회이다.

3. 번역과 한문맥의 변화

1) 서구의 번역과 주인 언어로서의 한문맥

근대시 형성기에 한문맥은 이미 흘러가서 박제된 과거의 한문전통이 아니라, 현재진행형인 맥락이었다. 한문맥, 즉 한자로 된 말의 세계는 고정된 실체가 아니라 부단히 변화하는 맥락이다. 한문맥은 산스크리트어로 된 불전(佛典) 번역을 통해서 세계관을 넓히고 많은 개념을 생성해냈다. 선불교와 성리학은 이러한 융합을 통해 발전되어 왔다.[76] 서구와의 접촉도 마찬가지로 한문맥을 갱신하면서 많은 한자어 개념어들을 새로 만들고 기존의 것들을 갱신했다.[77] 실제로 서구어와 그것이 담고 있는 서

---

76) 최준식, 「동북아 문명의 창조적 시원과 발전적 보전의 두 주역, 중국과 한국: 종교 사상과 의례를 중심으로」, 『한국문화연구』 23, 이화여자대학교 한국문화연구원, 2012 참조.

77) 19세기 후반 서학 번역으로 인한 한문맥의 변화에 대해서는 윤영도, 「중국 근대 초기 서학 번역 연구: 『만국공법』번역 사례를 중심으로」, 연세대학교 박사논문, 2005 참조. 여기에서 윤영도는 당시 서학 번역이 서구를 향하는 구심력과 서구에 이탈하는 원심력, 즉 구문맥 본래의 의미가 그대로 한문맥으로 이식되는 것이 아니라 기존에 있던 전통 담론과 뒤섞이며 혼종화됨을 잘 지적하고 있다. 특히 그의 글에서 4.3 「만국공법의 번역과 그

구사상의 번역은 기존 한문맥에 비추어 적절한 한자어로 번역되거나 음차되었고, 이를 통해 한문맥은 갱신되어왔다. 그러나 이것이 일방적이고 순탄한 갱신은 아니었다. 특히 조선처럼 직접 서구어를 번역한 것이 아니라 중국이나 일본에서 한자로 번역한 단어를 들여오는 경우는 전통적인 문맥 속에 신조어의 의미가 중화될 수 있었다.[78)]

이 책이 초점을 맞추고 있는 최남선, 이광수, 김억, 김소월 등의 한문맥은 이렇게 서구 사상이 한자어로 번역되어 일신되는, 일신 중인 한문맥과 관련이 깊다. 일례로 한국 근대문학에서 상징적 사건으로 일컬어지는 이광수의 「문학이란 하오」는 문학이 "재래의 문학"이 아니라 "서양어에 문학이라는 어의를 표하는 자로의 문학"이라 주장한다.[79)] '文學'과 'Literature'는 다른 맥락에서 다른 계보를 갖는 개념이다. 이광수는 기존의 문학을 부정하고 이를 'Literature'의 번역어라고 주장했다. 이를 통해 이광수 나름의 새로운 문학을 주창하고 싶었던 것이다. 이는 기존 연구에서 기존의 문학과 단절된 새로운 근대문학론을 제시했다고 평가된다.[80)] 그러나 문제는 그리 단순하지 않다. 어떠한 개념을 번역했을 때,

---

양가적 의미 -종속화와 혼종화」 참조.

야나부 아키라는 에도막부 말기에서 메이지 시대 걸쳐 서구어의 번역어로서 고찰한다. 그에 따르면 '사회(社會)', '개인(個人)', '근대(近代)', '미(美)', '연애(戀愛)', '존재(存在)'는 신조어이거나 실질적으로 신조어에 가까운 단어이다. '자연(自然)', '권리(權利)', '자유(自由)', '피(彼)', '피녀(皮女)'는 일본어에서 일상어로 쓰이다가 번역어로서 새로운 의미가 있게 된 단어들이다. (야나부 아키라, 『번역어의 성립 -서구어가 일본 근대를 만나 새로운 언어가 되기까지』, 김옥희 옮김, 마음산책, 2011, 10면.)

78) 황호덕은 자주(自主), 자유(自由), 자강(自强) 등의 개념들이 조선처럼 신조어를 수입하는 상황에서는 기존의 맥락과 전통 속에서 해석되는 면모를 서술했다. 황호덕, 『근대 네이션과 그 표상들』, 소명출판, 2005, 123~134면 참조.

79) "文學이라는語義도在來로使用하던者와는相異ᄒᆞ다. 今日所謂文學이라함은西洋人이使用ᄒᆞᄂᆞᆫ文學이라는 語義를取ᄒᆞᆷ이니西洋의Literatur惑은Literature라ᄂᆞᆫ語를文學이라ᄂᆞᆫ語로飜譯ᄒᆞ얏다ᄒᆞᆷ이適當ᄒᆞ다." 「文學이란何오」, 『매일신보』, 1916.11.10.

서구의 맥락이 그대로 이식되는 것은 아니다. '문(文)' 안에는 이것과 관련된 오래된 한문맥이 굳건히 자리 잡고 있어서 'Literature'라는 개념이 가진 함축들과 투쟁하고 긴장관계를 이룬다. 이는 때로는 저자의 의도를 벗어난 곳에서 드러나기도 하고, 또는 처음에 저자의 명확해보였던 의도가 한문맥의 오래고 굳건한 세계상과 문맥들 속으로 환원되기도 한다. 그 교섭과 긴장과 환원과 갱신의 변증법에 한국 근대시사의 특수성이 놓여 있다. 이러한 관점에서, 20세기 초 중국의 근대성과 번역에 대해서 연구한 리디아 리우(Lydia He Liu)는 한 언어에서 다른 언어로 개념이 옮겨질 때 그 의미는 주인 언어(host language) 속에서 "창안/발명"됨을 지적했다.[81] 서구 근대의 개념어들은 동아시아 근대에서 한문맥의 언어들로 "창안/발명"되는 것이다. 이광수가 의식적으로는 literature를 지향했을지 모르나, 그 의식의 밑바탕에서 작동하고 있는 문학을 향한 태도는 기존의 '文'의 이념 아래에 작동하고 있음을 이 책의 Ⅲ장에서 구체적으로 분석할 것이다.

기존의 체계와 다른 것을 소개하려 할 때, 이미 존재하고 있는 주인 언어로서의 한문맥을 의식하고 이와의 거리를 설명하는 것이 필요할 수밖에 없었다. 이는 서구의 개념어들이 원어 그대로 사용되는 것이 아니라 기존의 함축들을 담고 있는 한자로 번역되어서 한문맥 속에서 사용되었기 때문에 피할 수 없는 일이었다. 김억이 프랑스 시를 설명할 때 그는

80) 이러한 논리를 대표하는 것이 바로 황종연의 글이다. 그는 이광수의 「문학이란 하오」가 서구와 일본의 문학론을 번역함으로써 성립한 일종의 통언어적 실천(translingual practice)라고 하며, 기존 문학 논의와는 달리 문학을 "심미화하고 민족문학의 이념적 원점을 제시"(황종연, 앞의 글, 479면)했다고 평가한다. (황종연, 「문학이란 역어: 「문학이란 하오」 혹은 한국 근대 문학론의 성립에 관한 고찰」, 『동악어문학』 32, 동악어문학회, 1997.)

81) 리디아 리우, 『언어 횡단적 실천』, 민정기 옮김, 소명출판, 2005, 60면.

평측, 압운 같은 한시에서 비롯한 용어로써 프랑스 상징주의 시를 설명한다.[82] 기존 프랑스 시들은 각운이나 음절수로 정형율을 창출했다. 즉 프랑스 시의 정형율은 중국어의 성조라는 특성과 관계되는 "평측"과는 아무 상관이 없다.[83] 그러나 김억에게, 그리고 김억이 상정한 대상 독자에게는 한시에서 비롯한 용어체계를 통해서만 이 "프랑스"의 "자유시"가 포착되고 설명될 수 있었다는 점이 중요하다.[84] 달리 말하면, 한시 체계와의 비교를 통해서만 프랑스 산문시의 특색을 드러낼 수 있었다는 것이다. 이는 최남선이 "신체시"를 모집하는 광고를 내었을 때도 확인되는 면모이다.

> 新體詩歌大募集. 語數와 句數와 題目은 隨意. 아못조록 純國語로하고 語義가 通키 어려운 것은 漢子를 傍付함도 無妨하고. 篇中의 措辭와 構想에다 光明, 純潔, 剛健의 分子를 包含할 것을 要하고. 技巧의 點은 別노 取치아니함. (『소년』 제2년 제1권, 1909.1.)

여기에서 "어수와 구수"를 "수의"하게 하라는 것과 "아못조록 순국어"로 하라는 것은 이와 대비되는 한시, 특히 근체시를 염두에 두었기 때문

82) 象徵派 詩歌에 特筆할 價値 있는데, 在來의 詩形과 定規를 無視하고 自由自在로 思想의 철운을 잡으려 하는 -다시 말하면 平仄이라든가 押韻이라든가를 重視하지 아니하고 모든 制約, 類型的 律格을 버리고 '言語의 音樂'으로 直接 詩人의 內部 生命을 表現하려는 散文詩다. (김억, 「프랑스 시단」 2, 『태서문예신보』 11, 1918.12.14.)

83) 이광수도 시를 설명할 때, 시의 형식으로 압운과 평측을 두 가지 요소로 제시한 바 있다. 여기에서 춘원은 평측은 조선어에서는 음의 장단을 의미한다고 하였다. (이광수, 「문학이란 하오」, 『매일신보』, 1916.11.10.~12.3.) 김억도 이를 음의 장단이라는 의미로 사용했을 것이다. 그러나 여기에서 중요한 것은, 춘원이나 김억에게 있어 압운이나 평측처럼 한시에서 비롯한 용어로써만 다른 시들이 포착 가능하다는 사실이다.

84) 이는 시에 국한된 것이 아니라, 소위 '개화' 자체가 '한문맥과 구문맥이 절합되며 생성'되었다고 할 수 있다. 황호덕, 이상현, 「서설」, 『개념과 역사, 근대 한국의 이중어사전 1 -외국인들의 사전 편찬 사업으로 본 한국어의 근대』(연구편), 박문사, 2012 참조.

이다. 또 흥미로운 것은 "순국어"로 하되, "어의가 통키 어려운 것은 한자"를 옆에다 쓸 수 있다고 조건을 내건 것이다.[85] 즉 이는 한자에 의미의 기준을 둔 것이다. 이는 동음이의어를 염두에 둔 측면도 있겠지만, "순국어"보다는 "한자"의 의미가 더 명확하다는 것을 전제하고 있다. 이러한 태도의 연장선에서 최남선은 『청춘』에 국문시를 쓰고 나서는 한국어 어휘의 의미를 명료히 하기 위해 주(註)를 한자로 단다. 예를 들어 "쌀내"라고 본문에 쓰고는 주에 "[쌀내] 瀚濯"라고 다는 식이다.[86]

애초부터 식민지 조선의 근대 시인들 및 지식인들에게 한문맥은 '인식틀'이자 '공동지식'이자 '공동언어'였고, 지식인들의 개념체계에서는 주인언어로 작동하고 있었기 때문에 새로운 시 소개는 한시와 비교하는 것을 통해서 시작할 수밖에 없었다.[87] 더 나아가 서구의 개념어들이 한자로 번역되었기 때문에, 이렇게 갱신된 한문맥 속에서 기존의 한문맥과 새로운 한문맥을 혼합해가면서 그들은 자신들의 문학론을 세우고자 노력했고, 시를 썼다.

2) 한문맥의 번역과 국문으로의 전유

근대시 형성기에는 한문맥을 국문으로 번역하는 일도 본격적으로 시행되었다. 훈민정음 언해본 서문에서도 나타나듯이 중국과 조선은 말이 다르다는 것은 조선시대에도 충분히 인식되고 있었고, 이두, 향찰, 구결

85) 이렇게 표기한 것으로는 방정환의 「김장자노래」, 『청춘』 13, 1918.4, 64~65면. 이광수의 「거츠른동산」, 『청춘』 14, 1918.9, 66~67면. 또 최남선의 『百八煩惱』, 동광사, 1926에도 끝에 한자를 함께 적었다.

86) 「녀름」, 『청춘』 9, 신문관, 1917.7, 2면.

87) 마찬가지로 「격조시형론소고」 7, 『동아일보』, 1930.1.22에서는 소네트를 "한시의 절구체와 같은 서양의 단시형"으로 설명하고 있다.

등은 한문맥과는 다른 문맥을 보여주는 것이었다. 특히 『分類杜工部詩諺解』(1481)와 같은 경우는 조선의 국책사업으로써, 두보의 시 1647편과 다른 시인의 시 16편에 주석을 달고 풀이해서 국문으로 번역했다. 그러나 이러한 사업은 한시를 조선어 시로 바꾸는 것이 목표였다기보다는, "두시에 대한 지식과 이해를 국가 공인의 표준화된 체계로"[88] 만들고자 한 특별한 의도를 지닌다. 한문을 읽고 한시를 짓는 것이 소양이었던 시대에, 한시는 굳이 번역할 필요가 없었던 것이고[89], 번역한다고 했을 때도 이는 여성이나 아동의 한문맥 접근을 위한 것이거나[90] 한시 이해를 표준화하기 위한 목적이 더 컸다. 이런 의미에서 한문 언해의 목적은 한문 번역을 통해 우리말을 발전시키는 것이나, 국맥을 풍요롭게 하는 것이 목적이 아니라 오히려 "한문을 읽고 쓰고 활용할 수 있는 능력을 상승시키는 것"[91]이 목적이었다. 한글 자체도 창제 의도는 복합적으로 해석되지만, 조선시대에서의 한글의 역할은 "한자가 보편적 문자로 통행하는 가운데 보조적 기능을 하는 일종의 발음기호"[92]로 종합될 수 있다. 즉 한문 경전 학습을 위한 언해(諺解)나 한자음 표시와 중국어 학습이라는 목적과 더불어

---

88) 김남이, 「조선전기 두시 이해의 지평과 『두시언해』 간행의 문학사적 의미」, 『한국어문학연구』 58, 동악어문학회, 2012, 158면.

89) 엄밀한 의미에서 번역은 아니지만, 한시가 다른 장르에 영향을 미쳐서 한시와 유사한 형태의 시조가 만들어지기도 했다. (김석회, 「한시 현토형 시조와 시조의 7언절구형 한시화」, 김병국 외, 『장르 교섭과 고전 시가』, 월인, 1999 참조.)

90) 이에 대해서는 이종묵, 「한시 번역의 문화사적 의미」, 부산대 점필재연구소 고전번역학센터 편, 『한국 고전번역학의 구성과 모색』, 점필재, 2013 참조.

91) 김풍기, 「조선 전기 언해 사업의 문화적 의미 -중화문명권으로의 진입과 탈출을 중심으로」, 부산대 점필재연구소 고전번역학센터 편, 『한국 고전번역학의 구성과 모색』, 점필재, 2013, 48면.

92) 임형택, 「한민족의 문자 생활과 20세기 국한문체」, 『창작과비평』 107, 2000년 봄호, 289면.

문서 작성의 보조와 노래 가사를 위한 문자라는 한글의 용도[93]는, 한자와 한글이 대등한 문자가 아니라 오히려 한자를 보조하는 위상에 있었다는 것을 의미한다.[94]

1894년 칙령[95]으로 이 위상은 역전된다. 이에 따르면 국가의 법률과 칙령은 국문으로 본을 삼고 한문 번역을 붙이거나 한문을 혼용해야 한다. 이제 진서(眞書)와 언문(諺文)이라는 위계적 구분이 아니라, 한문(漢文)과 국문(國文)이라는 대등한 구분이 이루어지며, 국문을 본으로 하고 한문을 타자의 문자/글로 인식함을 보여준다. 물론 여기에서도 "혹 한문을 혼용" 하라는 단서가 붙어 있어서 수백 년 동안 이어져왔던 한문맥과의 급작스러운 단절은 실질적으로 불가능했음을 보여준다.

이러한 이중적 인식은 최남선, 이광수, 김억, 김소월에게서도 마찬가지로 드러난다. 이제 한시를 포함한 한문은 타자의 언어이지만, 이를 제외하고는 그들이 접근할 수 있는 전통은 너무나도 빈약해 보였고, 언어생활 깊이 한문맥이 들어와 있다는 것을 이들은 인식하고 있었다. 최남선은 이러한 인식 아래 『소년』 창간호부터 「소년한문교실」을 연재한다.[96] 여기에서 그는 한문이 "제2의 국어"고 "귀회한 문자"이며, 앞으로의 "신문화"도 이에 힘입어야 하기 때문에 소년배들이 한자를 공부할 필요성이 크다고 주장한다.[97] 물론 이는 한자/한문의 전면적인 긍정을 의미하는 것은

93) 임형택, 앞의 글, 288면.

94) 이런 의미에서 애초에 '훈민정음'의 '正音'의 의미는 "바른 한자음"이며, 한문이 훈민정음의 뿌리라는 견해도 설득력이 있다. (정석태, 「문명번역과 훈민정음」, 부산대 점필재연구소 고전번역학센터 편, 『한국 고전번역학의 구성과 모색』, 점필재, 2013, 27면.)

95) 고종 칙령 제1호 14조. "法律勅令總以國文爲本漢文附譯或混用漢文" 고종31년 1894.11. 21. 『일성록 고종 31년』, 「署押勅令各號」.
http://e-kyujanggak.snu.ac.kr/LINK/Link.jsp?type=ILS&subtype=01&id=F3111210

96) 1-1, 1-2, 2-4에 실려 있다.

아니다. 최남선, 이광수, 김억 등은 한문이나 한시를 타자화하는 발언을 거듭 주장하기도 했다.[98] 이들은 조선인의 한시도 타자의 글로 쓰인 것이기 때문에 그 안에 "조선사람의 사상과 감정"[99]을 담았다고 볼 수 없다고 주장했다. 한자를 사용하고 한자로 발표하는 것은 한인(漢人)의 모방이라고 주장하면서도, 이를 "一言以蔽之"[100]하면 조선인의 문학이 아니라고 표현하는 역설적 상황이 그들의 현실이었다. 즉 그들은 한문을 부정하면서도 한문 표현을 그대로 사용하거나 한자를 노출하며 글을 쓸 수밖에 없었고, 한시를 줄줄 외우고 있었다.

이들은 이렇게 타자의 글이면서도 동시에 "귀화한 문자"인 한문과 한시를 조선어로 번역한다. 그 이유는 한문을 잘 모르는 독자층을 위한 배려라는 의미도 있지만, 한편으로는 '조선적인 것'을 고민하며 이를 형상하기 위해서는, 서구와 한문전통을 형상화하며 이와의 차이를 부각할 수밖에 없었기 때문이기도 하다.[101] 더 나아가 이들은 한시와 한적들을 국문으로 번역하는 것을 통해서, 한문맥을 전유하여 국문을 풍요롭게 재창조하고자 했다. 김억과 김소월의 한시 번역에 대해서는 해당 장에서 더 자세히 살펴볼 것이다.

이러한 맥락에서 이 절에서는 한시가 아닌 다른 한문번역을 살펴보고

---

97) 최남선, 「소년한문교실」, 『소년』 1-1, 신문관, 1908.11, 39면.

98) 최남선, 「조선 민요의 개관」, 문성환 옮김, 『문학론 -최남선 한국학총서 13』, 경인문화사, 2013, 28~29면. 이는 원래 최남선이 일어로 써서 『진인』 제5권 1호에, 1927.1월에 발표한 것이다. 김억, 「작시법」, 『조선문단』 10, 1925.7. 이광수, 「부활의 서광」, 『청춘』 12, 1918.3. (『이광수전집』 10, 25면) 등.

99) 이광수, 「부활의 서광」, 『청춘』 12, 1918.3. (『이광수전집』 10, 25면)

100) 이광수, 「부활의 서광」, 『청춘』 12, 1918.3. (『이광수전집』 10, 25면)

101) 사카이 나오키, 『번역과 주체』, 후지이 다케시 옮김, 이산, 2005, 118~119면 참조. 여기에서 사카이 나오키는 '일본' 대 '서양'이라는 것이 본질적으로 상상적이며, 하나의 형상에 관한 욕망은 다른 형상과 대비를 이루면서 공간적으로 전개된다는 점을 지적했다.

자 한다. 여기에서 중요하게 살펴볼 것은 최남선의 출판활동이다. 최남선은 1907년 '출판보국'(出版報國)을 내세우며 신문관을 설립하고[102] 『소년』, 『붉은저고리』, 『새별』, 『아이들보이』, 『청춘』 등의 계몽잡지를 비롯하여 여러 갈래의 일반서적을 발간했으며, 조선광문회에서 편찬한 각종 고서를 간행한다. 그중에는 『동국통감』, 『삼국사기』, 『삼국유사』와 같은 역사서, 『택리지』와 같은 지리서, 『열하일기』와 같은 연행일기뿐만 아니라, 조선의 한시를 시기별 작가별로 분류하여 선별한 『대동시선』과 『신자전』과 같은 한자 사전도 포함했다.[103] 『대동시선』(신문관, 1918)은 "우리나라 한시의 총결산"[104]이라고 평가받을 만큼 2703명의 5300여 편의 한시를 수록한 큰 규모의 작업이다. 이러한 작업은 고조선에서 대한제국 말기까지를 '대동(大東)'의 연속성으로 호명하는 역사의식을 보여주며, 동시에 이들의 한시를 소중한 문화유산으로 인식했음을 의미한다. 또 『신자전』(신문관, 1915)은 앞 절에서 서술했던 것처럼 신분을 넘어선 한문학습이 필요성으로 인해 높아진 한자 학습열을 충족시키기 위해, 언중들에게 한자음, 한자 뜻을 찾아볼 수 있게 했으며 또 한자음과 한자 뜻을 통일하는 역할을 했다. 이러한 신문관의 활동은, 최남선이 조선의 한문 고전 및 한시의 중요성을 인지하고 있었고 이를 적극적으로 대중에게 알리려고 했다는 것을 의미한다.

이처럼 조선의 한문 고전, 한시, 자전을 출간한 신문관의 본격적 활동은 『소년』의 발행으로 시작한다. 여기에서 최남선은 한문을 번역하여 국

---

102) 「門牌의 來歷談2: 「言文一致」를 宣言 「出版報國」을 標榜」, 『동아일보』 1926.1.2.

103) 조선광문회 간행/예정 목록은 권두연, 『신문관의 출판 기획과 문화운동』, 고려대학교 민족문화연구원, 2016, 264~266면 참조.

104) 황재문, 「『대동시선』의 편찬경위와 문학사적 위상」, 『진단학보』 103호, 진단학회, 2007, 220면.

맥 속에 배치하고, 이를 적극적으로 국문으로 전유하려 시도한다. 최남선은 『소년』에서 「소년논어」(『소년』 2-7~2-10, 1909.8~11.) 연재를 시작하며 "가장 高貴하고 또 恒常 健實한 敎訓을 밧으려하거든 論語를 닑으라"라고 서두에 밝힌다. 이때의 번역은 한문 원문을 제시하지 않고 곧바로 번역본만을 제시하는 형식이고[105], 순서대로 논어를 완역한 것이 아니라 편역한 것이다. 또 내용을 엄밀하게 옮기는 것이 아니라 당시의 맥락에 따라 단어들을 삭제하고 있다.

> 배화가지고 장 익히면 그것 조흐지아니오. 또 남이 알고 나를 멀니 차짐도 조흐거니와 設或 모르기로 무엇이 不足할것잇소. [註] 工夫란 것은 나를 爲하야 하난것이오 남때문에 하난 것 아니란말삼.
>
> (「소년논어」, 『소년』 2년 7호, 1909.8., 48면)

위 번역의 논어 원문은 "子曰學而時習之不亦說乎有朋自遠方來不亦樂乎人不知而不慍不亦君子乎"로 학이편의 가장 처음 나오는 대문이다. 여기에서 "朋"은 "남"으로 해석되고, "君子"가 삭제되어 있음을 알 수 있다. 유학의 이상적 인간형인 "군자"는 새로운 시대에 맞지 않는다고 판단했기 때문에 삭제되었을 것이다. 이후의 「소년논어」 번역에서도 원문에 "君子"라는 대목이 있는 경우에는 이를 '사람'으로 바꾸고 있다.[106] 즉 여기에서 중요한 것은 『논어』의 원본성을 그대로 국문으로 옮겨오는 것이 아니라, 『논어』에서 현재 '소년'을 위해서 도움이 될 만한 부분들을

105) 이는 「栗谷李珥先生의自警文十七則」, 『소년』 2년 8호, 1909.9에서 번역 이후에 한문 원문을 제시한 것과는 다르다. 이 글은 더 충실히 원문을 번역했다.

106) "사람이 重厚하게 몸을 가져야 남이 나를 점잔케 보난 法이며" (『소년』 2년 7호, 1909.8, 48면) 이는 "君子不重則不威"의 번역이다.

적극적으로 번역하면서 당시의 맥락으로 전유하는 데 있었다. 「栗谷李珥先生의自警文十七則」(『소년』 2년 8호, 1909.9)에서도 이이가 말하는 '성인'의 개념을 원 텍스트가 전제하고 있는 공자로 설명하는 것이 아니라, 서구 기독교 문명의 성인 그리스도를 예로 들면서 성경을 참조하라고 한다. 이처럼 한문맥의 번역은 그 원본성을 보존한다는 점에서 중요한 것이 아니라, 당대 맥락에서 새롭게 의미부여되는 것이었다.

최남선이 출간한 『산수격몽요결』[107]은 이러한 구문맥과 한문맥 그리고 일본의 맥락이 혼종되어 있는 모습을 잘 보여준다. 제목은 이이의 『격몽요결』이라 붙였지만, 이 책의 체제 자체가 위에는 서양의 격언을 번역해서 배치하고 그 아래에 이이의 격몽요결의 원문을 한문현토체로 배치하는 식으로 되어있고, 후쿠자와 유키치의 「修身要領」의 전문을 번역해서 뒤에 배치하는 매우 독특한 성격을 지닌다. 서양의 격언이 위에 있지만, 이 서양의 격언은 격몽요결과 관련되는 주제어로 묶은 것이다. 그러나 독자가 자연스레 위에서 아래로 책을 읽는다고 할 때, 서양의 격언을 먼저 읽고, 이에 해당하는 격몽요결의 본문을 읽는다는 점에서, 격몽요결의 본문이 중심이라 보기는 어렵다. 이 책 자체의 복잡한 면모는 따로 본격적인 연구가 필요하겠지만[108], 여기에서 부각하고자 하는 것은 한문맥을 번역하면서[109] 이를 구문맥이나 일본의 문맥과 결합시키려는 의도가 분명

---

107) 신문관, 1909.

108) 이와 관련한 본격적인 연구는 임상석, 「1910년대, 국역의 양상과 한문 고전의 형성-최남선의 출판 활동을 중심으로」, 『사이間SAI』 8집, 국제한국문학문화학회, 2010이 있다. 여기에서는 『산수격몽요결』에서 결국 가장 명확하게 전달되고 있는 것은 메이지 시대 도덕률이라고 평가하고 있다. 그러나 이러한 평가는 뒤에 부록으로 붙은 후쿠자와 유키치의 「수신요령」이 완역되었다는 것을 과도하게 평가하고 있다. 오히려 서구의 격언과 격몽요결의 본문 사이의 역동성과 이렇게 제시한 최남선의 의도를 더욱 적극적으로 의미부여할 필요가 있다. 이에 대해서는 추후 독립된 논의를 기약한다.

히 드러난다는 것이다. 『소년』에 실린 이 책의 광고[110]는 이를 명확하게 보여준다. 광고는 한문맥의 "句句마다讀을懸"해서 제시하고 있음을 강조하며, 여기에 서구의 격언을 함께 제시하고, 또 끝에 일본의 책을 번역해서 소개하는 목적을 "신시대 소년"의 "덕육"을 위해서임을 분명히 했다. 신시대 교육을 위해서라면 서구와 일본뿐만 아니라 한문 또한 중요한 자산임을 인식하고 있었던 것이다. 그러나 여기서 중요한 것은 한문의 원본성을 그대로 보존하는 것이 아니었다. 『산수격몽요결』의 편집방향을 보면, 중요하지 않다고 인식되는 부분은 축약되었고, 텍스트는 당시 사정에 맞게 변형되고, 서구나 일본의 문맥들과 대비되는 식으로 전유되었다. 이러한 방식이 당대에 한문맥을 대하는 최남선의 태도였다.

이러한 태도는 "1910년대 최남선 출판을 집약한 선본"[111]인 『시문독본(時文讀本)』에서도 마찬가지로 드러난다. 『시문독본』은 당시까지의 교본 독본 단행본 중 가장 파급력이 커서 7판을 거듭하여 1920년대까지 영향을 미친 책이다.[112] '독본'이라는 말이 보여주듯, 이는 일종의 국어 교과서로 글쓰기의 전범을 제시하는 역할을 했다.[113] 그의 신문관 출판 활동

---

109) 『刪修擊蒙要訣』은 한문현토체로 격몽요결 원문을 제시했기 때문에, 온전히 국문으로 번역한 것은 아니다. 그러나 '현토'를 사용했다는 점에서는 이 또한 한문맥을 그대로 제시했다기보다는 국문맥에 일정 정도 포함해 제시했다는 의미에서 일종의 '번역'이라 할 수 있다.

110) 此書는栗谷李珥先生의名著『擊蒙要訣』를嚴正히刪修하야句句마다讀을懸하고또節節마다泰西名人의意義暗合하난格言을對照하얏스며, 또文中의神髓를別노摘記하고, 日本教育大家福澤諭吉氏의『修身要領』을附錄하야아못조록新時代少年의德育上資鑑을作하려한것이라. (『소년』 3년 6호, 1910.6)

111) 임상석, 「『시문독본』의 편찬 과정과 1910년대 최남선의 출판 활동」, 『상허학보』 25, 상허학회, 2009, 60면.

112) 위의 글, 48면.

113) 김지영, 「최남선의 『시문독본』 연구」, 『한국현대문학연구』 23, 한국현대문학회, 2007, 85면.

과 조선광문회의 고전 정리 사업의 성과를 적극적으로 반영한 이 책은 전체의 3분의 1 이상이 조선의 한문 전적을 번역이나 번안한 것으로 구성되어 있으며, 「아등의 재산」, 「조선의 비행기」, 「고대 동서의 교통」 등 또한 조선의 한문 전적을 인용하여 작성되었다.[114] 특히 조선의 지식인이 쓴 주요한 한문 서적인 『열하일기』, 『어우야담』, 『순오지』의 대목들을 선택하여 국한문체로 번역하여 독자들에게 소개하고 있다. 그런데 이 번역은 최남선이 번역한 한문맥 글들과 마찬가지로 글의 원본성을 최대한 보존하는 것이 중요한 것이 아니라, 편자의 의도에 맞게 변형을 가한 것이다. 즉 이 책의 서문에서 최남선은 "옛글과 남의 글은 이 책 목적에 맞도록 줄이고 고쳐 반드시 원문에 거리끼지 아니함"[115]을 밝힌다. 실제 『시문독본』 중 단일문헌으로는 가장 큰 비중[116]을 차지하는 『열하일기』 번역은 서술을 생략하거나 축약하고 없는 구절을 덧붙이기도 한다.[117]

최남선, 이광수, 김억, 김소월 등은 분명 한문맥을 타자의 것으로 인식하고 있다. 그럼에도 이를 국문으로 번역하여 당시 시대에 맞게 이를 전유해야 한다는 의식도 동시에 가지고 있었다. 한문맥의 자산은 최남선과 이광수에게 있어서는 중요한 계몽의 수단이었고, 김억과 김소월에게 있어서는 시의 형식을 실험하고, 국문시를 풍요롭게 만들려는 방법이었다.

---

114) 임상석, 「1910년대 『열하일기』 번역의 한일 비교연구 -『시문독본』과 『연암외집』에 대해」, 『우리어문연구』 52, 우리어문학회, 2015, 151면.

115) 최남선, 「서문」, 『시문독본』, 신문관, 1916.

116) 『시문독본』 총 120과 중 6과를 차지한다.

117) 관련 분석은 임상석, 앞의 글, 2015, 154~158면 참조.

제Ⅲ장

한문맥의 이념과 근대시의 모색 – 최남선과 이광수

1. '문(文)'의 이념과 한문맥적 물의 상상력 – 최남선

1) '입지(立志)'의 강조와 시의 기준으로서의 『시경(詩經)』 – 최남선의 문학관

(1) 『소년』과 '입지'의 강조

최남선이 동경에서 1907년 귀국하여 설립한 신문관의 주요 업무 중 하나는 『소년』을 발간하는 일이었다. 초창기 『소년』은 1인 잡지라고 할 수 있을 만큼, 최남선이 집필과 편집을 전담했다. 『소년』의 목적은 '소년'들을 '근대적 주체'로 계몽하려는 것이었다. 이를 위해 최남선은 "일반지식의 정도를 향상"[1]시키려는 의도 아래 문학, 자연과학, 사회과학, 역사, 상식, 교훈담 등 다양한 방면의 '지식'들을 편집하여 소개하였다.

그러면서 강조되는 한문맥적 개념이 바로 '입지(立志)'이다. 지금까지 이와 연관된 일본의 맥락이 주로 논의되었다. 특히 이는 후쿠자와 유키치

1) 「소년시언」, 『소년』 3-6, 1910.6., 17면.

(福澤諭吉: 1835~1901)의 『修身要領』과 연관이 있다.[2] 『수신요령』은 일신(一身)에서 일가(一家)가 독립하고, 일가가 독립해서, 일국이, 그리고 마침내 일천하가 독립해야 한다는 것으로, 『대학(大學)』의 修身齊家治國平天下의 논리를 전제하고 있다. 최남선의 입지는 이러한 논리를 재해석한 것이다.[3] 또한, 이러한 '입지'의 강조는 새뮤엘 스마일스(Samuel Smiles, 1812~1904)의 *Self-help*[4]을 번역한 나카무라 미사나우 (中村正直, 1832~1891)의 『西國立志編: 原名自助論』[5]과도 관련이 있다. 나카무라는 일본에서 한학을 토대로 난학과 영어를 배운 인물로, 당대 일본 최고의 학자였다. 『서국입지편』 서문에서는 유려한 한문으로 이 책을 번역한 이유를 밝힌다. 여기서 나카무라는 논어와 맹자를 원용하고 유학에 입각해서 스마일스의 논의를 소개한다.[6] 실제 *Self-help* 중 기업가나 예술가를 다룬 부분은 축약하고 윤리와 도덕과 관련된 부분을 충실히 번역한 것은, 그가 유학적 소양을 토대로, '사족(士族)'을 독자층으로 상정했기 때문이었다.[7] 이러한 관점에서 보면, 나카무라가 Self-help(自助)를 立志로 번역하는 것을 통해서, 서구의 개인주의적 성공담을 한문맥 속으로 전유한 것이다.

---

2) 김지녀, 「『소년』지에 나타난 '독립' 개념의 특징과 그 배경」, 『어문연구』 36(2), 한국어문교육연구회, 2008, 330~332면 참조.

3) 위의 글, 331~332면.

4) 1859년에 처음 출간되고 이후 1867년에 개정판이 출간된다. 일본과 조선의 번역 대본은 개정판이다. 김남이, 「1910년대 최남선의 '자조론' 번역과 그 함의 - 『자조론』의 변언을 중심으로」, 『민족문학사연구』 43, 민족문학사연구소, 2010, 각주 1과 4 참조.

5) 1871년에 처음 출간되고 이후 1877년에 개정판이 출간된다. 최남선은 개정판을 대본으로 『자조론』을 출판했다고 한다. 김남이·하상복, 「최남선의 『자조론』 번역과 중역된 '자조'의 의미 -샤뮤얼 스마일즈의 「자조」, 나카무라 마사나오의 「서국입지편」과의 관련을 중심으로」, 『어문연구』 65, 어문연구학회, 2010, 각주 13번 참조.

6) 『서국입지편』의 서문과 유학적 사유의 관련성은 이새봄, 「나카무라 마사나오의 『서국입지편』 서문에 나타난 보편성 논의」, 『동방학지』 172, 연세대 국학연구원, 2015 참조.

7) 김남이·하상복, 앞의 논문, 249~250면.

그리고 최남선 또한 이러한 한문맥의 '입지'라는 개념에 공명하여, 이를 『소년』의 표어로 삼았다.

1908년 시점에서 최남선은 이이의 『격몽요결』을 인용하면서 '입지'라는 조선의 한문맥에 주목한다. 여기서 후쿠자와나 나카무라의 영향이 먼저인지, 이이의 영향이 먼저인지를 따지는 것은 큰 의미가 없다. 분명 후쿠자와를 번역 소개한 것(『소년』 2권 2호, 1909.2)이나 『자조론』을 출간한 것(신문관, 1918)은 『격몽요결』을 인용한 것(『소년』 창간호, 1908.11)보다는 나중이지만, 그 순서보다 중요한 것은 이 안에 한문맥적 논리가 공통으로 작동하고 있었고, 이것이 '立志'라는 한문맥의 개념으로 표현되었으며, 최남선 스스로 이의 근거를 이이의 『격몽요결』에서 끌어오고 있다는 점이다.

최남선은 『소년』 창간호부터 『격몽요결』의 '입지'를 강조한다. 『소년』 창간호 권두시인 「海에게서少年에게」 바로 뒤에 「少年年時－여러분은 뜻을 엇더케 세우시려오」에서 이이의 『격몽요결』의 '입지'의 중요성을 역설한다.[8] 『소년』에서 권두시는 각호의 중심생각을 표현하는 것이고, 이후 뒤이은 첫 번째 글은 최남선이 생각한 가장 중요한 주장을 담은 글이다. 그런점에서, 창간호의 첫 번째 글에 조선 한문맥의 『격몽요결』과 '입지'를 강조했다는 것은 매우 중요하다. 또한 「海에게서 少年에게」 뒤이어 「少年時言－여러분은 뜻을 엇더케 세우시려오」를 배치함으로서, 바다가 소년만을 그토록 사랑하는 이유를 제시하고 있다. 즉, 바다가 사랑

8) 栗谷李先生은 우리輩를 위하야 「擊蒙要訣」이란 됴흔冊을 著述하야듀신 고마운先師라, 그 開券第一에 먼뎌 '立志'를말하시니 大哉라 達人의 立言이여 탐 됴코 훙하고 크고 뎍은일이 다 立志한번에 말매암음이로구려. (… 중략 …) 국민의뜻이 굿고 못굿은 것은 젼혀 솟으로 말하면 봉오리갓흔 우리 소년의 뜻이 서고 못선데 잇나니 (「소년시언」, 『소년』 창간호, 1908.11., 6~9면.)이러한 '입지'의 중요성은 8년 후에 이광수도 그 중요성을 되풀이한다. 이광수, 「동경잡신」, 『매일신보』, 1916.9.27.~11.9.

하는 소년은 '입지'를 한 소년이고, 그 소년이 입지하는 것을 통해 온 국민이 입지할 수 있기 때문이다.

자신이 구상했던 중요한 잡지 『소년』의 첫머리에 최남선이 인용한 『격몽요결』은 학문에 입문하는 초학자에게 학문과 인생에 관한 가르침을 담고 있는 책으로, 성리학의 핵심을 꿰뚫고 있다. 이 책은 『소학』, 『대학』을 읽기 전 기본교양서이자 필독서로 여겨졌다.[9] 이이는 후세 유학자들의 존숭을 받았고, 인조는 왕명으로 이 저서를 간행해 사고에 나누어주었고, 정조는 직접 이 책에 서문을 짓기도 하였다.[10] 최남선은 초학자들을 위한 조선의 대표적인 성리학자의 저서의 내용을 인용하며 '입지'를 강조하며[11], 입지 때문에 길흉화복이 말미암는 것이며, 소년이 입지해야 국민의 뜻이 굳을 수 있다고 주장한다.

최남선이 언급한 것처럼, 『격몽요결』의 첫 장은 '立志章'이고 그 첫 문장은 "初學先須立志必以聖人自期不可有一毫自小退託之念."[12]로, 처음 배우는 이는 우선 마땅히 뜻을 세우되, 반드시 성인(聖人)으로 자신을 기약하여, 한 털끝이라도 자신을 작게 여기고 핑계대려는 생각을 하지 않아야 한다라는 뜻이다.[13] 즉 입지는 성인의 경지를 기약하는 다짐이자,

9) 경성제국대학 교수였던 渡邊学가 식민지시기 수집한 조선 민간유포 초학입문서 목록에도 『격몽요결』이 주요하게 다루어지고 있다. 渡邊学, 『朝鮮の民間流布初学入門書目錄』, 中央大学図書館, 1986, 17~19면.

10) 이동인, 「『격몽요결』을 통해 본 율곡의 사상과 생애」, 『사회사상과 문화』 29, 동양사회사상학회, 2014, 24~25면.

11) 이와 같이 입지를 강조하는 것은 그가 신문관에서 발행한 『산수 격몽요결』(신문관, 1909)의 서문에서도 잘 드러난다. "도덕은, 때를, 쌀어, 변하는것인즉, 다른글은, 이다음에, 웃지될지, 몰으오, 그러나, 「立志」, 「革舊習」두장은, 영원히, 우리, 젊은, 사람의精神의糧食이, 되리라하오."

12) 성백효 엮음, 『동몽선습. 격몽요결』, 전통문화연구회, 2006, 67면.

13) 「少年訓」, 『소년』 2-6, 1909.7., 38면에 이에 해당하는 부분을 최남선은 다음과 같이 번역

동시에 공자의 지학(志學)의 맥락 안에 있다. 그러나 최남선은 여기서 '성인'을 목표로 세운다는 것을 제외하고, '입지'만을 인용하여 뜻을 세우라는 것을 강조하고 있다. 여기에서 더 나아가, 이이가 말하는 성인 즉 공자 대신에 최남선은 나폴레옹, 잔 다르크, 유방, 워싱턴, 한니발 등을 입지의 예시로 제시한다. 성인 대신에 한 나라, 나아가 대륙을 전란의 소용돌이로 몰고 갔던 장군들의 이름을 열거하고 있는 것이다. 성인의 모습과 장군의 모습은 나라가 위급한 시점에서는 하나로 합쳐진다. 즉 유학에서 중요한 출장입상(出將入相)이라는 선비의 이념을 떠올릴 수 있다. 임진왜란 때 의병장들이나 조선 말기 의병 전쟁에 참여한 선비들은 이러한 이념을 체화한 모습을 보여주고 있다.[14] 최남선이 『격몽요결』을 인용하며 '입지'를 주장하면서도 이이가 전제하고 있었을 성인 공자의 모습이 아니라, 나폴레옹 등의 장군으로 예시를 든 것은 당시 조선의 정세를 둘러싼 판단 때문이었을 것이다.[15] 특히 나폴레옹을 첫머리에 내세운 것은, 당시 나폴레옹이 근대적 구국 영웅의 이미지를 지니고 있었다는 것과 연관이 있다.[16] 이러한 '입지' 강조 이후에 을지문덕의 살수대첩에 관한 글인 「살수

해 실었다. "學問하난 사람은 먼저 뜻을 세워야하오 읏더케할고하니 쪽聖人이 되기를 自期하야 털긋만치라도 제출몰에 움치러들고 물너나지아니하여야하오"

14) 우인수는 『난중잡록』에 실린 41편에 달하는 격문과 통문을 분석하여, 이의 핵심어를 大義, 忠誠, 爲國, 責任, 復讎로 추출했다. 이는 선비들이 평소 가지고 있던 선비정신의 발로였으며, 이들의 의병활동은 이의 구현이자 적용으로 해석될 수 있다. 우인수, 「선비들의 임란 倡義情神과 의병 활동」, 『퇴계학과 유교 문화』 56, 경북대학교 퇴계연구소, 2015.

15) 『소년』 창간호가 나오기 직전에 신채호는 『수군제일위인 이순신』을 『대한매일신보』에 1908.5.2.~8.18까지 연재한 바 있다.

16) 나폴레옹에 대한 당시 평가는 양가적이었다. "뛰어난 전술가이자 용맹한 영웅"이라는 평가와 함께 "침략자"나 "절대 야심가"라는 평가도 있었다. 노연숙, 「한국 개화기 영웅서사 연구」, 서울대 석사논문, 2005, 39면. 신범순이 지적한 대로, 「해에게서 소년에게」는 이러한 나폴레옹을 부정적인 모습으로 그리고 있다는 점에 주목해야 한다. 신범순, 「'불함'의 바다를 향한 여정」, 『노래의 상상계』, 서울대학교출판문화원, 2012. 이에 대해서는

전기(薩水戰記)」(『소년』 창간호, 1908.11.)를 게재한 것이나 이후에도 끊임없이 조선의 유명한 장군들(을지문덕, 연개소문, 양만춘, 강감찬, 이순신)을 소개한 것도 마찬가지의 의미를 지닌다.[17]

이러한 입지의 강조는 『소년』에서 일관되게 나타난다. 다음 항(1.1.2.)에서 자세히 서술될 것이지만, 최남선은 '입지'를 강조하는 뜻을 담은 시조와 함께 '입지'와 관련된 교훈을 꾸준히 번역해서 소개한다.[18] 최남선은 『소년』 창간 취지를 "우리大韓으로 하야곰 少年의 나라로 하라 그리하랴 하면 能히 이責任을 堪當하도록 그를 敎導하여라"[19]라고 밝히고 있다. 이러한 취지에서 '입지'를 강조하며 문학을 주된 매개로 삼고 있는 것은 시교(詩敎), 또는 풍교(風敎)[20]의 관점의 연장선에 있다. 그 이후 이러한 관점을 유지하며 최남선은 『붉은 저고리』(1913.1~6), 『아이들보이』(1913.9~1914.8.), 『새별』(1914.9~1915.1), 『청춘』(1914.10~1915.3., 1916.5.~1918.9)

3.3절에서 더 자세히 서술할 것이다.

17) 을지문덕, 연개소문, 양만춘, 강감찬에 대해서는 「해상대한사」 3, 『소년』 2년 1권, 1909.1.에 소개되었다. 한편, 이광수의 「우리 영웅」은 이순신에 대한 시로, 이는 『소년』 3년 3권, 1910.3.에 게재되었다.

18) 『소년』 3-7, 1910.7., 15면. 「格言六拾參集」에서 權春蘭(1539~1617)의 士先立志, 不爲外物屈撓, 令意思激昂在雲霄之上可也.를 "사람이 맛당히 먼저 큰 뜻을 세워서 外累째문에 썩기난일이 업슴과 생각이 놉다랏케 하늘 쑥대이에 잇게할것이오." 라고 번역하고 있다. 이후 王守仁(1472~1528?)의 입지의 중요성도 번역하여 소개하고 있다. (위의 글, 17면). 이처럼 『소년』에는 거의 매번 소년을 위한 교훈이 게재되는데, 이는 입지와 공부의 중요성에 관한 내용이 주를 이룬다. 관련내용은 「少年訓」(1-1, 2-1~2-2, 2-4, 2-6~2-8, 2-10), 「少年論語」(2-7~2-10), 『少年金鑛』(3-3~3-6, 3-8) 등 참조.

19) 『소년』 1-1.

20) 「詩經大序」에 "風以動之, 敎以化之"에서 비롯한 말로 풍으로써 움직여 나가고, 교로써 화해 나간다는 뜻이다. 여기서 시는 득실을 바로잡으며 천지를 움직이고 귀신을 감동을 주는 데에 가장 좋은 수단으로 여겨진다. (正得失, 動天地, 感鬼神, 莫近於詩) 이러한 관점은 조선에서도 이어받아, 시는 성정을 순화해서 백성을 교화하는 수단으로 여겨졌다. 정요일, 앞의 책, 222~224면.

의 잡지를 창간한다. 『붉은 저고리』, 『아이들보이』, 『새별』은 『소년』의 독자층보다는 어린 아이들을 대상 독자로 한 잡지로, 특히 『붉은 저고리』와 『아이들보이』는 순 한글로 서술되어 있다.

『청춘』은 앞서 1년 이하로 단종 되었던 다른 잡지들과 달리, 일제의 의한 휴간을 겪으면서도 4년 동안 지속한 잡지이다. 이 또한, 최남선의 주도하에 창간되고, 초기에는 최남선을 중심으로 이광수와 현상윤 등이 참여했지만 후기로 갈수록 여러 필자의 글을 게재하고 있다. 이 잡지도 『소년』 지와 거의 유사한 편집 체재를 따른다. 각호의 첫 장에 사진과 관련 설명을 게재하고 그 이후에 시를 게재하는 것은 동일하다. 또 시 직후에 해당 호에서 가장 중요한 논설을 싣는다. 창간호에서 이것은 「至誠」[21] 이라는 글이다. 성(誠)은 입지와 함께 이이에게 가장 중요한 교육 개념이었다. 뜻을 세우는 방편이 바로 성이다.[22] 최남선은 자신이 간행한 바 있는 『산수 격몽요결』(1909)이 기반을 두고 있는 『중용』을 풀어 설명하면서 '성'이 얼마나 중요한지 강조하고 있다.[23] 입지를 강조하는 것은 주자를 비롯한 성리학의 일반적인 특징이라 할 수 있지만, 이를 전면에 내세우며 성의 관계 속에서 파악하는 것은 이이의 특징이라 할 수 있다.[24] 이를 최남선이 계승한다. 입지는 수기(修己)에 앞서 가져야 할 마음가짐이며, 성

21) 「至誠」, 『청춘』 창간호, 1914.10., 6~9면. 이 글 앞에는 목차에는 실려 있지 않고, 제목도 없지만 한 면으로 배움을 강조하는 글이 실려 있다.

22) 손인수, 「율곡의 교육사상 연구」, 『율곡사상연구』 1, 율곡학회, 1994, 349면.

23) "誠者物之終始不誠無物"는 『中庸』 26-8의 "天地之道, 博也厚也高也明也悠也久也."의 소주이다. 이를 "誠이업스면天이天되지못하며人이人되지못하며凡物이物되지못하나니오즉誠이라야性을遂함이니라. 사람이오誠이업스면그목숨이쓰잇지못할지니라" 로 풀고 있다. 「至誠」, 『청춘』 창간호, 1914.10., 6면.

24) 이홍군, 「주희와의 관계 속에서 본 율곡 수양론의 특징」, 『퇴계학논집』 14, 영남퇴계학연구원, 2014, 113~114면.

은 입지의 바탕이기 때문에[25], 입지[26]와 성의 강조는 자연스레 '수양(修養)'의 강조로 이어진다.[27]

최남선은 3·1운동 주동자로 수감되기 이전까지 아이, 소년, 청년을 대상으로 하는 잡지를 발간하는 데 주력하며, '입지' '성' '수양' 등의 개념을 전면에 내세운다. 이렇게 대상 독자를 소년배로 설정하여 잡지를 계속해서 출간한 것과 '입지'라는 관념은 밀접히 연결된다. 이는 공자의 '志學'과 '而立'과 연결되어 있다. 즉, 학문의 길로 나아가려는 초년생에게, 한문맥에서 교훈이 될 수 있는 중요한 개념인 '입지'를 전면에 내세워서, 최남선은 학문의 중요성을 주장한 것이다. 애초에 '입지'는 '문'을 배우기 위한 첫 단계의 의미였다.

이는 최남선이 근대적 의미의 '문학'을 바라보는 관점에서도 동일하게 나타난다. 그가 「이솝의 이약」을 소개할 때도 이것이 교육의 일환이며 "處身行事"에 도움이 될 것이라는 점을 강조한다.[28] 또 빅토르 위고의 『레미제라블』을 소개하면서 "나는 그冊을 文藝的作品으로 보난것보다 무슨한가지 敎訓書로 닑기를 只今도 前과 갓히하노라 (…) 革命時代 靑年의 心理와 및 그 發表되난 事象을 그려서 그째 歷史를 짐작하기에 便히고 또 兼하야 우리들노 보고 알만한일이 만히 잇슴을 取함이라"[29]라고 한 것은 최남선이 문학을 당시 역사를 전달하는 지식의 수단이요, 교육의 하나로 생각했다는 것을 보여준다.[30]

---

25) 이홍군, 앞의 글, 105~108면에 立志, 誠과 수양의 관계가 논의되어 있다.

26) 『청춘』에서도 南皐의 「立志論」을 소개하고 있다. 『청춘』 9, 1917.7., 84~85면.

27) 「修養의 三段階」, 『청춘』 8; 「修養과 旅行」, 『청춘』 9; 鷲山 金九河, 「平常의修養」, 『청춘』 14; 金昶濟, 「夏의修養」, 『청춘』 15 등 수양에 관한 글을 게재하고 있다.

28) "世界各國小學教育書에 此書의 惠澤을 입디아니한 者ㅣ 업난바 (…) 엿고 쉬운말가운데 깁고 어려운 理致가잇슴을 탸다 處身行事에 有助하도록하기를 바라노라"

29) 『소년』 3-7, 32면.

이는 한문맥적인 문이재도론에 입각해서 문학을 포함한 모든 종류의 글(文)을 바라보고 있었다는 것을 의미한다. 문이재도론은 성리학의 기초를 닦은 周敦頤(1017~1073)의 논의에서부터 본격적으로 출발한다.[31] 그에

30) 이런 관점에서 최기숙은 『소년』에서 문학을 목적론적 효용론의 관점에서 수용하고 있다고 보았다. (최기숙, 2007, 앞의 글, 312면)

31) 글은 道를 싣기 위한 것이다. 수레바퀴와 끌채를 꾸미고서 사람이 쓰지 않는다면 한갓 꾸밈에 불과하다. 하물며 빈 수레에 있어서랴? 글은 道를 싣기 위한 것으로, 수레가 물건을 싣기 위한 것과 같다. 그래서 수레를 만드는 사람은 반드시 그 수레바퀴와 끌채를 절도 있게 하고, 글을 짓는 사람은 반드시 그 문체를 좋게 하여야 하니 이는 모두가 사람들로 하여금 사랑하게 하고 사용하게 하고자 함이다. 그러나 내가 꾸몄으나 사람들이 사용하지 않는다면 이는 오히려 쓸데없는 꾸밈이 되며, 그 실질에 무익하게 된다. 더구나 물건을 싣지 않은 수레와 道를 싣지 않은 글은 비록 그 꾸밈을 아름답게 하였다고 해서, 또한 무엇 할 것인가? 글은 藝요, 도덕은 實이다. 그 실을 돈독히 하고, 기예가 있는 사람이 글을 써서, 아름다우면 사랑받게 되고, 사랑받으면 전해진다. 현명한 사람은 배워서 이에 이를 수 있으니, 이를 교육이라 한다. 그래서 말은 글이 없으면 전해짐이 멀지 못하다고 하다. 이는 마치 수레가 물건을 싣고 있으며, 수레바퀴와 끌채가 꾸며져 있는 것 같다. 그러나 현명하지 못한 사람은 아버지와 형이 옆에 지켜보고 있고, 스승이 권면해도 배우지 않으며, 억지로 시켜도 따르지 않는다. 이는 마치 수레가 이미 꾸며져 있으나 사람이 사용하지 않는 것과 같은 것이다. 도덕에 힘쓸 줄을 모르고 단지 문사를 능사로 여기는 것은 藝일 뿐이다. 아! 폐단이 오래되었다. 이는 마치 수레가 물건을 싣지 않고 단지 그 꾸밈만 아름답게 한 것과 같다. 혹자는 덕이 있는 사람은 반드시 말이 있다는 것이 藝를 갖추지 않고도 그 문장이 전해질 수 있다는 뜻인지 의심한다. 주돈이의 그 구절은 오히려 따로 문사를 하나의 일로 여겨 힘을 쏟아야 한다는 뜻인 듯하다. 왜냐하면 이렇게 말할 수 있다. 사람의 재주와 덕은 각각 장단이 있다. 어떤 이는 마음속은 뚜렷하지만, 말로 표현하는 것이 부족하다면 이 또한 멀리 전해질 수 없다. 따라서 공자는 "글은 전달할 뿐이다."라고 말했다. 정자 또한 "유명은 내가 그 뜻을 이해하지만 자후의 필력이 없었다면 지을 수 없었을 것이다."라고 말한 것이 정말 이를 두고 한 말이다. 그러나 말은 혹 사소할 수 있으나, 덕은 없어서는 안 된다. 덕이 있으면서 말을 잘하는 사람은 항상 많지만 덕이 있으면서 말에 능숙하지 못하는 자는 항상 적다. 배우는 사람이 먼저 힘쓸 것은, 또한 덕에 근면할 뿐이다. (文所以載道也. 輪轅飾而人弗庸. 徒飾也. 況虛車乎. 文所以載道. 猶車所以載物. 故爲車者必飾其輪轅. 爲文者必善其詞說. 皆欲人之愛而用之. 然我飾之而人不用. 則猶爲虛飾而無益於實. 況不載物之車. 不載道之文. 雖美其飾. 亦何爲乎. 文辭. 藝也. 道德, 實也. 篤其實. 而藝者書之. 美則愛. 愛則傳焉. 賢者得以學而至之. 是爲教. 故曰言之無文.行之不遠. 此猶車載物而輪轅飾也. 然不賢者, 雖父兄臨之. 師保勉之, 不學也. 强之不從也. 此猶車已飾而人不

따르면 도(道)와 문(文)은 본말(本末)의 관계이다. 도를 후세에 전하기 위해서 문을 꾸밀 필요는 있지만, 이는 단지 도를 전하기 위해서이다. 문을 수레, 도를 짐, 문장을 꾸미는 것을 수레의 장식으로 비유했다. 수레가 아름다워야 이 수레를 쓰겠지만, 결국 수레는 짐을 싣는 것이 기본 목적이다. 문장을 수련하는 것 역시 필요하지만, 결국 우선순위는 덕에 있다는 것이다. 여기에서 도는 곧바로 도덕(道德)으로 확장되고, 글의 끝에 가서는 좋은 글을 위해서라도 덕의 함양을 주장하게 된다. 문이재도론에는 성리학적 세계관과 이에 기반을 둔 수양론 또한 포함되어 있다.

『시경』이나 『논어』에 드러난 공자의 말은 이러한 문이재도론의 중요한 기원이다. 여기에서 참된 시는 사람의 성정을 순화하며 사리에 통달하게 하며, 세상의 살아가는 바른길을 제시하는 것으로서, 도와 통한다.[32] 그리고 덕은 도를 행함으로써 마음에 얻게 되는 것이다.[33] 이는 "문장은 덕이 밖으로 나타나는 것이니, 위의와 문사가 모두 이것이다[34]"라고도 표현된다. 즉 좋은 문장은 덕성에서부터 나온다. 따라서 중요한 것은 좋은 문장을 쓰기 위해서 기교를 연마하는 것이 아니라, 덕을 쌓기 위해 노력하는 것이다. 이런 의미에서 문의 이념은 "경천위지(經天緯地)"[35]하는 것으

用也. 不知務道德. 而第以文辭爲能者. 藝焉而已. 噫. 弊也久矣. 此猶車不載物而徒美其飾也. 或疑有德者必有言. 則不待藝而後其文可傳矣. 周子此章. 似猶別以文辭爲一事而用力焉. 何也. 曰. 人之才德. 偏有長短. 其或意中了了. 而言不足以發之. 亦不能傳於遠矣. 故孔子曰. 辭達而已矣. 程子亦言. 西銘, 吾得其意. 但無子厚筆力不能作耳. 正謂此也. 然言或可少. 而德不可無. 有德而有言者常多. 有德而不能言者常少. 學者先務. 亦勉於德而已矣. (『周濂溪集』 卷六, 『通書』 二, 「文辭」. 『周濂溪集』, 商務印書館發行, 117~118면.) 이하 이 연구에서 한문 번역은 별다른 표기가 없을 경우 필자가 직역한 것이고, 일어나 영어 번역 또한 별다른 표기가 없을 경우 필자가 직역한 것이다.

32) 정요일, 앞의 책, 11~23면에서 이에 대해 자세히 서술하고 있다.

33) "德, 則行道而有德於心者也." 『논어』 述而篇 朱子註

34) "文章德之見乎外者, 威儀文辭皆是也." 『논어』 公冶長 12 朱子註

로서, 천지의 도를 밝히고 조화를 돕는 것이다.

이 관점에서 결국 '문'의 목적은 도를 전하는 것이며, 그 도는 덕과 밀접히 연결되어 있다. 따라서 중요한 것은 덕성의 수양이다. 최남선 또한 이렇게 문 또는 문학을 바라보았다. 그는 학문을 자력으로 덕성을 수양하는 학문과 타력으로 지혜를 연마하는 학문으로 나누고, 타력은 자력 이후에 가능하다고 주장한다.[36] 최남선은 문학을 학문으로 간주했고, 그러한 학문의 핵심이자 근본은 "自身의 德性을 修養"하는 것이라 여겼다.

즉, 『소년』과 『청춘』 시절의 최남선은 '입지'라는 한문맥적인 개념을 전면에 내세우면서 이와 연결되는 '성'이나 '수양'을 강조하는 것을 통해서 잡지 전체의 의도를 명료히 했다. 또한, 시조나 한시는 물론 서구의 문학을 소개하면서도 문이재도론에 근거해서 설명을 했다. 이는 최남선의 文을 바라보는 시각의 근원적 층위에서 한문맥이 지속되고 있다는 것을 의미한다. 이러한 관점에서 최남선 잡지의 글들을 계보적 방식으로 분류하면 "'세계의 현상과 학술을 연구하여(格物) -이로부터 세계 전체의 이치를 깨달은 뒤(致知) -지나간 일을 돌이켜 자세히 살펴서(稽古) -이를 언과 행으로 풀어낸다'는 조선 시대의 유학자의 기본 태도"[37]가 드러난다는 지적 또한 한문맥적 사유가 얼마나 최남선에게 깊이 지속되고 있는지를 보여준다.

---

35) 『논어』 公冶長 14 朱子註

36) 사람의 學問이 두가지 잇스니 한아는 他力으로써 自身의 智惠를 硏磨하난 學問이오 또한 아는 自力으로써 **自身의 德性을 修養**함이라 그런데 智慧를 硏磨하난 他力이란것도 嚴密하게 말하면 自力이 잇슨뒤에 생긴것이니라 (「自修工夫」, 『소년』 2-8, 1909.9., 10면. 강조 인용자)

37) 이경현, 「『청춘』을 통해 본 최남선의 세계인식과 문학」, 『한국문화』 43, 서울대 규장각 한국학연구원, 2008, 344~345면.

(2) 문이재도론과 시를 설명하는 보편적 기준으로서의 『시경(詩經)』 －최남선의 시론

최남선은 본격적으로 자신의 시론을 정리한 글을 발표하지 않았기 때문에, 그의 글들에서 언뜻언뜻 비춰지는 시론을 종합적으로 고찰하는 것이 필요하다. 이를 위해 우선 살펴볼 수 있는 것은 '신체시가' 모집을 위한 광고인 「신체시가대모집」이다. 여기서 기교나 형식은 중요하지 않고, 시 안에 "광명, 순결, 강건의 분자"가 있는 것이 중요하다는 문학관을 확인할 수 있다. 즉, 꾸밈보다는 내용이 중요하다는 것이다. 이러한 문학관은 다음과 같은 서문에서 더욱 분명히 제시된다.

> 詩 그것으로야 무슨 보잘것이 잇겟습니까마는, 다만時調를한文字遊戲의 굴형에서 건저내어서 엄숙한思想의 一容器를 맨들어보려고 애오라지 애써온 點이나 살혀주시면 이는무론分外의 榮幸입니다.
>
> (「서문」, 『백팔번뇌』, 동광사, 1926)

첫 번째 구절인 "시 그것으로야 무슨 보잘것이 잇겟습니까"는 두 가지로 해석할 수 있다. 시라는 장르 자체를 평가절하한 것이거나 아니면 자신의 시적 재능을 겸양한 것이다. 최남선이 자신의 시재의 보잘것없음을 고백했던 것과 연관해본다면 후자로 해석된다. 그런데 최남선의 논어 해석을 참조하면 위 구절은 시라는 장르 자체가 '보잘 것 없다'는 것을 의미한다. 최남선은 「소년논어」에서 『논어』를 발췌역하며 주를 달아서 해당 구절의 의미를 설명한 바 있다. 이 중 「爲政」 편의 유명한 대목인 "子曰 詩三百一言以蔽之曰思無邪"을 다음과 같이 옮기고 있다.

> 詩經이 三百篇이나 되되 一言以蔽之하면 뉘난 사람으로 하야곰 생각에

邪慝함이 업게 하려함이오.

(註) 性이고 情이고 그 바른것만 가젓스면 詩三百이 아모 必要업단 말삼.

(「소년논어」, 『소년』 2-8, 1909.9., 26면.)

이러한 최남선의 해석은 매우 독특하다. 일단 "사무사" 해석을 효용론적으로 했다. 시경의 시 삼백 편 자체에 사특함이 없다는 것이 아니라, 그 시가 읽는 사람에게 사특함이 없게 한다고 해석한 것이다. 주는 이러한 해석을 더 밀어붙인다. 즉, 성이나 정이 바르다면 시삼백(詩三百)이 필요 없다고 해석하고 있다. 이는 극단적으로 도를 중심에 놓고 文을 그 하위에 놓는 문학관이다.[38] 이러한 관점을 밀어붙이면 도가 전해졌다면 문은 쓸데없는 것이 된다.[39] 결국, 여기에서 최남선은 시 자체보다는 그것의 교훈적 의미를 중시했다는 점이 분명하게 드러난다.

이러한 관점은 그가 옛 시를 제시하고 해설을 붙인[40] 「녯 사람은 이런 詩를 깃첫소」(『소년』 1-2, 2-1~2-5, 2-6, 2-9~2-10)에서도 마찬가지로 드러난다. 이는 총 9회 연재되었던 글로 옛 시에 대한 최남선의 관심을 보여준다. 이 글에서 처음으로 소개되는 시는 퇴계 이황(李滉, 1501~1570)의 시조이며, 최남선은 이황을 "海東孔子"로 소개한다.

38) 문이재도론에서 도와 문의 관계는 본말의 관계이다. 이에 대해서 한쪽 극단의 해석은 문을 도보다 가치가 없는 것이며 문장 또는 문학을 부정하는 견해에까지 이르게 된다. 이의 대표적인 논자는 郭紹虞이다. 이와 관련된 설명과 비판은 정요일, 「文以載道論의 理解」, 앞의 책 참조.

39) 조선 시대 대표적인 성리학자인 퇴계 또한 "시는 배우는 자에게 가장 긴절하지는 않다" "문예에 공교한 것은 선비가 아니다"라고 했으며, 다산은 "시는 요긴한 일이 아니다"라고 하는 등 문이재도적 사고를 보였다. 송재소, 『다산시 연구』, 창비, 개정증보판, 2014, 25면.

40) 최남선은 첫 회에만 해설을 붙이고 그 이후로는 시만 제시한다. 조선의 시조들과 함께, 白居易, 劉延之(651~679), 高啓의 한시도 원문 그대로 제시하고 있다.

幽蘭이 在谷하니 自然히 쓰이 됴희,
白雲이 在山하니 自然히 보기 됴희,
이中에 彼美一人을 더욱 잇디 못하외.

최남선은 이 시조에 "석의(釋義)"를 달아 "幽蘭", "白雲", "彼美一人"를 해석하고 마지막에 "全篇의通義"를 제시하고 있다. 여기에서 "衆愚를 導率"하여야 한다는 계몽적 의지를 표출하는 시를 선별하였다는 의도를 밝히고 있다.[41] 그는 시를 해설하면서 시의 형식이나 기교에 관심을 두지 않고, 그것이 어떠한 '도'를 담고 있는지에만 초점에 맞춘다.[42]

이렇게 일관되게 시를 극단적 문이재도의 관점에서 바라보는 최남선의 태도는, 한시를 게재하면서도 동일하게 나타난다. 『소년』 잡지는 매월 주제가 있고, 이를 1면에 압축적으로 제시한다. 1909년 9월호는 가을이라는 주제를 제시하며, 1면에 왕양명의 시를 번역 없이 한시 원문만 제시한다. 그러면서 그는 "新凉이 처음으로 室에드러오니 正히 工夫하고 思索할때라 少年諸子에게 짐짓 이 詩를 보임은 眞理探究에 一助가 될까 함이러라."[43]라고 하여, 시를 "진리탐구"를 위한 보조적 수단임을 분명히 했다. 이는 인용된 왕양명의 시 「示諸生」의 내용과 관련이 있다.

41) "우리는 衆愚를 導率하야 極境까디 到達티아니하면 아니된다난意ㅣ니라 또自然의景象을 觀하고 自然히 感心됨은 곳 나도 또한 自然界裏物로 物汚에 물드디아니하얏단 듯을 보임이라" (『소년』 1-2.)

42) 대표적으로 靑山은 읏디하야 萬古에 푸르르며,/流水는 읏디하야 晝夜에 긋티디안난고,/우리도 긋티디말고 萬古常靑流하리라.를 제시한 후 이 시조가 "仁者樂山 知者樂水"와 관련이 깊다고 하며, 배워서 그치지 않아야 함이 중요함을 강조하는 식이다.

43) 『소년』 2-8, 1909.9, 1면.

너희는 제각기 절로 천진하니,	爾身各各自天眞
다른 사람을 찾거나 물을 필요 없네.	不用求人更問人
다만 양지를 지극히 하여 덕업을 이루고	但致良知成德業
헛되이 낡은 종이에서 정신을 소모하지 말게.	謾從故紙費精神

왕양명은 여기에서 자신의 핵심 개념인 "치양지(致良知)"를 제시한다. 이는 『맹자』의 "양지(良知)"와 『대학』의 "치지(致知)"를 결부시켜서, 사람의 마음과 도리(道理)가 같은 것이라는 주장이다. 최남선은 이 시 옆에 "道는 내 自身中에 이믜 具備하얏스니 제 스스로 努力하면 發明함을 엇으리라."라고 쓰고, 그 아래에는 "먼저 너의 自身을 알어라"라는 격언을 덧붙였다. 즉 왕양명 시의 내용을 풀어서 설명하면서 서구의 격언을 첨부하는 방식을 사용한 것이다. 이는 앞서 설명한 바 있는 『산수 격몽요결』에서 최남선의 편집 방향인 한문맥과 구문맥을 동시에 제시하면서 그 공통성을 부각하는 방식이다.[44] 양명학은 물론 성리학과는 분명히 다른 전제들에 입각한 철학이지만[45], 왕양명의 이 시나, 이 시를 활용하는 최남선의 방식은 한문맥적 '문'의 이념, 즉 '도'를 전달하는 한 용기로서의 위상을 지닌다.

이후 최남선이 조선적인 것에 대해 본격적으로 관심을 표명하는 1920년대에도 『시경』에 입각해서 시를 설명하는 면모를 찾아볼 수 있다.[46] 조

44) 이 책의 Ⅱ장 3.2절 참조.

45) 성리학과 양명학은 기질이 성리에 순종하여 도덕선을 구현하는 것을 최종목표로 한다는 점에서는 같다. 그러나 이 둘이 결정적으로 구분되는 지점은, 성리학은 기의 운행을 통한 리의 실현을 추구하지만, 양명학의 '致良知'는 양지(理)를 실현해서 천리의 활동을 보장하는 공부를 의미하여, 자연스럽게 기가 리에 순종하게 한다. 김기현, 「공부론의 관점에서 본 퇴계 성리학과 양명학의 차이성」, 『퇴계학논총』 15, 퇴계학부산연구원, 2009 참조.

46) 이러한 변모의 주요한 원인은 일제의 국권침탈이다. 이에 대해서는 Ⅲ장의 1.2.3에서 서술했다.

선적인 문학에 대한 최남선의 관심은 문학의 기원으로서의 '놀애'에 관한 관심과 시조에 관한 관심으로 나누어볼 수 있다. 「조선 문학 개설」[47]은 최남선의 '놀애'에 관한 관심을 잘 보여주는 글이다. 최남선은 조선인의 문학을 원시제사문학인 "놀애"에서부터 그 기원을 찾으며, 이를 신라의 「도솔가(兜率歌)」가 "차사(嗟辭)"가 계승했으며, 이와 함께 일상생활에 관한 개인적 서정시인 "사뇌(詞腦)"가 있었다고 설명한다. 이후 「황조가」를 예로 들어서 노래와 이야기가 어떻게 서로 짝이 되어서 함께 존재했는지를 중국과 일본의 사례와 함께 서술하고 있다. 여기에서 "놀애" 고증은 고어 고증과 비교언어학적 접근으로 이루어지지만, 이의 방증으로 한자 가(歌)에 관한 논의는 『예기』나 『주례』에 근거하여 이루어지고 있다.[48] 또 도솔가의 "차사"와 "사뇌"를 구분할 때도, 『시경』에 근거하여 논의를 전개한다.[49]

이렇게 시를 설명할 때 시경에 근거하는 태도는 그가 「조선 국민 문학으로서의 시조」[50]에서 "터질 듯한 마음은 먼저 '말'에게 하소연을 하고, 말은 그 주체하지 못하는 울결을 음절의 조리로 건지고자 하니, 시의 이

---

47) 이 글의 원문은 일본어로 『중등조선어강좌』에 1931.6~1932.6까지 연재되다가 『중등조선어강좌』가 폐간되면서 중단되었다. 현대 한국어로의 번역은 최남선, 『문학론』, 문성환 옮김, 경인문화사, 2013을 참조할 수 있다.

48) 위의 글, 100~102면.

49) 중국의 시론에 의거해보면 『시경(詩經)』 관저(關雎) 서(序)에도 "시는 뜻이 가는 바이다. 마음속에 있으면 뜻이 되고, 말로 하면 시가 된다. 정(情)이 마음속에서 움직여서 말로 표현되는데, 말이 부족하므로 차탄(嗟歎)하고, 차탄이 부족하므로 길게 노래한다. 길게 노래하는 것이 부족하면 자신도 모르게 손이 춤추고 발이 구르게 된다."라고 한 바와 같이, 원래 시가란 것은 차탄하는 말이라 하는 데, 같은 시가 중에서도 차탄만으로 된 것은 천하가 다스려지는 게 신의 은혜라 하여 그 덕을 찬양하고 이것을 기쁘게 하는 '송(頌)'이라는 부류이다. (위의 글, 121면)

50) 『조선문단』, 1926.5.

치는 여기에서 발흥하였다"라고 할 때도 드러난다. 여기서 시는 감동된 마음을 말로 다 하지 못하여, 음향과 가락과 함께 발흥하게 된다는 설명은 『시경집전』에서 주자의 설명과 동일하다.[51] 특히 이 글은 조선의 시조야말로 향토성을 지니고 있기에 세계성을 담지하고 있는 것이라고 설명한다. 이러한 '세계성'을 담지하고 있는 시를 설명할 때 『시경』에 근거하고 있다는 것은, 최남선에게 있어 『시경』이 '세계성'의 차원, 즉 보편적인 시를 설명하는 기준이었다는 것을 의미한다.

이처럼 최남선은 한문맥의 문이재도론에 입각하여 '문'을 바라보고, 『시경』에 입각하여 시를 설명했다. 또한 『산수 격몽요결』 등에서 보이는 것처럼, 한문맥의 격언과 이에 해당하는 구문맥의 격언을 동시에 배치하는 것을 통해서 구문맥을 한문맥을 통해서 이해하려 하는 모습을 보여준다.

2) 근체시 형식의 변용과 "인자요산 지자요수(仁者樂山 知者樂水)"의 상상력

(1) 근체시 형식의 변용과 한문맥의 번역

앞 절에서 서술한 것처럼, 극단적인 '도(道)' 중심의 문학관을 가진 최

---

51) 혹자가 나에게 "시는 어찌해서 짓습니까?"라고 물었다. 나는 다음과 같이 답하였다. "사람이 태어나서 고요함은 하늘의 성품이요 사물에 감응하여 움직임이 있으면 본성의 욕구가 나온다. 이미 욕구가 있으면 생각이 없을 수 없고, 이미 생각이 있으면 말이 없을 수 없고, 이미 말이 있으면 말로써 다할 수 없어서 탄식하고 감탄한 끝에 발현되는 것이 반드시 자연스러운 음향과 가락이 있어 그칠 수 없으니, 이것이 시를 짓는 이유이다." (或有問於予曰 詩何爲而作也 予應之曰 人生而靜 天之性也 感於物而動 性之欲也 夫旣有欲矣 則不能無思 旣有思矣 則不能無言 旣有言矣 則言之所不能盡 而發於咨嗟咏歎之餘者 必有自然之音響節族而不能已焉하니 此詩之所以作也 성백효 역주, 『시경집전』, 전통문화연구회, 2010, 21면.)

남선은, '시(詩)'를 사유할 때 한시의 형식을 전제하고 있었다. 앞절에서 언급한 「신체시가대모집」에서도 이는 분명히 나타난다. 여기서 그는 "어수와 구수"는 "隨意"를 따르라고 하면서, 어수와 구수의 정형을 인식하고 있으며 이를 파괴한 것이 바로 '新體'시라고 인식하고 있음을 드러낸다. 반면에 그의 초창기 국문시들은 몇몇을 제외하고는 어수를 고정한 채 4행씩 2연이나 8행씩 2연 구성의 형식으로 작성된다. 이는 오언이나 칠언 8구로 된 율시의 형식을 연상하게 한다. 특히 그가 시를 발표하기 시작하는 1908년에는 「海에게서 少年에게」를 제외하면, 모두 4행씩 2연, 8행씩 2연, 또는 8행씩 4연의 형태로 시를 쓴다는 점에서, 근체시의 형식을 강하게 의식하면서 국문시를 썼음을 알 수 있다.[52)]

이처럼 최남선이 시작을 본격적으로 시작한 1908년 발표한 시들은 한시의 형식을 강하게 의식했다. 1909년부터는 어수와 구수가 제약을 벗고 다양한 형식을 선보이는 예들도 없지 않지만 이후 시들도 기본적으로는 4행씩 2연을 기본 구성으로 삼아 이의 확장이나 변형의 형태를 취하고 있다. 1910년대 최남선 시 중 근체시의 구성을 기본으로 삼은 시들을 정리하면 다음과 같다.

---

52) 「가을 뜻」, 「가난 배」는 4행씩 2연. 「黑軀子의 노리」는 8행씩 4연 이상 『소년』 창간호, 1908.11. 「千萬길 깁흔 바다」는 8행씩 2연. 『소년』 2호, 1908.12.

행과 연의 구성	제목
2행 20연	「봄의 압잡이」
2행 26연	「보배」
4행 2연	「가을 뜻」, 「가난 배」
4행 3연	「詩三篇」
4행 4연	「태백범」, 「太白山歌」(其一), 「어린이 꿈」, 「물레방아」, 「새해」, 「鵬」, 「봄의 선녀」, 「나」, 「녀름」, 「내」, 「압헤는 바다」
4행 5연	「크리쓰마쓰」
4행 6연	「闔門潭」
4행 8연	「한힘샘 스승을 울음」
4행 13연	「太白山과 우리」
4행 20연	「저 하늘」

특히 흥미로운 것은 『청춘』을 창간한 이후 게재한 국문시는 주로 4행으로 작성되며, 특히 4행 4연의 구성을 취한 국문시가 많다는 것이다.[53] 이는 『청춘』에서 본격적으로 한시를 게재하는 것과 관련이 있는 것으로 추정된다. 『청춘』 이전의 최남선 주재 대표적 잡지인 『소년』에는 한시란이 고정적으로 있지 않았다. 최남선이 자신의 한시 「觀海詩」(『소년』 2년 8권)를 게재했고, 한시를 다른 글들 속이나 표지에 게재하는 식이었다. 반면에 『청춘』에서부터 최남선은 '漢詩'란을 고정으로 두고, 1호부터 9호까지 꾸준히 한시를 게재한다. 이때 한시는 오언 절구 1수, 칠언 절구 13수, 오언 율시 1수, 칠언 율시 10수, 그 외 11수로 총 36수이다. 그중 25

53) 「어린이 꿈」 4행씩 4연, 『청춘』 1호, 1914.10 「물레방아」 4행씩 4연, 「한힘샘 스승을 울음」, 4행씩 8연 이상 『청춘』 2호 1914.11 「새해」 4행씩 4연 『청춘』 4호, 1915.11. 「鵬」 4행씩 4연, 『청춘』 6, 1915. 3. 「봄의 선녀」 4행씩 4연, 『청춘』 7, 1917·5. 「나」 4행씩 4연, 『청춘』 8, 1917.6 「녀름」 4행씩 4연, 『청춘』 9, 1917.7 「내」 4행씩 4연, 『청춘』 10, 1917. 9.

수가 근체시로, 결국 4행이나 4행 2연이다.[54] 이렇게 한시란을 두어 한시를 본격적으로 게재하면서 동시에 국문시가 4행으로 수렴한다는 것에서 한시와의 연관성을 짐작할 수 있다. 즉 1910년대 최남선은 한시와의 연관 속에서 4행 4연 7·5조를 기본형으로 하는 국문 정형시를 주로 썼다고 할 수 있다.

이러한 한시 형식의 영향 외에도 흥미롭게 살펴볼 수 있는 것은, 한문맥을 모티프로 하여 쓴 국문시이다. 「鵬」[55]는 "南華經에 曰하되"라는 설명이 부기 되어 있는 것처럼, 『남화경』이라는 한문맥 텍스트를 모티프로 쓴 국문시이다. 7·5조로 4행씩 4연으로 남화경의 내용을 그대로 국문시의 형태로 옮겼다. 「벌(蜂)」(『소년』 2호, 1908.12)도 한문맥 텍스트의 변용을 통해 국문시로 썼다. 이 시는 羅隱(833~909)의 「蜂」을 변용한 것이다. 최남선은 자신의 국문시 「벌(蜂)」을 게재하고 바로 그 뒤에 羅隱의 「蜂」를 번역 없이 게재하고 있다. 먼저 한시 원문과 필자의 번역을 제시하고, 그 아래에 최남선의 국문시를 제시한다.

「蜂」－羅隱 (한시)

평지와 산꼭대기를 가리지 않고 不論平地與山尖
무한한 춘광 다 차지하네. 無限春光盡被占
온갖 꽃 두루 얻어서 꿀을 만든 후에 采得百花成蜜後
고생이 누구를 위한 달콤함인지 알지 못하네 不知辛苦爲誰甛

『소년』 1-2, 42면.

---

54) 『청춘』 소재 한시에 대한 연구는 정기인, 채송화, 「『청춘』 소재 한시 연구」, 『한국한시연구』 25, 한국한시학회, 2017 참조. 이에 대한 후속 연구로 『청춘』에 게재된 한시와 국문시의 연관성에 대해서는 정기인, 채송화, 「『청춘』 소재 국문시와 한시의 역할 고찰」, 『한문학논집』 51, 근역한문학회, 2018 참조.

55) 『청춘』 6, 1915. 3.

「벌(蜂)」 – 최남선 (국문시)

1
구딘날마른날 가리디안코
놉흔데나즌데 헤이디안코
　머나갓가우나 탸탸다니며
　부디런바디런 움댝이난건
　　어엿분쏫모냥 貪함아니오
　　馥郁한香내를 求함아니라
　　　애쓰고힘드려 바라난 것은
　　　맛잇난됴흔꿀 엇으렴이라.

2
功든것드러나 꿀을엇으면
우리는됴곰도 關繫안하고
　곱다케모아서 사람을듀어
　緊하게쓰도록 바랄뿐이니
　　맛업난것에는 맛나게하고
　　맛잇난것에는 더잇게하야
　　　아모나됴흔건 꿀갓다하게
　　　우리가만든걸 稱讚케되다.

3
사람아사람아 게어른사람
귀숙여우리말 드러를보게
　뎌즘게苦楚를 무릅쓰고셔
　精誠을다하야 功이룬 것이
　　利되나害되나 생각하건댄
　　頌榮과稱譽의 利뿐이로다

草堂에便한담 貪하얏드면
너갓히無用件 되엿겟구려.

4
녯사람말삼은 글은것업서
한마듸한句節 한짬이라도
가로대쓴색리 단열매맛고
苦로운끗헤는 樂온다더니
수구한뒤에는 됴흔갑흠이
오디를말내도 억디로오네
사람과버레가 무엇다르랴
계어름부디런 갑흠밧을때

(『소년』 1-2, 41~42면)

이 시는 6·5조로 8행 4연의 형태로 칠인 절구를 변용했다. 내용상 국문시의 1은 한시의 1~3구에 대응한다. "구딘날마른날 가리디안코/놉흔데나즌데 헤이디안코"는 "不論平地與山尖 (평지와 산꼭대기를 가리지 않고)"에 대응하고, 그 이후 "머나갓가우나 타타나니너/ 부디런바디런 운댝이난건"는 "無限春光盡被占 (무한한 춘광 다 차지하네)"에 대응된다. "애쓰고 힘드려 바라난 것은/ 맛잇난됴흔술 엇으렴이라."는 "采得百花成蜜後 온갖 꽃 두루 얻어서 꿀을 만든 후에"와 대응한다.

나은(羅隱)이 시적이고 압축적인 표현으로 平地, 山尖이라는 수평적, 수직적 공간과 春光이라는 표현으로 봄이라는 시간과 봄볕이 닿는 모든 공간으로 꿀벌의 부지런함을 표현했다면, 최남선은 이를 조금 더 풀어서 시간상으로 "구딘날마른날" 공간상으로 "놉흔데나즌데, 머나갓가우나"를 가리지 않으며 "부디런바디런 움댝이난건"이라 표현하여 그 부지런함을 직접 서술한다.

그런데 2연부터는 최남선의 계몽주의적 의식이 전면에 부상하면서, 한시의 마지막 구 "不知辛苦爲誰甛 (고생이 누구를 위한 달콤함인지 알지 못하네)"는 원시의 의도와는 전혀 반대 의미로 변화되고, 24행의 논설체로 길어진다. 나은의 원시는 지배계층에게 착취당하는 백성의 모습을 꿀벌에 비유한 것이다.[56] 너무나도 열심히 온갖 곳을 돌아다니면서 꿀을 모아도, 결국 이를 사람에게 빼앗기는 꿀벌을 묘사하며 마지막 구에서 "不知辛苦爲誰甛(고생이 누구를 위한 달콤함인지 알지 못하네)"라고 끝맺는다는 점에서 꿀벌에 대한 화자의 안타까운 심정이 잘 드러나 있다.

최남선은 이를 전복한다. 최남선은 사람에게 꿀을 기꺼이 내주는 꿀벌의 심정을 서술한다. 그에 따르면 꿀벌은 엄청난 공을 들여서 꿀을 얻지만 이를 사람에게 주면서 그 대가로 바라는 것은 사람들에게 칭송을 받는 것뿐이다. 이는 마지막 연에서 고진감래로 표현된다. 즉 최남선의 시는 열심히 노력하면 사람들의 칭송을 받는다는 식의 교훈으로 마무리된다. 이는 『소년』지에 이 시 바로 앞에 게재되어 있는 「녯 사람은 이런詩를 깃첫소」에서 이황의 시조 "靑山은 읏디하야 萬古에 푸르르며, 流水는 읏디하야 晝夜에 긋티디안난고, 우리도 긋티디말고 萬古常靑流하리라."[57]를 소개하면서 "勤勤孜孜하게 무삼일을 긋티디아니하고 功을 쌋난"[58] 것을 강조하는 것과 같은 맥락으로 열심히 노력하자는 주장이다.

이렇게 지배계층의 탐욕과 서민에 대한 안타까운 마음을 묘사한 원시를, 열심히 노력하자는 내용으로 변용한 것은 최남선의 문학관을 극명히 보여준다. 당시 최남선에게 중요한 것은 백성들을 착취하는 지배계급을

---

56) 최은정, 「羅隱의 交遊詩와 諷刺詩 연구」, 숭실대 석사논문, 2009, 130면.

57) 『소년』 1-2, 39면.

58) 『소년』 1-2, 40면.

고발하는 것이 아니라, 소년배들이 '立志'하여 끊임없이 노력하는 것이었고, 문학을 이를 위한 "정신적 책려자"[59]로 여겼다. 즉, 이 시의 초반부에서는 한시를 국문으로 풀어서 옮겼다면, 후반부에서는 자신의 평소 주장에 맞게 한시를 변용하면서 논설체로 장황하게 풀어서 설명하고 말았다.

또 흥미로운 것은 형식상으로 한시의 칠언절구의 한 구가 4·3조로 구분되는 것처럼, 최남선은 한 행을 6·5조로 유사하게 한 글자씩 앞쪽에 음절수를 증가시켜서 층차를 두었다는 점이다. 이렇게 한시를 변용하거나 번역할 때 국문시의 형식에도 주의한 것은 다른 한시 번역에서도 마찬가지로 나타난다. 이는 한시의 정보량을 옮기는 것이 주목적이 아니라, 한시를 국문시로 옮겼을 때 그 국문시가 시의 형식을 지녀야 한다는 생각 때문이다.[60]

최남선에 따르면 모든 시는 두 가지로 나눌 수 있다. 노래하는 시와 읽는 시이다.[61] 이는 조선 시대의 읽는 시로서의 한시와 노래하는 시로서의 시조를 염두에 둔 것일 터이다. 실제로 최남선의 시 중 상당수는 악보와 함께 제시되어 가창을 목적으로 하는 창가(唱歌)나 시조의 형태였고[62], 다른 하나는 악보 없이 읽는 시의 형태로 제시된다. 창가의 형태는 4·4조나 7·5조이고 이는 당시 찬송가[63]나 일본 창가와 긴밀한 연관 하에

---

59) 『소년』 1-1, 23면.

60) 최남선이 스스로 번역관을 명료하게 표현한 글은 찾을 수 없다. 그러나 최남선이 번역한 결과물을 놓고 보았을 때, 최남선의 번역관은 김억의 번역관과 일치하는 것으로 추정된다. 이에 대해서는 4장에서 자세히 서술할 것이다.

61) "詩를 만일 노래할 것과 닑을 것 둘에 난홀수가 잇다하면 닑을것 편에 석거 닑어주시기를 바라노이다." 「快少年 世界周遊 時報」, 『소년』 2-9, 1909.10., 37면.

62) 이후 조선총독부 주도로 창작한 시국가요도 최남선 '작시'로 표현된 바 있다. 구인모, 「최남선의 '시국가요'와 식민지 정치의 미학화」, 육당연구학회, 『최남선 다시 읽기』, 현실문화, 2009 참조.

63) 조규익, 「창가의 형성에 미친 번역 찬송가의 영향」, 『온지논총』 16, 온지학회, 2007 참조.

형성된 것이라면, 최남선의 6·5조는 어디서 기원한 것일까? 이는 7·5조의 변형이라고도 파악할 수 있지만[64], 이렇게 칠언절구의 4·3조를 6·5조로 옮기고 있는 것은 최남선이 구분한 읽는 시와 한시의 형식이 밀접한 관련이 있기 때문이라고 추정할 수 있다. 조선 시대 읽는 시와 노래하는 시의 대립이 한시와 시조로 대변되는 것처럼, 최남선은 한편으로는 노래하는 창가 형식의 시나 시조를 꾸준히 지으면서도, 한시와 같은 읽는 시도 함께 지어왔다. 그리고 위에서 살펴본 한시 번역에서 드러나듯이, 이는 한시의 형식과 일정한 관련성을 지닌다.

위에서 살펴본 최남선의 첫 한시 번안으로부터 9년 후인 1917년 6월 『청춘』 8호에 최남선은 「漢詩鮮譯」이라는 제목 아래 7편의 한시의 국문 번역시를 원문 없이 게재한다. 모두 『고문진보(古文眞寶)』의 칠언고풍 단편에 수록된 시들이다. 『고문진보』가 조선 초학자들의 한문 학습에 널리 사용되었고, 문이재도에 입각한 도학적 문학관이 면밀하게 적용된 책이었기 때문에[65], 최남선이 여기에서 시를 선별했을 것이라 추정된다. 이 7편의 번역시는 이백(李白, 701~762)의 시 4수, 고병(高騈, ?~887)의 시 1수, 유종원(柳宗元, 773~819)의 시 1수, 두보(杜甫, 712~770)의 시 1수로 모두 당시인데, 내용상의 뚜렷한 일관성은 없어 보인다. 이백, 고병, 유종원의 시는 탈속한 풍취를 담아내고 있고, 두보의 시는 쓸쓸한 가을날 나

64) 한수영, 『운율의 탄생 -한국 근대시의 언어 공간과 7·5조』, 아카넷, 2008, 73~122면 참조. 이 책은 7·5조를 일본에 유입된 외래소로 인정하지만, 일본 신체시와 최남선 7·5조의 차이도 밝히고 있다. 그에 따르면 일본 7·5조는 7자와 5자의 음수율 조합이라면, 최남선의 7·5조는 불균등한 세 마디를 구조적 특성으로 한다.

65) 『고문진보』가 조선에서 널리 유통되었던 원인이나, 이것의 문이재도에 입각한 도학적 문학관이 적용되었다는 것에 대해서는, 정재철, 「한중일 간 『고문진보』의 비교 연구 -동아시아 한문 교재의 유통양상에 대한 일고찰」, 『한문 교육연구』 26, 한국한문 교육학회, 2006, 228~233면 참조.

이든 서생의 비애를 노래하고 있다. 먼저 한시 원문과 번역을 제시하고, 그 아래에 최남선의 번역시를 제시한다.[66]

1.

「峨眉山月歌」 **(아미산의 달 노래)** (한시)

아미산의 반달이 가을밤 하늘에 떠 있는데,	峨眉山月半輪秋,
달 그림자 평강강에 어리어 강물 따라 흘러가네.	影入平羌江水流.
밤에 삼계를 떠나 삼협으로 향하노니,	夜發三溪向三峽,
그대 그리면서도 보지 못하고 유주로 내려가노라.	思君不見下渝州

「峨眉山月**노래**」 - 李太白 (번역시)

峨眉山쏫 갈반달이 平羌물에 잠겨예네 三溪써나 밤길三峽 임못보고 渝州가네

2.

「삭중문답(山中答俗人)」 (산 속에서 속인들에게 답하다) (한시)

나에게 묻기르르 무슨 일로 푸른 산에 사느냐기에,	問余何事棲碧山
웃으며 대답하지 않았으나 마음 절로 한가롭네.	笑而不答心自閑
복숭아꽃 흐르는 물 따라 아득하게 흘러가니,	桃花流水杳然去
이 곳은 별천지이지 인간 세상 아니라네.	別有天地非人間

「山中**에서**俗人**에게대답하다**」 - 李太白 (번역시)

山에삶은 어인일고 웃고잠잠 맘저절로 복소아쏫 흘리는물 人間아닌 누린

66) 이하 이 시들의 번역은 황견 편저, 『고문진보』, 이장우·우재호·박세욱 옮김, 을유문화사, 2005.의 해당 번역을 인용하였다.

가보

3.

「步虛詞」 **(보허사)** (한시)

청계산의 도사를 세상에선 알지 못하나,	青溪道士人不識
그는 하늘 위아래를 학을 타고 다닌다네.	上天下天鶴一隻
동굴 문은 굳게 닫혀 푸른 창에 찬바람 이는데,	洞門深鎖碧窓寒
이슬로 붉은 먹을 갈아 주역에 방점을 찍고 있네.	滴露研朱點周易

「步虛詞」 **– 高騈** (번역시)

淸溪道士 그뉘알리 上天下天 외두루미 헌사립문 구디닷고 낡은窓에 바람 찬데 이슬방울 朱를갈아 周易에다 點치는이

4.

「漁翁」 **(고기잡이 노인)** (한시)

늙은 어부 밤이 되자 서쪽 바위에 배 대어 묵고,	漁翁夜傍西巖宿
새벽에 맑은 상수 길어 초 땅의 대나무로 밥을 짓네.	曉汲淸湘燃楚竹
연기 사라지고 해가 뜨자 사람은 보이지 않고,	煙消日出不見人
뱃노래 한 가락만 푸른 산과 물에 떠도네.	欸乃一聲山水綠
하늘 끝 돌아보며 강 가운데로 내려가니,	回看天際下中流
바위 위엔 무심한 구름만이 다투듯 흘러가네.	巖上無心雲相逐

「漁翁」 **– 柳子厚** (번역시)

西巖곁해 밤을새던 고기잡는 저늙은이 새배에 淸湘길어 楚竹을 살오놓다 안개것고 해쓰어도 사람은 안뵈는데 어기야 한소리에 메와물만 푸르럿다

하늘가를 돌아보며 中流에써 나려가니 無心할손 바위우헤 힌구름만 싸르것다

5.

「思邊」 **(변경을 생각함)** (한시)

지난해 어느 때에 당신께서 저와 이별하였나요?	去歲何時君別妾
남쪽 동산 푸른 풀 사이로 나비들이 날고 있었지요.	南園綠草飛蝴蝶
올해 지금은 어느 때에 제가 당신을 그리워하는가요.	今歲何時妾憶君
서산에는 흰 눈 내리고 진의 하늘은 어둡게 구름 덮였소.	西山白雪暗秦雲
임 계신 옥문관은 여기서 삼천 리 밖에 있으니,	玉關此去三千里
편지를 부치고 싶어도 어찌 전해질 수 있으리오?	欲寄音書那得聞

「思邊」 – 李太白 (번역시)

지난해 어느때에 임이나를 써나신고 압동산에 풀푸르고 범나비는 넙놀앗다 今年은 어느째에 내가님을 생각는고 西山에 눈이히고 秦구름이 아득하다 예서玉關 三千里에 편지한들 바들는가

6.

「秋雨歎」 **(가을비의 탄식)** (한시)

가을비에 모든 풀이 시들어 죽어 가는데,	雨中百草秋爛死
섬돌 아래 결명초는 빛깔도 선명하구나.	階下決明顔色鮮
가지 가득 매달린 잎새 비취빛 수레 덮개 같고,	著葉滿枝翠羽蓋
무수히 핀 꽃들은 황금빛 엽전 같구나.	開花無數黃金錢
쓸쓸히 불던 서늘한 바람 네게 급히 몰아치니,	涼風蕭蕭吹汝急
아마도 뒤늦게 남은 네가 견디기 어려울 것 같구나.	恐汝後時難獨立
당상의 서생인 나는 헛되이 머리만 희었으니,	堂上書生空白頭

바람 따라 여러 번 네 향기 맡으며 눈물 흘린다.	臨風三嗅馨香泣

「秋雨歎」 – 杜子美 (번역시)

갈비오자 은가지풀 다시들어 죽노매라 섬돌밋헤 決明花만 그얼골이 싱싱하다 가지가득 입푸르고 금돈인듯 꼿도만타 하늬쌀쌀 너를쳐도 내내그냥 獨立할다 堂上에 못난선비 속절업시 센머리로 바람결에 네향내를 세번맛고 눈물진다

7.
「把酒問月」 **(술잔을 들고 달에게 묻다)** (한시)

푸른 하늘에 달이 있은 지 얼마나 되었는가?	青天有月來幾時
나는 지금 술잔 놓고 한 번 물어 보노라.	我今停盃一問之
사람들은 달에 오르려 해도 오를 수가 없으나,	人攀明月不可得
달은 오히려 사람들 가는 데로 따라가네.	月行却與人相隨
밝기가 하늘 나는 거울에 붉은 대문 비친 것 같은데,	皎如飛鏡臨丹闕
밤안개 다 없애고 맑은 빛을 발하네.	綠煙滅盡清輝發
다만 밤이 되어 바다 위로 떠오르는 걸 볼 뿐이니,	但見宵從海上來
어찌 알리오, 새벽녘 구름 사이로 사라지는 걸.	寧知曉向雲間沒

「把酒問月」 – 李太白 (번역시)

하늘에 달생긴지 얼마나 된고, 내이제 잔멈추고 한번뭇노라, 사람은 밝은저달 잡지못하되, 도로혀 달이사람 따라오도다, 맑기는 나는거울 丹闕에 단듯, 푸른안개 슬어지자 더욱빗나네, 해지자 바다로서 뜸은보아도, 밤새자 구름속에 숨긴몰랏네.

앞 일부만 번역한 「把酒問月」을 제외하고는 시 전체를 번역한 것이다.

번역 대상인 한시는 모두 칠언시로 한 구마다 유사한 정보량을 지닌다고 할 수 있다. 최남선은 이를 다양하게 번역하면서 운율을 실험하고 있다. 「峨眉山月노래」, 「山中에서俗人에게 대답하다」, 「步虛詞」는 4·4조로 「漁翁」은 한 구를 4마디 14~16음절로 풀고 한 마디를 3음절이나 4음절씩 묶어서 3·4·3·4.에서 4·4·4·4.까지 변칙을 주면서 번역하고 있다. 「思邊」에서도 마찬가지인데, 조금 더 규칙적으로 3·4·4·4를 반복하다가, 마지막 구만 4·4·4·4.로 번역하고 있다. 「秋雨歎」도 유사하게 한 구를 4마디 14~16음절로 번역하다가 중간에 한시에서 대를 이루는 구는 묶어서 두 구를 4마디로 번역하고 있다. 마지막으로 「把酒問月」은 3·4·5조 (단 한 구만 4·4·5조이다)로 번역하고 있다. 이처럼 최남선이 칠언 한시를 다양한 형식으로 번역한 것은 최남선이 국문시 형식에 주의를 기울이고 다양한 실험을 했다는 중요한 증거이다. 앞서 설명하였듯이, '노래하는 시'로서의 창가는 7·5조로 수렴했고 시조는 전통의 형식을 계승하고자 했다면, 그의 '읽는 시'는 한시 번역을 토대로 다양한 음수율을 실험하고 있다. 이 한시 번역이 실린 『청춘』 8호에도 표제시 「나」는 7·5조로 악보와 함께 제시되어 있다.[67] 반면에 악보 없이 제시되는 나른 시들, 예를 들어 같은 호에 실린 「사람의자랑」[68] 같은 시는 7.4/6·5를 반복하는 형태이고, 「내속」[69]과 같은 시는 시조의 형태를 취하고 있다. 이처럼 1917년 당시 최남선은 여러 가지 형식을 동시적으로 실험하면서 한시 번역에도 이러한 실험을 반복하고 있음을 알 수 있다. 운에도 신경을 써서, 「峨眉山月노래」는 2구와 4구에 '~네'로 운을 맞추고, 「山中에서俗人에

67) 『청춘』 8, 1917.6., 2~4면.

68) 위의 책, 27면.

69) 위의 책, 64면.

게 대답하다」는 1, 2, 4구에 '고/로/보'로 'ㅗ'음으로 운을 맞추었다. 「步虛詞」는 1, 2, 4구에 '리/미/이'로 'ㅣ'를, 「漁翁」은 2, 4, 6을 '다'로 끝냈고, 「思邊」은 1, 3은 '고' 2, 4, 5 는 '다/다/가'로 맞추었고, 「秋雨歎」는 1, 2, 3, 4, 6구에 '라/다/타/다/다'로 'ㅏ'음을 맞추었다.

이렇게 운율에 주의를 기울였기 때문에, 내용상으로는 가감이 있을 수 밖에 없다. "峨眉山月半輪秋 (아미산의 반달이 가을밤 하늘에 떠 있는데)"와 같은 경우 "峨眉山곳 갈반달이"로 옮겨서 원시에는 없는 "곳"이 삽입되었다. 여기서 아미산의 꽃은 가을 반달에 대한 보조 관념이 된다. 원시에서 峨眉山月의 보조관념으로 상투화된 輪(바퀴)를 사용한 것보다는 참신하다.

이러한 최남선의 한시 번역은 일회적인 것이었고, 이와 관련된 자신의 번역론을 남긴 것이 없으므로 이를 기반으로 최남선 한시 번역의 의미를 더 탐구하기는 힘들다. 다만 여기서 강조할 수 있는 것은, 최남선이 주재한 신문관에서의 한문 고전 번역과 간행 사업과 관련해서나, 『소년』과 『청춘』지에 드러난 한문맥과 연관해서 파악했을 때, 최남선이 분명 한문맥으로부터 자신의 문학관이나 시론을 형성했으며, 한시를 다양한 형식으로 국문으로 번역함으로써 국문시의 형식을 실험했다는 점이다. 특히 『소년』과 『청춘』이 한문을 읽지 못하는 소년들을 위해서 한적들도 번역하여 소개하고 있었다는 점을 고려할 때, 이렇게 한시를 번역하는 것에는 한시에 접근하기 어려운 소년들을 위해 국문으로 그 내용을 전달하고자 했던 의도도 담겨있다고 볼 수 있다. 그러나 한시가 근거하고 있는 한어(漢語)와는 다른 언어적 특징을 지닌 조선어를 바탕으로 어떻게 시의 형식을 '창안'할 수 있을까에 대한 진지한 이론적 고민은 최남선에게서 보이지 않는다. 앞서 살펴본 것처럼, 그에게 '시'라는 형식보다는 "사상의 일용기"로서의 가치가 중요했기 때문에, 시 형식에 대한 이론적 고민은 이후 김억에서야 진지하게 논의된다. 대신 그는 한문맥적 상상력을 토대로 시를 쓰며 수양의 언설을 주장하는 데 집중하게 된다.

(2) 서자(逝者)로서의 물과 성인(聖人)으로서의 바다

최남선은 와세다대학 지리역사과에 입학 후 모의국회 사건으로 자퇴한 이후로도 계속 지리에 관심을 두었다. 이렇게 최남선이 지리에 관심을 가진 것은, 지리학이 근대국민국가 형성 및 국토공간 창출과 밀접한 관련을 맺고 있기 때문이다.[70] 특히 이러한 관점에서 '바다'에 관한 그의 관심은 "개화된 문명의 바람이 불어오는 곳"[71], "힘과 의욕, 끝없는 가능성의 표상"[72], "새로운 것=일본과 영국과 미국(앵글로 색슨)을 의미"[73], "제국주의적 기획이 투사되고 있는 공간"[74] 등으로 분석된 바 있다.[75] 이러한 해석들은 최남선의 한시를 제외하고 일부 국문시만을 대상으로 도출된 것이다. 그러나 그의 한시와 국문시는 밀접하게 연결되어 있고, 이를 함께 볼 때 최남선 시에 나타나는 바다, 나아가 물의 이미지를 통합적으로 살펴볼 수 있다. 그리고 최남선의 물 이미지는 한문맥과 밀접하게 연결되어 있음을 이 절에서 논의할 것이다.

---

70) 이종호, 「최남선의 지리(학)적 기획과 표상」, 『상허학보』 22, 상허학회, 2008 참조.

71) 정한모, 앞의 책, 201면. 이후 최남선 시에 관한 연구들도 이러한 지적을 답습하는 데 그치고 있다. 由村尙樹, 앞의 글, 2004,

72) 김용직, 「해에게서 소년에게의 이해」, 조연현 해설, 『최남선과 이광수의 문학』, 새문사, 1981, 33면.

73) 류시현, 「한말 일제 초 한반도에 관한 지리적 인식」, 『한국사연구』 137, 한국사연구회, 2007, 286면.

74) 이종호, 앞의 글, 293면.

75) 이러한 연구들과 거리를 두고, 신범순은 최남선의 '바다'이미지를 역사 전체에 대한 비판적 사유라 보고 그의 '불함문화'에 대한 추구와 바다 이미지를 연결해 논의하고 있다. 신범순, 「역사 시대를 넘어서」, 앞의 책, 3~39면 참조.

최남선의 시를 논의하기 위해서, 「海에게서 少年에게」를 논의하지 않을 수 없다. 이는 이 시가 그가 창간한 최초의 잡지 『소년』의 권두시로 이후 그가 해당 잡지에서 전개할 내용을 압축해서 제시하고 있기 때문이다. 「海에게서 少年에게」를 구체적으로 분석하기 전에, 앞서 발표한 시들 중 물의 상상력이라는 측면에서 이 시와 연관되는 시를 먼저 살펴볼 필요가 있다.

「막은물」 - **大夢崔**[76)]

밤이나 낫이나 됴리돌돌
한시도 한각도 쉬디안코
한업난 바다에 가기ᄭᅡ디
곤한 듈 몰으고 흘너가네
가다가 듕노에 사람들이
고이게 한다고 됴악돌노
흐르디 못하게 막앗스나
뎨다유 됴곰도 일티안네
돌틈을 뚜러서 나가던디
모래로 심여드러 가던디
벗발에 ᄭᅳ러올나 가던디
엇더케 무슨법 써서라도
가운데 ᄭᅳ님이 연할ᄯᅢ에
ᄯᅡᆼ밋헤 숨은 물 합ᄒᆞᆯᄯᅢ에
공듕에 수딩긔 엉길ᄯᅢ에
내 되고 샘 되고 비되야서
뎌갓티 유하게 쉬디안코

76) 『대한학회월보』 2, 1908.3.25.

그대로 바다로 향해가니
막던니 수구는 헛날되고
흐르난 댜유는 상함업서
영원히 댜유로 갈곳가네
밤에나 낫에나 쉬디안코

이 시는 『소년』 창간 전에 게재된 시로, 이후 『소년』 2-6에도 표제시로 재수록된다. 『소년』에서 표제시가 해당호의 주제를 집약하는 역할을 한다는 점에서, 이 시를 표제시로 재수록했다는 것은 이 시를 최남선이 중요하게 여겼다는 것을 의미한다. 이후 그 의미가 더 논의될 것이지만, 「海에게서 少年에게」 이전에 이미 '서자(逝者)로서의 물'의 이미지와 상상력을 선보였다는 것은 중요하다. 끊임없이 바다로 향해가는 물은 어떠한 장애에도 불구하고 "댜유로" 바다를 향해 밤낮 쉬지 않고 간다는 것을 강조해두었다. 그랬을 때, 이 물이 향하는 지향점이자 종착시인 바다는 어떠한 공간이며 어떠한 의미를 담지하고 있는가? 이를 잘 보여주는 것이, 한국 근대시사에서 중요하게 부각되었던 「海에게서 少年에게」이다.

「海에게서 少年에게」[77)]

一
텨……ㄹ썩, 텨……ㄹ썩, 텩, 쏴……아.
따린다, 부슨다, 믄허바린다.
泰山갓흔 놉흔뫼, 딥태갓흔 바위ㅅ돌이나,
요것이무어야, 요게무어야,
나의큰힘, 아나냐, 모르나냐, 호통까디하면서,

77) 『소년』 1-1, 1908. 11., 2~4면.

싸린다, 부슨다, 문허바린다.
텨……ㄹ썩, 텨……ㄹ썩, 텩, 튜르릉, 콱.

二
텨……ㄹ썩, 텨……ㄹ썩, 텩, 쏴……아.
내게는, 아모것, 두려움업서,
陸上에서, 아모런, 힘과權을 부리던者라도,
내압헤와서는 꼼짝못하고,
아모리큰, 물건도 내게는 행세하디못하네.
내게는 내게는 나의압헤는,
텨……ㄹ썩, 텨……ㄹ썩, 텩, 튜르릉, 콱.

三
텨……ㄹ썩, 텨……ㄹ썩, 텩, 쏴……아.
나에게, 뎔하지, 아니한者가,
只今까지, 업거던, 통긔하고 나서보아라.
秦始皇, 나팔륜, 너의들이냐,
누구누구누구냐 너의亦是 내게는 굽히도다.
나허구 겨르리 잇건오나라.
텨……ㄹ썩, 텨……ㄹ썩, 텩, 튜르릉, 콱.

四
텨……ㄹ썩, 텨……ㄹ썩, 텩, 쏴……아.
됴고만 山모를 依支하거나,
됴ㅅ쌀갓흔 덕은섬, 손ㅅ벽만한 짱을가디고,
고속에 잇서서 영악한테를,
부리면서, 나혼댜 거룩하다하난者,
이리됴 오나라, 나를보아라.
텨……ㄹ썩, 텨……ㄹ썩, 텩, 튜르릉, 콱.

五
텨……ㄹ썩, 텨……ㄹ썩, 텩, 쏴……아.
나의 쨕될이는 한아잇도다,
크고길고, 널으게 뒤덥흔바 뎌푸른하날.
뎌것은 우리와 틀님이업서,
뎍은是非 뎍은쌈 온갓모든 더러운것업도다.
됴싸위 世上에 됴사람텨럼,
텨……ㄹ썩, 텨……ㄹ썩, 텩, 튜르릉, 콱.

六
텨……ㄹ썩, 텨……ㄹ썩, 텩, 쏴……아.
뎌世上 뎌사람 모다미우나,
그中에서 쪽한아 사랑하난 일이잇스니,
膽크고 純精한 少年輩들이,
才弄텨럼, 貴엽게 나의품에 와서안김이로다.
오나라 少年輩 입맛텨듀마.
텨……ㄹ썩, 텨……ㄹ썩, 텩, 튜르릉, 콱.

이 시는 『소년』 창간호의 표제시로, "텨……ㄹ썩, 텨……ㄹ썩, 텩, 쏴……아."라는 파도의 의성어로 시작하여 "싸린다, 부슨다, 믄하바린다."라는 강맹한 바다의 목소리를 전한다. 오래된 조선을 혁파하려 했고, 이를 '문'을 통해 이룩하려고 했던 최남선의 의지가 강력히 표출된다. 어떠한 기존 권세나 재산, 지식도 강맹한 바다 앞에서는 보잘것없지만, 유독 담 크고 순정한 소년에게만 이 바다는 상냥하다. 이렇게 소년에게만 상냥한 바다 이미지는 『소년』 창간호에서 최남선이 줄곧 주창한 바 있는 소년의 모험심, 특히 바다를 탐험하고 지배하는 모험심과 연관된다. 『소년』 창간호는 '바다'와 '소년'이라는 두 가지 키워드로 압축될 수 있다. 권두시 「海에게서 少年에게」에서 '바다'와 '소년'이 일회적으로 강조되는 것이 아니라, 『소년』 창간호의 모든 글이 '소년'과 '바다' 그리고 이와 관련한 '모험'이라는 키워드로 정리된다. 「少年時言」은 소년에게 뜻을 세우는 것이 중요하다고 말하며, 세계 유명 영웅들이 시작은 모두 제한된 환경 속에서 했으나 어떻게 큰 뜻을 세워서 큰일을 했는지를 설명한다. 「海上大韓史」에서는 "少年의海事思想을鼓發하기爲하야編述한바"라고 의도를 분명히 하며 "우리韓半島少年은 읏더케 鯨波를 斫하고 鰐浪을 剖하면서 南溟北洋에서 活動하얏난가를 敍述하야 써 少年諸子의 海事知識慾을大充하고 海上冒險心을 勃興케하고댜하노라."라고 서술한다. 이 중에서 특히 주목할 부분은 "해의 미관은 읏더한가"라는 대목이다.

> 우글 우글 우글 구름은 타고 부걱 부걱 부걱 물은 끌난데 푸른바다에 밤새도록 드리웟던 검은帳幕이 쓰윽 것티며 그속에서 디랄 대랄을 하던 百怪天妖가 다 어대로 潛踪하고 다만 하얀돗을달고 푸른솔ㅅ가리를 실은 배를 十四五歲少年한둘이 어대로 가나냐 물어도 對答도 업시 이리당겨 이리딧고 뎌리당겨뎌리디어감을 볼뿐이오

이것이 최남선이 생각하는 '바다의 미관'의 풍경이다. 밤에는 수백수천의 요괴들이 들끓듯이 사납지만, 낮이 되면 그러한 요괴들이 다 잠적하고 "14~5세 소년" 한 둘이 탄 돛단배만이 그 평정한 바다를 지나가는 풍경은 소년이 바다를 잔잔하게 만드는 능력을 가진 것으로 제시되고 있음을 확인할 수 있다. 이처럼 최남선은 계속 소년만은 거친 바다도 두렵지 않고, 오히려 거친 바다는 소년 앞에 서면 잔잔해진다는 것을 권두시 「海에게서 少年에게」에서부터 다른 산문들에서 되풀이 하며, 바다로 모험을 떠나는 것이야말로 세계로 나아갈 수 있는 길이라는 것을 거듭 강조하며,

한편으로는 소년들로 하여금 바다로 모험을 떠나라고 권하고 있다.[78)]

이러한 바다의 의미는 그의 다른 시에서 물과 바다의 이미지와 결합하여 전개되며 풍요로워진다. 서구문물이 들어오는 곳으로서의 '바다'로 '소년'에게 모험을 떠나라고 권유하는 것은, 『소년』과 이후 『청춘』에서도 반복된다. '바다'는 새 소식이 전달되는 공간이며 동시에 "우리"가 뛰어놀아야 할 "운동터"(「우리의 運動場」, 『소년』 1-2, 32~33면)이자 "自由大洋 훤칠"(「가난배」,『소년』 2-9, 17면)한 지향점으로 그려진다. 즉 이는 외부의 세계로서, 새로운 소식이 발원하는 곳이며, 결국 조선의 소년들이 진출해야 할 곳이다. 이는 「海에게서 少年에게」와 같은 호에 실린 「가을뜻」[79)]이라는 시에서도 잘 드러난다.

> 衰한버들 말은풀 맑은시내에
> 배가뭃은 흔룻나라 가닌더배야
> 世上是非 더뎌두고 어늬곳으로
> 너혼댜만 무엇실코 도망하나냐
>
> 나의배에 실은 것은 다른것업서
> 四面에서 엇어온바 새消息이니
> 杜門洞속 캄캄한데 코를부시난
> 山林學者 兩班들씌 傳하려하오

위 시에서 "배"는 사면에서 얻어온 "새소식"을 "캄캄한 데" 있는 양반들

78) 「바다란것은 이러한것이오」라는 제목으로는 '大洋을 指揮하난자'가 곧 '世界總體를 指揮함'이라고 했던 '랄늬'라는 사람; '海洋갓히 나의 想像力을 衝起한者 업소'라고 했던 '아듸손'의 말; 그리고 로빈슨 크루소가 '海事에 關한 한小傳奇'로서 '世界의 海王이라는 英國의 海軍은' 이것 때문에 성취하였다는 최남선의 말을 제시하고 있다.

79) 「가을뜻」, 『소년』 1-1, 38면.

에게 전하고 싶어 한다. 특히 "杜門洞"속 캄캄한 곳에 있다는 표현이 의미심장하다. 두문동은 고려가 망하고 조선왕조가 들어섰을 때 고려왕조의 충신들이 조선에서 벼슬을 하지 않고 외부를 차단하며 모여 살던 곳이다. 1908년 당시도 조선의 식민지화가 가속되고 있던, 풍전등화의 상황이었다. 또 "山林學者"는 벼슬하여 실제 조정에서 일을 하는 양반이 아니라 山林에 은거한 선비들을 의미한다. 이렇게 여전히 사서를 읽으며 한시를 짓는 무리들을 비판하면서도, 이들에게 새로운 소식을 전하고 싶다는 마음을 드러냈다. 그렇다면 이들에게 '새로운 소식', 즉 새로운 세상을 어떻게 전할 수 있을까? 최남선은 그들이 경전으로 떠받들고 있는 『논어』의 물의 이미지를 토대로 시를 써서 이를 전하고자 한다. 앞서 제시한 『소년』 2-6의 표제시 「막은물」에서도 물은 한없는 바다로 가기 위해서 조약돌이라는 장애물을 뛰어넘어서 흐른다. 밤낮을 쉬지 않고 바다라는 목표를 향해 간다는 것이 핵심이다. 이와 마찬가지로, 「시문독본」 속 「공부의 바다」[80]는 직접 바다와 공부를 연결시키면서, 공부의 바다는 끝없이 넓지만 계속 나아가는 데 즐거움이 있다고 한다.

이처럼 쉬지 않고 흐르는 물과 공부를 연결하는 상상력은 그가 『소년』 1-2에 소개한 바 있는 이황의 다음 시조와 연관된다.

> 青山은 웃디하야 萬古에 푸르르며,
> 流水는 웃디하야 晝夜에 긋티디안난고,
> 우리도 긋티디말고 萬古常青流하리라.

---

80) 공부의 바다는 압히멀고나/나가고 나가도 긋못보겟네/갈스록 아득함 怯하지마라/우리의 깃거움 거긔잇도다 (「공부의 바다」 부분) 최남선 편저, 『시문독본』, 신문관, 1918. 『최남선전집』 8, 480면.

최남선은 이를 소개하면서 이 시가 "仁者樂山 知者樂水"에 배경을 두고 있다고 다음과 같이 석의(釋義)를 달았다.

> '仁者樂山 知者樂水'로말하면 山水를 引用함이 한갓 長久와 不息의 뜻을 取할뿐 아니라 또한 寓意가 잇슴을 알디니라. 하고 쉬디만아니하면 泰山도 能히 옴기고 鐵硯도 能히 뚜럿스니 君子를이루난法이 또한배화서 긋티디안난데 잇슬뿐더러 그香을 萬代까디 傳하고 그化를 千秋에 끼팀이 또한 얼마동안 아니나마 生存할동안에 勤勤孜孜하게 무삼일을 긋티디아니하고 功을 쌋난中에서 나온다함이오, 또山은 重厚하야 쉽게움닥이디 아니하고 물은 潤下하야 能히 流通하나니 그保守할것을 달 保守하고 그變通할것을 달 變通하난中에 오댝 進化律에 맛도룩 됴흔일만하면 萬事萬物을 다 破壞하난 歲月(타임)의 힘으로도 읏디하디못한다 함이오, 또 사람이 自己一生의 短한것만 생각하고 淺慮短見의 일만할것아니라 맛당히 멀고 크게 萬古에가도 變하디 안코 衰하디안코 恒常 새스러울일을 하란뜻이 잇나니라.
>
> (『소년』 1-2, 39-40면)

"仁者樂山 知者樂水"는 『논어』「雍也」편 21에서 비롯한다. 여기에서 최남선은 물은 불식의 뜻을 의미하고, 너 나아가 근 뜻을 가지고 변하지 않고 쇠하지 않고, "배화서 긋티디" 않고, "功을" 쌓으면 시간에 파괴되지 않는 큰일을 이룰 수 있다는 뜻이라고 해석하고 있다. 즉 「막은 물」과 「공부의 바다」에서처럼, 끊임없이 배우는 것을 물의 이미지를 통해 강조하고 있다. 이어 다시 '입지'를 강조하며 만고에도 변하지 않을 큰 뜻을 세워야 한다고 주장한다. 또 「少年時言 -여러분은 뜻을 엇더케 세우시려오」[81]에서 '입지'와 위대한 장군들을 연결시키듯이, 유학에서의 최종 목표인 '군자'됨과 끊임없이 노력해서 나아가는 물을 연결하고 있다. 정리하자면 최

81) 『소년』 창간호

남선은 최종 목표를 신문명이 들어오는 '바다'에 두었고, 바다에 가닿기 위해서 장애를 뛰어넘는 물의 끊임없는 흐름을 강조하였으며, 이를 직접 공부와 연결시키며 이를 뒷받침하기 위해서 『논어』 「옹야」편을 인용하며 끊임없이 노력하는 것이 "군자를이루난법"임을 강조했다. 그 과정에서 사람의 짧은 생과 장구한 자연을 대비시키며, 짧은 생만 생각하지 말고 만고에 길이 남고 항상 "새스러울" 일을 해야 한다고 주장했다.

이러한 상상력에는 한문맥에 오랫동안 이어져온 물에 관한 논의들이 근저를 이룬다. 가장 대표적인 것이 『논어』의 「옹야」편의 "천상탄(川上嘆)" 대목이다. 이 대목 자체는 "공자가 시냇가에서 말씀하셨다. 흘러가는 것이 이와 같구나! 밤낮에 멈추지 않는다"[82]로 단순하지만, 이에 대해 후대의 많은 해석이 제시되었다. 이에 관한 하나의 주류적 해석은 맹자에서 순자 동중서를 거쳐서 한대에 줄곧 이어진 수양론적 해석이다.[83] 이러한 수양론적 해석에 따르면 이 대목은 물이 밤낮에 멈추지 않는 것처럼, 밤낮을 가리지 않고 덕성과 학문을 연마하여 도에 나아가야 한다는 의미이다. 이는 특히 『순자』와 동중서(董仲舒)에서 '지(志)'와 연결된다[84]는 점에서 최남선이 끊임없이 흐르는 물과 '입지'를 연결한 것과 동일하다. 앞서 인용한 「막은물」에서 "돌틈을 뚜러서 나가던지/모래로 심여서 드러가던

82) "子在川上, 曰, 逝者如斯夫! 不舍晝夜." 「子罕」, 『論語』

83) 결국 주자학과 양명학도 수양론적 해석을 바탕으로 자신들의 형이상학을 덧붙인다. 이영호, 「『논어』 '천상탄'에 대한 한중일 경학가들의 해석과 그 사상사적 의미」, 『동방한문학』 23, 동방한문학회, 2002 참조.

84) 공자가 동쪽으로 흐르는 물을 보고 있자, 자공이 공자에게 물었다. "군자가 큰 물을 보면, 반드시 여기에서 무엇을 보고자하는 것입니까?" 공자가 대답했다. (… 중략 …) "그것이 만번 꺾여도 반드시 동쪽으로 가고자하는 것은 뜻을 확립하는 것과 같다. 이런 까닭에 군자는 큰 물을 봄에 반드시 살펴보고자 하는 것이 있다." (孔子觀於東流之水, 子貢問於孔子曰, 君子之所以見大水必觀焉者是何也. 孔子曰 (… 중략 …) 其萬折也必東, 似志. 是故君子見大水必觀焉) (『荀子』 「宥坐」) 해석은 이영호, 앞의 글, 183면 참조.

지/볏발에 ᄯᅳ러서 피우던지/엇더케 무삼法 써서라도"라는 대목은 "만번 꺾여도 반드시 동쪽으로 가고자하는" 立志의 모습을 잘 보여준다.

이러한 "천상탄"에 관한 또 다른 해석은 인생무상론적 해석으로, 시냇물의 흐름이 그치지 않듯이 나이의 흐름도 그침이 없다는 것을 탄식하는 의미이다.[85] 인생무상론적 해석과 수양론적 해석을 결합시킨 것이 정약용의 "천상탄" 해석이다.[86] 그는 인생이 내리막길 내려가는 수레처럼 순식간에 지나가지만, 그렇기 때문에 오히려 수양을 열심히 해야 한다고 해석한다.[87] 이는 앞서 최남선이 "自己一生의 短한것만 생각하고 淺慮短見의 일만할것아니라 맛당히 멀고 크게 萬古에가도 變하디안코 衰하디안코 恒常 새스러울일을 하란뜻이 잇나니라."와 통한다.[88] 최남선이 주도한 조선광문회의 『朝鮮廣文會刊行書目槪略』에는 정약용의 『我邦疆域考』, 『東國水經』(大東水經), 『茶山經論』, 『與猶堂集』이 있고, 『雅言覺非』, 『經世遺表』를 실제 간행했다.[89] 이런 점에서 분명 최남선은 정약

85) 시냇물의 흐름이 그치지 않듯이, 나이도 흘러감에 멈춤이 없다. 때는 이미 늦었는데, 도는 오히려 일어나지 않으니, 이것이 근심스러운 탄식을 하는 까닭이다 (川流不舍, 年逝不停, 時已晏矣, 而道猶不興, 所以憂嘆也) 황간의 『論語義疏』이다. 이영호, 앞의 글, 186면에서 재인용.

86) 이영호, 앞의 글, 202~203면.

87) 우리의 생명은 한 걸음 한 걸음 길이 흘러가서, 한 숨 사이의 단절도 없는 것으로, 마치 가벼운 수레를 타고 내리막길을 내려가는데, 달려 내려가는 것을 멈출 수 없는 것과 같다. 군자가 덕에 나아가고 업을 닦음은 때에 미치고자 해서이다. 배우는 자는 항상 이 기미를 잊어버리고 있음으로, 이를 선생님께서 경계하신 것이다. (惟吾人生命, 步步長逝, 無一息之間斷, 如乘輕車而下斜坂, 流流乎不可止也. 君子進德修業, 欲及時也, 而學者恆忘此機, 此夫子所以警之也.) 정약용, 『여유당전서』 2집 10권 경서 其四, 『논어고금주』 권4, 「자한」 제9.

88) 이렇게 물을 바라보며 자신을 돌아보는 선비의 모습은 조선 시대 대표적인 유학자이자 최남선이 앞서 해석한 시조의 저자인 퇴계의 시에서도 잘 나타난다. "身退安愚分。學退憂暮境。溪上始定居。臨流日有省。" (몸이 물러나니 어리석은 분수 편안하나, 배움이 퇴보하여 늦은 나이 근심스럽네. 시내 위에 비로소 살 곳을 정하니, 흐르는 물에 임하여 날로 반성함이 있으리). 「退溪」, 『退溪先生文集』 卷之一

용의 이러한 논어 해석에 익숙했을 것이다.

이렇게 한문맥적인 '물'의 의미를 계승하며 국문시를 쓴 최남선은 그의 한시에서 이를 더 명백히 드러낸다. 최남선이 한시를 짓고자 하는 자신도 모를 열망에 사로잡히게 된 것은[90], 지금까지 그가 썼던 물에 관한 시들이 한문맥의 '서자로서의 물'의 의미를 반복했던 것과 관련이 있다. 그러한 한문맥적 사유는 역시 한시에서 가장 잘 표현될 수 있었다. 서자로서의 물과 종착지로서의 바다라는 상상력은 다음의 한시에서도 되풀이 된다.

「**무제**(無題)」[91]

인왕산 아래 백 갈래 개울물이	仁王山下百溪水
동대문으로 곧장 향해 흐르네.	直向東大門外流
온 도성의 더러운 것 가득 싣고서 떠나니,	滿載一城溷穢去
큰 바다에 이를 때까지 걸음을 멈추지 않네.	及到滄溟跡不留

"온 도성의 더러운 것 가득 싣고서 떠나니(滿載一城溷穢去)"는 동중서가

89) 노희경, 「다산 저술의 전승과 유통에 대한 서지학적 고찰 -다산가장의 고본에서 『여유당전서』에 이르기까지」, 『한국한문학연구』 50, 한국한문학회, 2012, 192면.

90) "近來에 이르러 무엇이 動機인지 漢詩짓고 십은 생각이 매우 懇切하야 機會만잇스면 한首式 지여보량으로 空然히 애를쓰난데" 『소년』 2-8

91) 『청춘』 8, 1917.6., 65면. 『청춘』의 한시는 『최남선전집』에 수록되지 않았다. 『청춘』의 한시에는 필자명이 부기 되어 있지 않은데, 『청춘』의 글 중 필자명이 부기되지 않은 것은 최남선이 쓴 글임으로 이 한시들도 최남선의 것이라 추정할 수 있다. 또, 내용상으로 신문관, 조선광문회를 직접 다룬 시들이나 백두산이나 금강산에 관한 시들은 최남선의 평소 논지를 그대로 반영하고 있으며, 운동회나 飛車에 관한 시는 해당 한시가 게재되기 전후로 『청춘』의 기사와 깊이 관련되어 있다. 이러한 점들을 토대로 이 한시들은 최남선의 것으로 강하게 추정된다. 관련해서, 정기인, 채송화, 「『청춘』 소재 한시 연구」, 앞의 글에서 이 지점을 자세히 다루었다.

물의 "선화(善化)"를 설명하면서 "더러운 것이 들어와서, 청결해서 나가니 '선화'하는 것과 비슷하다(不淸而入, 淸潔而出, 旣似善化者)"[92]라고 한 강물의 덕성을 의미한다. 모든 더러운 것을 싣고 묵묵히 흘러서 바다에 이를 때까지 멈추지 않는 지(志)와 선화의 모습을 최남선은 물에서 보았고, 이를 계몽의 상징으로 삼았다.

흐르는 물의 종착지로서의 '바다'는 그의 한시에서는 한문맥적 성인의 모습으로 나타난다. 최남선은 "이번 南遊中에 바다를 구경하고 感想을 얼근것"이라고 소개하며 「觀海詩」(바다를 보고 쓰는 시)를 『소년』 2-8에 게재한다.

천지가 아득하여 경계가 없는데,	天地渾淪無定界
망망한 바다나라가 천지 사이에서 열리네.	茫茫海國兩間開
해와 달을 아울러 삼키고 또 뱉어내고	金烏玉兎幷呑吐
큰 자라 긴 물고기 마음대로 오가네.	巨鼈長鯤任去來
만물이 그에 힘입어 번창하니 공이 지극하고	羣物賴滋功至矣
온갖 더러움 모두 받아들이니 덕이 크네.	衆汚咸納德洪哉
가진 것 사사롭게 하지 않고, 막힘 없이	不私其有無偏碍
만고천추토록 한결같이 왕성하게 품는구나	萬古千秋一汪懷

開, 來, 哉를 上平 十灰 운에 맞췄다. 함련의 金烏玉兎幷呑吐와 巨鼈長鯤任去來가 대장을 이루고 경련의 羣物賴滋功至矣와 衆汚咸納德洪哉이 대장을 이룬다. 특히 품사 등도 완벽하게 대를 이루어서 최남선이 근체시 형식에 공을 들였음을 알 수 있다. 남해 여행 중에 바다를 보고 쓴 시라는 설명에 어울리게, 수련은 거대한 바다를 바라보며 묘사한다.

---

92) 『春秋繁露義證』, 이영호, 앞의 글, 183면에서 재인용.

천지가 뒤섞여 경계가 없는데, 바다가 마치 천지 사이를 열어젖히는 것처럼 끝없이 펼쳐져 있다. 이후 경련은 이를 바탕으로 바다의 공(功)과 덕(德)을 노래했고, 미련은 불사(不私)하고 무편(無偏)하여 만물을 품어주는 바다의 모습을 그렸다. 이는 한문맥에서 추구하는 성인(聖人)의 모습이다. 성인의 공적은 널리 은혜를 베풀고 많은 사람을 구제하는 것[93]으로 모든 생명을 기르고 더러움을 받아들이는 바다는 성인의 이미지이다. 앞서 최남선의 시에서 물의 이미지가, 외부의 물을 묘사하는 데 중점을 두기보다는 그 물을 통해서 의미를 전달하는 데 초점을 둔 것과 마찬가지로, 여행을 가서 직접 바다를 보고 쓴 이 시에서도 결국 바다에서 성인의 이미지를 도출하는 데에 초점이 맞추어진다. 즉 시적 자아가 전면에 등장하여 자신의 내면을 고백하는 것이 아니라, 선재해 있는 한문맥의 이미지를 부각하는 것에 그치는 것이다.

위 시의 경련에서 '공(功)'과 '덕(德)'이라는 개념으로 바다가 모든 것에 생명을 주고 만물을 선화하는 모습으로 그리는 것도 성인의 모습이다. 천상탄의 수양론적 해석은 물에서 궁극적인 성인의 모습을 찾고 이를 본받아야 할 모습으로 제시했다. 특히 순자와 동중서는 물의 덕과 선화를 논의하는 대목에서 공통으로 물이 모든 것에 생명을 주고, 드나드는 것을 깨끗하게 한다는 것을 지적한다.[94]

시의 미련에 나타난 불사하고 무편한 바다의 모습은 공자가 말한 군자의 모습이다.[95] 이는 『중용(中庸)』에서 인간이 천지와 더불어 삼재가 되어

---

93) 『論語集註』, 「雍也」 28, 주자주, "博施濟衆, 乃聖人之功用"

94) 大篇與諸生而無爲也, 似德. 以出以入就鮮潔, 似善化. (『荀子』 「宥坐」) 不淸而入, 淸潔而出, 旣似善化者. 咸得之而生, 失之而死, 旣似有德者. (『春秋繁露義證』, 이영호, 앞의 글, 183면에서 재인용)

95) 子曰, 君子周而不比, 小人比而不周. (『논어』, 「위정」 14)

천지의 만물 화육을 돕는 존재로 그리는 것과 같다.96) 위 시에서 천지해(天地海) 3자가 제시되고, 바다가 주체적으로 천지 사이를 열어젖히며 해와 달을 삼키며 토해내는, 즉 시간을 생성시키는 존재자로 그리고 있다. 천지는 그 자체로 완성되어 혼연하고 경계가 없는데, 바다가 이 사이에서 시간을 흐르게 하고 생명을 기르며 더러운 것을 받아들인다는 의미에서 주체적인 성인의 모습으로 그리고 있다.

이 절에서는 최남선 시에서 드러나는 물의 의미가 한문맥의 서자로서의 물과 연관되어 있음을 보였다. 『논어』에서 "서자"로서의 물은 군자가 되기 위해 끊임없이 노력하는 선비의 모습이다. 이렇게 "서자"로서의 물을 강조하는 것은, 그가 소년배들에게 '입지'를 강조했던 것과도 상통한다. 물은 한번 뜻을 세우면 끊임없이 노력하는 '지(志)'의 이상을 나타내기 때문이다. 이러한 물이 끝에 다다른 곳이 바로 바다이다. 이는 한편으로는 모든 구습을 타파하려는 장렬한 힘을 지닌 존재이며 동시에 새로운 지식이 들어오는 곳이면서 앞으로 조선의 소년배들이 진출해야 할 "운동장"이지만, 다른 한편으로는 수양을 통해 도달할 수 있는 궁극의 상태인 성인의 모습이다. 이러한 상상력은 한문맥의 사유가 가장 잘 표현될 수 있는 한시를 통해서 표출되었다.

(3) 바다에 대한 두려움 표출과 산의 이중적 의미

도달해야 할 공간으로서의 '바다'와 이를 위해 끊임없이 노력하는 '물'을 강조했던 최남선은 1910년을 전후해서 '산'에 대해 강조하기 시작한다.97) 그리고 1911년부터는 '바다'에 대한 찬양 대신에 이에 대한 두려움

---

96) 唯天下至誠, 爲能盡其性. 能盡其性, 則能盡人之性. 能盡人之性, 則能盡物之性. 能盡物之性, 則可以贊天地之化育, 可以贊天地之化育, 則可以與天地參矣. (『中庸章句』 21)

을 표출한다. 바다에 대한 두려움을 직접 표출하기 시작한 시는, 공교롭게도 『소년』이 폐간되기 직전 최후로 발간했던 『소년』 4-2에서이다.

「詩三篇」

주정으로 지내난 이세상에를
쌘마음으로 가자고 허덕이난 그
靑盲官의 어린피 급한 홀음에
배가 되야 그대로 써나가도다

살갓흔 압거름에 벼락과 갓히
짜리난 검은바위에 다닥다려서
비로소 맛알도다 바다 무서움
쏘다지난 뜨거운 눈물ㅅ방울에

(…)

나는 참안바라오 원수엣 自由
求함은 한숫 몹슬結縛이로세
내몸은 풀어졋네 손은 지쳣네
그 원수를 쫏기에 엇은바로세

97) 이러한 관점에서 최남선이 신문관과 조선광문회를 통해서 조선의 고전을 때로는 번역하고, 때로는 재편집하고 때로는 그대로 간행하는 식으로 보급에 힘쓴 것에 주목할 수 있다. 이는 1910년 이전까지는 조선의 전통 중에 '보편성'을 지닌 것을 선별하는 작업으로 해석할 수 있지만, 이후에는 '조선'의 '특수성'을 부각하려는 작업이라 할 수 있다. 김남이, 「1900~10년대 최남선의 '고전/번역' 활동과 전통에 대한 인식」, 『동양고전연구』 39, 동양고전학회, 2010. 은 특히 1910년대까지 최남선이 어떻게 조선전통을 '보편성'의 측면에서 재배치하고자 했는지를 고찰했다.

(…)

精神차려 남의틈 버서나야함
槍쏫갓히 째째로 마음 찔으오
어제ㅅ밤 잠들째엔 더욱 괴로와
굿이 決斷햇것만 쏘나선 길요

위 시에서 최남선은 7·5조로 자신이 청맹과니의 어린 피로 급한 마음에 배가 되어 떠났다가, 검은 바위 앞에 다달아서야 바다의 무서움을 알았다고 고백한다. 이후 원수에게 자유를 구하는 것은 몹쓸 속박이며, 정신차려 남의 틈을 벗어나야 한다고 웅변한다. 앞서 「가을뜻」[98]이나 「가난배」[99]에서 자신의 "배"가 "새 소식"을 가져오겠다며 "자유대양 훤칠"한 곳으로 가겠다고 한 것을 이제는 후회하고 있다. 물론 이에는 1910년 일제 강점의 충격이 그 배면에 있다.

위 시를 마지막으로 『소년』은 폐간된다. 그 후 최남선은 『아이들보이』(1913.9~1914.8.)와 『새별』(1914.9~1915.1)과 같은 어린이 전문잡지에서 동시를 소개하다가, 다시 『청춘』 창간호에 이방익의 「漂海歌」를 소개한다.[100] 이는 폭풍이 몰아치는 망망대해에서 돌아오는 화자의 술회를 기술한 가사로, 이제 바다는 지향해야 할 곳이 아니라 거기로부터 안전하게 돌아와야 하는 곳이다. 이후 또 공교롭게도 『청춘』이 15호로 폐간되기 직전 호에 최남선은 다시 바다 관련 시를 표제시로 게재한다.

98) 『소년』 1-1, 38면.
99) 『소년』 2-9, 17면.
100) 『청춘』 1, 144~152면.

「압헤는바다」[101)]

한방울한방울식 돌틈을쑬코
써러지는샘물이 제스스로는
어대가는셈인지 모르지마는
멀고먼그의압헤 바다가잇네

샘으로서, 시내로, 시내로서, 쏠
여울로서, 가람이 되기까지도
어대가는셈인지 모르지마는
나갈스록갓가히 바다가잇네

잘든굵든, 만적든 물이란물은
바다로도라감이 애적의작뎡
내남업시어느덧 다는 것이다라보면
기다렷다삼키는 바다가잇네

째의바다바라고 나가는우리
바다에간다음일 궁거울시고
쉼가치슬어지는 거품이될가
하늘덥는물결로 야단을칠가

이 시는 7·5조로 바다에 대해서 노래한다. 1~3연은 앞서 逝者로서의 물과 같이 끊임없이 바다를 향해 가는 물을 노래했다. 그런데 여기에서 강조되는 것은, "제스스로는/어대가는셈인지 모르"는 물이다. 이제 바다는 그저 "애적의작뎡"으로 운명처럼 흘러들어갈 수밖에 없는 목적지이지, 지향점이 아니다. 즉, 앞서 새로운 지식이 들려오는 곳이며, 조선의 소년

101) 『청춘』 18, 2~3면.

배들이 진출해야 할 이상향이자 성인의 경지로 묘사한 바다가 아닌 것이다. 이는 4연에서 극명히 나타난다. 바다에 다다른 이후에 "쉽가치슬어지는 거품이될가/하늘덥는물결로 야단을칠가"는 알 수 없다. 물은 앞서 "천상탄"의 인생무상적 해석처럼 한낱 거품으로 사그라질 수도 있으며, 아니면 「海에게서 少年에게」에서 표상된 바다처럼 엄청난 위력을 가진 존재로 화할 수도 있다. 여기에서 최남선은 열심히 노력하면 "하늘덥는물결"이 될 수 있고 그렇지 않으면 "거품"이 되고 만다는 식으로 설교하지 않는다. 이제 최남선도 이 둘 중 무엇이 될지 알 수 없다. 1918년 당시 최남선에게는 이 양가적인 바다의 의미를 동시에 제시할 수 밖에 없었을 것이다. 10년 이상 지속해왔던 '바다'와 '물'의 시적 상상력은 이러한 양가성을 제시하는 것으로 멈춘다.

이렇게 '바다'에 대한 두려움이 표출되는 것과 동시에 '산'에 대한 칭송이 나타나기 시작한다. 이것이 최초로 분명히 시에서 제시되는 것은 1910년도 『소년』 3-2에서이다. 여기에서 그는 『태백산시집』을 "안창호先生"에게 바친다고 적었다.[102] 여기에 처음 실려 있는 시가 「太白山歌」로 "하날命을 밧드신 우리大皇朝/이世上에 오심애 네세로로나"[103]로 시작하여, 태백산을 노래하는 의도가 단군과 관련이 있음을 분명히 했다. 산의 변하지 않음을 강조하고 그 덕을 기리겠다고 끝맺고 있다. 이 또한 큰 틀에서는 『논어』의 仁者樂山의 맥락과 일치한다. 주자는 이를 "인한 사람은 의리에 편안하여 중후하고 변함이 없어서, 산과 같다. 따라서 산을 좋아한다"[104]라고 설명했다. 특히 다음의 시는 한문맥과의 관련성을 더

102) 신범순은 안창호의 고대사 인식과 육당이 연관되어 있음을 지적했다. 신범순, 『노래의 상상계』, 서울대출판문화원, 2011, 498면.

103) 『소년』 3-2, 2면.

104) 『論語集註』, 「옹야」 21, 주자 주, 仁者安於義理而厚重不遷, 有似於山, 故樂山.

구체적으로 보여준다.

「太白山賦」[105)]

地球의山---山의太白이냐?
太白의山---山의地球냐?
詩人아 이를 뭇지말라.
그것이 緊하게 讚頌할 것 아니다.

하날ㅅ面은 휘둥그럿코 짱ㅅ바닥은 펑퍼짐한데,
우리님---太白이는 웃뚝!

獨立---自立---特立.

송곳?火箸?筆筒의 붓?
榮光의 尖塔!
避雷針? 旗째? 電桿木?
온갖 아름다운 勇이 한데로 뭉킈여 된 朝鮮男兒의 至精大醇의 큰 팔뚝!
天柱는 불어지고 地軸은 썩거져도,
까딱업다 이 尖塔!
삼손이 쳐도, 項羽가 달녀도---九鼎을 녹여서 몽치를 만들어가지고 짱짱짱 싸려도,
까딱 업다 이팔뚝!
地球面의 물이 다 말으기까지,
正義의 記錄은 오직 이리라.
그리하야 어두운 世上의 燈塔이 되야 사람의 자식의 큰길을 비초여주리라.
太陽이 재ㅅ덩어리 되기까지,

105) 『소년』 3-2, 6~8면.

正義의 主人은 반다시 이리라.
그리하야 어이닭의 날개가되야 발발써난 병아리를 덥허주리라.
아아 世界의 大主權은 永遠히 이 尖塔---이 팔뚝에 걸닌 노리개로다.
하날ㅅ面은 휘둥그럿코 쌍바닥은 펑퍼짐한데,
우리님---太白이는 웃뚝.
地球의山---山의太白이냐?
太白의山---山의地球냐?
詩人아 이를 뭇지말라.
그것이 緊하게 讚頌할 것 아니다.

최남선은 부(賦)라는 한문 문체를 시 제목에 붙여서 태백산을 노래한다. 부는 『초사』의 형식과 풍격을 계승하여 한대에 와서 산문적인 운문으로 발전되어, 시인의 개성보다는 일이나 물건을 그려내는 것에 중점이 놓인 형식이다. 특히 부가 빈객과 주인의 문답 형식으로 서술되고, 규모가 웅대한 것을 숭상하는 내용을 주로 하며, 순황(荀況: 기원전 336~238 추정)의 유명한 부가 한 사물을 여러 가지로 빗대어 그 특징을 포착했다[106]는 점은 최남선이 이 시에 '부'라는 명을 붙인 까닭을 드러낸다. 1연에서 문답체로 '시인'이 질문을 하고 화자가 대답하고, 이후 태백산의 웅대한 규모를 숭상하며, 태백산을 "송곳, 火箸, 붓, 尖塔, 避雷針, 旗째, 電桿木, 팔뚝" 등으로 빗대어 그 특징을 포착하고 있는 점은 부의 문체적 특성을 명료하게 보여준다. 또 '부'가 보통 서, 본문, 결어의 3단계로 구분되듯이, 최남선은 수미쌍관의 구조로 3단 구성을 취했다. 앞서 「觀海詩」에서 하늘-땅의 제3자로서 바다가 강조되었다면, 여기에서도 하늘-땅과 이의 제3자로서 산이 강조된다. 바다와 산이 각각 인간이 본받아야 되는 대상

106) 劉勰, 「詮賦」, 『文心雕龍』, 최동호 역편, 민음사, 1994 참조.

임을 염두에 둔다면, 이는 천지인이라는 삼재와 관련된다. 하늘과 땅의 이분법적 세계 사이에 성산은 이 둘을 매개할 수 있는 공간이다. 하늘의 인물이 땅에 내려와서 성산에 터를 잡고, 하늘의 신과 땅의 곰이 결혼해서 아들을 낳은 것이 바로 단군이다. 최남선은 이렇게 하늘, 땅, 인간을 "삼단적 우주관"이라 명명하고 그 예로 중국의 三才사상 및 단군신화를 들었다.[107] 이러한 산을 최남선은 거듭 "정의의 기록", "정의의 주인"으로 명명한다. 또한, 최남선은 과감하게 태백산이 곧 "獨立-自立-特立"의 상징임을 분명히 하여, 이 정의가 곧 "독립-자립-특립"의 또 다른 이름이라는 것을 주장했다.

시의 전개 방식에서도 한시의 형식이 적극적으로 도입된다. 「太白山과우리」[108]와 같은 경우 모든 시의 전개가 대장을 통해 이루어진다. 한 예를 들어보자면,

百穀이 豐登토록 비를만들어
恩으로 도와줄땐 그가父母오
萬惡을 肅殺하게 바람을내여
威로써 쌔우칠땐 嚴師傅로다

이와 같은 식으로 7·5조 위에 대장을 통해 시를 전개해나간다. 이러한 반복을 통해 강조하고자 하는 것은, "그처럼 恒久하게 努力"하자는 것으로, 다시 인자요산의 수양론적 해석을 반복한다. 그러나 앞서 물의 상상력을 보여준 시편들과 다른 점은, 여기에는 "三千里"라는 민족적 특수성

107) 최남선 「檀君神典의 古義 1 -檀君記 逐句解」, 『동아일보』 1928.1.1. 『최남선전집』 2, 191면.

108) 『소년』 3-2, 13~16면.

이 견고하게 전제되어 있다는 것이다. 따라서 다른 산이 아니라 단군이 황조를 시작한 "태백산"이 부각된다. 즉 태백산은 민족이 발흥한 곳이자, 외세의 침략을 방어하는 신령한 힘을 지닌 존재로 묘사된다.[109] 이는 그의 한시에서도 마찬가지로 나타난다.

「백두산(白頭山)」[110]

하늘이 동방의 곤륜을 만들자,	天作東崑崙
성군이 예전에 강신하였네.	聖君昔降神
택산은 龍繇의 상이고,[111]	澤山龍繇象
박달나무는 태초의 봄이었네.	檀木太初春
숙신족은 일찍이 겨레를 나누었고,	肅愼[112]曾分族
고구려는 옛날 지역 백성이었네.	句驪舊域民
서쪽으로는 만주의 들판을 품고,	西啣遼薊野
남쪽으로 큰 바다 나루까지 미치네.	南渡海溟津
나라를 보전하여 자손들이 늘어서고	全國兒孫列
왕업을 열어 저수와 칠수가 새로웠네.	肇基沮漆[113]新
이곳에 오르면 설로 공경심이 생기니	登玆自祗肅
그 위에 북극성이 있었기 때문이네.	其上北居辰

109) 中原에모진 바람불고, 사나운비 올때엔,/행여無窮花 건더릴까 가로웃둑 막도다 「태백산가 2」, 『소년』 3-2, 3면

110) 『청춘』 9, 1917.7., 83면.

111) 澤山은 백두산 위에 천지가 있는 것을 가리킴. '龍繇'은 주역. 백두산위에 천지가 있는 것이 주역의 '택산함괘(澤山咸卦)'와 같은 형상임을 말 한 것. 택산함괘는 위는 태(兌)괘이고 아래는 간(艮)괘인데, 태(兌) 택(澤), 간(艮)은 산(山)을 의미한다.

112) 지금의 만주와 연해주 지방에 살던 원시 퉁구스 겨레에 딸린 민족. 고구려 광개토왕 때 이들을 완전히 병합했음.

113) 詩經, 大雅, 文王之什, 緜에 '沮漆'이 보인다. 여기에서는 주나라가 처음 생겨난 곳인 섬서성의 분현에 가까운 곳이다. 시경을 전고로 하여, 처음 나라를 열었다는 의미로 보인다.

이 시도 국문시와 마찬가지로 민족의 역사를 강조하고 있다. 최남선에게 백두산은 성군(聖君)이 강신한 곳으로서 민족의 역사가 시작된 성스러운 공간이면서 동시에, 숙신, 고구려 등의 옛 민족과 국가 그리고 만주까지 확장되었던 영토를 떠올리게 한다. 즉 백두산은 민족 전체의 역사를 품고 있는 공간이다.

지금까지 논의를 정리해보자면, 최남선에게 산은 인자요산을 수양론적으로 해석한 것과 같이 변함없이 노력하자는 의미와 민족적 특수성과 힘을 간직한 공간이라는 이중적 의미를 지닌다. 이는 바다가 지자요수의 수양론적 의미와 새로운 소식이 들어오는 곳이자 미래의 소년배들이 뛰어놀 운동장이라는 의미에서 이중적 의미를 지니는 것과 마찬가지이다. 이렇게 변함없음과 민족적 특수성과 힘을 간직한 공간이라는 이중성은 다음 시에서 잘 나타난다.

「闥門潭」(白頭山頂에잇난舊噴火口니周가八十里라)

億千萬年한모양 웃둑하게서
뒷들바람압물비 물니치면서
왼歷史의빗과내 혼자다알고
말업시나려보는 우리님太白

깁긴奈落까지요 八十里넓은
딱버린闥門못이 그의입인데
볼안에잔뜩고인 龍湫밋헤는
永劫에안써지는 붉은불이라

하늘門이열니고 발은鍾울째
저입살이움즉여 獅子吼나고

神靈한큰불결이 목궁그로서
새암솟듯길길히 나오리로다

흰눈이턱을덥고 검붉은솔이
에저긔쉶인것만 運數가보고
손벽치며일업슴 깃버할째도
속에찬'힘'은항상 벌젹이노나

써러짐은폭포요 질님은여울
오즉바다인후에 소리도업고
형세도업는듯키 가만잇나니
고요히괴여잇슴 낫바안노라

바람불면바람을 틔일면틔를
順하게밧는네가 더욱크거니
씨는해에김이나 쓰러피면서
풀으게만잇스면 오는날까지

이 시는 『소년』 3-9, 1910.12.에 표제시로 게재된 것으로 1910년 8월 15일 『소년』 3-8을 간행한 후 한일합병조약(1910.8.22) 이후에 휴간하고 1910년 12월에 낸 시이다. 7·5조라는 엄격한 음수율을 지키기 위해, 최남선은 반복과 대립, 즉 한시의 특유한 대장(對仗)구조를 적극적으로 활용한다. 이는 미시적·표층적으로는 "뒷들바람압물비"나 "써러짐은폭포요 질님은여울"같이 한 구안에서 대장구조를 이루지만, 거시적·심층적으로는 힘과 변하지 않고 움직이지 않음이 대장구조를 이룬다. 일반적으로 정지해있는 것은 힘을 사용하고 있는 것이 아니고, 운동 에너지도 지니고 있지 않다. 그러나 정지해 있는 것처럼 보이지만, 정지해 있기 위해서 엄청난 힘을 쓰고 있다면 이는 굉장한 힘을 지니고 있는 것이다. 최남선이 그리고 있는 산은 이렇게 정지하기 위해서 힘을 쓰고 있으며, 동시에 잠재 에너지가 거대한 존재자로 그려진다.

1연은 바로 이렇게 정지해 있지만, 산이 정지하기 위해서 엄청난 힘을 쓰고 있다는 것을 보여준다. 특히 "億千萬年한모양 웃둑하게서"는 이를 강조한다. 모든 것이 시간에 따라 자연스럽게 변화할 수밖에 없다. 물리적으로 이는 열역학 제2법칙으로도 표현된다. 이러한 법칙에 반해서 억천만 년 같은 모양으로 우뚝하게 서 있다는 것은 엄청난 에너지를 사용하고 있는 것일 수밖에 없다. 이는 "뒷들바람압물비 물니치면서"로 표현된다. 산을 활유법으로 표현하면서 그가 온 역사를 다 알고 있지만, 말없이 내려 보고 있다고 쓴다. 온 역사를 다 알고, 그 산이 민족의 시작을 알리는 신성한 존재자라면 민족의 비극적 역사적 순간에는 어떠한 움직임을 취할 법한데 움직이지 않고 묵묵히 바라보고 있을 뿐이다. 이와 같이 계속 움직임과 움직이지 않음이 대립구조로 짜여있다. 즉, 1행은 같은 모양으로 똑같이 서 있음(움직이지 않음) 2행은 그 속에서 계속 바람과 비를 물리치고 있다.(움직임) 마찬가지로 온 역사를 다 안다는 것(3행)은 일종의 정신적 움직임이라 할 수 있을 것이다. 그러나 그럼에도 말없이 내려다보는(4행) 것은 움직이지 않음을 나타낸다. 이는 긴장을 일으킨다.

이러한 대립구조를 지속하며, 최남선은 이러한 긴장의 의미를 설명하려 한다. 2연에서 백두산의 달문담이 외적으로는 고요한 물이지만 그 속은 영겁에 꺼지지 않는 불임을 제시한다. 앞서 민족의 비극적 역사 앞에서도 묵묵히 바라보고만 있었지만, 3연에서 이때 쌓인 분노와 울분이 폭발적 에너지로 분출할 것임을 예견한다. 4연은 다시 표면상으로 움직임이 없는 것 같지만, 그 속에서 "'힘'은 항상 벌썩"이고 있음을 주장한다. 5연은 다시 그럼에도 현재에는 "소리도업고/형세도업는듯키 가만"있는 산의 모습을 그린다. 6연은 움직이지 않는 산이 더욱 크다고 하며 끝맺고 있다. 즉 계속 움직임과 움직이지 않음이 대립하면서 묵묵히 바라보고 있지만 언젠가 분출할 수도 있는 에너지를 가진 존재자로서의 산을 그리고 있다.

이처럼 최남선 시에서 주요 이미지는 '물'에서 '산'으로의 변화가 나타난다. 바다라는 "새 소식"이 들려오는 미래 소년배들의 "운동장"을 향해 열심히 길을 가는 '물'의 지향에서 바다에 대한 두려움을 표하고, 그 불확실함에 대해서 우려하는 시로 바뀐다. 그러면서 산에 대한 지향이 표출된다. 조선의 역사가 시작되는 신령스러운 공간으로서 백두산은 변하지 않고 웅크리고 있지만 언젠가 폭발적 에너지가 될 수 있다는 믿음을 암시한다.[114] 이후 최남선은 조선의 문화와 역사 탐구의 길로 나아간다. 이러한 한문맥과 최남선 시의 관계에서 지적해두어야 할 것은, 이러한 물과 산에 대한 상상력의 근저에는 "인자요산 지자요수"라는 한문맥의 산과 물에 대한 상상력이 있다는 것이다. 이는 결국 준비론적 관점에서 조선 민중의 계몽을 꿈꾸었던 최남선의 사상적 배경과 연결되어 있다. 그가 『태백산시집』을 안창호에게 받쳤다는 것도 의미심장하다. 결국, 그는 시를 통해 언젠가 도달할 바다를 목표 끊임없이 수양하라고 주창하다가 국권침탈 이후 바다에 대한 두려움을 표하며, 산의 언젠가 폭발할 힘을 기다리며 끊임없

114) 최남선이 민족적 특수성을 강조한 것은 1930년대 중반 이후에는 일제의 일선동조론이나 내선일체 담론으로 흡수되는 양상을 보인다. 이는 다른 한편으로는 동북아시아 건국신화의 유사성을 토대로 일본 神道와 단군 신앙을 연결해 이의 부흥을 꾀하는 전략으로도 평가받는다. 윤영실, 「단군과 신도: 1930년대 중반 최남선의 단군 신앙 부흥론과 심전개발」, 『한국현대문학연구』 37, 한국현대문학회, 2012. 그러나 이러한 최남선의 행보에 대해서 당대 그와 밀접한 관계에 있던 변영만 등은 이를 분명한 친일행위로 파악하고 있었다. 변영만, 「중간노선의 의의」, 실시학사 고전문학연구회 엮음, 『변영만 전집』 하, 성균관대학교대동문화연구원, 2006.

이 수양하라고 주장했고, 이의 배경에는 한문맥적 사유가 놓여있었다.

지금까지 최남선 초기 시에 나타난 물과 산의 의미를 살펴보면서, 이것이 한문맥적인 "인자요산 지자요수" 그리고 '천상탄'에 나타난 서자로서의 물의 상상력에 기반을 두고 있음을 확인하였다. 앞서 최남선 시를 "포에지"가 없는 "철저한 계몽주의적 의식의 산물"[115]로서 규정한 것은, "포에지"라는 것을 서구적인 상상력으로 전제하고 이에 근거해서만 최남선의 시를 포착하려고 했기 때문이다.[116] 그러나 분명, 최남선은 한문맥의 시적 상상력을 토대로 물과 산이라는 한문맥의 주요한 문학적 대상들을 중점적으로 창작했다.

서자로서의 물을 바라보고 탄식했던 공자와 이를 둘러싼 유학자들의 수양론적 해석들이 최남선의 물에 관한 시들에는 담겨있다. 끊임없이 바다를 향해 가는 물(志)을 보면서 자신을 다잡고 제자들에게 가르침을 주었던 선학들처럼, 최남선은 끊임없이 가는 물에 주목했다. 그리고 이는 「海에게서 少年에게」라는 근대시의 선구적 위치에 있는 시를 도출하게 한다. 여기서 바다는 미래를 짊어진 소년배들에게 자신의 사랑을 보여준다. 이 소년배들에게 입지를 강조하고 끊임없이 노력하라는 주장을 논설로 표하면서, 그는 쉬지 않고 흐르는 강물의 이미지를 반복적으로 시로 쓴다. 끊임없이 가는 물은 바다에 닿는다. 그 바다는 성인의 모습으로 그려진다. 끊임없는 공부가 마침내 목표로 하는 경지가 바로 바다이기 때문이다. 한문맥적인 목표로서의 성인과, 근대의 문물이 들어오는 곳으로서의 바다가 결합하여 있다.

---

115) 서영채, 「최남선 시가의 근대성에 관한 연구」, 『민족문학사연구』 13, 민족문학사학회, 1998, 239면.

116) 이에 대한 더 상세한 논의는 정기인, 「최남선 「해에게서 소년에게」 재론 -타이포그래피와 상상력을 중심으로」, 『구보학보』 21, 구보학회, 2019 참조.

그러나 이렇게 '새로운 소식'이 들어오는 곳이며, 조선의 소년배들이 진출해야 할 '운동장'으로서의 바다의 상상력은 1910년을 전후하여 한일병합조약이 체결되고 『소년』지가 정간되는 등의 일 등을 겪으면서 꺽이고 만다. 이후 그는 '산'에 집중하여, 민족의 정통성이자 특수성을 보여줄 수 있는 '태백산'에 집중하게 된다. 이때에도 산의 상상력은 한문맥적 인자요산의 상상력에 기반을 두고 있었다. 산은 끊임없이 노력하고 수행하라는 의미로 활용되었다. 그러나 한편으로 억압받는 민족적 상황에 관한 울분은, 웅크리고 있는 휴화산인 태백산이 언젠가 용암으로 분출할 것이라는 상상력으로 표현되었다.

최남선의 초기 시는 한문맥적 상상력을 기반으로, 개혁개방이라는 근대의 조건에 따라 구습을 타파하는 강력한 의지의 표출이자 새로운 소식이 전해져오는 공간이며 또 앞으로 소년배들이 나아가야 할 운동장으로서의 바다와 앞선 유학자들이 끊임없이 노력하는 志의 모습으로서의 강물의 모습을 겹쳐놓음으로써 한국 근대시의 시작이 처해있는 독특한 상황을 보여준다. 근대 조선은 개혁개방의 시대적 과제와 함께 전세계적인 제국주의의 위협을 목전에 두고 있었다. 1910년 일제 강점 이후, 최남선은 움직이지 않고 끝없이 노력하는 상징으로서의 산의 한문맥적 이미지를 바탕으로 민족적 기원으로서의 태백산의 특수성을 덧붙여서 언젠가는 폭발할 수 있는 민족적 에너지를 형상화하게 된다. 또한, 최남선은 근체시의 4구나 8구의 형식에 토대를 두고, 많은 국문시를 4행의 형태로 쓴다. 그는 '노래하는 시'와 '읽는 시'를 구분했고, 전자는 창가나 시조 형식을 도입했다면, 후자는 한시의 형식을 기본으로 삼았다. 그는 또한 동일한 주제의식으로 국문시와 한시를 함께 썼다. 특히 국문시를 쓰면서는 자신이 시인이 아니라고 하면서, 시세에 따라서 쓸 수밖에 없었다는 것을 강조하는 반면에 한시는 자기도 모르게 너무나도 쓰고 싶었다는 열망을 고백했다. 이와 더불어 그는 지인들에게 한문으로 서발문을 써서 주고받는 한문맥의 문화관습도 지속하고 있었다. 이런 점에서, 최남선에게 한시야말로 본디 쓰고 싶었던 시였고, 또 국문시에 비해 오히려 한시에 더 친숙하고 자신 있었던 면모도 엿볼 수 있다. 결론적으로 1910~20년대 최남선은 아직/여전히 한시가 국문시에 비해 더 친숙했고, 이에 기반을 두고 시를 사유했던 근대시 모색기 시인의 모습을 보여준다.

2. '사(士)'의 이념과 문사(文士)라는 정체성-이광수

1) '정육(情育)'과 '수양(修養)'의 강조-이광수의 문학관

(1) '정육(情育)'과 『맹자(孟子)』의 '양성(養性)'

이광수 문학관 형성에 관한 기존 연구에서는 일본과 이를 매개로 한 서구의 영향이 중점적으로 다루어졌다. 일본(을 매개로 한 서구) 문학론의 수용[117], 톨스토이의 영향[118], 연상주의 심리학의 흔적[119], 스코틀랜드 계

117) 김열규, 「이광수의 문학론」, 『한국 근대문학연구』, 서강대출판부, 1969; 김윤식, 「초창기 문학론과 비평의 양상」, 『근대한국문학연구』, 일지사, 1973; 황종연, 「문학이란 역어: 「문학이란 하오」 혹은 한국 근대 문학론의 성립에 관한 고찰」, 『동악어문학』 32, 동악어문학회, 1997.12; 김재영, 「이광수 초기 문학론의 구조와 와세다 미사학」, 『한국문학연구』 35, 동국대학교 한국문학연구소, 2008; 이재선, 『이광수 문학의 지적 편력 -문학론의 원천과 형성』, 서강대학교출판부, 2010; 이수형, 「세속화 프로젝트」, 『문학과 사회』 105, 문학과 지성사, 2014.2.

118) 이선영, 「춘원의 비교문학적 고찰」, 『새교육』 134, 1965.

119) 배수찬, 「근대 초기 서양 수사학의 도입 과정 연구」, 『정신문화연구』(제30권 제4호), 한국학중앙연구원, 2007.12; 김용규, 「세계문학과 민족문학 사이에서: 문화번역과 '정'의 고고학」, 『「문학이란 하오」 100년 -'문학'의 근대를 다시 묻다』, 2016년 제34회 한국 근대문학회 정기학술대회 자료집, 2016. 여기에서 김용규는 베인의 '영향'이 아니라 '흔적'

몽주의와의 연관성[120] 등이 다루어졌다. 이러한 연구들은 기본적으로 이광수 문학을 "전통의 부정[121]"으로 간주한다. 물론 그가 전통을 향한 적대감을 숨기지 않았고, 이에 대비하여 서구 문학을 칭송한 것은 사실이다. 그리고 이때 문학의 심미성을 강조하고[122], 'literature'가 아닌 문학 형식을 부정하려 했다[123]는 이광수의 의도/효과는 이미 충분히 밝혀졌다. 또 이러한 '새로움'을 당대 정치적 공공영역의 발생과 의사소통 양식의 변화[124]나 담론의 흐름과 언어 형식의 변화와의 관계를 통해 주목한 연구[125]는 '새로운' 문학의 내적 조건에 대해서 많은 지식을 밝혀낸 바 있다.

그러나 이 책은 이렇게 '새로운' 문학을 이광수가 받아들였음에도 불구하고, 그 안에 한문맥적인 '사(士)'의 이념이 유지되고 있음을 입증할 것이다. 최남선은 서구 문학의 특수성을 고려했다기보다는 이를 일종의 도(道)로서 서구의 지식으로 받아들이고 문(文)을 통해 소개하려 했다면, 이광수는 분명 'literature'가 무엇인지 진지하게 고민하고 그 특수성과 중요성을 한문맥의 개념인 '정육(情育)'을 근거로 주장했다.

최남선과 함께 『소년』과 『청춘』에 참여한 이광수는, 널리 퍼진 편견과

이라고 명명하는 이유를 이광수와 베인의 연결이 명확하지 않기 때문이라고 한다. 김용규, 앞의 글, 5면.

120) 이수형, 「근대문학의 성립과 감정론, 미학의 의의 -스코틀랜드 계몽주의, 사회적 상상, 공론장을 중심으로」, 『우리말글』 68, 우리말글학회, 2016.3.

121) 황재문, 「문학론, 문장론, 문학사론에서의 전통의 문제 -이광수, 이태준, 임화를 중심으로」, 『한국학논집』 43, 계명대학교 한국학연구소, 2011, 10면.

122) 황호덕, 「한국 근대에 있어서의 문학 개념의 기원(들) -신채호, 이광수, 『창조』파의 삼분법적 가치 범주와 '문학' 개념」, 『한국사상과 문화』 8, 한국사상문학학회, 2000.

123) 이경돈, 「근대문학의 이념과 문학의 관습- 「문학이란 하오」와 「조선의 문학」을 중심으로」, 『민족문학사연구』 26, 민족문학사학회, 2004.

124) 김동식, 「한국의 근대적 문학 개념 형성과정 연구」, 서울대 박사 논문, 1999.

125) 권보드래, 『한국 근대소설의 기원』, 소명, 2000.

는 다르게 서구문학만을 일방적으로 고평하는 것이 아니라 한문의 고전에 대해서도 긍정적으로 평가한다. 그는 문학의 예시를 들 때, 도연명, 소식, 굴원 등 한문맥의 작가들과 카알라일, 에머슨 등을 함께 제시하고[126], 『일리아드』와 『詩經』을 대문학이라 지칭하며[127] "세계인류가 가진 문학 중에 한문학과 영문학을 가장 존숭할 것"[128]이라고 주장한다. 물론 이렇게 한문전통과 서구의 문학을 동시에 제시하는 이유는 2장에서 서술한 것처럼 한문맥의 문화관습을 공유하고 있던 당시 독자들의 이해를 돕기 위해서일 수 있다. 이광수 본인은 서구의 문학이 더 뛰어나다고 보았을지라도, 『일리아드』가 대문학임을 설명하기 위해서 이것을 『詩經』과 나란하게 두는 전략을 취했을 수 있다는 것이다. 그러나 이 책에서는 이러한 한문맥과 서구 고전 양자가 이광수 문학관 안에 내재하는 중요한 두 요소라고 본다. 즉 이러한 '균형감각'이 단지 표피적인 균형이 아니라, '이광수의 문학관 안에 깊이 내재해있는 두 원천이 아닐까?'라는 질문을 던지는 것이다.

이러한 관점에서 이 책은 이광수의 '정육'에 관한 글과 문학관의 관계

---

126) 小說家가 小說로, 詩人이 詩로 發表하려는 바를 小說과 詩의 技巧的 形式을 取하지 아니하고 '말하듯이' 發表함을 謂함이니, 陶淵明의 歸去來辭, 蘇軾의 赤壁賦, 屈原의 離騷經 등 古來 소위 文學이라던 者의 大部와 西洋에 카알라일, 에머슨 등의 著書와 如한 者가 此에 屬하니라. (「문학이란 하오」, 『매일신보』, 1916.11.10.~23 『이광수전집』 10, 551면 이후 처음 인용한 글의 경우에는 원출처를, 그 이후는 전집 면수만을 밝혀 적는다.)

127) 深靑傳, 春香傳은 결코 眞正한 意味의 大文學은 아니로되 如此하거늘, 하물며 大文學에서랴. 三國誌, 水滸誌도 中國民族의 寶物이어니와, '호메로스', '셰익스피어'의 作物 등은 世界人類의 大寶라. (…) 大文學의 立脚地는 실로 此點에 在하니 何時에 讀하여도, 何地에서 讀하여도, 何人이 讀하여도 '재미있는' 文學은 즉 大文學이라. 希臘人 호메로스의 '일리아드'는 適例니, 此는 距今 三千餘年 前의 作이로되, 其 味는 如新하며, 詩經 중의 幾部分도 如新하니라. (「문학이란 하오」, 『이광수전집』 10, 554)

128) 「중용과 철저」, 『동아일보』 1926. 1. 3.

에 주목한다. 기존 연구는 이광수가 정을 부각하며 성리학 전통과의 단절을 주장하는 것에 주목했다.[129] 실제 이광수는 동양 전통은 "智와 意만 重히 여기고, 情은 賤忽히 하여 此를 排斥하며, 蔑視하여 온고로 情을 主하는 文學도 한 遊戲疎閒에 不過하게 알아 온지라"라고 비판하며 '정'을 강조해야 하고 이러한 "情이 生存함에는 文學이 必要"[130]함을 여러 차례 분명히 했다. 이렇게 이광수가 강조한 '정'은 성리학적 세계관에서는 단속해야 할 것으로서, 정이 성해져서 방탕해지면 천지에서 물려받은 인간의 선한 본성을 해칠 수 있는 것으로 보았다.[131] 이렇게 정과 성을 대립적으로 파악한 성리학적 전통과 대비해보았을 때는, 이광수의 '정육'론은 분명 혁명적인 측면이 있다. 그런데 그 논리 안에는 여전히 한문맥적인 사유가 보존되어 있다. 이때의 정육은 성리학에서의 양성(養性)과 긴밀한 관계가 있다. 어떠한 개념의 의미를 파악하기 위해서는, 개념의 기표가 바뀐 것에만 주목하는 것이 아니라 그 기의를 따져봐야 하고, 어떠한 개념의 기의는 다른 개념들과의 관계를 살펴보는 것을 통해서 파악할 수 있다. 그랬을 때, 여전히 '정육'은 한문맥적인 개념망 속에서 작동하고 있다는 것을 지금부터 살펴보자.[132]

---

129) 정병설, 「『무정』의 근대성과 정육」, 『한국문화』 54, 서울대 규장각한국학연구원, 2011 참조.

130) 「문학의 가치」, 『이광수전집』 1, 546면.

131) 천지가 정기를 쌓아 만물을 낳았는데 오행의 빼어난 정기를 얻은 것이 사람이니, 그 본체는 참되고 고요하다. 이것이 미발했을 때는 오성이 구비되어 있으니, 인의예지신이다. 형체가 이미 생기고 나면 외물이 그 형체에 접촉되어 마음이 움직인다. 그 마음이 움직여 칠정이 나오니, 희로애구애오욕이다. 감정이 이미 성해져 더욱 방탕해지면 그 본성을 잃게 된다. (天地儲精, 得五行之秀者爲人。其本也眞而靜, 其未發也五性具焉, 曰仁義禮智信。形旣生矣, 外物觸其形而于中矣, 其中動而七情出焉, 曰喜怒哀懼愛惡欲。情旣熾而益蕩, 其性鑿矣。故覺者約其情使合于中, 正其心, 養其性而已. 『論語』, 雍也 2)

132) 이러한 관점에서 백지은의 연구에 주목할 수 있다. 백지은은 '정-예술-미'의 연속성에

이광수 최초의 논설 중 하나인 「금일 아한 청년과 정육」[133]은 그 이후 이광수 문학의 핵심적인 키워드가 될 '정'의 중요성을 강조한다. 흥미로운 것은, 이의 근거로 무지한 자가 효를 행할 수 있는 까닭을 정으로 제시한 점이다.

> 且夫窮村僻巷에 生於長於하여 文字의 知識과 道德의 涵養이 蔑如한 者라도 능히 眞正한 孝心으로 父母를 事하며 熱烈한 同情으로 鄰里를 待하나니 鄰里에 同情을 表하는 心法은 擴而充之하면 社會를 愛할 것이요, 國家를 愛할 것이요, 又는 世界人類를 다-愛護하리니 此는 余의 妄言이 아니어니와 又는 此에 反하여 聖經賢傳에 其 頭가 長大한 者도 不孝薄德의 行이 比比有文하니 何로 以함인고. 즉 是情的 觀念의 深淺厚薄如何에 在함이로다. 前者는 自然히 發達하여 深切한 情이 有함이요 後者는 教育을 受하여 知識이 有하건마는 情的 發達이 比較的 靡少함이라. 吁라 烈女孝婦가 辛酸慘毒한 苦楚를 冐하고 貞勤을 不變함과 忠臣烈士가 死生을 意에 介치 아니하고 立節死義로 泰然自若함이다-何로 由함인가, 智力의 所然인가, 健强의 所致인가, 道德의 所然인가. 曰 毋論 道德과 智慧와 健强이 有하려니와 此이 原動力이 아니며 단 情의 力이로다

이광수는 여기에서 궁핍한 시골에서 자라나서 문자의 지식과 도덕의

서 미적 자율체로서의 근대문학 이 성립되는 기존 연구사의 시각을 문제시하며, 실제 당대 '정' 담론이 '지-정-의'라는 상호 배타적인 삼분법을 이루고 있는 것이 아니라 정이 지와 의를 포섭하는 초월적인 의미를 갖고 있었음을 보였다. 이러한 관점에서 이광수에게 있어서 정의 의미가 유학적인 性情과 연속성이 있는 의미임을 밝히고, 이광수의 문학은 근본적으로 유학적인 문이재도라는 관념 안에서 문학을 사유했다고 주장했다. (백지은, 「정의 문학론과 근대 문학 개념의 미분화 양상 고찰」, 『민족문화연구』 56, 고려대 민족문화연구원, 2012; 백지은, 「문(학)의 이념 -근대 초기 문학 담론에서 "문(체)"의 문제」, 『민족문화연구』 65, 고려대 민족문화연구원, 2014.)

133) 『대한흥학보』 10, 1910.2. 『이광수전집』 1.

함양이 옅은 자도 능히 효심과 동정을 지닌다고 하며, 이것이 확장되면 곧 사회, 국가, 세계인류를 사랑할 것이라고 주장한다. 이렇게 외부적인 지식의 습득과 도덕의 함양보다 실제 행위로서의 효심이나 동정을 강조하는 태도는 논어의 다음과 같은 대목을 연상시킨다.

> 공자가 말하기를, "젊은이들은 들어가면 효성스럽고 나오면 공경스러우며, 행실을 삼가고 미더워야하며 널리 사람들을 사랑하되 어진이를 가까이 하고서야 행하고 남는 힘이 있다면, 이로써 글을 배워야 한다."[134]

여기에서 글은 효제근신애인(孝弟根新愛仁)의 행동을 한 이후에 남는 힘이 있다면 배워야 하는 것이다. 이는 이광수가 지식이 많고 도덕을 함양한 이보다 정의 힘이 있는 사람, 즉 효와 이웃을 동정하는 이를 높게 평가하는 것과 같다. 유학에서 친친(親親)을 바탕으로 이를 확장하여 먼 곳의 사람을 사랑하게 되는 논리는 이광수가 효에서 시작해서 이웃을 동정하는 것으로 나아가고, 여기서 확이충지(擴而充之)하여 사회와 세계를 사랑해야 한다고 주장하는 것에서 정확히 반복된다. 특히 "확이충지"라는 표현은 『맹자』에서 사단을 "확이충지"한다면 사해를 보호할 수 있다고 하는 내용에서 나오는 유명한 구절이다.[135] 모든 이가 가진 사단을 "확이충지"할 수 있는 것이 인자(仁者)로서, 이 인은 사해, 즉 세계로까지 확장된

---

134) 子曰 弟子入則孝 出則弟 謹而信 汎愛衆 而親仁 行有餘力 則以學文. 성백효 역주, 『논어집주』, 개정증보판, 전통문화연구회, 2015, 36면.

135) 무릇 나에게 있는 사단을 다 넓혀서 채울 줄 알면, 마치 불이 처음 불탐과 샘물의 처음 트임과 같으니, 만약 능히 이를 채운다면 사해를 보호할 수 있고, 만일 채우지 못하면 부모를 섬기는 데도 족하지 않으리라. (凡有四端於我者 知皆擴而充之矣 若火之始然 泉之始達 苟能充之 足以保四海 苟不充之 不足以事父母. 孟子, 公孫丑章句上) 성백효 역주, 『맹자집주』, 전통문화연구회, 1991, 104면.

다. 여기에서 이 '확장성'이 중요하다. 이광수의 글은 마찬가지로 부모를 향한 효가 이웃을 향한 동정으로 확장되고, 이것이 다시 사회에서 국가 그리고 마침내 세계를 향한 애호(愛護)로 확장된다. 이광수는 이러한 표현과 논리를 바탕으로 "同情을 表하는 心法은 擴而充之하면 社會를 愛할 것이요, 國家를 愛할 것이요, 又는 世界人類를 다-愛護"할 것이라고 주장한다. 여기에 근본적으로 맹자의 양성과 이광수의 정육의 공통점이 있다. 맹자의 관점에서 인간은 누구에게나 동정심(不忍之心, 惻隱之心)을 지니고 있지만, 이는 자신과의 거리에 따라 차등적으로 존재한다.[136] 이러한 동정심은 성(性)에 내재한 것이다. 그리고 맹자가 늘 친친을 강조하는 까닭은 이것이 수양의 기본이고, 이러한 마음을 확이충지, 달리 말해 '양성'함으로써 온 세계를 사랑하게 되기 때문이다.[137] 이러한 관점을 이광수는 단지 '양성'을 '정육'이라는 기표만을 바꾸어, 인간의 자연스러운 마음인 정을 강조하고 이것의 확장성을 논의하고 있다.

또 주목할 것은 이광수는 법률과 도덕이라는 외재적인 강압과 대비하여 정이라는 인간 내적인 힘을 강조한다는 점이다. 이광수는 인간을 '정적 동물'로 정의하여, 정이 인간만의 특유한 본성임을 주장한다. 이것이 의무의 원동력이며 활동의 근거지라는 것과 이러한 정 때문에 사람이 '자동적'으로 "효제충신애"하게 한다는 것을 강조한다.[138] 이렇게 '정'을 다

---

136) 지금 한 방에 같이 있는 사람이 싸우는 자가 있거든 이를 말리되, 비록 머리를 풀어 흩뜨리고 갓끈을 메고 가서 말리더라도 가한 것이니라. 이웃 마을에 싸우는 자가 있으면 머리를 풀어 흩뜨리고 갓끈만 메고 가서 말린다면 혹한 것이니, 비록 문을 닫더라도 가한 것이다. (今有同室之人鬪者 救之 雖被髮纓冠而救之 可也. 鄕鄰 有鬪者 被髮纓冠而往救之 則惑也 雖閉戶 可也. 孟子, 離婁章句下) 위의 책, 254면. 여기에서 맹자는 同室, 즉 같은 방에 있거나 혈육과 이웃 마을에 싸우는 자는 차이가 있음을 말하고 있다.

137) 김도일, 「맹자의 감정모형 -측은지심은 왜 겸애와 다른가?」, 『동아문화』 41, 서울대 동아문화연구소, 2003.12.

른 동물과의 종차로 규정하며, 그 정이 선을 행하게 한다는 것은 맹자가 인성(人性)을 다른 동물과의 차이로 규정하며, 이 인성이 선을 행하게 한다는 논의와 일치한다.[139] 즉 맹자가 인간이 동물과 달리 인의예지를 실현할 수 있는 고유한 내적인 감정인 사단을 지니고 있다고 주장한다면[140], 이광수는 마찬가지 논리로 정이 인간에게 고유한 특성으로 효제충신애를 하게 하는 원동력임을 강조하고 있다. 특히 고자가 외부적 원칙을 인정하는 것에 대비하여 맹자가 인간 내적인 감정적 능력을 강조하며 논쟁을 벌였다는 점을 염두에 둔다면, 이렇게 외부적 원칙을 비판하며 감정 자체를 확장하는 모형은 정확히 맹자의 논법을 계승한 것이다.[141]

물론 기존 논의들은 이러한 감정과 도덕의 관계를 스코틀랜드 계몽주의의 영향으로 해명한 바 있다. 분명 맹자가 강조하는 동정심의 편파성은 스코틀랜드 계몽주의의 주요한 철학자인 데이비드 흄의 도덕적 분별의 기초로서의 공감의 편파성과 매우 유사하다.[142] 기존 연구에서 스코틀랜드 계몽주의가 감정, 공감, 도덕의 관계에 주목한 것이 중요하다고 보았고, 이를 와세다 미사학에서 수용한 것을 이광수가 다시 수용했다고 보았

138) 人은 실로 情的 動物이라. 情이 發한 곳에는 權威가 無하고, 義利가 無하고, 知識이 無하고, 道德·健康·名譽·羞恥·死生이 無하나니, 嗚呼라 情의 威요, 情의 力이여, 人類의 最上權力을 握하였도다. [……] 人을 爲하여 成立한 法律, 道德이 도리어 人을 誤하는 鋼과 穽을 作하였나니, 如斯코 어찌 社會國家가 安保함을 得하며 法律, 道德이 彰然함을 期하리오. 猶尙 社會 國家는 此를 察치 못하고 다만 人에게 義務의 念만 灌注키를 是務하며 法律, 道德에만 服從키를 是求하니 (…) 情育을 其勉하라. 情育을 其勉하라. 情은 諸義務의 原動力이 되며 각 活動의 根據地니라. 人으로 하여금 自動的으로 孝하며, 悌하며, 忠하며, 信하며, 愛케 할지어다. 盲理性의 統御指導를 無코는 君子되지 못한다 하니 其 惑然할지니 眞正하고 深刻한 事業은 情에서 湧할 者일진저 (이광수, 「금일 아한 청년과 정육」)

139) 「告子章句上」, 1~5.

140) 「告子章句上」, 6.

141) 김도일, 앞의 글, 93면.

142) 위의 글, 98~99면.

다. 그런데 왜 이러한 스코틀랜드 계몽주의를 수용한 와세다 미사학을 수용했는가를 물었을 때 일차적으로는 일본에서 유력한 문예이론이었기 때문이라는 점이 답이 될 수 있겠지만, 다른 층위에서는 이광수가 이해할 수 있고 익숙했던 『맹자』의 논의[143]와 이것이 구성하고 있는 한문맥과 유사했기 때문이라고 답할 수 있을 것이다.

특히 데이비드 흄과 『맹자』의 도덕감 개념을 비교해보면, 이광수의 논의가 『맹자』에 더 가깝다는 점을 알 수 있다. 흄은 신체적 반응인 쾌와 불쾌에서 비롯하는 욕망과 혐오라는 직접적 정념과 자기 지속적인 차분한 정념을 바탕으로 도덕감을 설명한다. 이 차분한 정념은 선을 지향하는 욕구와 악을 혐오하는 것으로, 다른 사람들의 승인이나 불승인을 통해서 강화되거나 교정된다.[144] 즉 흄의 도덕감은 참과 거짓을 논할 수 없는 것으로 일종의 사회적 선호가 결정하는 것이다.[145]

이광수의 글에서 흄과 같은 인식은 찾아볼 수 없다. 그는 계속 효를 강조하고, 정이 "효제충신애"를 "자동적"으로 하게 한다는 점을 강조한다.[146] 오히려 흄의 논의에 근거한다면 선행이 자동적인 것이 아니라 사회적으로 끊임없는 상호작용을 통해서 학습되어야 한다는 것이 강조되어

143) 이광수는 평안북도 정주에서 전주 이씨 이종원(李鍾元) 5대 장손으로 태어나 어린 시절 한학 교육을 받았고 6살에 서당에 다니고, 일곱 살에 한문 편지를 쓰고, 이후 『논어』, 『사략』, 『대학』, 『중용』, 『맹자』등을 읽었고 한시 백일장에 장원을 했다고 한다. 『이광수 전집』 부록, 삼중당, 1971, 150~151면.

144) 양선이, 「원초적 감정과 도덕 감정에 관한 흄의 자연주의」, 『근대철학』 3권 1호, 서양근대철학회, 97~105면.

145) 김상현, 「맹자의 사단으로 바라본 흄의 도덕감 이론」, 『사회과학교육』 16, 서울대 교육종합연구원, 2013, 80면.

146) 공자는 효제가 인의 근본이라고 보았고, 맹자는 사단이라는 도덕 감정을 통해서 인의예지가 실현될 수 있다고 생각했다. 정요환, 「공맹유학의 도덕 감정론」, 『철학연구』 128, 대한철학회, 2013, 244면.

야 한다. 선행이 '자동적'일 수 있는 이유는 인간의 본성이 선하고 그 성이 발한 것이 정이기 때문에 정은 자동으로 효제충신을 하게 한다고 보아야지만 이 논리가 설명이 된다. 특히 맹자가 사단을 확장해야 한다고 주장할 때 사용하는 "확이충지"라는 개념과 논리를 그대로 사용하여 정의 확장을 논했다는 것은 이광수가 『맹자』의 논의를 활용했다는 것을 의미한다. 이러한 점을 보았을 때, 이광수는 어린 시절 배웠던 『논어』나 『맹자』에 바탕을 두고 정이라는 개념을 이해하고 있고, 이를 기반으로 스코틀랜드 계몽주의와 와세다 미사학을 받아들여서 자신의 논의를 강화하고 있다고 할 수 있다.

또한, 이 글이 실린 『대한흥학보』는 흥학(興學)이라는 이름이 잘 보여주듯이, 학문을 흥하게 함을 통해 "一般同胞의 智德을 啓發"[147]하려는 계몽적 의도를 지니고 있는 잡지였다. 이 잡지에는 고정적으로 「詞藻」라는 란을 두어 한문 문장과 한시를 실었고, 문제도 한문이나 현토한문체가 1/4을 넘었다.[148] 특히 시는 총 71편이 발표되었는데 이중 한시가 65편으로 절대다수를 차지하고 있다. 다른 문학 장르인 서사물이나 비평을 합해도 33편에 불과하다는 것에 비교해 볼 때, 이 잡지에서 차지하고 있는 한시의 비중은 압도적이다.[149] 특히 이때의 한시는 인물의 죽음을 추모하거나 친구와 헤어지면서 짓는 한시로, 한문맥 문화관습의 잔존을 보여주고 있었다. 따라서 이러한 잡지를 함께 쓰고 편집하고 읽는 유학생들은 『맹자』에 분명 친숙했을 것이고, 이광수가 "확이충지"라는 표현을 썼을 때 바로 그 출처를 인식하고, 그의 '정육'의 논리를 친숙하게 받아

147) 「대한흥학보 취지서」, 『대한흥학보』 1호, 1909.3.20., 1면.

148) 전은경, 「유학생 잡지 『대한흥학보』와 문학 독자의 형성」, 『국어국문학』 169, 국어국문학회, 2014.12., 314면.

149) 위의 글, 317면.

들였을 것이다. 즉, 이광수는 자신의 독자들을 의식하면서『맹자』의 양성 논의의 연장선 위에서 정육을 주장했고, 이를 위한 문학의 중요성을 강조했다.[150]

(2) 문사(文士)로서의 정체성과 '수양(修養)'의 강조

앞서 최남선은『소년』과『청춘』에서 수양을 강조했고, 이에는 한문맥적인 '문'의 이념이 나타나 있다는 것을 논의했다. 이광수 또한 수양을 강조하면서 '문사'로서의 정체성을 드러낸다. 선비는 한자 '士'에 대응하는 고유어로, 문을 매개로 대중을 교화할 사회적 책임을 실행하는 존재이다.[151] 선비는 "학식과 인품을 갖춘 사람", "유교적 이념을 구현하는 인격체", "독서를 기본 임무로 삼고 관직을 담당하는 신분"을 의미한다.[152] 주나라에서는 천자, 제후, 대부, 사, 서인이라는 신분-계급의 명칭이었지만, 18세기 조선에 와서는 임금까지도 선비라고 여기게 되는 등 점차 벼슬이나 신분과 관계된 말이 아니라 교양이나 인품을 이야기하는 것으로 변화되어 갔다.[153] 이러한 선비의 모습은『논어』나『맹자』에 잘 드러나 있으며, 조선 왕조에서 도학이 정통 이념으로 정립되면서 도학의 의리론이 선비 정신의 중추를 이루게 되었다.[154] 이들은 인격적 완성체인 군자가 되기 위해 학문과 수양을 하는 존재로,『소학(小學)』에서 시작해서 사

150) 이 글을 발표하고 5년 후인 1915년 5월의「공화국의 멸망」에서 이광수는 논어를 그대로 풀이해놓은 정도로 철저한 유교적 도덕을 설파한다.「공화국의 멸망」,『학지광』 5, 1915.5. 관련 분석은 김윤식,『이광수와 그의 시대』 1, 솔, 개정판, 1999, 529면.

151) 금장태,『한국의 선비와 선비정신』, 서울대학교출판부, 2000, 16면.

152) 위의 책, 3면.

153) 이장희,『조선 시대의 선비연구』, 박영사, 개정판, 2007, 3~4면.

154) 금장태, 앞의 책, 141면.

서삼경(四書三經) 공부를 가장 근본으로 삼았다. 이광수는 이러한 '사'의 이념을 지속하면서 글을 썼다. 그러나 이 과정에서 조선 시대와의 과격한 단절을 주장한다는 것이 이광수의 아이러니이다.

> 今日 所謂 文學은 昔日 遊戱的 文學과는 전혀 異하나니, 昔日 詩歌, 小說은 다만 鎖閑遣悶의 娛樂的 文字에 不過하며, 또 其 作者도 余等한 目的에 不外하였으나(審皆 그러하다 함은 아니다 其 大部分은) 今日의 詩歌, 小說은 결코 不然하여 人生과 宇宙의 眞理를 闡發하며, 人生의 行路를 硏究하며, 人生의 情的 狀態(卽, 心理上)及 變遷을 攻究하며, 또 其 作者도 가장 深重한 態度와 精密한 觀察과 深遠한 想像으로 心血을 灌注하나니, 昔日의 文學과 今日의 文學을 混同치 못할지로다.[155]

여기에서 그는 예전의 문학은 단지 유희적인 목적에 따라 오락적인 것에 불과하지만, 오늘날의 문학은 인생, 우주의 진리를 밝히는 것이 근본적인 차이라고 주장한다. 더 나아가 위의 글 끝에 서양 문명의 발달은, 자연과학과 기술의 발달 때문이기도 하지만, 문예 부흥 때문이었다고 하면서, 문명의 발달은 '문학'을 통해 도모해야 한다고 주장하고 있다. 앞서 살펴보았지만, 조선 시대의 주류적인 문(학)관은 오히려 이광수가 주장하는 것처럼, "人生과 宇宙의 眞理를 闡發"하는 것을 목표로 하는 문이재도론이었다. 이광수가 과거 조선 시대에는 억눌렸던 '정'을 길러야 한다고 말하면서, 사실은 '양성'의 논리를 반복한 것처럼, 조선 시대에의 유희적 문학과는 결별하자고 주장하면서 실제로는 문이재도론을 반복하고 있다.

이 글보다 6년 후에 발표된 「文學이란 何오」[156]에서 '정'의 문학을 주

---

155) 「文學의 價値」, 『대한흥학보』 11, 1910.3.

창하지만, 그 이유가 “품성의 완미한 발달”을 추구하기 위해서라는 대목을 보면 이광수의 문학론이 결국 인성의 발달을 위한 문학 추구라는 종래의 전통적 문학관과 연결되어 있음을 알 수 있다. 나아가 그가 제시하는 문학의 6가지 부가적인 효용도 1은 처세와 교육, 2는 동정심 발양, 3은 도덕적 모범, 4는 각종 생활과 사상 감정 경험 5는 해로운 쾌락을 피하게 함, 6은 품성 도야와 지능 계발로, 결국 4는 경험의 확장이고 나머지는 도덕교육일 뿐이다.[157] 게다가 가장 중요한 문학의 효용이 바로 문학이 누대에 걸쳐 사상과 내용이 축적되어 민족성을 개발하는 것이라고 주장한다. 이광수는 기존 조선 시대 문학관이 도덕주의적이라고 비판했지만, 결국 자신의 문학관도 도덕주의적인 계몽주의였다. 이러한 모순은 이광수가 표면적으로는 과거와 단절하고 싶은 욕망을 내세웠지만, 심층적으로는 한문맥 속에서 사유하고 글을 쓰고 있었던 것 때문에 발생한다.

그가 윗글에서 시의 형식을 설명할 때 한시의 개념들로 설명하는 것도 이를 방증한다. “詩는 ‘읊는 것’이라 할지니 (…) 形式으로 論하건대 一,

156) 「文學이란 何오」, 『매일신보』 1916.11.10.~12.3.

157) 第一 文學은 人生을 描寫한 者이므로 文學을 讀하는 者는 所謂 世態人情의 機微를 窺할지라. (…) 人生의 精神的 方面에 관한 知識을 得하니 處世와 教育에 必要할지오. 第二, 각 方面 각 階級의 人情世態를 理解하므로 人類의 最覺한 德이요, 多數 善行의 原動力되는 同情心이 發하여 富者가 貧者를, 貴子가 賤子를, 善者가 惡子를 同情하게 될지며 第三은, 人이 罪惡에 墜落하는 經路를 目睹하며 足히 殷鑑을 삼을지오. 人이 向上 進步하는 心理 狀態를 目睹하며, 足히 模範을 삼을지며 第四, 苦海 같은 人世에서 淸凉한 快味를 得하고, 不如意한 實社會를 脫하여 自由로운 想像의 理想境에 逍遙하여 有限한 生命과 能力으로 經驗치 못할 人生의 各 方面, 各種의 生活과 思想과 感情을 經驗할 수 有하리니, 실로 文學을 親하는 者는 全世界 精神的 總財産을 所有할 수 有한 大富라 할지오. 第五는, 世人이 酒色 等 有害한 快樂에 浸潤함은 高尙한 快樂을 缺함으로 由함이니, 文學을 愛護하는 習慣을 養함은 足히 世人으로 하여금 彼 有害한 快樂에 陷함을 免케 할지오. 第六은, 善良한 文學은 비록 道德을 鼓吹하려는 意思는 無하되, 自然히 一種 深大한 教訓을 垂하는 者라, 文學을 讀하여 快樂을 享하는 中 不識不知間에 品性을 陶冶하고 知能을 啓發하게 되는 것이라.

韻을 押할 것 二, 平仄을 排列할 것이니, 此는 실로 詩人이 感을 最히 有力하게 讀者에게 傳하기 위하여 言語에 自然한 曲調가 生하게 하려는 방편이라."[158] 여기에서 시를 "읊는 것"이라 한 것은 吟詠을 지칭하는 것으로 『文心雕龍』에서 "그러므로 문학 창작에서 성률의 아름다움과 추함을 살펴보면, 기대어 있는 바는 나직이 읊조리는 데 있다. 문장의 흥취는 자와 구에 흘러야 하고, 문장의 기력은 소리의 조화를 끝까지 추구해야 한다."[159]에 정확히 나타나 있다. 즉 시를 '읊는 것'이라 하면서 자구를 적절히 배치함(평측)과 운을 두 가지 형식으로 들고 이것이 "자연한 곡조"라는 것은 앞서(3.1.1.2) 살펴본 바 있는 최남선의 시론과 일치하는 것으로, 한시의 개념들과 『시경』에 관한 주자의 논의와 매우 유사하다. 그는 이러한 개념이 보편적인 시의 형식이라 전제한 후에, 조선어와 일본어에서는 운(韻)을 사용하기 어렵지만, "韻과 效力이 想等한 響"이 있고, 평측은 조선어에서 "長短音의 交錯"[160]이라 설명하고 있다. 즉, 한시의 형식과 개념을 보편적인 것으로 전제한 후에 이에 해당하는 조선시의 형식을 설명하고 있다. 이런 점에서, 「문학이란 하오」는 문학을 'literature'의 역어로서 "朝鮮文學은 오직 將來가 有할 뿐이요, 過去는 無하다"[161]라고 급격한 단절을 표방했지만, 결국 "품성의 완미한 발달"을 목적으로 하였다는 점에서 한문맥 문의 이념과 연장선에 있고, 보편적인 시를 한시에 근거해 설명했다는 점에서 한문맥이 지속되고 있다고 할 수 있다.

이광수는 1920년대 들어서 자신을 '문사(文士)'로 규정하면서, 당대 퇴

158) 「문학이란 하오」, 『이광수전집』 1, 552면.

159) "是以聲畫姸蚩,寄在吟詠,吟詠滋味,流於下句,氣力窮於和韻" 劉勰, 「聲律」, 『文心雕龍』, 최동호 역편, 민음사, 1994, 402면.

160) 「문학이란 하오」, 『이광수전집』 1, 552면.

161) 위의 글, 555면.

폐주의에 빠진 문인들을 비판하며, 문인은 곧 인격을 수양해야 한다는 식으로 전통적 문이재도론에 입각한 선비관을 주장하기 시작한다. 그는 「문사와 수양」, 「문학과 문사와 문장」(『한글』, 1935), 「문학과 문장」(『삼천리』, 1935.11.)에서 반복적으로 문장과 인격을 동일시한다.[162] "文章道에 秘決이 있다면 여러 가지 꼽을 수가 있을 것이나, 要言하면 한 가지니, 곧 글 쓰는데 人格을 높게 크게 깊게 하라다"[163]이나 "문학을 짓고 못 짓는 것은 그 작자의 인격과 문장의 힘에서 찾을 수밖에 없는 것"[164]이라는 주장은 결국 한문맥의 문의 이념과 긴밀하게 연결되어 있는 것으로, 이광수의 이러한 생각은 「문사와 수양」(『창조』, 1921.1)에서 그 기원을 보인다.

「文士와 修養」[165]은 4개의 소제목 "1. 文士와 우리 民族", "2. 文士와 修養", "3. 文士와 德性의 修養", "4. 文士와 知, 禮의 修養"[166]으로 나누어져 있다. "1. 문사와 우리 민족"에서는 문예 부흥 운동과 프랑스 혁명의 사례를 들어 문예가 개인과 사회에 얼마나 큰 영향력을 미치는지 강조하면서, 현재 조선에서는 예술을 위한 예술은 옳지 못하고 삶을 위한 예술을 해야 한다고 주장한다. 이를 바탕으로 "2. 문사와 수양"에서는 문사는 의사와 같이 수양을 하고 공부를 해야 하지만, 현재 조선의 문사들은 일본의 퇴폐적 문학에 영향을 받으며 공부하고 수양하지 않는다고 비판한다. "3. 문사와 덕성의 수양"에서는 그 수양의 내용이 바로 건전한 인격을 얻기 위한 덕성의 수양이라고 주장한다.

---

162) 이는 백지은, 앞의 글, 2014, 547면. 에서 지적된 바 있다.

163) 「문학과 문장」, 『이광수전집』 10, 486면.

164) 「문학과 문사와 문장」, 『이광수전집』 10, 477면.

165) 『창조』 8, 1921.1. 여기 목차에는 「朝鮮文士와修養」으로 표기되어 있고 본문에는 「文士와修養」으로 표기되어 있다.

166) 禮로 표기되어 있지만, 내용상 '體'의 오식이다.

"以上은 民族을 爲하여 文士의 人格이 健全하기를 求한 것이어니와, 文士個人으로 보아도 그가 偉大한 文學을 産하기 爲하여는 乾田한 人格을 지음이 必要하다 합니다. 그러므로 나는 斷言하기를 偉大한 文士는 반드시 乾田한 人格의 所有者이기를 要한다. 그러므로 德性의 修養은 文士의 根本要件이다. 그런데 文學이란 民族의 生活을 爲하여서만 價値가 있는 것이므로, 文士의 修養할 德性은 民族的 生存 厚榮을 助長하는 性質의 것이라야 할 것이외다." (357)

여기에서 전제가 되고있는 것은, 앞서 살펴본 것처럼, 한문맥의 문과 사의 이념에 입각한 문과 덕의 관련성이다. 문은 도를 드러내기 위한 도구이고, 또한 문은 덕이 밖으로 나타나는 것이기 때문에 문사는 좋은 글을 쓰기 위해서는 덕성을 수양해야 한다는 것이다. 여기에 이광수는 문학은 민족의 생활을 위해서만 가치가 있는 것임을 덧붙인다. 앞서 "예술을 위한 예술"은 지금 조선에는 걸맞지 않다는 전제는, 당시 상해의 임시정부 아래에서 『독립신문』을 발행하던 이광수 처지에서는 절박한 문제였을 것이다. 여기에 이광수는 서구와 일본의 이론들을 수용하여 조선 민족의 민족성이라는 정신적 특성을 문학을 통해서 개혁하려는 목표로 설정한다.[167)]

여기서도 이광수는 과거의 문사를 비판하면서, 전통적인 한문맥적 '사'의 정신을 추구해야 한다고 주장하는 모순을 보인다. 그는 과거 '문사'는 집안일도 돌보지 않고 술이나 마시는 인물이라고 주장한다.[168)] 여기에서

167) 이재선은 이광수의 '지적 원천'을 폭넓게 조사한 바 있다. 그는 헤르더, 텐느, 르봉의 민족에 관한 논의들이 일본의 하가 야이치와 이가라시 치카라, 혼마 히사오 등의 저술을 매개로 이광수에게 영향을 미쳤을 것으로 추정한 바 있다. 이재선, 『이광수 문학의 지적 편력 -문학론의 원천과 형성』, 서강대학교출판부, 2010, 67~69, 339~391면 참조.

168) "漢文을 崇拜하던 時代에는 우리나라에서 文士라 하면, '不事家人生業'하고 '不拘小節'하고 '酒因無量飮'하는 인물을 의미" 「문사와 수양」, 앞의 책, 355면.

과거 '문사'는 당대 퇴폐주의적 문인들의 행태를 비판하기 위해 거론된 것이다.[169] 이러한 과거의 문사는 사이토 마레시가 중국 사대부들의 의식을 공과 사로, 또는 '사인(士人)'과 '문인(文人)'으로 나누어서 설명하는 것 중 '문인'에 해당하는 이들과 연결된다. 사인은 벼슬을 하는 선비로서 공공성 의식을 강하게 갖고, 문인은 이에서 벗어나서 문화와 풍류를 추구하는 것을 의미했다.[170] 이는 중국과 마찬가지로 과거제도를 유지한 조선시대 사대부들의 의식에도 적용할 수 있을 것이다. 즉 유흥에만 몰두하는 문인의식을 이광수는 비판하고 있지만, 반대급부로 공공성 의식인 사인의식을 강조하고 있는 것이며 이것이 바로 도를 강조하는 문과 사의 이념과 연장선에 있다. 글이 곧 '사람'이라고 하면서, 그 사람의 인격이 글에 담겨 있다고 하며 덕성을 강조하는 것이 그러하다.

그는 마지막으로 "4. 문사와 지, 예의 수양"에서 '지덕체'가 중요하다고 하며, 체력과 지식을 강조한다. 이는 기실 고종의 「교육조서」에서 강조한 바 있는 '덕체지'와 일치한다.

> 今에 朕이 教育ᄒᆞᄂᆞᆫ 綱領을 示ᄒᆞ야 虛名을 是祛ᄒᆞ고 實用을 是崇ᄒᆞ노니 曰'德養'은 五倫의 行實을 修ᄒᆞ야 俗綱을 紊亂치 勿ᄒᆞ며 風教ᄅᆞᆯ 扶植ᄒᆞ야ᄡᅥ 人世의 秩序ᄅᆞᆯ 維持ᄒᆞ고 社會의 幸福을 增進ᄒᆞ라。 曰'體養'은 動作에 常이 有ᄒᆞ야 勤勵홈으로 主ᄒᆞ고 惰逸을 貪치 勿ᄒᆞ며 苦難을 避치 勿ᄒᆞ야 爾筋을 固케 ᄒᆞ며 爾骨을 健케 ᄒᆞ야 康壯無病ᄒᆞᆫ 樂을 享受ᄒᆞ라。 曰'智養'은 物을

---

169) 오늘날 우리나라 文士들은 어떠합니까. 모두 二十歲 乃至 三十歲內外의 靑年, 少年으로 中學程度 學校의 卒業生 程度의 學識 밖에 없는 데다가 淺薄 腐敗한 日本의 頹廢期의 文學에 暫間 感染되었을 뿐, 모든 일의 基礎 되는 人格의 修養과 學識의 修養은 거의 蔑如하며 益하여 自國의 歷史와 제 民族의 國民性에 對하여 아무 知도 識도 없으니, 그중에서 健全한 文學, 偉大한 文學이 나오기를 어떻게 바라겠습니까. 「문사와 수양」, 앞의 책, 355면.

170) 사이토 마레시, 앞의 책, 163~170면.

> 格ᄒᆞ미 知를 致하고 理를 窮ᄒᆞ미 性을 盡ᄒᆞ야 好惡, 是非, 長短에 自他의 區域을 不立ᄒᆞ고 詳究博通ᄒᆞ야 一己의 私를 經營치 勿ᄒᆞ며 公衆의 利益을 跂圖ᄒᆞ라。 曰此三者ᄂᆞᆫ 教育ᄒᆞᄂᆞᆫ 綱紀니 朕이 政府를 命ᄒᆞ야 學校를 廣設ᄒᆞ고 人材를 養成홈은 爾臣民의 學識으로 國家의 中興大功을 贊成ᄒᆞ기 爲홈이라.[171]

여기에서 고종은 위기에 처해있는 조선의 상황을 언급한 후에, 교육이 이를 타개할 수 있는 근본이라고 주장한다. 그 후에 제시하는 것이 바로 덕, 체, 지이다. 그리고 이는 오륜(五倫), 풍교(風敎), 격물치지(格物致知), 궁리진성(窮理盡性)이라는 전통적인 한문맥 용어로 부연 된다. 이광수도 동일하게 조선의 위기 상황을 언급한 후에 '문사'들이 덕, 체, 지를 길러야 한다고 주장한다. 고종이 왕으로서 사대부를 대상으로 글을 썼다면, 이광수는 선배로서 후배 문사를 대상으로 글을 쓰면서 동일한 개념과 순서로 덕, 체, 지를 강조한다. 특히 옛글, 즉 한문만 배우고 익히는 자는 무용한 '서생'이라고 비판하는 지점도[172], 이광수가 기존 문사 중 "漢文을 崇拜하던" 문사들을 비판하고, 또 당대의 문사들도 조선을 위한 것이 아니라면 "Good for nothing"[173]이라고 했던 것과 일치한다.

물론 이광수가 고종의 「교육조서」에 직접 영향을 받았음을 입증할 수는 없다. 다만 여기에서 공통으로 확인할 수 있는 것은 둘 다 '덕'이라는 유교적 가치체계에서 가장 근본이 되는 덕목을 강조[174]했고, 체와 지의

171) 『고종실록』 33권, 고종32년(1895년) 2월 2일.

172) 是以로 朕이 君師의 位에 在ᄒᆞ야 教育ᄒᆞᄂᆞᆫ 責을 自擔ᄒᆞ노니 教育도 또ᄒᆞᆫ 其道가 有ᄒᆞᆫ지라。 虛名과 實用의 分別을 先立홈이 可ᄒᆞ니 書를 讀ᄒᆞ고 字를 習ᄒᆞ야 古人의 糟粕만 掇拾ᄒᆞ고 時勢의 大局에 矇昧ᄒᆞᆫ 者ᄂᆞᆫ 文章이 古今을 凌駕ᄒᆞ야도 一無用ᄒᆞᆫ 書生이라。(위의 글).

173) 「문사와 수양」, 이광수, 앞의 책, 353면.

174) 노춘기는 이를 "유교적인 사상을 근간으로 한 가치체계에 기반을 두어 고종은 자연스럽

양성을 주장했으며 현재적인 학문을 해야 한다고 주장했다는 점에서 매우 유사하다. 앞서 이광수가 전통과의 근본적 단절을 주장하며 '정육'을 주장했지만, 이것이 맹자에서 나타나는 '양성'의 변주였다면, 여기에서도 마찬가지로 기존 한문맥의 문사들을 비판하고 있지만, 여전히 덕을 중심으로 한 문과 사의 이념에 근거해서 덕성의 수양을 우선으로 강조하고 있는 모습을 보인다. 이러한 이광수의 인격수양론은 「문학에 뜻을 두는 이에게」(1922), 「문학강화」(1924), 「문학과 문사와 문장」(1925), 「문학에 대한 소견」(1929), 「문학쇄언」(1940)으로 계속 반복되어 주장되는 것을 통해 알 수 있듯이, 이광수 문학론의 중요한 부분이다.[175]

한문맥적인 '사'의 이념과 '문'의 이념은 글자에 그대로 함축되어 있었고, 이광수가 「文學이란 하오」를 서술할 때나 「文士와 修養」을 강조할 때, 그 의미망들을 적극적으로 활용하며 자신의 논지를 전개했다. 그는 '양성'을 변주한 '정육'을 부르짖고, '士'의 이념을 따라 '文士'로서 수양을 강조하며 전통적인 문이재도의 문학관을 전개한다. 이러한 한문맥과 연관된 문학관은 그의 초기 국문시와 한시에서도 그대로 드러난다. 이는 다음절에서 서술될 것이다.

게 덕을 배양하는 것이 우선적인 과제임을 천명할 수밖에 없었던 것"이라고 설명하고 있다. 노춘기, 「근대문학형성기의 시가와 정육론 연구」, 고려대 박사 논문, 2011, 59면.

175) 김주현은 이광수 소설 「개척자」(『매일신보』, 1917.11.10.~1918.3.15.)에 등장하는 화가 민의 미술론은 남성적으로 젠더화되어 있었던 과거 선비들의 서화 취미를 반영하고 있다고 본다. 김주현, 「근대 초기 문사 의식과 예술가 형상의 상관성」, 『한국문학논총』 54, 한국문학회, 2010.4.

2) 사(士)의 이념과 "문장보국(文章報國)"의 추구

(1) "문장보국(文章報國)"과 한문맥 문화관습의 지속 – 이광수의 한시

이광수와 관련한 수많은 연구가 있지만, 그의 한시에 주목한 연구는 찾아보기 힘들다. 사실 한시는 물론이고 이광수의 국문시에 초점을 맞춘 연구도 그의 소설이나 산문이 엄청난 관심을 받아온 것에 비하면 매우 소략하다. 이는 그의 시에서 특별히 '새로운' 문제의식을 찾기 어려웠기 때문일 것이다. 그러나 이 새롭지 않음이 주목되지 않았기 때문에, 이광수의 '새로움'이 과장된 것은 아니었을까?[176] 즉, 지금까지 이광수 연구는 있는 그대로의 이광수를 이해했던 것이 아니라 주목하고 싶은 '새로운' 이광수만을 부각한 것일지도 모른다. 이광수의 본모습을 그대로 보기 위해서라도, 이광수가 얼마나 '오래된' 면모를 지닌 인물이었는지를 보이는 것도 의미가 있을 것이다. 이 점에서는 근대시의 초창기 모습으로서, 근대문학 장에서 상징적 인물이었던 이광수의 시가 한문맥과 어떠한 관련성을 지니고 있는지에 초점을 맞추기로 한다.

이광수는 어린 시절부터 한시를 지었다고 고백했지만 어린 시절 지었던 한시는 확인되지는 않는다. 지금까지 이광수의 한시는 전집에 실려 있는 4편[177]만이 알려져 있다가 최근에 토쿠토미 소호(德富蘇峰, 1863~1957)에게 보낸 서간에 쓰인 한시 4편이 알려졌다. 이외에도 1916년에 『매일신보』에 '孤舟生'이라는 필명으로 실린 한시가 한 편 있어서 총 9편이 남아

176) 유사한 문제의식으로 장문석은 「문학이란 하오」가 그동안 무수한 '읽기'의 대상이 되어 왔지만, 텍스트 자체에서 계속 반복적으로 인용되는 부분만 분석의 대상이 되고, 다른 부분들은 조명되지 않았다고 비판하였다. 장문석, 「1910년대의 문학의 지평과 「문학이란 하오」」, 『「문학이란 하오」 100년 –'문학'의 근대를 다시 묻다』, 2016년 제34회 한국 근대문학회 정기학술대회 자료집, 2016.

177) 『이광수 전집』 9, 삼중당, 1976, 586~587면.

있다.[178] 그러나 이 한시들은 지금껏 한 번도 논의되지 못했다. 이광수가 다채로운 면모를 지닌 인물이라는 점은 거듭 소개되었지만, 여전히 국문 텍스트만을 연구대상으로 삼는 관행이 여기에서도 잘 보인다. 이 절에서는 그의 한시를 번역하여 소개하며, 이를 이전 절과 연관하여 이광수의 한문맥적 소양의 증거로 제시한다.

전집에 실려 있는 시 중 3수는 『혜성』 2권 4호(1932.4.)에 게재된 것으로 "明堂風月 三首"라는 제목과 함께, 시서(詩序)가 한문 백문으로 적혀 있다.

「明堂風月 三首」 **(명당풍월 삼수)**

開闢記者索余以一編[179]隨筆余以明堂風月三首寒[180]其責雖云明堂風月隨筆端則一世明堂風月者無韻無廉[181]沒格風月之謂也. (개벽기자[182]가 나에게 한 편의 수필을 써달라고 하였다. 나는 명당풍월 삼수로 그 책임을 다하고자 한다. 비록 명당풍월이라 하였지만 수필[183]이라는 측면에서 일세명당의 풍월이라는 것으로 운이 없고, 염도 없고, 격식도 없는 풍월을 이른다.)

辛未除夕韻

신미년(1931) 섣달그믐 정취

178) 토쿠토미 소호의 서간은 니가타현립대학교(新潟縣立大學)의 하타노 세츠코(波田野節子) 교수가 발굴한 것으로, 이 자리를 빌려 직접 서간을 볼 수 있게 해주신 것과 『매일신보』 소재 한시를 알려주신 것에 대해 감사의 뜻을 표한다.

179) 篇의 오식으로 보인다.

180) 塞의 오식으로 보인다.

181) 簾의 오식으로 보인다.

182) 여기에서 개벽기자는 『혜성』이 개벽사에서 발간된 것이기 때문에, 개벽사 기자로 봐야 할 것 같다.

183) 이 글이 실린 란 자체가 「隨筆」로 되어 있다. 이광수의 한시 뒤에는 李晶燮의 한글 수필이 실려 있다.

사십 세 외로운 늙은이 오로지 하나의 뜻에 밝으니	四十伶俜一志明
한 해를 시작하는 새벽 종소리를 들으니 부끄럽구나	愧聽年首曉鍾聲
문장보국은 그 그릇이 아니지만	文章報國非其器
세상 물정 근심하는 마음은 어찌할 수 없구나	無那忡忡憂慾世情[184]

평수운(平水韻)에 근거하여 庚운인 明, 聲, 情으로 운을 맞추었다. 특히 1892년생인 이광수에게 신미년(1931)은 40세인 불혹(不惑)의 나이이다. 논어 『위정』편에서 "십오 세에 지우학하고, 삼십에 이립, 사십에 불혹"이라는 유명한 표현이 있다. 공자가 志를 배움에 두었다면, 이광수 자신의 일지명(一志明)은 바로 "문장보국"이었다.[185] 그러나 공자가 사십에 불혹 하였다면, 이광수는 부끄러움을 느낀다. 공자가 불혹할 수 있었던 것은, 주자에 따르면 "사물의 당연한 바에 모두 의혹이 없으면 아는 것이 밝아서 지킴을 일삼을 바가 없"[186]기 때문이다. 그러나 이광수는 같은 사십이지만 자기 뜻(志)만이 밝(明)을 뿐이다. 이러한 四十과 志와 明이라는 글자에 논어의 『위정』편을 떠올리는 것은 과도한 해석만은 아닐 것이다. 불혹이라는 공자의 말을 떠올리며, 사십이 되는 새해의 종소리에 이광수의 부끄러움은 증폭된다. 자신은 뜻만 밝으며 나이만 40이 되고, 자신의 그릇이 문장보국을 할 수 없었다는 것에 자괴감만 들 뿐이다. 그렇다면, 이광수는 이러한 심정을 왜 한시의 형태로 드러냈을까? 앞의 시서에 적었듯이, 이광수에게 개벽기자가 '한시'를 요청한 것도 아니었다. 단지 수필을 써달라고 했을 뿐이고, 이광수는 이를 한시로 쓰면서 "塞其責

184) 7글자를 맞춘다면 無那忡忡憂世情이 걸맞을 것이다.

185) 이광수는 14살 때 '문장보국'에 뜻을 두었다고 한다. 『이광수전집』 별권, 삼중당, 1971, 153면.

186) 於事物之所當然 皆無所疑 則知之明而無所事守矣 「爲政」, 『論語』

難(어려운 책임을 막는다)"라고 했다. 이렇게 이광수가 글의 형식을 한시로 선택한 이유는 무엇보다도 한시의 형식이 자신의 심정을 잘 드러낼 수 있었기 때문일 것이다. 즉 "문장보국", 아니 "文章報國"이라는 자기 뜻이자 글자가, 자동으로 志, 四十, 明이라는 글자들과 연동되며, 논어의 세계로 대표되는 선비의 세계, 즉 한문맥적인 세계를 다시 끌어낸 것이 아니었을까? 또는 더 나아가, 그의 문학관과 세계관 자체가 여전히 한문맥적인 세계 속에서 있었다는 것을 의미하는 것은 아닐까? 즉 이광수는 여전히 한문맥적인 '文'과 '士'의 이념을 작동시키고 있었다. 자신이 뜻만 있고 그릇이 안 되는 늙은이라고 하지만, 그러면서 동시에 "문장보국"이 자기 뜻이라고 강조하고, 세정(世情)을 염려하고 있다고 하여, 자신이 여전히 '선비'의 시선으로 세상을 바라보고 있음을 강조한다.

이러한 '文章報國'에서 '國'은 조선이나 대한제국을 가리키는 것으로만 확정될 수는 없다. 토쿠토미 소호(德富蘇峰 1863~1957)는 이광수에게 일본과 조선이 하나가 되어야 할 것을 강조하면서, 감옥에 들어가지 말고 '문장보국'에 힘쓰라고 조언했다.[187] 이는 근래 발굴된, 이광수가 소호에게 보낸 서간에서도 확인된다. "가야마 미쓰오 11월 17일에 고등법원에서 무죄 판결 받았습니다. 자유로운 몸으로 문장보국을 할 수 있게 되었습니다."[188] 이렇게 토쿠토미 소호와 개인적으로 왕래하던 서신 이외에도 문장보국은 당시 대일협력과 관련하여 주요한 개념으로 도출되고 있었

187) 이광수, 「무부츠 옹의 추억」, 김원모·이경훈 편역, 『동포에 고함』, 철학과 현실사, 1997, 257~258면.

188) 香山光郞, 十一月十七日, 高等法院に於いて無罪の御判決ありました。自由な身で文章報國が出来るやうになりました。편지 일어 원문은 최주한, 앞의 글, 138면. 번역은 수정하였다. 이하 토쿠토미 소호에게 보낸 이광수의 한시와 일어 원문 번역은 최주한의 것을 참고로 하되, 번역은 원문을 직역하는 방식으로 수정했음을 밝힌다.

다.[189] 이외에도 이광수의 노골적인 친일은 소호에게 보낸 한시에서 반복적으로 확인된다.

「蘇峰先生」**(소호 선생님)**

북쪽 대륙과 남쪽 바다까지	北陸南洋
천황의 덕화 날로 빛나네	皇化日彰
소호 선생의 정신	蘇峰精神
더욱 널리 더욱 창성하기를	愈遙愈昌

쾌유를 기원합니다. 御快復祈りたてまつる。
소저『동포에게 고한다』를 보내드립니다. 小著「同胞に告ぐ」差上げました。
선생의 자식으로서 쓴 셈입니다. 先生の子として書いたつもりであります。

가야마 미쓰오(이광수 창씨개명)
昭和十六年 天長節 香山光郎 1941.4.29.

「呈德富蘇峰先生在五湖」**(오호에 계신 토쿠토미 소호선생께 드림)**

芙岳의 풍광은 근래 어떠합니까	芙岳風光近若何
오호의 밝은 달을 님께서 즐기시고 계시겠지요	五湖明月有君多
천지간에 유신의 날을 바로 맞게 되었으니	正當天地維新日
팔굉일우를 높이 모두 노래합니다	高唱八紘一宇都

1943. 9. 14.

皇化日彰나 紘一宇都라는 당대 슬로건이 文章報國과 동등하게 제시되고 있다. 이러한 한자어들은 동아시아 한문문화권에 공통된 문자를 매개로, 일본 제국의 동화적 이데올로기를 매개하는 데 사용되고 있다. 이는

189) 「문장보국의 의의」, 『매일신보』, 1940.4.25.

일제 강점 초창기부터 일본이 사용하던 동화 방법의 하나였다. 앞서 2장에서 서술했듯이, 일본은 조선 기득권 세력의 회유정책으로서 한학을 장려하고, 일본인과 조선인이 함께 경학과 시문을 연구하는 단체도 설립한 바 있다. 이광수와 소호 간의 서간 왕래는 이를 잘 보여준다. 한시라는 공통된 관습은 조선과 일본의 차이점을 지우고, 서로의 공통점을 부각한다.

이렇게 한자라는 글자의 특성이 연상하게 하는 유학적 세계와 일본과의 공통성을 활용하는 방식 외에도 이광수는 한문맥 문화관습을 지속하는 면모를 보인다. 이광수가 최초로 발표한 한시는 「贈三笑居士」로, 『매일신보』에 1916년 9월 8일에 발표한다. 이 시에는 '東上途中에셔'라는 부제가 달려있다. 이광수가 와세다 대학에 입학한 것이 1915년 9월 30일이기 때문에, 동경을 가는 길 중에 쓴 것으로 추정된다.

「贈三笑居士 – 孤舟生」 **(삼소거사에게 드림)**
東上途中에셔

앞개울 호젓한 집에서 처음 님을 만나니	南溪幽屋始逢君
선탑에 향을 태움에 사람이 절로 향내 나네.	禪榻焚香人自薰
큰 체구 검은 눈동자에 미소짓는 모양이니	體胖眼青容似笑
가슴에 가득한 도매가 정히 수북하네.	滿胸道味定氤氳

(『매일신보』, 1916.09.08.)

평수운에 근거하여 文운인 君, 笑, 氳을 운으로 맞추었다. 여기에서 특기할 것은, 그가 앞서 국문전용을 강력하게 주장하며 한문은 외국어라고 주장했고[190], 과거 문학을 부정했지만[191] 여전히 사람을 만나서 한시를

190) 이보경, 「국문과 한문의 과도시대」, 『태극학보』 21, 1908.5.24.

써서 주는 문화관습을 지속하고 있다는 것이다.

지인의 화갑년을 축하하는 한시를 쓰고, 지인의 병문안에 한시를 쓰는 등의 면모도 드러난다.

「石顚上人[192]華甲戲贈」(석전상인 화갑에 장난으로 드림)

스님께서 어찌 연세를 따지시는가! 上人何事數年華
화갑잔치는 원래 불가에 부합하지 않네 六甲元非合佛家
내 듣기로 보살은 생사를 초월했다 하니 吾聞菩薩超生死
갠지스 강 모래처럼 무량한 수명 누리시리 享壽無量籌恒沙[193]

여기에서 華, 家, 沙 는 평수운에 따르면 麻자 운을 따랐다. 스님의 화갑을 축하하며 한시를 짓는다는 것은 한문맥 문화관습의 지속을 의미한다.[194] 또 여기에는 불교의 맥락이 함께 존재한다. 스님이 60년을 기념하는 것은 합당하지 않다고 하며, 보살은 생사를 초월한다고 하며, 갠지스 강 모래처럼 무수히 많은 수명을 누리기를 축원하였다.

191) 「文學의 價値」, 『대한흥학보』 11, 1910.3.

192) 박한영(石顚 朴漢永, 1870~1948)을 의미한다. 이광수의 「금강산유기」에 제사를 쓴 적이 있다. 1923년에 이광수와 함께 금강산 유람을 다녀온 바도 있다.

193) 恒沙: 갠지스강의 모래라는 뜻으로 무한히 많은 수량을 의미한다.

194) 개인의 회갑 등을 축하하는 한시들은 19~20세기에 널리 출간된다. 이는 양반층의 확대와 관련하여 자신의 신분표지를 획득하기 위한 노력으로 해석된 바 있다. 김윤규, 「『암재창수록』에 나타난 19세기 말 지방 인사들의 한시 창수문화」, 『동방한문학』 62, 동방한문학회, 2015, 383~384면.

「其 二」

평생 천진한 사람을 가장 사랑했는데	平生最愛天眞客
이 노인 만나보니 내 마음에 맞구나.	得見斯翁愜此心
백발에도 동자의 덕을 지녀	白首長存童子德
고금의 천지를 하나로 삼을 수 있으리라.	能同宇宙古如今

여기에서는 心과 今이 운자로 위의 시와 마찬가지로 평수운에 따라 侵운을 달았다. 天眞과 童子德을 연결해, 石顚上人을 칭송했다.

이처럼 스님의 화갑을 축하하기 위해 한시를 지었다는 것은 한문맥 문화관습의 지속, 그리고 스님이기 때문에 한문으로 쓰인 불교서적과의 연결성, 그리고 박한영이 이광수에게 제사를 써주었다는 것을 미루어볼 때 그와 한시로 왕래했을 가능성[195] 등이 이광수가 한시라는 형식과 문자를 선택한 이유일 것이다. 이광수는 1922년에 『화엄경』과 접하고 23년 『법화경』을 읽고 34년부터는 본격적으로 설법을 들었다고 한다.[196]

다음 시는 스님과 같이 한시의 전통을 지속하고 있던 인물과의 친교가 아니라 방응모가 병이 났다는 소식을 듣고 한시를 쓴 사례이다.

「病中吟」[197]

본사 사장 방응모이 사무에 주야 진로하신 여독으로 와석하신 지 월여! 그동안 간독하신 간호와 정양으로써 완쾌하시는 도정에 계시옵는데 이 병보를 받은 춘원이 또한 병중에서 일시편을 보내어 위문하였다. 이 시편에 방은 또 화답의 시를 쓰셨다. 이제 이 두편을 실어 독자에게 드리다. 일독하여

195) 『석전시초』 등이 남아있지만 이 안에 이광수와의 한시 왕래 흔적을 확인하지는 못했다.

196) 김윤식, 『이광수와 그의 시대』 2, 개정증보판, 솔, 1999, 231면.

197) 『조광』 1938.9.

음미해 보시는 것도 자미 있을 것이라 생각된다.

「聞啓礎翁有疾」(계초옹이 병 들었다는 것을 듣고)

병중에 벗이 아프다고 들어 病中聞友疾
슬퍼서 더욱 근심을 더하네 惻惻更添愁
세상일은 원래 정해진 것이 없으니 世事元無定
고달픈 생에 무엇을 구할 것인가 勞生何所求
흰 구름 떠다니는 것이 한가롭고 白雲行閒閒
푸른 물은 여유롭게 흐르는데 綠水流悠悠
원컨대 마음을 편안히 하고 舒志願言樂
매어놓지 않은 배를 따라 다니세 聊隨不繫舟

愁, 求, 悠, 舟 모두 尤운을 달고, 白雲行閒閒와 綠水流悠悠 대장을 맞추었다.[198] 앞서 32년에 이광수는 자신이 40세 된 늙은이지만 하나의 뜻만 밝다(一志明)라고 적었다. 이제 그는 아픈 벗에게 "舒志"하고 "不繫舟"하여 "白雲"이나 "綠水"의 유유자적하고 한가로움을 배우자고 한다. 이 시는 앞선 1932년의 한시 「辛未除夕韻」와 대비할 때 그 변화가 분명히 보인다. 32년은 이광수가 『흙』을 쓰기 시작했던 시기라면, 38년은 동우회 사건으로 감옥에 들어갔다가 「無明」과 『사랑』을 쓰고 있었던 때이다. 즉 "문장보국"의 계몽성과 '一志明'이 여전히 작동하던 32년과 달리, 38년은 "無明" "나무아미타불"로 상징되는 불교적 세계가 노골화된다.[199]

198) 함련에서 대장하지 않고 수련에서 대장하여 偸春格이라 할 수 있다. 蔣紹愚, 『唐詩言語研究』, 鄭州: 中州古籍出版社, 1990, 58면.

199) "진상! 나무아미타불을 부르면 죽어서 분명히 지옥으로 안 가고 극락세계로 가능기오?" 하고 그 가는 눈을 있는 대로 크게 떠서 나를 바라보았다. 나는 생전에 이렇게 중대한, 이렇게 책임 무거운 질문을 받아 본 일이 없었다. 기실 나 자신도 이 문제에 대하여 확실히 대답할 만한 자신이 없었건마는 이 경우에 나는 비록 거짓말이 되더라도, 나 자신이

명(明)에서 무명(無明)으로, 문장보국에서 나무아미타불로의 격차가 32년과 38년 한시에도 그대로 드러난다. 이후 39년에 조선문인협회 회장이 되는 이광수는 "舒志"라는 표현으로 자신의 내면을 그대로 노출한 것이 아니었을까.[200] 이 책의 목적상, 이러한 이광수 내면을 당시 이광수 소설과의 관계 속에서 자세히 파악할 수는 없다.[201] 단 그의 시와 한문맥의 연관성을 따져보기 위해서 여기에서 확인해야 할 것은 이광수가 새해를 맞이하는 느낌이나 스님의 화갑, 또는 지인의 병을 위로하기 위해 한시를 쓰는 행위, 즉 한문맥 문화관습을 여전히 지속하고 있었다는 점과 이광수가 한시를 짓는 데 평서운에 맞추어서 운을 맞추었다는 점, 그리고 "문장보국"이라는 문과 사의 이념을 지속하고 있었다는 점이다.

이러한 한문맥 문화관습은 토쿠토미 소호에게 보낸 편지에서 두드러진다. 그와의 서신 14통 중 한시가 실린 서한은 4편이다. 이 서한은 온전히 한시만을 써서 보냈거나 (1936.10.10. 서한) 한시와 다른 글의 비중이 거의 동등한 정도로 한시에 중점이 맞추어져 있는 서한들이다. 자신의 심사를 일본인에게 표현하기 위해서 한시를 사용하는, 한문맥의 전통이 그대로 이어지고 있다.

지옥으로 들어갈 죄인이 되더라도 주저할 수는 없었다. 나는 힘있게 고개를 서너 번 끄덕끄덕한 뒤에, "정성으로 염불을 하세요. 부처님의 말씀이 거짓말 될 리가 있겠습니까?" (「무명」, 『이광수전집』 8, 39~40면)

200) 황호덕은 1938년의 「무명」을 전향소설로 보고, 조선의 민중은 '입=항문'형 인간 동물들로 일본어 구사자들은 '입=법=명령=위생=국어'를 내면화한 인간들로 분절되어 있으며 이것을 전향의 징표로 볼 수 있다고 주장한 바 있다. 황호덕, 「변비와 설사, 전향의 생정치: 「무명」의 이광수, 식민지(감옥)의 구멍들」, 『상허학보』 16, 상허학회, 2006.

201) 그러나 이의 필요성을 제기하고는 싶다. 이광수 연구가 이광수를 종합적으로 바라보기 위해서는 이 시기 이광수의 한시도 중요한 자료가 될 것이다. 그럼에도 이를 본격적으로 언급한 논저는 없다.

고궁의 가을날 따뜻하기가 봄과 같은데　　古宮秋日暖如春
까막까치 소리 먼 곳의 임을 그리는 듯.　　烏鵲聲中懷遠人
낙엽이 쏴하며 물을 치고 떨어지니　　落葉蕭蕭拂水下
이 마음과 이 뜰, 누각에 머물지 못하네.　　此心此院不留臺

창경원에서 선생을 그리워합니다. 10월 10일
昌慶苑にて、先生を御偲申上げます。十月十日
1936.10.10

이 한시는 창경궁 안에서 찍은 듯 보이는 정자가 그려진 엽서에 써진 시이다. 春과 人은 운을 맞추었지만, 臺는 운에 맞지 않는다. "烏鵲"이라는 단어로 그리워하지만 멀리 떨어져 있는 사이를 암시했다. 특히 이는 한문맥의 문화권에서 친숙한 견우직녀설화를 함축하고 있다는 점에서 한일이 공유하는 지점을 내세우고 있다. 실제 화자가 처해있는 현실은 따뜻한 봄날 같은 날씨임에도, 님이 여기에 없는 상황이기 때문에 이 경치를 즐기지 못함을 말하며 자신의 내면이 지는 낙엽처럼 쓸쓸함을 고백한다. 이는 끝에 "선생을 그리워 합니나"라는 표현으로 집약된다. 소호를 그리워하는 마음을 문장으로 풀어서 쓰는 것이 아니라 한시로 적음으로써, 소호와 이광수가 공동으로 기반을 두고 있는 한문맥의 관습을 지속하여 앞서 수백 년 이상 한시를 주고받으며 서로를 그리워했던 문인들의 모습 속에 자신을 배치하고 있다.

「**1937년 4월 28일 이광수 삼가**(丁丑四月二十八日　李光洙　鞠躬)」

소호옹의 말과 뜻　　蘇翁言志
글귀마다 봄바람이네　　句句春風
완고한 돌도 고개를 끄덕이니　　頑石點頭

이치가 그 안에 바르게 있네 理存平中

蘇峰大先生 (소호옹 대선생)

이 시는 『蘇翁言志錄』(民友社, 1936)를 소호가 보내주어 이에 답하는 편지에 실린 한시이다. "頑石點頭"라고 표현하여 자신을 낮추면서, 하찮은 자신도 이해할 수 있을 정도의 철리(哲理)가 들어있음을 찬탄하고 있다. 이는 도생법사(道生法師)가 돌에게 설법했는데 돌이 머리를 끄덕였다는 고사에서 나온다. 이러한 용사를 사용하여 자신의 식견을 드러냄과 동시에 소호가 마치 의상대사나 도생법사와 같은 경지에 이르렀다는 칭송을 표했다.

이광수가 일본 지식인에게 보내는 편지에 와카나 하이쿠, 또는 일문 자유시가 아니라 한시라는 장르를 선택한 것은 분명 특정한 이유가 있는 것이었다. 그리운 마음을 전하고, 찬사나 누군가를 우러르는 마음을 전할 때, '한시'야말로 이에 적절한 장르로 여전히 인식되었던 것은 이광수에게 여전히 한문맥 문화관습이 지속되고 있었음을 의미한다.

(2) 자아상으로서의 '선비'와 한시형식의 변용

이광수의 국문시와 한문맥의 연관성을 논의하기 위해서는 우선 언문풍월(諺文風月)에 주목할 수 있다. 기존 논자들은 이광수 한시를 본격적으로 다루지는 않았지만, 언문풍월이라는 형식에는 여러 논자가 일찍부터 관심을 가져왔다.[202] 원래 언문풍월은 한시의 형식을 국문으로 모방한 형

202) 이규호, 「개화기 한시의 양식적 변모에 관한 연구」, 서울대 박사 논문, 1986.
홍신선, 「한국 근대문학 이론 형성 과정에 관한 연구: 1894~1919년을 중심으로」, 동국대학교 박사 논문, 1988.

식으로 조선 시대의 외방기생들이 창작 담당층이었다.[203] 이러한 언문풍월은 글자 수를 맞추고 운을 다는 식으로 한시의 형식을 모방하여 국문으로 지은 시이다. 이광수가 1915.1부터 1917.6월까지 발표한 시가 8편인데 이 중 6편이 언문풍월이다. 그만큼 그가 이 시기에 집중했던 형식이지만, 이후에는 관심을 두지 않은 형식이다. 이 중에서 한 작품을 살펴보기로 한다.

「내 소원(ㅏ韻 가, 나, 다, 라, 아)」[204]

가멸일새 맘이랄가 이름일새 바다라나
다비최고 다받으되 고요키론 없음같다
튼튼한몸 나온心情 詩를읊고 밭을가라
大宇宙의 理와運을 占쳐웃는 저선비아

이러한 언문풍월은 한시를 국문체로 실험해본 것이라 할 수 있다. 지금은 4행처럼 표기되어 있지만, 이광수가 운을 '가, 나, 다, 라, 아'라고 붙인 것을 고려하면, 사실은 8구라고 보아야 한다. 그렇다면 1, 2, 4, 6, 8구에 운을 붙였다. 즉 율시에 붙이는 방식을 그대로 차용하고 있다.[205] 이러한 시 형식을 차용하며 이광수는 '내 소원'이라고 제목을 붙이고, 다비치고 다 받으면서도 고요한 바다를 내세운다. 이는 3, 4행에 대우주의

홍신선, 「국문풍월에 대하여」, 『畿甸語文學』 3, 수원대 국어국문학회, 1988.
김영철, 『한국 개화기 시가 연구』, 새문사, 2004.
조동일, 『한국문학통사 4』, 제4판, 지식산업사, 2005.

203) 「언문의 문예」, 『조선문예』 1호, 1917.4. 홍신선, 「국문풍월에 대하여」, 『畿甸語文學』 3, 수원대 국어국문학회, 1988, 184면 참조.

204) 『청춘』 6, 1915.1.

205) 이는 춘원이 발표한 6편의 언문풍월 모두 동일하다.

理와 運을 점치는 선비의 모습과 연관된다. 먼저 경치를 그리고 이후에 정서를 노래하는 방식으로, 『시경』에서의 흥(興)이나 비(比)와 같은 형식이라 할 수 있다. 1~2행의 바다와 3~4행의 선비는 표면적으로는 연결될 수 있는 매개가 없지만, 같은 시에 연달아 제시된다는 점에서 둘 사이 모종의 관계를 암시한다. 즉, 선비의 모습이 바다처럼 모든 것을 비추고 받아들이지만 고요한 존재라는 의미로 해석할 수 있다. 또 고려해야 할 것은 『청춘』이라는 잡지의 특성이다. 주지하듯, 『청춘』은 최남선 주재의 잡지로 이광수가 주요 필자로 참여했다. 앞서 논의한 것처럼, 최남선은 성인을 바다에 비유했고[206], 이광수 또한 그와 연장선 위에서 바다를 선비에 비유한다. 최남선에게 바다는 모든 더러운 것을 정화시키는 존재라면, 이광수에게 바다는 모든 것을 비추고 받아들이면서도 고요하다는 점에서 유사하다. 이러한 선비는 은거하여 시를 읊고 밭을 갈고, 홀로 우주의 리와 운을 점치면서 웃는다. 이렇게 우주의 리와 운을 점치는 선비라는 것은 주역에 기반을 둔 세계관과 연관된다. 이러한 은거한 선비의 모습을 1915년에 이광수는 "내 소원"이라고 적는다. 이는 이광수의 이상적 자아의 한 면모가 선비와 긴밀한 관계에 있다는 것을 보여준다.

이러한 언문풍월뿐만 아니라 다음과 같은 시도 이광수의 자전적 내용을 담으며 자신을 "窮한 선비"로 지칭하고 있다.

「窮한 선비」[207]

지아비는 쭈구리고 창구녕 둘러째고
지어미 '칩어'하며 洋襪바닥 깁노매라

---

206) 이 책의 1.2.2 참조.

207) 『청춘』 8, 1917.6.

'이것도 집이오?' 하거늘 '둥지외다' 하더라

기침증을 핑계삼아 알엣목에 니불펴고
선비와 안해둘이 자리밋헤 발을너코
안해는 저고리짓고 선비는 글짓더라

두달만에 처음타온 百兩月給 압헤노코
선비님은 책을사리 안해는 무명사리
楚漢이 으르던次에 쌀갑내라 하더라

中學校에 으뜸教師 老學者로 自處턴몸
論理學 心理學맛 이제야 처음들여
한손에 담배대들고 수덕수덕 파더라

이 시가 발표된 1917년 6월은 이광수가 『매일신보』에 『무정』을 연재하고 있던 시기이다. 특히 『청춘』이 발행된 6월 16일은 『무정』이 1917년 6월 14일까지 연재하여 대미를 장식한 이틀 후이다. 영어교사 이형식은 아내 김선형과 당당히 미국 유학을 떠나는 모습을 그린 직후에 이광수는 이 시를 발표하고 있다. 이광수는 1917년 5월에 과로와 폐병으로 요양차 귀국하고 6~7월에는 『매일신보』 특파원으로 충남, 전북, 전남, 경남, 경북 취재 여행 중이었다. 이런 시기에 왜 이광수는 '궁한 선비'의 모습을 그려냈을까? 와세다대 특대생이라는 칭송을 받고 있었고, 정력적으로 첫 장편 소설을 쓰며, 동시에 조선의 옛 제도와 관습을 비판하는 글들을 쓰던 중이었다.[208] 이런 관점에서 보면, 위 시는 조선의 궁핍한 현실에도 불구

208) 「우리의 이상」, 1917.2; 「농촌계발」, 1917.2.' 「천재야! 천재야!」, 1917.4.' 「혼인에 대한 관견」, 1917.4.

하고 독서만을 하는 선비의 모습을 비판한 것이라 읽을 수도 있다. 그러나 위 시 속 선비가 "論理學 心理學"이라는 근대적 학문에 빠져있는 모습은 이러한 독법을 거부한다. 이광수는 근대학문에 깊은 관심을 지니고 있었고, 특히 그의 문학론에 사회심리학은 매우 큰 영향을 끼쳤고,[209] 그는 종학원에서 논리학을 가르친 바도 있다. 즉, 여기에서 논리학과 심리학은 근대학문을 상징한다. 이렇게 보았을 때, 여기에서 '궁한 선비'는 이광수 자신을 가리킨다. "기침증", "中學校에 으씀教師"도 자전적 내용을 반영하고 있다. 궁하다고 표현했지만, 청빈하게 글을 읽는 모습은 전통적인 선비정신을 강조한 것이다.[210] 이러한 시각의 연장선에서 그는 士를 "선배"라고 지칭하며 자신을 전통적인 선비의 후배로서 자청하고 있다.[211]

여기에서 하나 더 짚고 넘어가야 할 것은, "궁한 선비" 다시 말해 "窮士"를 제목으로 단 시를 쓴 것의 한문맥적 함축이다. 송나라의 구양수(歐陽脩)는 「매성유시서(梅聖兪詩序)」에서 "대체로 세상에 전해진 시는, 옛날 곤궁한 사람의 글에서 나온 것이 많다. (…) 대개 곤궁할수록 공교해지는 것이니, 그렇다면 시가 사람을 곤궁하게 하는 것이 아니라 대부분 곤궁한 사람이어야 후에 공교해지는 것이다."[212]라고 표현했다. 조선에서도 시인의 궁달화복(窮達禍福)과 시의 관계는 활발히 논의되었다.[213] 이처럼 시인

---

209) 이재선, 「모방-암시의 사회심리학적 문학론과 감염의 수사학」, 『이광수 문학의 지적 편력 -문학론의 원천과 형성』, 서강대학교출판부, 2010 참조.

210) 권문봉은 전통적 선비정신을 6가지로 집약한다. 지조신의정신, 청렴근검정신, 거경숭례정신, 선공숭문정신, 사회정의정신, 애국효행정신이 그것이다. 권문봉, 「전통적 선비정신에 대한 일고찰」, 『한문 교육연구』 23, 한국한문 교육학회, 2004, 197면.

211) 「거츠른동산」, 『청춘』 14, 1918.9.

212) 蓋世所傳詩者 多出於古窮人之辭也……蓋愈窮則愈工 然則非詩之能窮人 殆窮者而後工也. (이상하 외 역, 『당송팔대가문초 구양수 3』, 전통문화연구회, 2015, 46면. 번역 수정)

213) 조선 시대 한시와 궁달의 관계 대한 논의들은 이종묵, 「시인의 궁달과 한시의 미감」, 『한국 한시의 전통과 문예미』, 태학사, 2002에 정리되어 있다. 안순태, 「남공철 산문 연

의 궁달화복과 시의 관계가 활발히 논의된 까닭은 시가 지식인이라면 누구나 짓는 기예이자 생각을 드러내는 매체였기 때문이고, 동시에 시를 통해 그 사람을 알 수 있다는 시각 때문이다.[214] 특히 조선 중기 이후에는 시에 뛰어난 인물이 대부분 불우한 환경을 겪었기 때문에, "시는 궁해진 이후에야 공교하게 된다(詩窮而後工)"는 논의가 힘을 얻었다.[215] 이러한 궁시는 기본적으로 자신의 곤궁함을 토로하며, 그 와중에 자신의 병에 대해서 언급한다. 위 시를 보면, 1연에서 얼마나 자신이 궁벽한 환경에서 지내고 있는지를 제시하고, 2연에서는 자신의 병을 언급하는 것을 볼 수 있다. 계속 글을 짓고 책을 사고 학문에 정진하는 '선비'가 궁벽한 환경에 병을 호소하는 모습이 강조되는 것은 한문맥에서의 '궁사'가 쓰는 '궁시'적 특성을 국문으로 재현한 것이다.

이처럼 이광수의 시적 자아는 '선비'로, 그것도 불우(不遇)한 선비로 그려진다. 여기에는 이광수 사신의 전주 이씨로서의 양반 계급이 자의식이 견고하게 전제되어 있으면서, 동시에 이의 배면에는 글을 통해 세상을 인도하겠다는 士의 이념이 놓여있다. 산문을 통해서는 맹자를 인용하며 정육을 제창하고[216] 효용론적인 문학론을 주장하면서[217] 이와 같은 시기에 은거한 선비나 궁벽한 선비로서의 자신의 모습을 그리고 있었다. 이후 이는 「문사와 수양」[218]에서 文士는 덕성의 수양이 필요하다는 식의 주장으로 나아가게 된다.

구」, 서울대 박사논문, 2011, 201~214면은 조선 후기 남공철(南公轍: 1760~1840) 글에 나타난 窮士에 대한 논의를 자세히 살피고 있다.

214) 이종묵, 앞의 책, 125면.

215) 이종묵, 앞의 책 138~145면 참조.

216) 「금일 아한 청년과 정육」, 『대한흥학보』 10, 1910.2.

217) 「文學이란 何오」, 『매일신보』 1916.11.10.~12.3.

218) 『창조』, 1921.1

이광수는 이후 한시적 형식인 송(頌), 송(送), 악부시의 형식, 그리고 죽은 자를 애도하는 만시 형식(「哭 白巖 先生[219]」, 「吊 朴龍喆君」[220])을 차용하여 국문시를 짓고 한문으로 시주를 달기도 한다. 頌은 성덕을 신에게 알리는 노래로, 『시경』 시의 풍(風), 소아(小雅), 대아(大雅), 송(頌)이라는 네 체제 중 하나이다. 원래 왕실이나 선조의 공덕을 찬양하기 위한 노래였지만, 한대(漢代)에 와서 개인의 업적을 찬양하는 것으로 변화하였다. 특히 굴원의 「귤송(橘頌)」이 유명한데, 모국인 초나라 특산물 귤을 찬양하며 자신의 고상한 뜻을 우화적으로 나타내었다.[221] 이광수도 「牛頌」[222]에서 이러한 송의 형식을 국문으로 시도하며 소의 "자비의 덕"을 찬양한다. 이는 乙丑年을 맞이하여 쓴 시로 『조선문단』 1월호에는 수필의 형식으로 「우덕송」을 발표했다. 여기에서 그는 "소는즘생중에 군자"라고 하며 "소의 덕을 배호기에 힘"[223]쓰라는 자신의 집필의도를 명확히 했다. 굴원이 귤을 통해 자신의 고상한 뜻을 표현했다면, 이광수는 결국 '덕'의 함양에 힘쓰라는 「문사와 수양」에서의 자신의 주장을 頌의 형식을 빌려 되풀이하고 있다. 이 외에도 송의 형식으로 「럼비니頌」[224]을 발표했다.

그의 「樂府(高句麗之部)」[225]도 주목이 필요하다.[226] 삼국사기 고구려본

---

219) 『동아일보』, 1925.11.5.

220) 『博文』 4, 1939.1. 『이광수전집』 9, 삼중당, 1971, 503면.

221) 劉勰, 「頌讚」, 『文心雕龍』, 최동호 역편, 민음사, 1994

222) 『개벽』 55호, 1925.1.

223) 「牛德頌」, 『조선문단』 4, 1925.1., 97면.

224) 『럼비니』 창간호, 1937·5.7. (『이광수전집』 9, 삼중당, 497면.

225) 『白潮』 창간호, 1922.1.

226) 이에 대해서는 신범순이 신광수의 「관서악부」와의 영향을 간략히 언급한 적이 있다. 신범순, 『노래의 상상계 -'수사'와 존재 생태 기호학』, 서울대학교출판문화원, 2011, 521면.

기를 인용해서 소서(小序)를 달아서 각기 금와(金蛙), 해모수(解慕漱), 유화(柳花)를 다루었다. 이후에 시조 형식으로 시를 썼다. 이렇게 소서를 달고 역사와 관련된 시를 쓰는 형식은 조선 시대부터 한반도의 역사를 노래하는 '해동악부'를 계승한 것이다.[227] 그러나 조선 시대 악부시는 한시로 쓴 것이라면, 이광수는 이를 국문시로 시도하면서 '악부'라는 명칭을 그대로 사용했다.

이광수는 한문맥의 문화관습을 지속하며 한시를 지어서 지인의 병을 위로하고, 회갑을 축하하기도 하고, 일본인과 한시를 주고받았다. 자신의 감회가 한문맥에 가깝다고 느꼈을 때는, 이를 한시로 쓰기도 했다. 이광수는 한시의 직접적 영향으로 탄생한 국문시가 형식인 언문풍월을 발표하고, 만시, 악부, 송의 형식을 국문으로 실험하였다. 또 '선비'라는 시적 자아를 내세운 국문시도 창작했다. 즉, 이광수에게 한문맥은 여전히 지속하는 문화관습이었으며, 국문시를 지을 때 참조할 수 있는 하나의 원천이었다.

더 지적해야 할 것은, 최남선과 이광수의 시는 개인적이고 주체적인 내면의 고백이나 풍경의 발견이 아니라 선재해 있는 문의 이념을 바탕으로 형상적(figurative)인 물의 이미지를 그리거나(최남선), 사의 이념을 바탕으로 시적 자아를 구성하고 있다는 점이다(이광수). 즉 이들은 개성적인 자아의 내면이 아니라, 공적인 자아를 바탕으로 선재한 이념을 표출하는 것에 중점을 두었다. 이광수의 이러한 시도는 최남선과 마찬가지로, 한시가 근거하고 있는 중국어와 다른 조선어의 특수성에 대한 이론적 성찰을 토대한 것이 아니다. 한시적 형식을 그대로 국문으로 도입했을 뿐, 이것

227) 해동악부에 대해서는 심경호, 「조선 후기 한시의 자의식적 경향과 해동악부체」, 『한국문화』 2, 서울대학교 한국문화연구소, 1981 참조.

을 조선어의 특수성을 바탕으로 조선적인 새로운 시 형식으로 변용하려는 지속적인 노력을 보여주지는 않는다. 한시형식을 국문시로 재창작하기 위한 꾸준한 실험, 시론 층위에서의 이론적 천착, 개인 내면의 묘사는 이광수의 제자인 김억을 기다려야 했다.

제Ⅳ장

한문맥의 전유와 '조선적 근대시'의 창안 – 김억

1. "천리(天理)"와 "사무사(思無邪)"의 전유와 개성적 문학 옹호[1)]

한문맥과의 연관성 속에서 김억 초기 시론을 살펴보면 기존 논의들이 포착하지 못했던 지점들이 밝혀질 수 있다. 김억의 초기 시론은 프랑스 상징주의나 낭만주의 또는 자유시 수용의 문제와 주로 연관되어 논의되었다.[2)] 그러나 김억이 '무'에서부터 외래의 새로운 시와 시론을 받아들인 것이 아니라, 한문맥이라는 전통 속에서 이를 받아들였고, 한시에서 비롯된 개념틀을 통해 '자유시'라는 개념을 설명하고 있다는 점에 주목해볼 수 있다. "자유시를 이론적으로 성찰하고 주장한 최초의 시론"[3)]이라는 평가를 받은 그의 본격적인 첫 번째 시론인 「詩形의 音律과 呼吸」[4)]을 살펴

1) 이 절은 정기인, 「김억 초기 문학과 한문맥의 재구성」, 『한국현대문학연구』 44, 한국현대문학회, 2014를 수정 보완했다.

2) 김승종, 「안서 김억의 시론 연구」, 중앙대학교 박사 논문, 1992. 한계전, 「자유시에 대한 인식의 발전」, 한계전 외, 『한국 현대시론사 연구』, 문학과지성사, 1998.

3) 정한모, 앞의 책, 290면.

보면, 기존 한문전통과 연결되는 개념들이 의미심장하게 놓여있다.

> 모든藝術은 精神, 또는心靈의產物이지요. 하고요, 精神이라든가, 心靈이라든가 그自身을包容하는肉體란그것의 調和라고 할슈잇스면 아마藝術이라는그것은 作者그사람自身의肉體의 調和의 表現이라고 하여도 올흘줄 알아요. 그러기때문에 얼골과눈과코가 사람마다 다른것과갓치肉體의 調和도 달름으로 말미야셔 個人의 藝術性도 다 다를줄암니다—天理에요

시론을 전개하기 시작하는 첫 대목이다. 김억은 자신의 주장을 "천리(天理)"라는 개념으로 압축해서 제시한다. 이는 '천지 만물이 생성되고 움직이는 이치', 또는 '하늘의 바른 도리'[5]로 이해될 수 있고, 일상적으로는 '마땅히 그러할 일' 또는 '당연히 그러한 일' 정도의 의미[6]로 쓰인다. 그러나 2장에서 살펴보았듯이, 김억이 자신의 글에서 설정한 독자가 한문맥에 친숙한 독자라는 점에 미루어 볼 때, 한문맥에서 엄중한 의미가 있는 이 천리라는 개념을 일상적으로 '당연한 일' 정도의 함축으로 사용했다고 보기는 어렵다. 특히 이 글의 끝에서 "絶對價値를 가진詩"라는 주장이 도출되는 과정을 따져보면, 이 천리라는 개념은 한문맥인 함축을 지니고 있다고 해석할 수 있다.

천리는 한문맥에서 절대적 이치를 의미하는 개념이면서 동시에 절대적 위상을 지니고 있는 개념이다. 이는 천(天)과 리(理)라는 각각 독립적이자 모두 절대적인 가치를 지닌 두 개념이 합해져서 형성된 개념이다. 리는 한문전통의 근간이 되는 조선 성리학의 핵심 쟁점으로서 첨예한 논쟁

4) 『泰西文藝新報』 제14호 (1919. 1.13)

5) 국립국어대사전 표준국어대사전, 다음(Daum) 한국어 사전.

6) 이러한 일상적 의미도 한문전통적인 의미에서 파생된 것이다.

의 대상이 되어왔던 개념이다. 리는 모든 사물에 부여된 근본 원리이고, 마땅히 그러해야 할 사물의 본질적 모습을 의미한다.[7] 특히 이것이 '천'과 결합하게 되면, 하늘의 섭리, 즉 절대적인 이치의 의미를 부여받게 된다.[8] 즉 김억은 모든 개인이 다르므로 개인의 예술성도 다르다는 것을 '하늘이 부여한 근본적인 원리'라고 주장한다.

이러한 '천리'라는 개념으로 김억은 이 글의 끝에서 "詩人의呼吸과鼓動에根底를 잡은音律이詩人의精神과 心靈의産物인絶對價値를 가진詩"라고 주장할 수 있게 된다. 김억은 이 글 내내 시인의 호흡은 시인의 육체의 조화이고, 이것이 음율을 만들어냄을 주장한다. 위의 결론도 결국 음율이 시이며, 이 음율은 시인의 호흡과 고동에 근저를 잡게 되며, 따라서 이는 시인의 정신과 심령의 산물이라는 의미이다. 물론 여기에서 개인성을 강조하는 것과 육체의 조화로서의 영혼과 이의 표현으로서의 예술이라는 논의는 영국 낭만주의, 특히 워즈워스(William Wordsworth, 1770~1850)의 영향에 의한 것으로 볼 수 있다.[9] 그러나 이 책에서 주목하는 것은 이 글이 담고 있는 내용보다도, 그 내용 전개를 가능하게 하는 논리적 계기이다. 이 글 전체에서 이러한 시가 왜 절대가치를 가졌는지에 관해서는 이유를 찾아볼 수 없다. 어떠한 가치론적 논의도 없다가 갑자기 이러한 시가 '절대가치'를 지닌다는 표현이 급작스럽게 제시된다. '절대가치'

7) 최봉영, 「의지와 정한의 구조와 성격」, 『조선 시대 유교 문화』, 사계절, 1997, 240~241면. 이는 성리학이나 양명학에서 다르지 않다. 다만 전자는 '존천리 멸인욕'으로 대표되어, 사람들 안에 있는 리를 수양하기 위해서는 인욕을 부정적으로 보았지만, 양명학은 자신 안에 있는 '심'이 이를 체현하고 있다고 믿고 이를 믿고 따르려고 한다. 양명학의 '심'에 대해서는 정인재, 『양명학의 정신』, 세창출판사, 2014 참조.

8) 天과 理의 개념 형성과 그 철학적 전개에 관해서는 김승영, 「'理', '發'자의 형성과 철학적 전개」, 『양명학』 34, 한국양명학회, 2013 참조.

9) 오세영, 앞의 책, 248~250면. 김승종, 앞의 글, 66~69면 참조.

와 연결될 수 있는 가치과 관련된 개념으로는 '천리'만을 찾을 수 있을 뿐이다. 즉 이 글의 '절대가치'라는 표현은 앞서 '천리'라는 개념과 연관되어 자연스럽게 도출된다. 각 개인의 차이, 다시 말해 개성이 곧 천리이기 때문에, 이러한 개인의 특수성에 기반을 둔 시도 절대가치를 가진다는 논리가 성립하는 것이다. 한문전통에서 가장 논쟁적이고도 무게가 있는 '천리'라는 개념을 도입함으로써, 시가 '절대가치'라는 강력한 주장이 가능했던 것이다.

물론 이러한 김억의 관점은, 기존 성리학적 이기성정(理氣性情)의 구조나 양명학의 심학(心學)과는 맞지 않는다. 성리학의 성즉리(性卽理)나 양명학의 심즉리(心卽理)는 각기 인간의 본성이나 마음이 '이치'라는 의미이다. 이는 인간이라면 누구나 가지고 있는 보편적인 공통성과 리를 연결한 것이다. 특히 성리학에서 인간 본성의 천리는 보편적인 것이고, 각각 인간의 개별성, 즉 차이는 기와 연관이 된다. 위에서 김억이 설명하는 개인의 차별성은 기질의 문제이다.[10] 인간의 '공통성'과 관계하는 천리라는 전통적인 정의와는 반대로, 김억이 상정한 '천리'는 개인의 차이가 생길 수밖에 없다는 것, 또는 그 차이 자체의 필연성과 연결된다. 인간이라는 종의 공통인 '人性'이 아니라, 각 인간의 개별적 차이로서의 개성(個性)을 리와 연결하고 있다는 점에서 한문전통의 사고방식과는 분명한 단절이 있다.[11] 특히 성리학적 관점에서 보았을 때는, 기(氣)에 해당하는 개성을

10) 이를 김준오의 '서정적 자아'와 대비해 볼 수 있다. 김준오는 서정적 자아를 이기철학의 중심개념인 '본연지성(本然之性)'과 '기질지성(氣質之性)'을 통해 설명하고 있다. "기질지성의 서정적 자아는 그가 지닌, 차이와 분별을 만드는 기의 작용에 따라 분별과 대립 갈등을 일으킨다. 기질지성에서 본 세계는 대립 갈등의 세계이지만 보편화의 원리인 리에 의하여 이 대립 갈등을 극복하여 자아와 세계의 합을 추구하게 된다." (김준오, 『시론』, 문장사, 1982, 27~28면. 박현수, 「전통시학의 개념과 특성」, 『전통시학의 새로운 탄생』, 경북대학교출판부, 2013, 32면에서 재인용)

리의 위치에 놓았다는 점에서 혁명적이다.

앞서 언급했지만, 이는 워즈워스의 시론에서 상당한 영향을 받은 것이다. 그럼에도 여기에서 주목해서 서술하고자 한 것은 구문맥(歐文脈)적인 개성의 강조·육체의 조화로서의 영혼과 이의 표현으로서의 예술이라는 내용이, 한문맥의 천리라는 절대적 이치라는 개념을 바탕으로 표현되고 있다는 점이다. 또 워즈워스가 민족이나 언어 간의 차이에 주목하지 않고, 천재로서 시인과 일반인 사이의 구분을 강조하며 계급 간 언어 차이를 민감하게 생각했던 것[12]과는 달리, 개인 간 예술성의 차이가 천리라는 전제를 바탕으로 김억은 개인의 문학, 민족 간의 문학, 그리고 동서양의 문학이 다르다고 주장하게 된다. 이는 개인 간의 차이를 긍정하지만 개인이 구성하는 민족, 혹은 개인 간의 의사소통을 가능하게 하는 언어를 하나의 단위로 해서 공통성이 있고 따라서 "朝鮮말로의 엇더한詩形이 適當"한가도 살펴야 한다는 주장이다. 이 같은 논리는 이후 김억이 조선의 정형시론인 '격조시형론'을 주창하게 하는 견인차 역할을 한다. 1930년대 김억이 격조시형론을 주장할 때에도 개인 간의 차이를 중요하게 생각하고 있었고, 이에 따라 자유시형에 가치를 부여했다.[13] 따라서, 김억의 자유시형과 정형시로서의 격조시형은 초기 시론에서 둘 다 긍정되고 있었음을 알 수 있다.

더 나아가 '존천리 멸인욕'이라는 성리학적인 인욕의 억압[14]과는 반대

---

11) 이는 실학에서 인간을 개별적, 개체적, 자주적으로 파악하려고 한 것을 계승했지만, 천리라는 개념을 혁명적으로 변형시키고 있다. 실학의 인간관에 대해서는 박홍식, 「실학의 근대적 인간 모색론」, 홍원식 외, 『실학사상과 근대성』, 예문서원, 1998 참조.

12) William Wordsworth, "Preface 1800 version (with 1802 variants)", *Lyrical Ballads,* edited by R.L. Brett & A.R.Jones, London: Methuen and co Ltd, 1963 참조.

13) 어디까지든지 시가란 시인 그 자신의 개성적 산물에 지나지 아니한다는 의미에서 내적율동은 높이 평가받을 만도 한 것이외다. (김억, 「시형, 언어, 압운」 2, 『매일신보』, 1930.8.1.

로 오히려 '감정의 고조된 목소리'[15]인 예술의 개성이 '천리'라고 하는 것은 조선 전래의 성리학적 질서에 대한 반론의 성격을 지닌다.[16] 이러한 관점은 김억의 예술관에서 일회적인 것이 아니라, 꾸준하게 표출된다. 김억은 『꽃다발』의 「권두사」에서 공자의 '사무사(思無邪)'를 기준으로 사대부집 아낙네들과 소실과 시기의 시를 대조한다. 사대부집 아낙네들은 감정을 거짓으로 꾸미고, 전고(典故)만 가져다 쓰고 대구에만 신경을 쓰는 등, '성정'을 그대로 표출하고 있지 않다고 비판한다. 이에 반해 소실과 시기는 감정을 진실로 표출하고 있다는 점에서 고평한다.[17] 이는 '사무사

14) '存天理 滅人慾'은 주자 수양론의 절대적 명제로, 성리학적 질서에 기반을 둔 조선에 막대한 영향을 끼쳐왔다. 주자의 이 '멸인욕'은 인간의 모든 욕구를 제거하라는 의미가 아니다. 주자는 '천리로서의 욕'과 사사로운 욕망인 '인욕'을 구분하고 후자를 부정했다. 천리로서의 욕망은 인간 생존에 필요한 기본적인 욕구를 의미하고, 인욕은 이를 넘어서는 욕망을 의미한다. 최정묵, 「朱子哲學에서의 理欲 관계론」, 『철학논총』 21, 새한철학회, 2000 참조.

15) 김억, 「작시법」 1, 『조선문단』 7, 1925.4., 25면.

16) 이는 김억의 스승이기도 한 이광수의 정육론과 연결된다. 정병설은 이광수의 『무정』과 정육론을 분석하며, 이광수의 정육론이 조선 유교의 '존천리멸인욕'의 근대적 개혁 시도인 것으로 읽어낸다. 조선유교의 관점에서 인간의 감정과 욕망은 기의 차원에 속한 것이고 이는 理에 의해서 지배받아야 했다. 정육론은 유교의 '천리'가 무너지고, 오히려 인간 욕망과 감정이 중요해진 시기의 현실적 문제의식과 연결되어 있다는 것이다. (정병설, 앞의 논문, 247면) 김억은 이러한 이광수의 주장에서 더 나아가 오히려 이러한 '개성' 자체가 천리라고 보았다는 점에서 혁명적이다. 김억은 자신이 문예에 뜻을 두게 된 계기로 오산학교 시절 춘원의 칭찬을 꼽은 바 있다. (김억, 「독백」, 『박문』 12. 1939.10.1.)

17) 孔夫子께서는 詩를 '思無邪'라고 評을 하셨거니와, 이 女流詩人들의 詩를 보면 士大夫집 아낙네들의 노래에는 어째 그런지 일부러 感情을 눌러버리고 점잔은체 꾸민感이 있습니다. 그리고 小室과 詩妓의 것에는 조금도 感情을 거즛한 흔적이 없으니, 만일 '思無邪'가 옳은 말슴이라면 이點에서 아낙네들의 노래는 落第외다. 그러고 小室이니 詩妓니 하는이들의 것이 되려 及第니 대단이 자미있는 對照라 하지 안을 수 없습니다. (… 중략 …) 저 소위 士大夫집 아낙네들의 詩란 거의 古典에서 이런句節 저런事典 같은 것을 가저다가 노래라고 얽어놓지 아니하면 對句같은 것이나 얌전이하야塞責을한 觀이 있어, 정말로 자기의 性情을 그대로 如實하게 쏟아놓은 것은 적은상하외다. 게다가 무슨 原因인지는 알수 없으나 그들의 詩는 極이 적으니 이것은 아마 남의 웃음이나 사지아니할까 하는 생각에선

(思無邪)'에서 '사(邪)'를 감정을 거짓으로 꾸밈으로 해석하고 있다는 것을 시사한다. 그렇다면, 김억이 의미하는 '사무사'란 감정에 꾸밈이 없이 성정을 있는 그대로 표출한다는 것을 뜻한다.

이러한 '사무사'의 해석은 기존 조선 시대 유학의 해석이나 이것이 기반을 두고 있는 한나라 이후 유학의 해석과는 매우 다르다. 한나라 이후 유학에서 사무사는 봉건적 예교질서를 옹호하는 준거로서, "發乎情, 止乎禮義"[18]로 집약된다. 즉 정에서 출발하는 것이지만, 예의에서 멈춘 것이 바로 '사무사'라는 논리이다. 조선 시대의 '사무사' 인식도 결국에는 효용론적 관점에서 벗어나지 않아 문이재도라는 수양론과 연결되어 있다.[19] 즉 도=성=리(道=性=理)라는 측면에서 보았을 때, 이 '사무사'라는 평가도 개인의 자연스러운 성정의 표출이 아니라, 오히려 이것이 어떻게 인류의 보편적인 性 또는 이를 담지할 수 있게 하는 예의(禮義)와 연관되고 있는가를 파악한 것이다.

반면에 김억은 개성의 거짓 없는 표출을 무사(無邪)로 보았다는 점에서 '개성'을 강조하고, 자연스러운 감정의 표출을 고평함으로써, 유교의 '존천리 멸인욕'과는 반대되는 시각을 취하고 있다.[20] 이처럼 김억은 앞서 '천리'라는 개념을 그 의미를 변화시켜 사용한 바 있듯이, '사무사'라는

가 보외다. (「권두사」, 『꽃다발』, 박문사, 1944)

18) 김수경, 「조선 시대 학자들의 "사무사" 인식」, 『중국어문논집』 58, 중국어문연구회, 2013, 235면.

19) 위의 논문, 239~241면 참조.

20) 이러한 김억의 시각은, 홍대용이 우리말 노래가 情을 자연스럽게 표출하여 『詩經』이나 사대부의 한시보다 더 뛰어난 가치를 지닌다는 주장과 비교할 수 있다. 김억이 정의 자연스러운 표출을 중시하며 사대부들의 한시를 비판한 점에서 홍대용과 같으며, 또한 『시경』의 권위에 기대어 논의하고 있다는 점도 홍대용과 유사하다. 홍대용의 문학관에 대해서는 조동일, 「18세기 인성론의 혁신과 문학의 사명」, 『한국의 문학사와 철학사』, 지식산업사, 1996, 382~386면 참조.

유교 문학관에 기인한 개념도 적극적으로 전유하고 있다. 이는 김억이 기존 한문전통의 핵심적인 개념을 전유함을 통해 자신의 문학관을 서술해 가고 있음을 의미한다.[21] 물론 여기에서 김억은 한편으로는 워즈워스의 "Poetry is the breath"[22], "poetry is the spontaneous overflow of powerful feelings"[23]라고 주장한 것을 되풀이하고 있지만, 유교적 도덕을 억압으로 인식하고 거부하며 개인적 감정을 강조하는 것은 일본 국학이 『만엽집』, 『고사기』 등의 연구를 토대로 사정(私情)을 옹호하며 가라고코로(漢意)를 비판한 것과 매우 흡사한 태도라고 볼 수 있다.[24] 이러한 사상의 선구자는 카모노 마부치(賀茂眞淵, 1697~1769)로 『만엽집』을 "にひま

21) 이러한 김억의 개성의 강조는 워즈워스를 비롯한 영국 낭만주의 시론과의 친연성도 있지만, 18세기 백탑시파나 그 후대 이옥 등이 주장하는 개성의 강조와도 비교해볼 수 있다. 특히 기존 연구들은 전자와의 비교만을 통해서 김억의 한계를 지적하는 데 초점을 맞추어 왔다면(오세영, 앞의 책), 한문전통이라는 관점에서는 후자와의 비교도 중요하다. 박경수는 조선 후기 천기론과 김소월의 시학을 비교했다. (박경수, 「천기론의 관점에서 본 김소월 시학의 전통성과 근대성」, 『현대시의 고전 텍스트 수용과 변용』, 국학자료원, 2011) 특히 박제가와 이옥은 다양한 개성을 중시하며, 과거 다른 시대나 작가와도 다른 자신만의 독특한 시를 창작하려 했다. (안대회, 「18세기 후기 첨신풍의 확산」, 『18세기 한국한시사 연구』, 소명출판, 1999. 김균태, 「李鈺의 文學理論과 作品世界의 硏究」, 서울대 박사논문, 1986) 그럼에도, 이러한 개성을 중시하는 박제가의 논의 자체도 모든 인간의 보편적인 성정을 전제하는 성정론을 부정하는 것이 아니다. 그의 예술론이 기반을 두고 있는 '天機論'은 성정론과 같은 맥락에서 전개된 측면이 크다. (이에 대해서는 정요일, 「天機의 槪念과 天機論의 意義」, 『한문학보』 2008, 우리한문학회, 2008 참조. 이병찬도 천기론에서 性情之眞이 결국 性情之正과 연결되어 있다는 점을 지적하였다. 이병찬, 「이성과 감성의 관계로 본 조선 후기 문학론」, 『어문연구』 75, 어문연구학회, 2013 참조) 이런 점에서 개성 자체가 '천리'라는 주장은 김억이 그 이전 한문전통과 갈라지는 지점이라 할 수 있다.

22) William Wordsworth, "Preface 1800 version (with 1802 variants)", *Lyrical Ballads,* edited by R.L. Brett & A.R.Jones, London: Methuen and co Ltd, 1963, 253면.

23) 위의 책, 260면.

24) 박홍규, 「'일본주의' 탄생 조건과 과정」, 고희탁 외, 『국학과 일본주의 -일본 보수주의의 원류』, 동북아역사재단, 2011, 48~51면 참조.

なび"(높고 곧은 마음)이라 표현한다. 여기에서 높음은 "심정의 격렬하고도 깊은 기세", 곧음은 "내면의 사정이 아무런 감춤 없이 있는 그대로 표출된 모습"[25)]을 뜻한다. 이러한 맥락에서 모토오리 노리나가(本居宣長, 1730~1801)는 한의가 부정하고 은폐하는 모노노아와레(物の哀れ)를 강조한 바 있다.[26)] 특히 노리나가는 인간의 보편적 정의 표현으로서 노래에 주목하면서 특히 이 때의 정은 어린애나 여자에게 전형적으로 보이는 것이라고 주장하는데, 이에 대비되는 것으로 "남자, 무사, 중국풍"을 허위로 여겨서 배척한 바 있다.[27)] 특히 다음과 같은 대목을 비교해보자.

> (ㄱ)예를 들어, 공자가 편찬했다고 말해지는 『시경』 삼백여 편의 시를 보아도, 그 중 많은 것은 유치한 내용이다. 그것을 생각해봐도 알 수 있듯이, 다소 시와 문장을 알고 있다고 해도, 노래를 유치하다는 이유로 나쁘게 말하는 것은 판단 착오이며, 인정을 알지 못한다.[28)]

> (ㄴ)먼저 『시경』 삼백여 편의 시를 보면, 모두 인정을 있는 그대로 읊고 있어서, 여자와 아이의 말과 같이, 덧없는 성질의 것이다. 그러나, 이것이 어니까시나 시의 본래의 모습이다. (…) 그런데, 후세의 시는 진실의 마음이

---

25) 칸노 카쿠묘, 『어머니가 없는 나라 일본 -신도의 역습』, 이이화 옮김, 집문당, 2003, 177면.

26) 노리나가의 모노노아와레(物の哀れ)론의 성립에는 『毛詩』나 『詩經集註』가 영향을 미쳤으나, 『古今集』에서 분명히 한학과 선을 그으면서 모노노아와레의 일본적인 특성을 강조하게 된다. 金靜熙, 「宣長の「もののあはれ」説の成立と変遷- 『源氏物語玉の小櫛』を中心に」, 『일본문화연구』 39, 동아시아일본학회, 2011, 147~153면 참조.

27) 고희탁, 「일본 '국체' 내셔널리즘의 원형 -모토오리 노리나가 국학의 빛과 그림자」, 고희탁 외, 앞의 책, 74~84면 참조.

28) たとえば、孔子が編纂したといわれる『詩經』三百余篇の詩をみても、その多くはしどけない內容のものである。それを考えてもわかるように、多少詩や文章をしっているからといって、歌をしどけないという理由でわるくいうのは見当ちがいであり、人情をしらないもののすることである。本居宣長, 「排蘆小船」, 萩原延寿訳, 石川淳 責任編集, 『日本の名著 21 -本居宣長』, 中央公論社, 1970, 110면.

아니라, 만들어진, 장식된 마음을 읊었던 것이다. 그런데 우리나라의 사람이 그렇게 만들어진, 장식된 인위의 마음을 보고, 시는 강직한 것, 남성스러운 것으로 격찬하는 것은, 대체 어떻게 된 것일까, 그것은 시의 본래의 취지에 반하는 것이고, 원래 시는 소박한(おろかな) 인정을 있는 그대로 읊는 것이다.[29)]

(ㄷ)孔夫子께서는 詩를 '思無邪'라고 評을 하셨거니와, 이 女流詩人들의 詩를 보면 士大夫집 아낙네들의 노래에는 어째 그런지 일부러 感情을 눌러버리고 점잔은체 꾸민感이 있습니다. 그리고 小室과 詩妓의 것에는 조금도 感情을 거즛한 흔적이 없으니, 만일 '思無邪'가 옳은 말슴이라면 이點에서 아낙네들의 노래는 落第외다. 그러고 小室이니 詩妓니 하는이들의 것이 되려 及第니 대단이 자미있는 對照라 하지 안을 수 없습니다. (…중략…) 저 소위 士大夫집 아낙네들의 詩란 거의 古典에서 이런句節 저런事典 같은 것을 가저다가 노래라고 얽어놓지 아니하면 對句같은 것이나 얌전이하야塞責을한 觀이 있어, 정말로 자기의 性情을 그대로 如實하게 쏟아놓은 것은 적은 상하외다. 게다가 무슨 原因인지는 알수없으나 그들의 詩는 極이 적으니 이것은 아마 남의 웃음이나 사지아니할까 하는 생각에선가 보외다.[30)]

(ㄱ)과 (ㄴ)은 노리나가의 가론을 잘 보여주는 「排蘆小船」의 대목이고, (ㄷ)은 김억의 한시론을 잘 보여주는 『꽃다발』의 권두사이다. 모두 공자의 『시경』이나 이와 관련한 공자의 평가를 인용하면서 본래의 시에 대해 설

---

29) まず、『詩經』三百餘篇の詩をみると、みな人情のありのままをよんでいて、女やこどものことばのように、はかない性質のものである。だが、それがあくまで詩の本来のすがたである。(…) そこで後世の詩は、まことのこころではなく、つくりあげ、かざりあげたこころをよんだものである。ところが、わが国のひとがそういうつくりあげ、かざりあげたいつわりのこころをみて、詩は剛直なもの、男らしいものとほめそやすのは、いったいどうしたことなのか、それは詩の本来の趣旨に反しているのであり、もともと詩ほおろかな人情のありのままをよむものである。本居宣長, 앞의 책, 132~133면.

30) 「권두사」, 『꽃다발』, 박문사, 1944.

명한다. 그리고 그 본래의 시는 인정(人情)을 꾸밈없이 표출하는 것이며, 후대의 시는 인위적으로 꾸미고 진실된 감정을 억눌렀기 때문에 좋지 못한 것이라는 평가를 공통되게 하고 있다는 것을 알 수 있다. 게다가 앞서 살펴본 것처럼 주자학에서 마음의 무시간적 보편이 성/리며, 마음이 발하는 측면인 정(情)이라는 것을 뒤집어, 마음의 본질을 정에 둔다는 점[31]에서 노리나가와 김억과 일치한다. 이런 점에서 김억이 노리나가의 영향을 받았을 가능성이 있지만, 이 영향관계를 밝히는 것은 독립적인 논의가 더 필요하다. 다만 여기서 강조하고 싶은 바는, 한문맥의 영향 속에 있던 식민지 조선과 일본에서는 비록 자신의 주장이 『시경』에 대한 기존 해석과 정반대이더라도 『시경』을 근거로 논의를 전개할 수밖에 없었던 상황이 유사하다는 것이다. 이들은 바람직한 '시' 또는 '노래'가 무엇인지를 논의하기 위해서 『시경』으로 돌아가거나, 그에 대한 공자의 말을 인용해서 자신의 주장을 뒷받침했다. 기존 한문맥 개념들의 권위는 이용하면서, 그 개념은 자신의 의도에 맞게 전유하는 모습을 보이는 것이다.

2. 한시 재구성을 통한 국문시의 창작

1) 한시와 초기 국문시의 관련성

김억은 1925년부터 1949년까지 25년의 기간 동안 792편의 한시를 꾸준히 번역한다. 최초로 한시 번역을 게재한 것은 1925년 1월(『영대』 5호)이지만, 1910년대 말~20년대 초에 이미 김억의 한시 습작이 확인되었다.[32]

31) 칸노 카쿠묘, 앞의 책, 191면.

32) 김억이 1919.8.22.에 보낸 것으로 보이는 편지에 김억의 창작 한시 4편이 실려 있다. 이

이 한시들은 평측이 맞지 않고 고체시나 근체시의 격식에 맞지 않게 운을 단 형태다. 이에 "한시가 작품으로서 갖는 가치는 거의 부여되지 않는다"[33]라는 평가도 있지만, 이는 김억이 한시의 평측이나 압운이 조선사람에게 의미가 없다고 밝힌 주장을 통해서 재평가해야 한다. 김억은 「誤診의 喜劇, 「漢詩에 對하야」의 筆者에게」에서 한시의 평측과 압운의 존재 이유가 시의 음조를 좋게 만들기 위해서인데, 이는 조선 사람에게는 전혀 "생명업는일이며 가치가업는 것"이라고 평가한다.[34] 조선어 발음으로 낭송하는 이상, 한시의 평측과 압운은 어떠한 음악적 효과도 없기 때문이다. 중국에서도 신문화운동 시기 이와 유사한 주장이 제출된 바 있다. 근체시처럼 한시의 운을 맞추어서 짓는 것은 수당 시대의 음에 기초한 것이기 때문에 당대 중국인에게는 음악적 효과가 없어서, 당대의 발음에 맞추어서 새롭게 시를 지어야 한다는 것이다.[35] 이러한 태도는 한시의 전통을 무비판적으로 수용하는 것이 아니라, 한시를 현재 진행형인 시로 보면서

창작 한시는 함께 실린 조선어 시의 창작 시기 (1919.5.15.~7.22.)와 유사할 것으로 추정된다.

33) 김용직, 「초기 김억 작품의 해석」, 『한국문학을 위한 담론』, 푸른사상, 2006, 67면.

34) 漢詩의朗讀이 엇지하야 朝鮮사람에게 生命이업는일이며 價値가업는것인가하는것임니다. 누구나 아는바와갓치 漢詩는어려운平仄과押韻으로써그表現形式을 삼습니다. 여긔에는무엇보다도 中國사람의發音과朝鮮사람의發音이 서로다름에달아 '音調'에 對하야 대단한相異가 잇습니다.

한마듸로하면 平仄과押韻이라는 것은 音調를곱게하며 抑揚이相應케하야 音樂的美되게 하랴느데잇습니다.

그러하고또한가지 朝鮮사람의 平仄과押韻에對한智識은 대개는 奎章과字典에서엇는 것으로 中國사람의그것과는 자연스럽은點에對하야如干만한差異가업습니다. 이러기에 이點으로보아서 漢詩가朝鮮사람의視覺의鑑賞은 되어도 聽覺의鑑賞은되지못합니다. (김억, 「誤診의 喜劇, 「漢詩에 對하야」의 筆者에게」, 『동아일보』, 1925.2.23.)

35) 錢玄同이 『新青年』에 기고한 내용이다. 쭈 꾸앙 치엔, 『詩論』, 정상홍 옮김, 동문선, 1991, 268면.

이러한 시적 자질의 원래 의도를 고려한 것이라 보아야 한다. 이 같은 김억의 관점을 고려한다면 김억이 지은 한시가 평측이나 평수운에 맞지 않는 것은, 김억이 한시의 평측이나 운을 맞출 수 있는 능력이 부족해서라기보다, 굳이 조선인에게 의미가 없는 평측과 운을 맞추려 하지 않은 것이라 보는 편이 옳다.[36] 이런 측면에서 김억은 최남선, 이광수와 분명한 차이를 보인다. 앞서 살펴본 최남선과 이광수의 한시는 모두 평수운에 따라 운을 맞추었다. 김억의 입장에 따르면, 이는 조선어와는 맞지 않는 남송 시대 때의 음조에 따라 한시를 지은 것이다. 최남선, 이광수는 과거의 관습에 따라 한시를 지었다면, 김억은 이것이 '조선 사람'에게 어떠한 의미가 있는지를 고민했다. 이는 앞서 살펴본 「詩形의 音律과 呼吸」에서 민족적 특수성을 고민했던 것과 관계 깊다. 그럼에도 김억이 한시의 작법을 일부 계승한 지점에 주목해볼 수 있는데, 이를 통해 김억이 한시에서 중요하게 생각한 지점들을 확인할 수 있기 때문이다. 김억이 칠언절구나 오언율시 등의 전통적인 형태를 지키는 한편, 韻을 시도한 작례도 확인된다.

그의 초기 국문시는 한시의 형식과 관계가 싶나. 그가 1915년 초창기 작품 모음이라고 밝힌 「北邦의 小女」 연작[37]에는 9편의 시가 실려 있는데, 「봄의 仙女」 와 「나의 理想」을 제외한 7편은 통사구조의 반복과 대우가 확인된다. 또 「聲樂」을 제외한 8편은 모든 연이 4행으로 구성되어 있

36) 이런 점에서 다산이 「노인의 즐거움(老人一快事)」에서 "나는야 조선사람/조선시 즐겨 쓰리"라고 하며 "그대들은 그대들 법 따르면 되지/오활하다 그 누가 비난하리오//구구한 그 격과 율을/먼 곳 사람 어떻게 알 수 있으랴" "배와 귤은 그 맛이 각각 다른 것/입맛 따라 저 좋은 것 고르면 되지"라고 썼던 것과 비교할 수 있다. 이는 중화주의에 대한 비판으로 해석되는 데, 김억 또한 마찬가지 맥락에서 조선인의 입장에서 한시에 대해서 논하고 있다. 관련 해석은 송재소, 앞의 책, 42~50면.

37) 김억, 『해파리의노래』, 조선도서주식회사, 1923.

으며, 5편(「流浪의 노래」, 「난홈의 노래」, 「亡友」, 「봄의 仙女」, 「聲樂」)은 4연으로 구성되어 있다. 이렇게 1편을 제외한 모든 시가 각 연을 4행으로 구성했다는 점과, 5편의 시가 4연으로 구성되어 있는 점은 한시 근체시의 양식을 연상하게 한다. 특히 김억의 창작 한시가 평측은 따르지 않았으면서도, 절구나 율시의 형식 중 한 행 속 음절수와 행의 수를 지켰다는 점을 감안한다면, 이렇게 4행 1연의 형식이나 4연의 구조는 한시의 영향이라고 할 수 있다. 이후에는 김억의 한시 「我身一片」, 「思君」, 「偶吟」, 「夜半吟」 4수[38]와 초기 시의 유사성을 구체적으로 논의하고, 더 나아가 김억 초기 시가 한시 일반에 어떠한 영향을 받았는지를 서술하고자 한다.

김억의 한시 네 수는, 앞서 살펴본 김억의 시론에 부합하는 것으로 보인다. "일부러 感情을 눌러버리고 점잖은체 꾸민感"[39]을 지양하고 "감정의 고조된 목소리[40]"를 내려고 노력했다. 또 모두 상실감, 외로움, 설움의 감정을 노래했다는 점에서 『해파리의 노래』의 시들과 유사하다.[41]

「我身一片」(내 몸 한 조각)

마음을 상하게 하는 모든 일들 눈앞에 있으니	傷心萬事在目前
초췌한 이 한 몸 어디로 향해야 하나	憔悴一身何處向
흡사 늦가을 바람 앞 잎과 같아	恰似秋末風前葉

38) 이하 이들 한시의 해석은 가능한 직역으로 필자가 했다. 김억의 한시를 한양대학교 정민 교수에게 보이고, 관련 자문을 구했다. 이 책은 김용직 교수가 저서에서 소개한 자료를 정민 교수가 감수하여 오탈자를 바로잡은 것을 사용한다. 이 자리를 빌려 정민 교수에게 감사의 뜻을 표한다.

39) 「권두사」, 『꽃다발』, 박문사, 1944.

40) 김억, 「작시법」1, 『조선문단』 7, 1925.4., 25면.

41) 김억 스스로는 자신의 센티멘탈리즘을 인정하고 이를 고평한 바 있다. 김억, 「작품과 작자의 태도」, 『조선일보』, 1934.5.22.

허랑하게 동서남북 떠돌아다니겠지. 虛浪東西南北轉

위 시에서 자신의 의지로 현실을 극복하는 것이 아니라, 바람의 힘에 따라 '허랑'하게 '떠돌아'다니는 것은 바로 그의 첫 시집 『해파리의 노래』의 주제와 일치한다. 해파리가 큰 바다의 물결과 바람에 휩싸이며 몸을 비틀며 뜨다 잠겼다하는 모습은 "말도몰으고 「라임」도업는" 조선어로 처음 근대시를 쓰는 선구자로서의 김억 자신을 비유한 것이다.[42] 현실에 도전해서 패배한 것이 아니라, 애초부터 현실에서 비켜서서 어찌할 수 없는 '설움'을 '곱'게 표현한 것이 자신의 시라는 것을 김억은 인지하고 있었다. 위 시에서도 "마음을 상하게 하는 모든 일들 눈앞에 있으니(傷心萬事在目前)"라고 하는데 이에 대해 화자는 이 마음 상하게 하는 일을 해결하거나 이와 대결할 의지가 없이 바로 "초췌한 이 한 몸 어디로 향해야 하나(憔悴一身何處向)"라고 묻고만 있다. 이는 바다 속의 해파리가 물결과 바람을 거스를 수 없는 것과 마찬가지로 늦가을 바람 앞 잎과 자신을 동일시(恰似秋末風前葉)해서, 해파리가 몸을 비틀고 뜨다 잠겼다하며 물결과 바람에 휩싸이는 것처럼, 허랑하게 동서남북을 떠돌아다닐 뿐이다(虛浪東西南北轉). 이처럼 허랑하게 떠도는 화자의 쓸쓸한 정조는 김억 초기 국문시에 공통되는 특징이면서 동시에 김억의 한시 4수에서도 공통되게 나타난다.

또 주목할 것은 김억의 한시가 설정하는 정서 표출의 대상이 인공물이 아닌 자연물이라는 점이다. 이는 김억 『해파리의 노래』에도 전반적으로

---

42) 한숫도업는 넓은바다우에 써놀게됩니다. 그러나 자유롭지 못한 나의이몸은 물결에쌀아 바람결에쌀아 하욥업시 썻다 잠겻다 할샌입니다. 복기는가슴의, 내맘의 설음과깃븜을 갓튼동무들과함씌 노래하랴면 나면서부터 말도몰으고 「라임」도업는 이몸은 가이업게도 내몸을내가 비틀며 한갓 썻다 잠겻다하며 복길싸름입니다. 이것이 내노래입니다, 그러기에 내노래는 설고도 곱습니다.(「해파리의노래」, 『해파리의노래』, 조선도서주식회사, 1923)

나타나는 특성이다.[43] 특히 아래 두 한시는 가을을 배경으로 상실감을 표현하는데, 이는 김억 초기 시에 자주 나타나는 특징으로 주목된다.

「偶吟」 **(떠오르는 생각을 시로 적음)**

조용히 남산을 대하니	從容對南山
가지 끝 가을바람 가녀리구나.	樹梢金風細
말없이 큰 허공 올려다 보매	默然仰大空
뜬 구름 무심히 움직인다.	浮雲無心動
하루는 열두 때이지만	一日十二支
아침저녁 생각이 서로 똑 같네.	朝暮思相同

「夜半吟」 **(깊은 밤 읊조리다)**

적막타 밤도 이미 깊어서	寂寞夜已半
겹 사립을 닫아걸고 혼자 자네.	獨宿掩重扉
천지엔 가을 빛 가득하고	天地秋色滿
강산엔 가을바람이 높네.	江山金風高
나이 들자 세상이 늙음 재촉해	年老促世老
세상 일 마음과는 어긋났구나.	世事與心違
시름에도 물을 사람 없어	愁絶無人問
외론 등불 동무삼아 의지한다네.	孤燈伴相依

43) 박민수는 『해파리의 노래』에 실린 시들 중, 초기 시들인 '북방의 소녀'에 묶인 9편의 시들과 '이지를 위주로 한 시' 11편을 제외한 63편의 시들을 분석하여, 이들이 표출하는 정서는 모두 그리움과 설움이며 이는 상실된 것을 그리워하는 마음과 상실감에서 비롯한다는 것을 지적했다. 또 이 시들이 정서 표출의 객관물로 설정하고 있는 대상들은 대부분 '전통적인' 자연물이라고 지적한다. 박민수, 「김억의 초기 시의 상상력과 본질」, 『관악어문연구』 11, 서울대학교 국어국문학과, 1986 참조.

「가을」[44)]

어제는
아리땁게도 첫봄의쏫봉오리가
너의열락가득한 쟝미의뺌우에
웃음의 향기를 픠우며 써돌앗으나,

오늘은
쓸쓸하게도 지는가을의 낙엽이
너의 썰며 아득이는 가슴의우에
어린쉶을 깨치며, 비인 듯 흐터지여라.

이렇게 주제, 정조, 정서표출의 대상이 자연물인 것이 김억의 국문시와 한시에 공통된다는 것은, 김억의 국문시가 한시에 영향을 받았다는 증거라기보다는 김억 고유의 특성일 수 있다. 그러나 앞으로 서술할 국문시와 한시의 운율의식[45)]의 유사성과 대우(對偶)의 사용이 국문시에도 나타나는 것은, 한시의 양식적 특성이 국문시에 영향을 미친 것이라 볼 수 있다.

앞서 김억이 쓴 한시의 운(韻)은 근체시의 양식을 엄격히 따른 것은 아니나, 일부 운을 의식했음이 확인되는 작례들이 있다. 「我身一片」의 기구와 결구에서 前과 轉을 사용했고, 「思君」에서 전구와 결구에서 成과

---

44) 김억, 『해파리의 노래』, 조선도서주식회사, 1923, 24면. 이하 이 절에서 인용하는 김억의 모든 시는 모두 『해파리의 노래』 시집의 시이고, 이 시를 제외하면 모두 1915년 초창기에 「북방의 노래」라는 부록으로 실린 작품들이다.

45) 운율의식은 "어떻게 소리를 배열하고 조직하여 운율을 만들고 있는가와, 그것은 시에서 어떠한 효과를 갖도록 하는가를 가리킨다. 언어를 선택하고 배치하는 데 있어서의 의도적인 조작"이라는 의미로 사용한다. 김영미, 「정지용 시의 운율 의식」, 『한국시학연구』 7, 한국시학회, 2002, 20면.

明을, 「偶吟」에서는 3구, 4구 6구에서 空, 動, 同을, 「夜半吟」에서 1구, 3구, 5구에서 半, 滿을 4구와 5구에서 高와 老를 압운한 것이 그것이다. 또 각 시는 음절수를 오언이나 칠언으로 고정했다.

김억의 초기 국문시는 한시의 운과 고정된 음절수라는 형식을 공유한다.

「난홈의노래」[46)](부분)

이우엔 제運命의 支配를 쌀아
업서진 過去쉶을 좃츠려 말고
맘한바 새生涯에 새길 잡으라,
限업는 먼압길에 난홈은 설다.

이우엔 제運命의 支配를 쌀아
애닯은 눈물만을 흘니려 말고
가슴과 가슴맷자 압길 걸으라,
限업는 먼압길에 난홈은 설다.

이와 같은 방식으로 2연이 더 연속되는데, 아, 라, 다 와 같은 반복으로 각운을 맞추고, 모든 행은 7·5조로 12행을 유지하고 있다. 이외에도 「流浪의노래」, 「亡友」, 「三年의녯날」, 「聲樂」에서 일관되게 운을 사용하고 있다.

한시에서 대우의 사용은 시를 구조화하는 중요한 기법이다. 김억은 한시와 조선어 시에서 이를 공통으로 사용하고 있다.

---

46) 김억, 『해파리의 노래』, 조선도서주식회사, 1923, 145면

「思君」(님을 그리워 함)

종일 그댈 그려도 그대를 볼 수 없는데	終日思君不見君
바다 위 하늘엔 구름만 아득히	遙看海天浮雲飛
밤새 그댈 꿈꾸려도 잠 이루지 못하니	盡夜夢君眠不成
창 열면 마당에 오나라[47] 달만 밝으리.	開窓窺庭吳月明

「流浪의 노래」[48]

흐름에 짜라돈다 짜읏에서 짜긋에
구름길 자최업다 써도는 외손,
갈바람 살살분어 버레소리 애달프다,
생각은 씃이업다 오늘과 來日

바람에 쌀아돈다 가람에서 뭇으로
뷘늘은 쓸쓸하나 홀몸의 외손,
먼압길 해는넘어 종소리가 들닌다,
생각은 씃이업다 아츰과 져녁

이 국문시와 한시는 공통되게 대우와 반복적 구조를 지닌다. 「思君」은 아침과 저녁 님을 그리는 마음을 日과 夜라는 시간을 배치한 뒤, 이를 바탕으로 기구와 승구는 낮에 님을 그리는 마음, 전구와 결구는 밤에 님을 그리는 마음을 보여준다. 각기 기구와 전구, 승구와 결구가 대우를 이루며 같은 구조를 반복하는 것이다. 기구와 전구의 終日과 盡夜, 思君과 夢君이 대우를 이루며, 동일하게 온 낮과 온 밤 동안 님을 그리워했다는

47) 吳月은 김억이 처음으로 한시 번역을 선보인 이백의 「子夜吳歌」에서 나타난다. 보통 한시에서는 남쪽 나라라는 의미로 사용된다.

48) 부분 김억, 『해파리의 노래』, 조선도서주식회사, 1923, 143면

의미를 표출한다. 승구와 결구에서 浮雲飛와 吳月明 또한 대우가 되어, 낮에는 님을 계속 생각해도 님을 볼 수 없어서 밖을 보니 뜬구름만 날아가고, 밤에는 꿈에서 님을 보고자 하니 잠을 못 이루어 밖을 보니 달만 밝게 비춘다고 노래한다. 구름과 달 등 멀리 있으며 움직이는 사물을 통해 화자의 그리움이 님에게 전달되기는 바라는 마음이 암시되어 있다.

이와 같은 대우의 구조는 김억의 초기 국문시에도 그대로 나타나 있다. 위 시는 제목 '유랑'이 나타내듯이, 목적지 없이 흐름과 바람에 맡기며 외따로 홀로 떠돌아다니는 나그네의 모습을 그리고 있다. 여기에서도 1연의 구조는 2연에서 그대로 반복된다. 각 연의 1행에 흐름과 바람은 해파리가 몸을 맡기는 물결처럼 외손이 몸을 맡기는 외부적 힘이다. "짜긋에서 짜긋에"는 "가람에서 뭇으로"에 대응해서 유랑공간이 거대함을 보인다. 2행도 완벽히 대응을 이루며 구름길은 허망함을, 빈들은 쓸쓸함을 표현하고 있다. 2연은 시각적 이미지의 대우이고 3연은 청각적 이미지로 2연의 "버레소리"와 "종소리", 3연의 가을바람과 석양은 쓸쓸함의 정조를 불러일으킨다.

이러한 발상과 구조는 김억의 소년기 한시 학습을 통해 익힌 것으로 추정된다. 『百聯抄解』는 연구(聯句)들을 뽑아 놓은 것인데 이를 한시 초학자들은 한시의 발상과 구조를 익히기 위해 이를 학습했다.[49] 이는 김억 한시와 초기 국문시에서 보이는 발상과 구조의 측면에서 매우 흡사해 주목이 필요하다.

꽃이 난간 앞에서 웃어도 소리를 듣지 못하고　　　花笑檻前聲未聽

49) 조창록, 「조선기 한시 교육의 실제와 『백련초해』」, 『대동한문학』 21, 대동한문학회, 2004 참조.

새가 숲 아래에서 울어도 눈물을 보기 어렵다.　　鳥啼林下淚難看

산이 겹쳐 있어도 천리의 꿈을 차단하지 못하고　　山疊未遮千里夢
달이 외로워도 두 곳의 마음을 서로 비춘다.[50)]　　月孤相照兩鄕心

일례로 이러한 시를 통해, 초학자들은 한시의 발상과 구조를 익히게 된다. 꽃과 새, 산과 달이 대우를 이루며, 웃음과 울음, 소리와 눈물, 듣다와 보다, 난간 앞과 숲 아래 등등이 모두 대우를 이루고 있다. 앞서 국문시와 한시에서 나타난 지나칠 정도의 반복과 대우 등은 이러한 학습에 기인한 것으로 보인다.

이처럼 김억의 초기 국문시와 한시는 많은 유사성을 지닌다. 김억의 초기 시는 자신이 쓴 한시와 유사한 것에 그치는 것이 아니라, 한시 일반과 많은 공통점을 지녀, 한시라는 장르 자체에서 큰 영향을 받았다는 것을 알 수 있다. 특히 김억은 한시의 갈래 중 만시(輓詩)에 해당하는 시를 국문으로 쓰기도 했는데, 그 형식은 한시의 작례에 영향을 받은 모습이었다.

「亡友」[51)]

그대는 암만해도 올길업서라,
그대는 암만해도 돌아가섯다,
그대는 몸이죽어 올길업서라,
그대는 고요하게 돌아가섯다.

---

50) 『백련초해』의 제일 처음에 실린 聯句들이다.

51) 김억, 『해파리의 노래』, 조선도서주식회사, 1923, 147~148면.

그대의 덥게타든 가슴의 생각,
그대의 희멀금한 病色의얼골,
只今은 슬어지어 듯기어렵고,
只今은 깁히뭇처 볼길업서다.

흘여도 다치안는 두눈의눈물,
돌바도 다치안는 녯날의생각
그대는 그러나마 잇지안으매,
그대는 그러나마 알지못하매.

물갓치 때바퀴는 흘너가는데,
물갓치 세샹맘은 니저가는데,
그대여, 깁흔잠에 고요하여라,
하늘아, 그의靈에 은혜하여라.

만시는 한시가 일상생활과 어떠한 연관 속에서 창작되었는지를 보여주는 중요한 갈래이다. 김부식 이후 고려나 조선의 문인들에게는 주위 사람들이 죽으면 만시를 쓰는 것이 보편화되어 있었다.[52] 이러한 만시는 관용적인 행사시의 형태로 굳어진 것들도 있지만, 개인적인 서정을 노래한 시들도 많다.[53] 이러한 한문맥의 문화관습은 일제 강점기에도 물론 이어졌다. 이 시기 홍명희, 정인보, 변영만[54] 등과 함께 대표적으로 한문 전통을 계승하면서 국문으로도 활발히 글을 쓴 논자인 최익한(崔益翰,

52) 하정승, 「이숭인의 挽詩類 작품에 나타난 죽음의 형상화와 미적 특질」, 『한국한시연구』 21, 한국한시학회, 2013, 113, 118면.

53) 최재남, 「韓國 哀悼詩의 構成과 表現에 대한 研究」, 서울대 국문과 박사 논문, 1992, 24면 참조.

54) 변영만의 한문문집 『山康齋文鈔』에는 신채호의 죽음을 애도하는 만시가 한 수 실려있다. 실시학사 고전문학연구회 역주, 『변영만 전집』 상, 성균관대 대동문화연구원, 2006, 69면.

1897~?)의 경우를 살펴보면, 1910년대부터 1930년대까지 각기 이승희, 곽종석, 이건방, 설태희, 최재소의 죽음을 애도하는 만시를 지은 것이 남아 있다.[55]

김억의 위 시는 이러한 만시, 특히 친구의 죽음을 다룬 도붕시(悼朋詩)의 갈래적 특징을 지니고 있다. 도붕시가 속하는 애도시는 悲嘆과 鎭魂의 감정이 중심을 이룬다.[56] 사랑하는 이를 잃은 사람의 첫 번째 심리적 반응은 비탄이며, 이것이 사랑하는 이의 안녕을 바라는 진혼으로 승화된다고 할 때, 김억의 이 시는 비탄(1~3연)에서 진혼(4연)으로 감정의 이동을 보인다는 점에서 도붕시의 전형적인 전개 과정을 따른다. 특히 비탄은 언어적 반복으로 감정을 표현하는 것이 전통적 관습인데,[57] 김억은 1연에서 친구의 죽음에 따른 비탄을 "그대는 암만해도"라는 구절의 반복을 통해서 표하고 있다.[58] 또 눈물을 보이며 과거의 정을 표하고, 죽은 영을 위로하며, 축복하는 것으로 마무리하는 진혼의 과정은 도붕시의 전형적인 특징[59]을 보인다.

이러한 갈래적 특징만이 아니라, 이 시는 한시의 전통적인 구조를 갖추고 있다. 친구의 죽음(1~2연)과 자신의 슬픔(3연)과 명복을 비는 마음(4연)으로 이어지는 구조는 기승전결을 이룬다.[60] 1연에서 친구가 죽어 이

55) 관련하여, 한영규, 「식민지시기 한시 작가로서의 崔益翰 -연작체 만시 哭兒二十五絶을 중심으로」, 『반교어문연구』 33, 반교어문학회, 2012 참조.

56) 위의 글, 28면.

57) 위의 글, 35~36면.

58) '실제 애도시의 구성에서 비탄은 직서적인 탄식으로, 눈물로, 혹은 불러보기와 외침과 같은 혼부르기 등으로 구체화된다.' 위의 글, 37면.

59) 눈물 관련해서는 위의 글, 75~76면. 과거의 정에 관해서는 위의 글, 70~72면.

60) 기승전결은 한시의 중요한 작시법 규칙으로, 기승전결의 역할은 "기승전합(결)은 시문(시와 산문)을 쓰는 구조, 장법방면의 술어로서 '기'는 발단이고 '승'은 윗글을 이어받아 전개시키는 것이고 '전'은 전환시켜서 정면에 대한 반면으로부터의 논거를 세우는 것이고

제 다시는 볼 수 없다는 것을 노래하고(起), 이어서 2연에서는 더욱 구체적으로 그의 생각을 들을 수 없고, 그의 얼굴을 볼 수 없다고 한다(承). 3연에서는 전환이 일어나서, 친구의 죽음이 야기한 자신의 애달픈 감정을 노래하고(轉), 4연에서는 친구의 평온과 명복을 비는 형태로 결말을 짓고 있다(結).

한 연 속에서 각행들도 한시의 대우와 반복의 구조를 그대로 지니고 있다. 반복 속에서 1연의 '오다–가다' 2연의 '가슴의 생각–병색의 얼굴', 3연의 '두눈의 눈물–옛날의 생각', 4연의 '흘러간다–잊어간다' 등은 모두 대우를 이루어, 이 시는 대우를 통해서 촘촘하게 구조화되어 있음을 알 수 있다. 위와 같이 한시 도붕시의 특성, 한시의 기승전결과 대우의 구조를 그대로 국문시에 적용해서 조선어로 창작한 도붕시인 이 시는, 김억이 한시의 재구성을 통해 국문시를 창작했다는 것을 보여준다.

이처럼 김억의 초기 국문시는 그의 창작 한시는 물론이고, 한시 일반과도 많은 특징을 공유한다. 김억에게 조선어로 시를 쓰는 것(『학지광』, 1914.4), 한시로 시를 쓰는 것, 그리고 외국 시를 조선어로 번역하는 것(『태서문예신보』, 1918.4)은 발표하는 시기는 달랐지만, 하나가 다른 하나를 뚜렷하게 앞서는 것이 아니라, 비슷한 시기에 시작된 것일지도 모른다. 특히 김억이 어디에도 자신이 한시를 썼었다는 것을 공식적으로 밝히지 않았다는 점을 미루어본다면, 우연히 발견된 1919년 전후에 쓰인 김억의 한시 외에도 한시를 썼다고 추정할 수 있다. 김억은 분명 오산학교 재학시절 한문을 배우면서나 혹은 그 이전에 이미 한시를 창작하기 시작했을 것이다.

김억의 초기 시가 한시의 對偶를 빈번히 사용한다는 점, 한시의 갈래

'합(결)'은 전문을 마감짓다" (김파, 『중국시의 창작과 번역』, 한국문화사, 1993, 205면).

중 하나인 도봉시를 그대로 조선어 시에 적용한다는 점, 정확한 음수율과 각운을 사용한다는 점은, 김억 초기 국문시가 한시의 발상과 구조의 영향력 아래 있다는 것을 의미한다. 김억은 한시의 구조와 발상을 익히고 이러한 한시의 재구성을 시도함으로써 초기 국문시를 창작했다고 볼 수 있다.

2) 한시의 대구(對句)와 1920년대 김억 시의 언술 구조

이 항에서는 김억의 1920년대 국문시에 드러난 한시의 영향을 탐색한다. 한시 근체시 특유의 대구(對句)와 대우(對偶)[61]는 시의 구조를 이루는 뼈대가 된다. 율시에서는 함련과 경련에서 대구를 이루어야 한다. 이러한 대구는 단순한 기교가 아니라, 시의 발상과 전체적인 언술[62] 구조를 결정짓는다. 근체시의 형식을 빼어나게 제현한 두보의 시를 살펴보자.

「이별을 슬퍼함」 - 두보(恨別)[63]

낙양을 한번 헤어지니 사천리요　　　洛城一別四千里

61) 대구와 대우는 비슷한 의미로 사용되기도 한다. 대우는 더 광의의 의미로 "두 개의 사물을 대응하게 하여 대립의 미를 나타내는 수사법" (국립국어원 표준국어대사전 "대우" 항목)이라면 대구는 "비슷한 어조나 어세를 가진 것으로 짝 지은 둘 이상의 글귀. 특히 한시를 비롯한 시가 문장에 많이 쓴다." (국립국어원 표준국어대사전 "대구" 항목)이다. 따라서 대우는 대구의 상위어이다. 단 이 글에서는 행을 벗어나지 않는 차원에서 대우를 이루는 것을 대우라고 일컫고, 행 단위의 대우는 대구, 련 단위는 대련으로 지칭한다. 자세한 설명은 본문에서 후술하도록 하겠다.

62) 언술은 'discourse'의 번역으로, 여기에서는 김인환의 논의에 따라 "여러 문장들로 이루어진 복잡한 언표를, 그것을 이루고 있는 문장들이 짜여 나가는 규칙의 견지에서 이르는 개념"의 의미로 사용한다. 김인환, 『비평의 원리』, 나남, 1994, 285면.

63) 「恨別」, 『全唐詩』.

오랑캐 기병 길이 달리니 오륙년이라.	胡騎長驅五六年
초목이 변하여 쇠하거늘 검각산 밖에 떠돌고,	草木變衰行劍外
병과에 막혀서 끊어지니 강변에서 늙는구나.	兵戈阻絶老江邊
집을 그리며 달밤에 걸으니 맑은 밤에 섰고,	思家步月淸宵立
아우를 생각하며 구름을 보니 밝은 낮에 눕네.	憶弟看雲白日眠
하양에 근래 이긴다는 말을 들었으니	聞道河陽近乘勝
사도 급히 유연을 파괴하기를!	司洪急爲破幽燕

이 시에서 대구는 수련, 함련, 경련에서 사용되었다. 여기에서 대우구조 자체를 통해 시적인 정취가 생성되고 있음을 확인할 수 있다. 낙양은 두보의 고향이다. 현재 두보는 안녹산의 난 때문에 고향을 떠나서 돌아갈 수 없는 상태이다. 수련에서 이는 "낙양을 한번 헤어지니 사천리요/오랑캐 기병 길이 달리니 오륙년이라."로 표현되고 있다. 장대한 공간과 긴 시간이, '一別'에 함축되어 있다. 이는 '長'驅와 대우를 이룬다. 두보는 한번 이별했을 뿐인데 오랑캐 기병들은 길이 달리고 있고, 이것이 다시 공간인 사천리와 시간인 오륙년과 대우를 이룬다.

함련에서 초목이 변하여 쇠한 것은 자연의 변화만을 나타낸 것이 아닐 것이다. 두보는 곧바로 다음 구에 화자가 늙는다는 老로 받는다. 劍外와 江邊도 대우를 이룬다. 外와 邊. 그리고 劍과 邊. 물론 劍外는 고유명이지만, 그 안에 죽음을 의미하는 검자를 품고 있으면서, 살리는 것을 의미하는 江이 배치되어 대우를 이룬다. 그리고 劍은 곧바로 兵戈로 이어진다. 變衰와 阻絶이 대우를 이룬다. 변하여 쇠하고, 막히고 끊어진다. 이는 곧바로 두보의 심신과 연결된다.

경련에서는 步月과 看雲가 대우를 이룬다. 달과 구름이라는 하늘에 있는 사물로 대우가 이루어진다. 함련이 나를 막는 물리적 한계로서 지상에 있는 존재자이며 그 안에 사로잡힌 나의 상태 즉 지상과 나의 관계라면, 경련은 지상의 제약을 벗어난 하늘의 사물들과 나의 관계이다. 집 생각에 밤새 달을 보며 걸었고, 아침에는 지쳤는지 멍하니 구름을 바라본다. 화자는 그들도 달과 구름을 보며 나를 생각할까, 아니면 나도 저 달과 구름처럼 갈 수 있을까를 상상한다. 맑은 밤에는 수심 때문에 누울 수 없어 서고, 밝은 낮에는 그리는 곳으로 갈 수 없어 눕는다. 몸이 원래 자리에 있지 않으니, 낮밤도 뒤바뀌어 있다.

이처럼 대구를 사용하는 율시는, 대구를 통해 시상을 전개하고 수렴시킨다. 이는 1920년대의 김억의 시에서도 중요한 특성이다.[64] 다음의 시에서 이러한 특성을 확인할 수 있다.

「林檎과 복송아」[65]

林檎은 그빗이 새쌀하지요,
그러고 복송아도 그빗이 새쌀하지요.
林檎은 속果肉이 희지요,
그러고 복송아는 속果肉이 붉지요.

여긔 林檎과, 그러하고 복송아가
다갓지 새쌀하게 닉은것이 잇읍니다.
그래요, 林檎과갓치 새쌀하게 닉은 그대의맘.
그러고, 복송아과갓치 새쌀하게 닉은 나의맘.

그대는 林檎, 그러고 나는 복송아,
둘이함의 읽어진 사랑의魂을 찾읍시다.

---

64) 1925년 이후 김억의 '격조시'에서 대구는 중요하게 나타나는 특성인데, 이것이 한시의 영향임은 오세영이 지적한 바 있다. 오세영, 앞의 책, 293~294면.

65) 김억, 『해파리의 노래』, 조선도서주식회사, 1923, 27~28면.

이 시는 『오뇌의 무도』에 김억이 번역한 바 있는 레미 드 구르몽 (Remy de Gourmont, 1858~1915)의 「과수원(Le Verger)」[66]에서, 사랑하는 대상에게 "林檎나무"가 되어달라고 간청하며 사랑을 잘 익은 임금 냄새에 비유하고 있는 것에서 영향을 받았다. 김억은 서구시에서 유래한 이 시상과 비유를 한시의 구조에 녹여서 조선어 시로 만든다. 프랑스 원시에는 '복송아'가 등장하지 않고, 구조도 이러한 대의 구조를 취하지 않는데, 김억은 제목부터 '임금'과 '복송아'를 대를 만들고 있다. 그리고 시의 언술 구조는 모두 이 대응을 활용하여 이루어진다. 1연 1~2행은 임금과 복송아의 동일성을 지적하고, 3~4행은 차이를 지적한다. 2연도 마찬가지로 임금과 복숭아를 비교하며 임금을 그대의 마음에 비유하고 복숭아를 나의 마음에 비유한다. 마지막 3연은 이렇게 공통점과 차이점을 지닌 그대와 내가 함께 "사랑의 혼"을 찾자고 권유한다. 이는 사랑하는 상대에게 우리가 가진 차이점에도 불구하고 공통점을 강조하는 것으로 읽을 수도 있고, 아니면 독자에게 유사한 내용을 시인으로서 전달하는 것일 수도 있다. 어쨌든 중요한 것은 이렇게 단어들의 대를 통해서 시상을 전개하고 시의 언술 구조를 만든다는 것이다.

앞서 두보의 시를 다시 떠올려보자. 수련, 함련, 경련에서의 대구라는 구조 자체가 시의 언술 구조를 결정하고, 시의 이미지와 의미구조를 생성했다. 이와 마찬가지로, 이 시에서는 임금과 복숭아라는 두 사물의 대를 이루는 구조가 그대로 시 전체의 이미지와 의미구조를 결정짓는다. 기, 승, 전의 구조 속에서 대가 이루어지다가 결에서는 대를 이루지 않는 것도 마찬가지이다. 두보의 시에서 앞의 3련이 어쩔 수 없이 가로막혀서 답답하고 고향을 그리워하는 마음을 대로 막아둔 뒤, 마침내 4련에 가서

66) 「果樹園」, 『懊惱의 舞蹈』, 광익서관, 1921, 71~73면.

가로막는 장애물을 해체하듯 대를 해산시켜버렸다면, 마찬가지로 김억의 이 시에서 임금과 복숭아라는 대는 1, 2연과 3연의 첫행까지 반복되다가, 이것이 시의 가장 마지막 행에 와서야 "함끠 잃어진 사랑의魂을 찾습시다."라는 결론으로 합일되어 있다. 이것이 대라는 형식이 시의 전체 언술 구조를 결정짓는다는 의미이다.

다음은 대구 형식의 활용을 살펴보자.

「삶의 노래」[67]

밝은 해볏은 말나가는 金잔듸우외
바람에 불니우는 가마귀의나래에 빗나며,
뷔인山에서 부르는 머슴軍의머슴노래는
머춤업시 내리는落葉의 바람소리에 석기여,
秋收를 기다리는 넓은들에도 빗거울이리.

只今은 가을, 가을에도 때는 正午,
아아 그대여, 듯기좃차 곱은 나즌목소리로,
操心스럽게 그대의「삶의노래」를 부르라.

이 시는 『해파리의 노래』에 실린 첫 번째 시로, 시집의 서시격이다. 『해파리의 노래』는 총 9개의 소제목으로 이루어져 있는데, 이 시는 그중 첫 번째 소제목인 '삶의 노래'의 표제작이기도 하다. 1연은 'A는 A'에 A "하며, B는 B'에 B"하여 C한다'라는 식으로 대구를 이룬다. 여기에서 1~2행은 "밝은 해볏"과 "머슴軍의머슴노래"는 대를 이룬다. 각기 천상의 존재와 지상의 존재이다. 이는 각기 "말나가는 금잔듸"와 "뷔인山"이라는

67) 김억, 『해파리의 노래』, 조선도서주식회사, 1923, 9면.

공간 속에서 “가마귀의 나래”와 “落葉의 바람소리”와 상호작용한다. 모두 사멸해가거나 죽음을 암시한다. 일반적으로 추수는 풍요를 상징하지만, 여기에서는 죽음과 관련되어 있다. 후술하겠지만, 이렇게 천상의 존재와 지상의 존재, 불멸자와 필멸자, 자연과 인공을 대비시키며 시의 의미망을 구축하는 것은 김억의 많은 시에서 나타나는 공통점이다.

2연에서 “지금”의 시간은 가을의 정오로, 가을은 이제 점점 해가 짧아지고 밤이 늘어나는 시간이며 겨울이라는 소멸의 시간을 준비하는 계절이고 정오는 그림자가 가장 짧은 시간이므로 앞으로는 그림자가 늘어날 것만을 예비하고 있다. 그래서 “가을에도 쌔는 정오”라는 것은 앞으로 다가올 어둠의 순간을 의미하여 1연의 죽음의 암시와 겹쳐진다. 김억의 시는 그러한 시기에 조심스럽고도 곱고도 낮은 목소리로 부르는 “삶의 노래”이다.

이러한 대(對) 의식은 그의 시의 언술 구조에 계속 나타난다. 이는 단어 단위의 대우나 구 단위의 대구는 물론, 대련의 층위에서도 계속 드러난다. 이는 그의 시의 구조에서 핵심적인 발상을 차지하고 있다. 다음은 련 단위에서 대를 이루고 있는 시이다.

「**읽어진봄**」[68)]

첫기러기의 울음소리가 하늘을 울니며
물깃는 싸님의얼골이 움물우에 어리울때,
거름실은소(牛)를 몰고가는 農軍의싯거리노래는
압山밋을 감도는 배노래와 함의들니는
내故鄕의 어린때의 그봄날이 그립어.

---

68) 김억, 『해파리의 노래』, 조선도서주식회사, 1923, 10면.

안개가 다사롭은해볏을 설게도 덥흐며
진달내의 갓핀꼿이 쌜핫케 욺길때,
菜田가의 낭이캔느 아희들의 흥어리소리가
뜰안에서 어미찻는 병아리소리에 석기는
내故鄕의 어린때의 그봄날이 그립어.

첫 연의 통사구조를 보면, 'A1가 A1'를 A1"며/A2이 A2'에 A2때/A3의 A3'는/A4와 A4'는/A'라면 둘째 연은 'B1가 B1'를 B1"하며/B1이 B1'하게 B1"때/B3의 B3'가/B4에 B4'는/A'이다. 즉, 모든 행이 서로 대를 이루는 대련 방식으로 시를 전개한다. 이러한 반복은 음악성을 중시한 탓도 있지만, 위 시처럼 음절수가 반복되지 않더라도 엄밀한 대련을 사용하는 것을 보면 이는 시의 기본구조로 대 의식이 있기 때문이다. 또 지적해 두어야 할 것은 1연에서 "첫기러기의 울음소리"로 시작하여, 이것이 "물깃는 싸님의얼골", "농군의싯거리노래", "배노래"등으로 이어지고, 2연에서 "해볏"과 "진달내"가 "낭이캔느 아희들의 흥어리소리", "병아리소리" 등으로 이어진다는 것이다. 자연물에서 노동의 소리로의 전개를 유념해야 한다.

시선의 이동도 나타난다. 1연 1행의 하늘의 기러기는 2행의 땅의 물깃는 따님의 얼굴 3행의 농군과 4행의 배노래로 이어진다. 2연 1행의 공중에 떠 있는 안개에서 2행의 진달래 3행의 아희들 4행에 병아리소리로 이어진다. 하늘의 기러기는 천상의 존재이지만, "뜰안에서" 어미를 찾는 병아리는 가축으로 인간과 가까운 지상의 존재라 할 수 있다. 이것의 의미에 대해서는 추후 설명하기로 한다.

이처럼 단어 단위의 대우, 행 단위의 대구, 연 단위의 대련을 활용한 것을 도식화해보기로 하자. 단어, 행, 연 단위에서 겹쳐 대를 이루는 것은 작은 단위의 것만 표기한다. 비슷한 제목이 많아서, 소제목과 시 제목을 병기했다.

대우	"삶의 노래" 중 「눈」, "해파리의 노래" 중 「林檎과 복송아」, 「가을」, "黃浦의바다" 중 「思鄕」, 「언제 오서요」, "低落된눈물" 중 「탈춤」, "黃昏의薔薇" 중 「죽은記憶」
대구	"삶의 노래" 중, 「삶의 노래」, 「달과 함씌」 "해파리의 노래" 중 「눈」, 「별나쓰기」, 「失題」, 「孤寂」 "漂泊" 중 「둘재」, 「넷재」, 「여섯재」, "스핑쓰의 설음" 중 「입」, "黃浦의바다" 중 「失題」, 「쏫의목숨」, 「初旬달」, 「남기운香내」, 「가는봄」, "半月島" 중 「밤의大同江가에서」, 「내世上은 물이런가 구름이런가」, 「三月에도 삼질날」, "低落된눈물" 중 「설은喜劇」, "黃昏의薔薇" 중 「사랑의쌔」(둘재), 「落葉」, 「田園의黃昏」, 「봄은 와서」
대련	"삶의 노래" 중, 「읽어진봄」, 「바다 저便」, 「가을」 "해파리의 노래" 중 「安東縣의 밤」, 「四季의노래」, "스핑쓰의 설음" 중 「歎息」 "半月島" 중 「江가에서」 「記憶은 죽지도 안는가」, 「別後」, "低落된눈물" 중 「悲劇의序曲」, "黃昏의薔薇" 중 「失題」, 「喪失」, 「六月의 낫잠」

1915년 작품인 「북방의 소녀」를 제외하고, 1921~22년 동안의 시작을 모은 『해파리의 노래』에 실린 시작품은 총 74편으로 이 중 43편이 대우나 대구나 대련을 이룬다. 구체적으로 소제목별로 살펴보면, "삶의 노래" 총 12편 중 6편, "해파리의 노래" 총 9편 중 8편, "漂泊" 총 6편 중 3편, "스핑쓰의 설음" 총 9편 중 2편, "黃浦의바다" 총 14편 중 7편, "半月島" 총 8편 중 6편, "低落된눈물" 총 6편 중 3편, "黃昏의薔薇" 총 10편 중 8편이다. 대우는 총 7편, 대구는 23편, 대련은 13편에 이른다.[69]

69) 이는 서구역시집인 『오뇌의 무도』(광익서관, 1921)에서의 대와 비교해볼 수 있다. 「뻬르렌詩抄」 총 21 중 3편 대구 「하늘은집웅우에」, 「바람」, 대련 「L'heure de Berger」; 「쑤르몬의詩」 총 10편 중 1편 대구 「흰눈」; 「싸멘의詩」 총 8편 중 3편 대구 「伴奏」 대련 「나는 쉼쉬노라.」, 「黃昏」; 「샏드레르의詩」 총 7편 중 0편; 「이옛츠의詩」 총 6편 중 1편 대구 「술노래」; 「懊惱의舞蹈」 총 21편 중 3편 대구 「그나마 잇는가 업는가」, 「心願」 대련 「離別」; 「小曲」 총 11편 중 4편 대구 「明日의목숨」, 「蒲公英」, 「歡樂은 쌜나라」, 「斷章」 총 84편 중 15편이다. 행이나 구절의 반복은 많지만, 대를 이루지는 못하고 있다. 여기에서 대를 이루었다고 제시한 시들도 대부분 전체 시의 구조와 의미에 영향을 미치는 정도는

이렇게 대를 이루는 구조는 단지 표면적인 언술 구조만을 제약하는 것이 아니라, 전체적인 시의 발상과 구조 그리고 의미까지를 이항대립 속에서 구성하게 한다. 예를 들어 「安東縣의 밤」[70]이라는 시를 살펴보자.

安東縣에 하얀눈이 밤새도록 내립니다.
곱게도 오늘밤은 눈우에 눕어 잠잣코 잇습니다.
볼사록 캄캄한밤은 볼사록 희여만 집니다.

安東縣에 보얀灯불은 밤깁도록 깜박입니다.
苦力은 오늘밤도 눈속에 싸여 헤매고잇습니다.
볼사록 희미한불은 볼사록 써질듯만 합니다.

安東縣에 소리업시 내려붓는눈,
安東縣에 속도업시 반듯이는불,
安東縣에 볼사록 깜해지는밤,
내맘에는 하욤업시 눈물집니다.

이 시는 1, 2연이 대련구조이다. 1연에는 安東縣에 내리는 눈을 대상으로 한다. 2연은 灯불이다. 밤새도록 내리는 눈은 가만히 "잠잣코" 있고, 볼수록 캄캄한 밤은 계속 하얗다. 이와 대조적으로 등불은 계속 깜빡인다. 이는 다음 행에서 나온 苦力이 들고 있는 등불일 것이다. 안에서 苦力은 어디를 찾고 있는지 헤매고 있고, 불은 꺼지려고만 한다. 앞서 「삶의 노래」에서도 해볏과 머슴을 대비시켰듯이, 여기에서도 눈과 등불이 대비되며 동시에 눈과 苦力이 대비된다. 천상과 지상의 대비이며 동

아니다.

70) 김억, 『해파리의 노래』, 조선도서주식회사, 1923, 29~30면.

시에, 노력하지 않고 스스로 그러한(自然) 존재자인 해볒, 눈과 힘든 노동을 하는 천한 존재자인 머슴과 苦力이 대비된다. 이러한 대비는 화자에게 서글픔을 준다. 이는 앞서 살펴본 「숨의 노래」나 「읽어진봄」의 대비나 정서·자연물과 노동하는 인간을 대비시킨 것과 일치한다. 대라는 구성이 이러한 정서 자체를 담지하지는 않지만, 자연 대 노동하는 인간의 대비를 전면에 내세우며 이것을 다시 서글픔과 연결하는 것이야말로 『해파리의 노래』의 기본 구조이며, 이는 '대'라는 구성과 불가분의 관계에 있다.

이러한 서글픔과 자연과 인공물의 대비는 그의 시집에 서문격으로 쓰인 「해파리의노래」에서도 숨겨져 있다. 여기에서 화자는 자신을 해파리에 비유한다. 해파리는 바다의 물결과 바람에 따라 "하욥업시 썻다 잠겻다 할뿐"이다.[71] 여기에서 설움이 발생한다. 자연과 이에 속박된 존재로서 노력해도 어찌할 수 없는 한계를 가진 인공물의 대비는 그가 한시를 통해 익힌 대라는 언술 구조를 통해서 표현된다. 더 적극적으로 말해, 그러한 자연과 인공물의 대비라는 정서 자체가 대라는 언술 구조로 포착되고 증폭된다고 할 수 있다.

여기서 더 주목해야 할 것은, 이러한 대의 구성이 개인의 내면도 드러낸다는 점이다. 앞서 최남선과 이광수의 시에서는 선재하는 문과 사의 이념이 작품 속에 직접 나타난다. 그러나 김억의 시에서는 그러한 선재하는 이념이 자아를 굳건하게 지탱해주는 것이 아니라, "지평의 상실"[72]로 인

71) 「해파리의노래」, 『해파리의노래』, 조선도서주식회사, 1923. 각주 453 참조.

72) 찰스 테일러는 전근대와 근대 의식의 결정적인 차이를 "지평의 상실"로 개념화한다. 그에 따르면 전근대의 실존적 상황은 삶의 의미가 확고히 규정되어 있고 이를 충족시킬 수 있느냐가 문제였다면, 근대의 실존적 상황은 의미 자체가 붕괴되어 버린 것이다. (찰스 테일러, 「회피할 수 없는 틀」, 『자아의 원천들 -현대적 정체성의 형성』, 권기돈 하주영 옮김, 새물결, 2015 참조) 이는 조선 중세의 성리학을 바탕으로 한 정언론적 세계관, 특히 문과 사의 이념을 바탕으로 했던 지식인들의 굳건한 지평과 이에 대비되는 김억의 상실감

해 자아는 '해파리'처럼 의지할 곳 없이 정처없이 유랑할 뿐이다. 특히 아무런 방향성 없이 외부의 힘에 몸을 맡기는 해파리라는 상징은, 기존에 정체성을 굳건히 지탱하던 외부적 가치 지평 상실에 따른 정체성 혼란의 이미지를 정확히 포착한 것이다.[73] 그럼에도 그러한 내면의 서글픔과 상실감은 여전히 한문맥적인 대의 구성으로 주로 포착되며 특히 자연과 인간의 대비를 통해서 잘 드러난다.

이런 관점에서 김억의 시를 서구 낭만주의 시와 대비하며, 서구 낭만주의 시는 자연을 세계인식 대상으로 이해했지만 김억은 감정의 매체로 이용하고자 했다는 지적[74]은 재고를 요한다. 앞서 살펴보았듯이, 김억의 초기 시는 대라는 구성을 통해서 자연과 인간을 파악한다. 먼저 자연을 서술하고, 유사한 통사구조 속에 배치하면서 조사만 조금씩 바꿔가며 인간을 서술하고 의미를 변주한다. 이렇게 대의 구성방식을 핵심으로 하는 언술 구조를 통해서 자연의 유구함과 인간의 불안정성을 대비하는 것은 한시의 강력한 영향 때문이다.[75] 대라는 언술 구조에서 먼저 자연(과 관련된 시어)을 배치하고 그 이후에 인간(과 관련된 시어)을 배치한 뒤, 이의 대비가 야기하는 우울하고 무기력한 정서를 표출하는 구성이 1920년대 김억 시의 일반적인 경향이다.

과 유사하다.

73) "지평의 상실" 이후, 근대인들의 정체성 위기는 방향 감각 상실로 이미지화된다. 실제 극단적인 정체성 위기 상황은 공간적 방향 감각 상실을 야기하기도 한다. 하인즈 코헛, 『자기의 회복』, 이재훈 옮김, 한국심리치료연구소, 2006, 152~161면 참조.

74) 오세영, 앞의 책, 295면.

75) 심경호는 한중 한시에 나타난 자연의 의미를 탐색하며 "자연은 인간의 불완전성에 대비되어 완전성을 상징하며, 인간은 자연의 일부를 이루면서도 조화보다는 부조화를 경험하기 쉽기에, 한시의 시인은 슬픔에 잠기고 또 그 슬픔을 극복하려고 다양한 모색을 하여야 하였다."라고 논의하였다. 심경호, 「한국, 중국의 한시와 자연」, 『민족문화연구』 45, 고려대 민족문화연구원, 2006, 134면.

이러한 대를 통한 시상의 전개는 다음 시집 『봄의 노래』(매문사, 1925)에서도 반복된다. 이 시집 안에는 창작시와 번역시가 섞여 있는데 원작을 따로 밝히지 않아서 번역과 창작의 구분이 쉽지 않다. 여기에서는 김억의 「自序」에 따라 그가 창작시라고 밝힌 "봄의 노래"와 "술노래"의 시편들만을 보기로 한다.

대구	"봄의 노래" 중 「孤寂한가을」, 「가랴나」 "술노래" 중 「흰달」, 「냇물」, 「牧丹꼿에는 香내가 업고」, 「새맑한 이슬방울은」
대련	"봄의 노래" 중 「失題」, 「가을」, 「꼿」 "술노래" 중 「즐겁은 밤」

"봄의 노래" 11편 중 5편, "술노래" 11편 중 5편, 총 22편 중 10편이 대를 사용했다. 앞서 『해파리의 노래』에서 절반 이상이 대를 사용했다면, 『봄의 노래』에서는 절반이 채 못 된다. 직접적인 대는 줄었지만, 전체 시의 구조 자체는 대를 강하게 의식하며 구성된다. 즉, 대의 확장 형태라고 할 수 있다. 다음과 같은 시는 대를 이룬다고 볼 수는 없지만, 각 연이 유사한 통사구조 및 행으로 구성되어 있다.

「歎息」[76)]

저의 고요하야 잔물살도업는 맘바다우에
그대의 엿튼 그림자가 빗최여 어리울째에
봄빗에 미친듯이 휘도는 醉한바람이
실버드나무의 간은가지에 매달녀
노래를 불으며, 한것 춤을 추엇읍니다.

76) 김억, 『봄의 노래』, 매문사, 1925, 32면.

只今 저의 물살짓는 맘바다우에
그대의 어리운그림자가 깨여진 이때에는
해안의 시들어가는해당화만 바람에 불녀
끗업는 하늘로 향내를 써돌니며
바람에 쓰서는 方面도업시 헤매입니다.

엄밀히 말해서 두 연이 대련을 이루지는 않지만, 발상은 대련과 유사하다. 1연에서는 그대를 사랑하기 시작했을 때의 상황을 그리고 있다. 잔물결도 없는 마음 바다였지만, 그대의 그림자가 비취기 시작하자 미친듯한 취한 바람이 휘몰아쳤다. 2연은 이제 그대의 그림자가 깨여진 상태로 화자의 마음은 물살이 치고 있고, 해당화만 시들어가고 헛되게 향기만 헤매고 있다. 즉 1연은 사랑을 시작하여 그대를 마음속에 품고 있을 때, 2연은 사랑이 끝나고 그대가 떠났을 때라는 상황적 대련을 설정하여 마음 바다, 그림자, 바람, 식물이라는 같거나 유사한 대상을 반복하면서 시를 구성하고 있다. 이런 점에서 이는 확장된 대의 구성이라 볼 수 있다. 이렇게 확장된 대의 구성으로 볼 수 있는 시들은 "봄의 노래" 중 「스켓트」, "술노래" 중 「歎息」, 「만일에 잔물살치는 냇물을」 등에 해당한다. 이를 포함하면 총 22편 중 13편이 대를 이루는 방식을 통해 시상을 전개하고 있다. 『안서시집』(한성도서주식회사, 1929)에 와서는 한시의 대구 구성이 아닌 민요의 반복 구성이 지배적으로 나타나게 되고 음절수를 동일하게 쓰는 정형시가 된다. 이것이 다시 1930년대 시에 이르러서는 한시의 대구 구성으로 바뀌게 된다.[77]

77) 1930년대 김억 시가 대구의 구성을 취한다는 것은 오세영이 지적한 바 있다. 오세영, 앞의 책, 293~294면 참조.

3. 한시 번역을 통한 '조선적 근대시'의 창안[78]

1) '조선심(朝鮮心)'의 추상성과 한시 번역의 배경

김억이 한시를 번역한 이유는 무엇이며, 그의 한시 번역과 그가 창안한 '격조시형'의 관계는 무엇인가? 이러한 질문을 던지는 이유는, 그가 「格調詩形論小考」[79] 를 발표하기 5년 전인 1925년부터 돌연 한시를 번역하기 시작하며, 이 번역도 그의 여타 번역 시와는 다르게 5년 후의 격조시형을 예비하기라도 하는 듯이 일정한 음수율을 지키는 모습을 보이기 때문이다. 또 이 글을 발표한 후부터는 일관되게 한시를 격조시형으로 800편에 달하게 번역한다.[80] 이는 그가 '조선적 근대시'로서 고안한 '격조시형'과 한시의 밀접한 관계를 암시한다. 이처럼 그의 격조시형과 한시의 관계를 해명하는 일은 김억이라는 한국 근대시사 형성에 큰 축을 담당한 인물을 작가론 차원에서 새롭게 조명하는 일이며, 동시에 한국 근대시 형성기에 있어 한시 나아가 한문맥의 역할을 탐구하는 것이다.

김억은 서구 역시집의 최초 조선어 번역자로 널리 알려져 있지만, 그는 서구시보다 한시를 더 많이 번역하였고, 특히 1925년 이후로는 서구시보다는 한시 번역에 더 집중한다.[81] 기존 논의들은 1925년을 김억 시의

---

78) 이 절은 정기인, 「김억의 한시 번역과 "조선적 근대시"의 구상」, 『민족문학사연구』 59, 민족문학사학회, 2015를 수정 보완했다.

79) 『동아일보』 1930.1.16.~1.30.

80) 『안서김억전집 3 -한시역집』, 한국문화사, 1987.에는 792편의 한시 번역이 실려 있다. 이 전집에 실려 있지 않은 시편들도 10여 편이 있어서 김억의 한시 번역은 800여 편에 달한다.

81) 이러한 한시 번역 배경에는 일본의 영향, 특히 사토 하루오의 영향이 지적된 바 있다. 구인모, 「한시의 근대적 전유, 자기화의 가능성 -김억의 『망우초』(1934)를 중심으로」, 『한국시가연구』 39, 한국시가학회, 2015 참조.

변모시점으로 설정하고,[82] 서구 상징주의 번역 및 그 풍의 시 창작에 있어 국민문학 운동의 하나로 시조와 민요를 옹호하며 격조시라는 정형시를 창안한 것으로 파악하고 있다. 그러나 분명히 김억은 시조와 민요의 한계를 지적한 바 있고,[83] 1925년 이전의 김억 시와 시론에서도 한문전통의 영향이 뚜렷하게 나타난다. 특히 앞 절에서 살펴본 것처럼, 그의 초기시는 한시의 강력한 영향 아래에서, 한시의 운율, 대구, 세부 장르를 조선어로 실험하는 식으로 창작되었다 해도 과언이 아니다. 따라서 창작 초기부터 한시에 영향을 받았으며, 1925년에 한시 번역을 시작한 뒤 1930년에 격조시형으로 나아갔다는 것을 고려해 보았을 때, 한시와 격조시형의 관련성은 시사하는 바가 있다.

김억의 한시 번역과 창작시 사이의 관계는 일찍이 지적된 바 있다.[84] 기존 연구는 전방위적으로 한시와 창작시의 관계를 논의 한 연구[85]와 특히 음절수에 주목한 연구로 정리될 수 있다.[86] 기존 연구가 김억이 번역한 한시와 격조시의 관계를 해당 시들의 특성, 운율, 구성, 유사 모티브, 회화성 등으로 나누어서 보여주었지만, 정작 김억이 한시를 왜 번역했는

82) 이는 오세영이 주장하였고(오세영, 『한국낭만주의 시연구』, 일지사, 1980, 236면) 이후 김억 논의에서 일반화된 것으로 받아들여지고 있다.

83) 「작시법」, 『조선문단』, 1925.7. 「밟아질朝鮮詩壇의길」, 『동아일보』, 1927.1.3.

84) 정한모(『한국 현대시의 정수』, 서울대학교출판부, 1979)가 지적하였고, 그 이후 오세영(앞의 책)등이 논의했다.

85) 강재철, 「안서시에 나타난 한시 영향 관계 고찰」, 『국문학 논집』 14, 단국대 국어국문학과, 1994.
최미란, 「김억의 한시 번역과 창작시의 관계 연구」, 한국학중앙연구원 박사 논문, 2011.

86) 이규호, 「안서의 한시 번역과정」, 『국어국문학』 86, 국어국문학회, 1981.
노춘기, 「안서와 소월의 한시 번역과 창작시의 율격」, 『한국시학연구』 13, 한국시학회, 2005.
박종덕, 「김억의 번역 한시에 나타난 미의식 연구」, 『어문연구』 65, 어문연구학회, 2010.

가에 대한 대답은 부족했기 때문[87]에 격조시와 한시의 시론적인 연관성은 해명되지 못하고 있다. 따라서 이 장에서는 김억이 한시를 번역하게 된 시론적 배경을 찾고, 이것이 김억의 '격조시'라는 형식과 어떠한 관계를 맺고 있는지를 밝히고자 한다.

김억은 자신의 본격적인 첫 시론이라 할 수 있는 「詩形의 音律과 呼吸」에서부터 "朝鮮의 詩體"를 고민하며 조선의 특수성을 강조했다. 김억은 이 글에서 사람마다 육체, 습관, 문화, 언어가 다르므로 서로 다른 음률과 호흡을 지닌다고 주장한다. 이것은 언어의 차원에서도 적합한 시 형식을 찾을 수 있고, 또 찾아야 하는 것으로 확장된다.[88] 아직 조선어에 적합한 시 형식을 찾지 못했을 뿐인 것이다.[89] 그리고 조선어에 적합한

---

87) 기존 연구들은 공통으로 김억 시론 내부에서 왜 한시가 필요했는지를 구체적으로 지적하지 못하고 있으며, 그 이유를 서구적 문예이론과 시 양식의 함몰, 국문시가 한자표기의 한시 유형을 차용한 것에 대한 반성(최순열, 「김억은 왜 한시를 번역했나」, 『국어국문학논문집』 16, 동국대 국어국문학부, 1993), 서구시 번역의 미숙성 (강재철, 앞의 글), 조선인의 정서를 제대로 드러내기 위한 작업 (박종덕, 앞의 글) 등으로 보는 데 그치고 있다. 즉, 서구시 번역하는 데 미숙함을 느꼈거나, 서구시 번역에만 치우쳤던 것에 대해 반성하였고, 한시가 한문으로 쓰였기 때문에 이를 조선어로 번역하는 것이 필요했다는 등의 논의를 하고 있는 것이다. 그러나 이들은 김억 한시 번역 원인을, 김억 시론 내부의 전개과정에 위치시켜 찾는 것이 아니라, 단순하게 '한시 번역'의 이유를 추정한 것에 불과하다.
김억 창작시와 한시와의 관계는 노춘기가 지적한 바 있는데, 김억이 한시 번역을 통해 7·5조 정형시의 형식을 실험하며 자신감을 얻게 되었을 것이라는 점에서 7·5조 정형시에 관한 창작방법론의 확립과 한시 번역 사이의 일정한 상관관계를 주장했다. (노춘기, 앞의 글). 이 또한 한시와 창작시의 '음절수'에만 초점을 맞추었고, 김억 시론 차원에서의 의미 검토는 하지 않았다는 한계가 있다.

88) 因襲에起因되기때문에 佛文詩와英文詩가 달은것이요. 朝鮮사람에게도 朝鮮사람다운詩體가 생긴것은毋論이외다, 內部와外部의生活이 달은것만큼 呼吸과鼓動도 달라지지요 (…) 朝鮮사람으로는 엇더한音律이가쟝 잘表現된것이겟나요, 朝鮮말로의 엇더한詩形이 適當한것을몬저 살펴야합니다. 一般으로 共通되는 呼吸과鼓動은 엇더한詩形을잡게할가요. 아직ᄭᅡ지엇더한詩形이 適合한것을 發見치못한 朝鮮詩文에는 作者個人의 主觀에 맛길수밧게 업습니다. 「시형의 음률과 호흡」, 『태서문예신보』 14, 1919.1.13. 이 글 끝에 글이 쓰인 시기를 김억은 1918.12.23.으로 적고 있다.

시 형식을 찾는 것은 김억 평생의 과제가 된다.

1924년에 이르러서 김억은 "조선심"을 통해서만 "진정한 조선의 현대 시가[90]"가 가능하다고 주장한다. 조선의 사상과 감정을 배경으로 한 것이 아니면, "구두를 신고 갓을 쓴 듯"한 작품이라는 것이다. 1925년에는 진정한 조선시를 위해서는 "먼저 잃어진 조선혼을 찾아야"[91]된다고 주장하기에 이른다. 2년에 걸쳐 정초에 주장할만큼, 이는 김억에게 중요한 문제였다. 그러면, 이러한 조선심/조선혼의 구체적인 내용은 무엇일까?[92] 김억은 이를 해명하지 않는다. 따라서 이에 관한 김억의 생각을 살피기 위해서는 김억의 당시 시평을 통해 추론하는 수밖에 없다. 시론에서 조선시를 위해서는 조선혼과 조선심이 필요하다고 주장한 만큼, 개별적인 시평에서도 이를 기준으로 시들을 평가해야 함이 당연하다. 그러나 김억의 구체적인 시평 어디에도 '조선혼'이나 '조선심'을 기준으로 시를 평가한 흔적은 찾기 어렵다.[93] 양주동의 「나는 이나라싸람의자손이외다」

89) 1927년에는 진전된 논의를 전개한다. 「밟아질朝鮮詩壇의길」, 『동아일보』, 1927.1.3. 여기에서는 시조와 민요가 조선의 시형이지만, 현대에 맞지 않다는 것을 주장한다.

90) 「조선심을 배경삼아-시단의 신년을 마즈며」, 『동아일보』, 1924.1.1.

91) 『동아일보』, 1925.1.1.

92) 문일평의 조선심, 박은식의 조선혼, 신채호의 낭가사상, 최남선의 불함문화, 정인보의 조선얼 등은 1920년대 전후 국학자들의 핵심적인 개념이었고, 모두 그 실질을 탐구하기 위해서 언어, 역사, 신화 등을 탐구했다. 특히 민족주의 사학자 문일평은 "조선혼"이라는 용어를 즐겨 사용하면서 100여 편의 저술을 남겼다. 그는 조선 역사와 문화에 특수한 "조선심"이 있다는 전제로 조선학을 구성했다. (류시현, 「1920~30년대 문일평의 민족사와 문화사의 서술」, 『민족문화연구』 52, 2010 참조) 김억은 '조선심', '조선혼', 그리고 후에 '향토성'이라는 개념을 혼용하지만, 이 개념들은 구체적인 내포와 외연의 차이는 없는 것으로 보인다. 이는 다시 "朝鮮의 生活과思想과感情"으로 환원될 뿐이다. 「밟아질朝鮮詩壇의길」, 『동아일보』, 1927.1.2.~3.

93) 이와 대비되게 그는 "시혼"을 잣대로 개별 시 텍스트를 평가한다. 「시단의 1년」, 『개벽』 42, 1923.12; 「시단산책 -『금성』 『폐허』 이후를 읽고」, 『개벽』 46, 1924.4. 앞의 글에서 김억은 소월의 시를 평가하며, 여기에는 '황홀의 시혼'은 없지만, 리듬과 기교는 시답다고

에서 "이나라 사람은/마음이 그의옷보다 희고/술과 노래를/그의 안해와 갓치 사랑합니다"와 같이 '조선적 소재'를 쓰고 있는 시에 대해서도 이것은 조선혼·조선심이 아니다·맞다와 같은 언급은 전혀 없다. 단지 "아모데도餘韻이 떠돌지못하고 차지도 덥지도아니한 미즉찌근한것이라는 말밖게 더 들일것이없습니다[94)]"라고 지적할 뿐이다. 진정한 조선시를 위해서는 조선혼/조선심이 필요하다고 하면서도, 개별적인 시평에서 이를 토대로 시를 평가하지 못하는 것은, 김억에게 '조선혼/조선심'이라는 것은 일종의 구호에 그치며, 그 안에 실질적인 내용은 들어있지 않았다는 것을 의미한다.[95)]

이러한 김억의 조선적인 것에 대한 '무지'는 그의 「작시법」 연작에서도 드러난다. 총 6번에 걸쳐서 1925년 4월에서 10월까지 연재된 작시법은

분석한다. 즉, 시혼은 리듬과 기교를 넘어선다는 것이다. 이는 그가 시혼을 일종의 포에지와 같은 것으로 설정한 대목, "제일의 詩歌는 詩魂의 恍惚이 詩人 자신의 맘에 잇서, 詩人 자신만이 늣길 수 잇고 표현은 할 수 업는 心琴의 詩歌라고 할 만한 것입니다."에서 분명해진다. 뒤의 글에서도 시혼은 표현과 구분되는 존재로 그려진다. 분명 김억은, 이러한 시혼은 문자를 통해서만 드러나지만 이를 초월해서 시인의 마음속에 존재하는 것이라 보았다. 앞의 글의 한 달 후이자 뒤의 글을 쓰기 세달 전에 '조선심'이야말로 조선시가에 필수적이라고 주장했던 것을 염두에 두면, 충분히 조선심이나 조선혼을 기준으로 시를 평가해야 마땅해 보이지만, 김억은 그렇게 하지 못하고 있는데, 이는 조선심/조선혼은 구호였을 뿐 구체성이 없는 '텅빈 기호'였기 때문이다.

이러한 조선혼은 2년 후 「밟아질朝鮮詩壇의길」, 『동아일보』, 1927.1.2.~3.에서 "향토성"으로 이름만 바뀌어 주장된다. 그러나 이도 마찬가지로 구체적인 내용이 없이 추상적인 조선의 '고유성'에 지나지 않았다. 김억이 '향토성'을 근거로 시평을 한 것은 1940년에 백석 시에 대한 평가에 이르러 발견된다. 「칠월의 시단 -신진의 매력」, 『조선일보』, 1940.7.24.

94) 「시단산책」, 『조선문단』 6, 1925.3.

95) 이와 달리 일본에서는 일본적인 '향토의 냄새' '흙의 냄새'를 뒷받침한다고 믿어졌던 『만엽집』이 존재했고 이를 기반으로 일본의 국문학 운동이 성행할 수 있었다. 이러한 일본의 국문학 운동과 조선의 국민문학 담론의 상동성과 영향관계에 대해서는 구인모, 『한국 근대시의 이상과 허상』, 소명출판, 2008. 제6장 참조.

'詩란 무엇인가', '韻文과 散文', '西詩와 漢詩의 韻律', '朝鮮詩', '새로운 詩歌와 그 歷史', '詩歌의 種類'로 나누어져 있다. 제목을 통해 드러나듯이, 이는 김억 자신의 시론을 체계적으로 정리한 것이다. 여기에서 김억은 서구시와 한시의 운율을 자세히 설명한 이후에, 조선시에 대해서 설명하면서 "朝鮮의 詩形은 말할 수가 없"다라고 고백한다.[96] 그 이후 조선의 시형으로 시조를 들지만, 이 또한 "題材와 思想을 中國에서 빌어온 것만큼, 이름만은 時調이며 詩形만은 朝鮮것이나 하나도 朝鮮의 魂이 담기어지지 아니한듯하다"라고 비판한다. 시조의 음도 "그 必要와 必然"을 알 수 없다고 평가한다. 또 시조는 이미 과거의 형식이기 때문에 "在來의 時調 밋에셔 좀버서나서 現代朝鮮의 思想과 感情을 그대로 表現하도록 하는 것[97]"이 필요하다고 한다. 따라서 '조선어의 성질과 조선 사람의 사상과 감정을 가장 당대에 맞게 표현할 수 있는 통일된 시형' 즉 '근대적 조선시형'은 아직 존재하지 않는다는 것이 김억의 판단이다.[98]

---

96) 임의 西洋과 中國의 漢詩의 詩形과 韻律의 大槪를 말하엿스니, 이番에는 우리의 詩形이란 엇더한것인가를 말하지 안을수가 없습니다, 만은 朝鮮에서 生을 밧아 이곳에서 자라서 이곳에서 이러한 詩作法을 말하게 된 나로서는 이런말을 하기에는, 그렇치 아니하여도 더워서 땀이 흘으지만은 붉은 얼골에다 구즌땀을 흘리지 아니할 수가 없습니다. 구즌땀을 흘닐수있거니와 구즌땀을 흘니면서도 **朝鮮의 詩形은 말할수가 없으니**, 이에서 더 어려운 일은 업습니다. 「작시법」, 『조선문단』, 1925.7. (이하 강조 인용자)

97) 「작시법」, 『조선문단』, 1925.8.

98) 김억은 '4. 朝鮮詩' 대목에서 시조를 소개하고 이의 한계를 지적한 뒤에, '民謠에 對하야 이야기하여야할 것을 말치못하게된 것이 가장큰遺憾입니다.'라고 끝에 밝히며, 이제부터 '새롭은詩歌'에 대해서 논의하겠다고 덧붙인다. 이 점을 보면 김억은 민요를 조선의 옛 시의 한 종류로 파악하고 있었으나, 이 또한 '근대적 조선의 시형'으로는 보고 있지 않았다는 사실이 드러난다. 「작시법」, 『조선문단』, 1925.7. 이와 관련해서 「잃어진 진주」 서문에도 김억은 "民謠詩의特色은 單純한 原始的휴맨니티를 거즛업시 表白하는 것이 아닌가합니다. 물론 近代의人心에는 單純性이적을듯합니다."라고 하여 민요시의 한계를 지적했다. 이 또한 근대인의 심정을 담기에 적절하지 않다는 것이다. 그런 의미에서 폴포르는 '근대화된 민요시'라고 하여 민요시의 탈바꿈은 가능할 것이라는 점을 시사하고 있다. (아더

즉 1924년 정초부터 주장된 '조선심'은 내용이 없는 구호에 불과했고, 1925년의 야심찬 「작시법」 연작에서도 김억은 조선시 형식의 무지를 고백할 수밖에 없었으며, 시조와 민요는 당대적이지 않기 때문에 거부되었다. 이 글들은 김억의 분명한 지향점을 보여준다. 1924~25년 당시까지 그 시형을 발견/발명하지 못했지만, "조선혼"이 담겨 있으며, 현대조선의 사상과 감정을 그대로 표현하고, 음률에 필요와 필연이 있는 시형, 즉 '조선적 근대시'가 김억의 목표였다.

여기에서 주목할 수 있는 것은, '조선혼'을 주창하며, '작시법'을 연재하기 시작하는 1925년부터 돌연 김억이 한시 번역을 발표하기 시작한다는 것이다.[99] 김억의 한시 번역은 1925~30년뿐만 아니라 전 시기를 통틀어 다른 언어권 시 번역과 비교했을 때 분명한 차이가 있다. 김억의 한시 번역은 1925년 처음 발표할 때부터 일정한 음수율을 지키고 있었고, 이것이 1930년에 가까워질수록 7·5조로 수렴되는 양상을 보인다. 즉, 김억이 말하는 '격조시'형태로 번역되는 것이다. 반면에 그의 서구시[100], 인도시, 일본시[101] 번역은 음절수의 정형과 대체로 무관하다. 또 그의 창작시

시몬스, 김억 옮김, 『잃어진 진주』, 평문관, 1924). 이는 1927년에도 마찬가지로 주장되며, 「밝아질朝鮮詩壇의길」, 『동아일보』, 1927.1.3.에서는 시조와 민요가 조선시형이지만 현대에 맞지 않으니, 이를 "混合折衝하야 現代의우리의生活과思想과感情이 如實하게담겨질만한詩形을發見"하자고 제안한다.

99) 「世界의詩庫」 5, 『영대』 5, 1925.1. 여기에 郭振의 「子夜春歌」와 李白의 「烏夜啼」을 번역하여 게재하였다.

100) 예외적으로 브라우닝의 「離別」같은 경우 『중외일보』 1927.7.26.과 『안서시집』, 한성도서, 1929. 사이에서 음절수를 어느 정도는 맞추려고 노력한 개작이 보인다. 『중외일보』판은 7·5/7.6/3.9/5.7 이 『안서시집』에서는 7·5/7·5/9.3/7·5로 재번역되었다. 그러나 이 또한 한시처럼 엄밀하게 7·5조로 통일된 것은 아니다. 다만, 해방 후에 『민요시집』으로 서구민요를 '번안'했다고 김억이 표기한 것은 음수율을 엄밀하게 고정해 놓았다. 김억, 『민요시집』, 한성도서, 1948.

101) 예외적으로 『愛國百人一首』(日本和歌譯), 한성도서, 1944.는 7·7/7·7 이나 7·7/8.7 등으

조차도 이 시기에 '민요시'라는 부제가 붙은 시들을 제외하면 음절수의 정형은 뚜렷하게 고려되고 있지는 못하다. 창작시에서 음수율이 엄밀하게 지켜지게 되는 것이 1929년 『안서시집』[102] 출간 때부터라는 점을 고려해본다면,[103] 1930년에 정형시(定形詩)[104]로서 '격조시'형을 제안하게 되는 것과 1925년에 시작된 정형시 번역인 한시와의 관련성을 추정해볼 수 있다.

이는 김억의 번역관인 "창작적 무드로 의역하야써 그 시혼과 정조를 옮기는 것[105]"이 말하고 있는 정조(情調)의 '정(情)'이 '조(調)'를 통해서만이 구현될 수 있다는 의미에서, 시의 형식적인 측면으로서의 '조'가 강조되는 것과 관련된다.[106] 다시 말해, 김억은 운율을 통해서만 시의 무드가 구현될 수 있다[107]고 파악하여 시의 운율을 중시했다. 이런 관점에서 한시에 친숙했던 김억은 한시의 운율을 번역시에 구현하고자 했다. 이는 새로운 시형을 위한 탐색 과정이었다. 즉, 한시를 조선어로 번역하는 일을

로 번역하고 있지만 모두 7·5조는 아니다.

102) 여기에서 김억은 7·5조뿐 아니라 3.6/5.7, 7/6/7, 8/7/8 등 다양한 형식을 실험하고 있다. 『안서시집』, 한성도서, 1929.

103) 그 이전 1925~29년 사이의 창작시 중 음수율을 지키고 있는 시들에는 '민요시'라는 부제가 붙어있고, 그렇지 않은 시들은 대부분 음수율을 지키지 않고 있다.

104) 김억은 「격조시형론소고」에서 定型대신에 定形을 사용한다. 즉 일정한 형식의 시를 의미하며, 이는 定型詩를 포함하는 넓은 의미이다. "결국, 시가라는 것이 가장 짤븐 형식에다가 가장 요약 함축된 언어로 가장 놉게 가장 깁게 가장 넓은 완전한 표현을 가진데 지내지 아니하는 것이라하면 형식으로는 반듯시 일정한 것을 가지지 아니할 수 업는 것이요. 그 표현수단으로는 시상을 여실하게 살녀 노흘만한 선택된 언어가 사용되지 아니할 수 업는 것이외다." 「시형·언어·압운」, 매일신보, 1930.8.2. 여기에서도 '일정한' 형식은 定形의 의미이다.

105) 김억, 「시단산책」, 『개벽』 46, 1924.4.

106) 박슬기, 「김억의 번역론, 조선적 운율의 정초 가능성」, 『한국현대문학연구』 30, 2010 참조.

107) 「無責任한批評」, 『개벽』 32, 1932.2.

통해서 조선어가 어떠한 가능성을 지녔는지, 시어로서 어떠한 음악성을 담보할 수 있는지를 탐구했다.[108] 이러한 노력으로 마침내 "現代朝鮮의 思想과 感情"을 표현할 수 있는, 즉 '조선혼/조선심'을 담을 수 있는 격조시형을 창안하게 된다.

이 격조시형에서는 한시의 영향이 분명하게 나타나고, 김억은 격조시형으로 800여 편에 달하는 한시를 번역한다. 이렇게 한시로 다시 돌아가 이를 번역하면서 조선의 시 형식을 실험하고 창안할 수밖에 없었던 이유는, 그가 「작시법」을 연재하면서 시를 짓는 법을 기술하기 위해 동서양의 시와 조선의 시가형태를 분석했듯이, 새로운 조선시형을 만들기 위해서 하나의 출발점이 필요했기 때문이다. 그 출발점이 한시였던 이유를 첫째, 김억 자신이 한시를 짓고 감상을 즐기는 등 이에 친숙했고 그의 초기 시도 한시의 운율의식, 대구, 세부 장르를 조선어로 창작하는 것이었던 만큼(4.2절 참조) 김억에게 한시가 중요하고 익숙한 것이었다는 점, 둘째, 앞의 내용과 관련해 그가 계속 시의 핵심이라 주장한 음악성과 정형성이 한시에 매우 잘 나타나 있다는 점, 셋째, 한시가 그의 번역관인 '창작적 의역'에 매우 적절한 함축적인 형식을 지녔다는 점에서 찾을 수 있다.

첫 번째 이유는 4.1에서 논의했으므로, 나머지 이유에 관해서 더 논의해보자. 김억이 시의 핵심을 음악성으로 보았다는 것은 이미 많은 논자가 지적한 바 있다.[109] 특히 그는 1920년대 중반부터 정형율을 강조한다.[110]

---

108) 김억은 그 이론적 작업으로서, 1928년부터 30년에 이르는 시기에 조선어의 특성과 시어의 음률에 관한 글을 발표한다. 여기에서 그는 언어의 음향이 시의 감정과 연결됨을 주장하며, 조선어학 연구를 통해서 감정을 잘 발휘할 수 있게 하는 '동사중심주의' 등을 탐색한다. 홍승진, 「김억 문예비평에서 음률의 문제」, 『한국시학연구』 43, 한국시학회, 2015 참조.

109) 오세영, 앞의 책, 280~288면. 김승종, 「안서 김억의 시론 연구」, 중앙대 박사 논문, 1992, 132~146면. 노춘기, 앞의 글. 김영미는 김억의 음악성 지향을 상징주의시와 한시 번역을

이는 자유시보다는 정형시가 더 시가의 본질에 걸맞다고 생각하기 때문이다. 그는 「시형, 언어, 압운」에서 시가라면 당연히 가져야 할 "立體的 緊張味"가 없는 자유시와 이것이 있는 정형시를 대비하며, 시가는 "形式으로는 반드시 一定한 것을 가지지 아니할 수 없는 것"이라고 분명하게 표현하고 있다.[111]

통해서 체득했다고 본다. (김영미, 「김안서 시연구 -시어와 운율적 특성을 중심으로」, 이화여대 박사 논문, 2000, 30면) 김억이 어려서부터 한시학습을 했고, 1910년대에 상징주의 시 번역을 하면서, 시와 음악성이 본질적으로 연관되어 있다고 여기게 되었다는 것은 타당한 추정으로 보인다.

김문주는 김억의 초기 글부터 30년대까지의 시론을 검토하여, 이를 '의미중심주의'를 벗어나는 것으로 보았다. 김억은 "시인의 내부생명"이 "미묘한 음악성"으로 직접 표현된다고 본 「시형의 음율과 호흡」(1918)에서부터, 시를 "찰나찰나의 영의 정조적 음악"으로서 시는 영의 "내부의 정조"를 "문자라는 형식"으로 드러내는 것이라는 『잃어버린 진주』(1922)와 "감정의 고조된 소리를 담아내는 운문"으로 여긴 「작시법」(1925)을 거쳐 「격조시형론소고」(1930)에 이르러 '調'는 음절수의 제한을 통해 생성되는 음율미의 근거로 변화된다고 보았다. (김문주, 「번역과 조선시형의 창안 -김억을 중심으로」, 『어문논집』 63, 민족어문학회, 2011) 이러한 김문주의 논의를 통해 볼 때도, 김억은 꾸준히 '음악성'을 추구하고 있었지만, 이는 1925년과 1930년 사이에 변화를 겪게 된다는 점을 확인할 수 있다. 즉 1925년 이전까지 음악성은 시인이라는 개별 주체의 개성을 드러내는 자질이라는 점이 강조된다면, 그 이후는 개별 시인에 초점이 맞추어진 것이 아니라 시 자체의 정형성이 갖는 자질로 변화된다. 이러한 변화가 한시와 연관되어 있다는 것이 본 논문의 주장이다.

조영복은 한시와 시조를 말과 노래 사이의 '중간적인 말'로 보았고, 김억은 이와 더불어 민요에서 근원적인 노래의 뿌리를 체화하여, '노래'로서의 시가를 추구했다고 보았다. (조영복, 「'노래'를 기억한 세대의 '조선어 시가'의 기획」, 『한국현대문학연구』 46, 한국현대문학회, 2015)

110) 구인모는 김억의 자유시에서 정형시로의 회귀를 일본의 국민문학운동과 구어자유시의 전개 과정에서 강력한 영향을 받은 것으로 파악한다. (구인모, 앞의 책. 5장과 6장 참조). 이러한 영향과 함께 그가 어린 시절부터 '시'로서 인식하고 학습했던 한시의 영향이 복합적으로 작용했을 것이다.

111) **自由詩形에는** 아모려한 拘束이없고 詩人 그 自身의 內的 律動만을 尊重히보기 때문에 詩歌로의 當然히 없어서는 아니될 **立體的 緊張味가** 없습니다. (…) 그러나 **定形詩에는** 音節數와 押韻 같은 拘束이 있는 것만치 言語의 選擇과 함께 어데까지든지 散文과는 混同할 수 없는 **立體的 表現으로의 端的 緊張味가** 있습니다. (…)結局 **詩歌**라는 것이 가장 짧은 形式에

또 그의 '창작적 의역'이라는 번역관은 한시에 매우 적절하다. 김억의 번역관 자체가 한시를 번역하기 시작하면서 '창작적 의역'으로 확립될 만큼, 한시와 그의 번역관은 밀접한 관계가 있다.[112] 이는 한시 자체가 특히 함축적이라서 축자역이 불가능한 특성을 많이 지니고 있기 때문이다.[113]

다가 가장 짧은 要約含蓄된 言語로 가장 높게 가장 깊게 가장 넓은 完全한 表現을 가진데 지내지 아니하는 것이라하면 形式으로는 반드시 一定한 것을 가지지 아니할 수 없는 것이요 그 表現手段으로는 詩想을 如實하게 살려노흘만한 選擇된 言語가 使用되지 아니할 수 없는 것이외다. 「시형, 언어, 압운」, 『매일신보』, 1930. 8.2.

112) 물론 김억이 '창작적 의역'을 주창하는 것은, 아더 시몬스의 『잃어진 진주』(평문관, 1924) 때부터이다. 그러나 여기에서는 "直譯하여도 될 것은 直譯하고 直譯으로는 아모뜻도 아니되는것이면 意譯하고말앗습니다."(「서문대신에」, 위의 책)라고 하여 완전히 '창작적 의역'만을 주장하는 것은 아니다. 또 그는 1930년에 에스페란토역과 관련해서도 번역의 창작성을 주장하게 된다. 「에스페란토 문학」, 『동아일보』 1930.4.8.~4.13. 그 이전 1920~23년에는 세계 공통어로서의 에스페란토어를 강조하여, 모든 민족에게 평등하며 중립적이고 학습하기 쉽고 실용적인 언어라고 설명한다. (「세계어 연구실」, 『학생계』 1, 1920.7) 흥미로운 것은 1925년 에스페란토어를 조선 독자들에게 소개할 때, 이것이 구미 각국의 언어의 공통성에 토대를 두었다는 점을 강조하면서 한중일의 '한자'와 같은 문자라고 일컫는다. (「에스페란토와 문학」, 『동아일보』 1925.3.16.) 이는 에스페란토어의 번역 가능성이 에스페란토어와 유럽어 사이에는 높지만, 그 외 언어, 예를 들면 조선어와 에스페란토어 사이에는 낮다는 사실을 함축한다. (신지연, 「민족어와 국제공통어 사이 - 김억을 바라보는 한 관점」, 『민족문화연구』 51, 고려대 민족문화연구원, 2009, 404~407면) 따라서 김억은 1922년의 글에서는 에스페란토어는 "조금도 역문하기 어려운 것은 없"(「국제공용어에 대하여」, 『개벽』 22, 1922.4.)다고 하지만, 실제로 조선어로의 역이나 조선어에서 에스페란토어로 역을 시도한 1931년 즈음에 와서는 번역의 창작성을 주장하게 된다.

즉 서구시를 번역하면서부터 창작적 의역관이 태동하다가, 한시를 번역하면서 이것이 확립되었고, 에스페란토어 번역에서는 이러한 태도가 겉으로 드러났다고 볼 수 있다. 특히 조선어의 에스페란토어로의 번역에는 김억이 평소 주장하고 그의 한시 번역에서 보이는 '창작적 의역'보다는 오히려 그가 공격했던 "원문의 패러프레이즈"와 같은 번역을 하게 되었다는 신지연의 논의는 이를 뒷받침한다. (신지연, 앞의 글, 408면)

113) 김종태는 한시 번역의 어려움을, 함축성과 애매성과 같은 시의 일반적 특성뿐만 아니라, 한시가 용사가 빈번하고 글자마다 글자에 축적된 이미지와 어감이 있다는 점에서 더욱 함축적이라 특별하다고 설명한다. 따라서 한시는 역문, 주석, 해설이 모두 조화되어 삼위일체가 되어야만 한시를 온전히 이해할 수 있다고 주장한다. 김종태, 「한시 번역의 구성

김억도 한시 번역의 '미묘함'에 대해서 논한 바 있다.[114] 즉, 김억의 시론에 매우 잘 부합하는 정형시이자, 그의 번역관에 적합하도록 함축적이며, 그가 가장 친숙했던 것이 바로 한시였기 때문에,[115] 그는 다시 한시로 돌아가서 이를 번역하면서 새로운 '조선적 근대시'를 실험한 것이다.

2) 한시 번역의 변모와 격조시형의 제안

이 절에서는 김억의 한시 번역을 개관하고, 한시를 번역하기 시작한 1925년부터 「격조시형론소고」를 발표하는 1930년에 이르는 기간 동안, 김억의 한시 번역에 어떠한 변화가 있는지를 살펴보고, 이것과 '격조시' 사이의 관계를 고찰한다.

김억은 800편에 달하는 한시를 번역하였다. 이 안에는 중국 시편과 한국 시편이 혼재되어 있다. 이 중 김억이 무엇을 번역했고,[116] 어떻게 번역

과 표현」, 『고전번역연구』 3, 한국고전번역학회, 2012, 14~17면.

114) 詩中에도 나로보면 漢詩처럼 옮기기 어려운 것은 없는 줄 압니다. 들여다보면 볼사록 무어라 할 수 없을 만치, 그 美妙한데 혼자서 歎服치 아니할 수가 없건만 (…) 詩譯은 漢詩에서처럼 가장 어려운 것은 없다는 것이외다. 이詩에서 이러한 形式과內容으로의 모든 條件을 빼여버리고 所謂 譯詩랍시고 한다하면 그것은 어듸까지든지 아모러한 意味없는 일이외다. 「弁言 몟마듸」, 『夜光珠』, 조선출판사, 1944. 여기에서 김억은 王維의 「滕王閣」을 예로 들면서, 이것이 얼마나 함축적이라 번역이 불가능한지를 이야기한 바 있다.

115) 이는 선후관계를 기계적으로 분절할 수 없는 순환적인 관계일 터이지만, 한시에 영향을 받아 그의 시론이 형성되었고, 한시를 번역하면서 그의 번역관이 변모하였다고도 볼 수 있다.

116) 구인모는 김억의 한학 수준, 한시의 안목, 그리고 그가 번역의 저본으로 삼았던 원전을 탐색한 바 있다. 그는 김억 글들에서 나타나는 흔적들과 김억이 무엇을 선역했는가를 바탕으로 김억이 접근 가능했을 것이라 추정되는 한적들을 추리고, 사토 하로우의 『車塵集』과의 연관성을 지적한 바 있다. 구인모, 「한시의 번역 혹은 고전으로의 피란 -김억의 『동심초』와 『꽃다발』을 중심으로」, 『번역의 거처, 한국문학의 내부와 외부』, 고려대학교 번역인문학연구원 심포지엄 자료집, 2015.

했는가를 살펴보아야 한다. 첫째 '무엇'에서 주목할 수 있는 것은 그가 백거이(白居易, 772~846)를 가장 많이 번역했고 여성 시인을 주로 번역했다는 점이다. 그는 백거이의 시를 63편 번역했는데, 이는 8수에 불과한 두보(杜甫, 712~770) 시의 번역과 선명한 대조를 보인다. 전통적으로 한국에서는 두보, 이백, 소식의 시가 적극적으로 수용된 반면, 상대적으로 백거이 시에 대한 평가와 인식은 냉담한 편이었다.[117] 특히 두보의 시는 유교 사상을 구현하고 있으며 사회의 부조리를 날카롭게 비판해 '시성(詩聖)'이라고 불렸으며, 백거이는 한국보다는 일본 문학에 더 많은 영향을 끼쳤다.[118] 그렇다면 김억은 왜 두보가 아닌 백거이를 더 선호했을까? 이는 일본의 영향도 일면 생각할 수 있지만, 또 다른 이유로 백거이 시의 특성이 김억의 시론과 부합하는 면이 있다는 점에 주목할 수 있다. 백거이 시의 특성을 정리한 논자에 따르면, 그의 시의 특성은 "주제가 단일하고 명확, 대비적 기법을 자주 사용하여 경고하는 힘이 있음, 서사, 서정, 의론을 적절하게 배합하여 시가 합리성을 갖추고 있음, 시어가 통속적이고 운율이 잘 조화되어 시의 음악성이 높음"[119]으로 정리된다.

이는 김억의 음악성 추구와 연결된다. 김억은 시의 가장 근본적인 전제 조건이 음악성이라고 보았다. 그는 "시가라는 것은 고조된 감정의 음악적 표현"[120]이라고 정의한 바 있고, 앞서 보았듯이 서구시를 번역하기

117) 이봉상, 「백거이 구로회와 그에 대한 고대 한국 문인의 인식」, 『동방한문학』 38, 2009, 337면.

118) 백거이의 한시는 일본 헤이안 시대 '백씨 숭배'가 있을 정도로 열풍이 일었다. 이 당시 한시문을 낭송하는 것이 귀족이나 승려나 서민 사이에서도 영향력을 넓혀갔는데, 이를 보여주는 『和漢朗詠集』에 실린 195편의 중국시 중에서 135편이 백거이의 것이었다는 사실은 당대 백거이의 영향력을 방증한다. 김해명, 「평안시대 아악과 당시의 관계」, 『중어중문학』 39, 2006, 251~253면 참조.

119) 허권수, 「한국한문학에서의 백거이문학의 수용양상」, 『한문학보』 26, 2012, 269~270면.

시작한 초기부터 조선적인 '음률'이 그의 고민이었다. 그의 관점에서는 유교 사상을 구현한 것으로 칭송된 두보보다는, 단일하고 명확한 주제와 통속적인 시어와 음악성이 높은 백거이의 시가 더 자신의 시론과 부합했을 것이다.

김억이 여성 시인을 집중적으로 번역한 이유도 마찬가지이다.[121] 여성 시인 중 가장 많이 번역한 것은 매창(梅窓, 1573~1610)으로 총 39편을 번역했다. 지금까지 전해오는 매창의 한시가 58편임을 고려하면, 대부분의 매창 시를 번역했다고 할 수 있다. 김억은 매창의 시를 "弱한 線으로 자기의 宿命을 그대로 읊으은 觀"이라고 말하며 이를 여성 시인의 특징으로 설명하고 있다. 그는 규방의 도덕이나 규범을 읊는 것이 아닌 "자기의 정서를 그대로 여실하게 쏟아놓은 것[122]"을 선호했다. 그런데 이는 시를 "표현형식에 일정한 규정과 제한이 있는 운문"으로 보고, "감정의 고조된 소리"를 내용으로 하며 이 둘이 조화된 것을 시라고 규정하면서 이지에 의해서 이루어진 시를 비판했던 것[123]과 상통한다.

그러나 아무리 그가 번역한 한시가 정서를 음악적으로 표현한 것이라고 해도, 중국어와 한국어는 시에서 구현할 수 있는 음악성이 다르다. 중국어는 대부분이 단음절어이고 모든 음절에 고저와 장단인 성조가 있다. 한시는 이를 이용하여, 돈(頓), 평측(平仄), 운(韻) 등의 요소로 음악성을

120) 「작시법」, 『조선문단』 7, 1925.4.

121) 남정희는 김억을 "여성의 한시를 최초로, 가장 많이 번역한 사람"으로 기억해야 한다고 하며, 김억이 여성 한시를 번역한 것에 대해 "여성도 시를 쓸 수 있다는 근대의식을 지니고 여성 문학도 근대문학에서 수용해야 한다고 여겼기 때문", 과 "감성적인 서정시만을 좋은 시"로 여겼기 때문이라는 두 가지 이유로 꼽는다. 남정희, 「김억의 여성 한시 번역과 번안 시조 창작의 의의」, 『민족문학사연구』 55, 민족문학사학회, 2014, 65면.

122) 『꽃다발』 서문, 앞의 책.

123) 「작시법」, 『조선문단』 7, 1925.4.

추구할 수 있다. 반면에 서울 표준어 한국어에서는 성조가 없고, 시에서 장단을 통해 음악성을 추구하기도 힘들다. 따라서 김억은 한시의 음악성을 그대로 조선어 시에 옮길 수는 없었다.[124] 그럼에도 김억은 한시의 음악성을 옮기고자 했는데,[125] 이를 위한 방법론이 "창작적 무드로 의역하야써 그 시혼과 정조를 옮기는 것[126]"이었다.

김억이 어떻게 '창작적 의역'을 했는지 살펴보기 전에, 우선 한시의 음악성을 구성하고 있는 요소들을 간략히 언급할 필요가 있다. 일단 리듬은 내재적 리듬과 외재적 리듬으로 나뉜다. 내재적 리듬은 "정서의 통일과 변화[127]"를 의미한다. 예를 들어 희열과 슬픔, 안도와 후회 등의 감정 등이 어떻게 통일되고 변화되는지에 따라서 독자는 장중한 리듬, 경쾌한 리듬을 느끼게 된다. 그리고 외재적 리듬은 돈(음절의 조합), 평측, 대우, 용운을 기본으로 한다.[128] 평측은 중국어에 고유한 성조의 교체를 의미하는 것으로 높이가 평형을 이루고 길게 끄는 평성과 높이 곡절과 기복을 이루며 상대적으로 짧은 측성으로 이루어진다. 대우(對偶)는 언어가 짝을 이루는 현상으로 특히 율시의 2, 3연은 대우가 들어가는 것이 기본이다. 운은 두운의 경우도 있지만 기본적으로 특정한 행[129]은 압운을 지켜야만 한다.[130]

---

124) 김억은 한시의 음악성을 구현하는 요소가 조선인이 읽었을 때 아무런 음악적 효과도 주지 않는다면, 이는 조선인에게 있어서는 의미가 없는 것이라고 주장한 바 있다. 김억, 「誤診의 喜劇, 「漢詩에 對하야」의 筆者에게」, 『동아일보』, 1925.2.23.

125) 1장에서 서술했지만, 김억에게 情調에서의 情은 調를 통해서만 드러날 수 있었기 때문에 특정시의 정조를 옮기기 위해서는 해당 시의 調의 섬세한 '옮김'이 요구된다. 박슬기, 앞의 글 참조.

126) 「시단산책」, 『개벽』 46, 1924.4.

127) 吳戰壘, 『중국시학의 이해』, 유병례 옮김, 태학사, 2003, 193면.

128) 위의 책, 206면. 돈에 대해서는 이 책의 Ⅳ장 3.3절에서 후술할 것이다.

129) 근체시는 2, 4, 6, 8은 압운을 해야 하고, 첫 연은 압운 여부를 선택할 수 있다.

그러면 이러한 한시의 음악성을 김억이 조선어로 어떻게 번역하는지를 살펴보기로 하자. 우선 1925~30년 사이의 한시 번역을 어떻게 했는지, 여기에는 어떠한 변화가 있는지 살펴보자. 그가 처음 한시 번역을 발표한 것은 1925년 1월이다. 먼저 한시 원문과 필자의 직역을 제시하고, 그 아래에 김억의 번역시를 제시한다.

「子夜春歌」 (원문)

陌頭楊柳枝
已被春風吹
妾心正斷絶
君懷那得知

「**지야춘가**」 (직역)

길가의 버드나무 가지
이미 봄바람 불어옴을 입었으니
첩의 마음이 진정 끊어지는데
님의 마음은 어찌 알 수 있을까요?

「子夜春歌」(**자야춘가**) – 郭振[131] (번역시)

봄바람은 또다시 불어
섬돌아레 실버들가지와함의
춤을춥니다그려.

봄과함의 나의새설음은

130) 유약우, 『중국시학』, 이장우 옮김, 명문당, 1993, 55~56면 참조.
131) 『영대』 5, 1925.1.

멀니계신 그대의생각과함씌
설은노래를 불읍니다그려.

1925년 번역의 경우, 논자의 직역과 대비해보았을 때, 원시보다 정보량이 더 많다. 2구를 3행으로 풀어, 3행 2연의 총 6행으로 풀었다. 원시는 봄이 되어 길가의 버드나무 가지가 바람에 불어 흔들리는 것을 묘사하면서 시작한다. (先景) 버드나무 가지는 한시에서 이별의 상징이다. 버드나무 가지를 꺾어서 준다는 '절류(折柳)'가 임과의 이별을 의미하기 때문이다. 또 이 시에서 '이미(已)'자를 쓴 것은 뒤에 드러나듯이, 임이 떠난 후의 시간이 이미 많이 지났음을 보여준다. 임과 이별할 때 버드나무 가지를 꺾어서 준 계절이 또 다시 돌아왔지만, 임은 돌아오지 않은 것이다. 그리고 "봄바람의 불어옴을 입고 있다"는 피동적 표현은, 님 때문에 끊어질 것 같은 마음을 표현하는 객관적 상관물이다. 뒤의 2구는 이런 버드나무 가지를 바라보는 '첩'의 마음을 나타낸다. (後情) 자신의 마음은 진정 끊어질 것 같은데, 멀리 있는 님의 마음도 나와 같은지 알 수 없다. 처음 풍경은 '봄바람'에 흔들리는 '버드나무'와 같이 희망차고 여유로운 느낌이지만, 이것이 임과의 이별과 연결되며 슬프고 그리운 마음으로 변화한다. 이는 내재적 리듬의 측면에서는, 상쾌하고 희망차다가 슬프고 그리워하는 식으로 대비가 이루어진다고 볼 수 있다. 1, 2, 4연에 압운했고, 妾心과 君懷가 대우를 이룬다.

이와 같은 시를 김억은 1925년 본에서 "쏘다시" "새" "멀니계신" "설은노래를 불읍니다"와 같이 원시에 없는 내용을 집어넣음으로써 함축적인 한시의 뜻을 짐작하기 쉽도록 풀고 있다. 각 연의 2행과 3행(실버들가지와함씌 - 그대의생각과함씌, 춤을춥니다그려 - 설은노래를 불읍니다그려)을 압운하면서 대우를 이루었다. 내재적 리듬의 대비는 원시보다 더 뚜렷하여, 원시에 있는 "봄바람", "버들가지"의 산뜻하고 희망찬 느낌과 더불어, "춤을 춥니다"라는 표현을 통해서 발랄하고 기쁜 정서를 더욱 강조했다. 그리고 이를 나의 "설움", "설은 노래"로 대비시켜 원시의 내재적 리듬을 더욱 강화한다. 외재적 리듬으로는 엄밀한 음수율은 지키지 않았지만, 음절수와 호흡량을 유사하게 만든 것을 알 수 있다.

그러나 이와 함께 발표된 이백(李白, 701~762)의 「烏夜啼」 번역에서는 음수율을 전혀 지키지 않고 있고 압운도 하지 않았다. 김억의 한시 번역 중 음수율의 자각이 전혀 없는 번역은 두 편인데, 공교롭게도 둘 다 이백의 번역이며, 1925년 1월과 4월에 번역됐다. 이는 두 가지로 해석될 수 있다. 첫째는 1925년 한시 번역이 처음이라서 음수율을 어느 정도 지킨 형식과 그렇지 않은 형식, 두 가지를 실험했을 경우이다. 둘째는 한시 자체의 차이 때문이다. 흥미롭게도 「子夜春歌」와 「烏夜啼」는 모두 옛 악곡에 맞추어 지은 악부(樂府)이다. 김억이 제일 처음 번역을 선보인 것이 악부라는 것은 그의 '노래'에 관한 관심과 맞닿아 있다. 그럼에도 이 두 악부의 성격은 다르다. 「子夜春歌」는 枝, 吹, 知 자로 압운했고, 평성 '支'자 평운을 한 악부이며 오언절구이다.[132] 그러나 「烏夜啼」는 6구체 칠언 고시(古詩)로, 운도 전운(轉韻)하였고 평측도 지키지 않았으므로 「子夜春歌」와 비교해볼 때, 확실히 형식이 통일되지 않은 파격이다. 앞서

---

132) 오언절구와 악부는 완전히 모순되는 개념은 아니다. 악부는 일반적으로 고체시의 형태로 쓰지만, 곽진의 이 시의 경우 평측도 맞고 압운을 하였고 대장을 이루었다. 평측은 측평평측평/측측평평통/측평통측?/평평통측평이다. 통은 평과 측으로 모두 통하는 것을 의미하며, ?는 현재로서는 평측을 알 수 없다는 의미이다. 이는 『평수운(平水韻)』을 기준으로 한 것이다. 평측은 오언절구에서 2, 4번째 글자를 따져야 하는 데, 이를 통해 보면 평측/측평/평측/평측으로 되어 있어서 3구가 맞지 않으나 큰 의미로는 평측을 따진 시라고 할 수 있다. 蔣紹愚, 『唐詩言語硏究』, 鄭州: 中州古籍出版社, 1990의 1.3절 '近體詩的平仄' 참조.

김억이 번역에서 '조(調)'를 옮기는 것을 중요하게 보았다는 점[133]에서 전운한 것은 조선어로는 압운하지 않고 옮겼을 것이다. 그러나 한시에서 평측을 지키지 않은 것은 조선어로 옮기기 힘들다. 따라서 조선어 번역에서는 한시에서 평측만큼 운율 형성에 중요한 역할을 하는 음절수의 파격으로 옮겼을 가능성이 있다. 아마 첫째와 둘째 이유가 함께 작용하여 이러한 번역을 시도한 것으로 보인다.

이는 1925년 4월의 번역[134]에서도 마찬가지로 나타난다. 여기에서는 「봄노래」라는 큰 제목 하에 김억의 창작시와 한시 번역을 구분하지 않고 제시하였다. 이는 역시를 "한個의 創作"[135]이라고 여기는 김억의 태도가 반영된 것이다. 여기에서는 다시 이백의 다른 작품인 「子夜吳歌」를 번역하고, 곽진의 「子夜春歌」를 재번역한다. 마찬가지로 이백은 고체시의 작품으로 이를 김억은 음수율에 상관없이 번역하고, 오언절구인 곽진 작품의 재번역은 일정 정도의 음수율을 지키면서 더 간략한 형태로 재번역한다. 불과 3개월 사이에 같은 작품을 다시 번역한다는 것과 고체시와 근체시를 서로 다른 방식으로 번역하며 실험을 지속하고 있다는 것은, 그만큼 김억이 번역에 공을 들이고 있으며, 여러 가지 실험을 실행하는 중이라는 것을 의미한다.[136]

133) 김억은 왕유의 시가 '神韻'다움에 탄복을 한다고 하며, 이를 옮기기를 포기했다고 고백한다. 그러면서 이를 "散文으로라면 손을 대이지 못할 것도 아니외다 그러나 가즌格調의 詩를 散文으로 옮긴다는 것은 차라리 옮기지 않는便이 나흘것이매, 이는 나의 取할바가 아니외다."라고 하여, '가즌격조'의 시는 꼭 시, 즉 격조의 글로 옮겨야 한다고 주장한다. 「弁言 멧마듸」, 『夜光珠』, 조선출판사, 1944.

134) 『생장』 4, 1925.4.

135) 「漢詩譯에 對하야」, 『忘憂草』, 한성도서, 1934.

136) 그는 "音調와 音數와 意味가 原詩와 꼭 같지아니하여서는 眞正한 번역이라 할 수가 없고 보니"라고 하며, '음수'를 강조한 바 있다. 위의 글.

「子夜春歌」 – 郭振

村가의 버들가지에도
봄바람은 불며 노누나,

이내몸의 그립은생각을
그대야 알으랴 말으랴.

위에서도 3.6/4.5/4.6/3.6 정도로 3행의 10음절의 예외를 제외하고는 9음절을 유지했다. 또 '나'와 '랴' 로 운을 맞추고 있다.[137] 내재적 리듬도 앞 연에서의 '노누나'와 2연에서 임의 부재에 그리워하는 나의 마음을 대비한 것은 원시와 같다. 원시와 정보량도 비슷하다고 할 수 있다. 이렇게 한시 번역은 음절수의 정형을 느슨하게 지키다가 1929년에 이르면 7·5조로 이루어진 것과 5·7, 7·5가 뒤섞인 것[138] 등이 나타난다. 이처럼 1925년부터 30년에 이르는 시기 동안 김억의 한시 번역의 변화를 살펴보면, 점점 7·5조로 굳어져 가며 '격조시'형으로 나아가고 있고[139],

137) 'ㅑ'는 이중모음으로 발음으로 표기하면 ya이며 'ㅏ'는 a이기 때문에 운이 맞는다고 할 수 있다.

138) 「比겨보리」, 「눈물」은 7·5조, 「꼿송이를싸노라면」(5.7/7·5/5.7/7·5), 「절믄한때에」(5.7/5.7/7·5/7·5)처럼 7·5조와 5.7조가 섞여 있다. 이는 『조선일보』, 1929.12.5.에 「흘으는물 江外에-한시자유역」이라는 제목으로 실려 있다.

139) 이러한 7·5조는 일본의 시가에 영향을 받았다는 것이 정설이다. 이미 당대 주요한부터 7·5조를 일본에서 기원한 것으로 여기고 있었다. 주요한, 「노래를 지으시려는 이에게」, 『조선문단』 1, 1924.

이후 연구들은 이러한 견해를 뒷받침하고 있다. 김대행, 「'민요조'고」, 『한국 시가구조 연구』, 삼영사, 1976; 성기옥, 「층량3보격(7·5조)과 전통성의 문제」, 『한국시가 율격의 이론』, 새문사, 1986; 오세영, 「자유시 형성에 있어서 사설 시조와 잡가」, 『한국 근대문학론과 근대시』, 민음사, 1996; 조동일, 「현대시에 나타난 전통적 율격의 계승」, 『한국민요의 전통과 시가 율격』, 지식산업사, 1996; 한수영, 『운율의 탄생 -한국 근대시의 언어 공간과 7·5조』, 아카넷, 2008.

창작시에서도 1929년『안서시집』을 통해 7·5조를 자신 있게 세상에 선보이는 것을 알 수 있다. 그리고 1930년에 마침내, 「격조시형론소고」를 발표한다.

3) 격조시로서의 한시 번역

김억은 간결하고, 정형이며, 음악성이 있고 조선어에 걸맞은 '조선시형'으로서 '격조시'라는 시형에 대해서 동아일보에 14회에 걸쳐 「格調詩形論小考」[140]를 연재한다. 초기부터 계속 '근대적 조선시형'을 추구해왔고[141], 이것이 조선에 없다[142]는 것을 문제시했던 김억에게는 10여 년 이상의 고민이 담겨있는 글이다. '격조시'형은 정형성, 7·5조라는 형식, 음력이라는 운율의 기층단위, 운 등의 격조시라는 형식을 규정하는 모든 부분에서 한시와 관련 있다.

격조시를 논의하기 위해서는 '격조(格調)'의 의미부터 살펴봐야 한다.

물론 일본의 영향도 있을 것이지만, 본 논문에서 주목한 지점은 김억이 이를 스스로 논리화하여 나름의 정형시론을 '격조시'라고 주창했다는 것이며, 이러한 정형시형으로 나아가기 위해 한시 번역을 통해 이를 실험하고 있다는 점이다.

140) 『동아일보』 1930.1.16.~1.30.

141) 「시형의 음률과 호흡」, 『泰西文藝新報』 제14호 (1919.1.13)

142) 김억은 최남선 등 시조부흥론자와는 달리, 시조를 완전히 긍정하지는 않았다. 김억의 시조관은 시기별로 조금씩 차이를 보인다. 초기에는 시조의 가치를 부인하며 시조가 당대 사회에 적합한 시 형식이 아니고, 시조의 내용은 거의 중국에서 왔으며, 당대 조선인들의 사상과 감정을 담기에는 적합하지 않다고 생각했다. (「작시법」, 『조선문단』 10, 1925.7.) 격조시형론소고를 쓰기 3년 전에는 시조가 여전히 당대 조선인의 사상과 감정을 담기에는 한계가 있지만, 그래도 시조와 민요의 형식을 '혼합절행'함으로서 새로운 조선시형을 만들어야 함을 주장하고 있다. (「밝아질 조선시단의 길」, 〈〈동아일보〉〉, 1927.1.2.) 이는 격조시형론을 쓰면서 다시 시조가 '현대의 우리 사상과 감정을 담아놓기에는 자유롭지 못할 뿐 아니라 무엇보다도 그 형식이 너무 간단하여 사용하기 어렵'다는 판단으로 돌아간다. (「격조시형론소고」, 1930.1.17.)

최남선은 1917년에 "調格隨意"이라는 표현을 글자 수나 행의 수를 제한하지 않는다는 의미로 사용한 바 있다.[143] 이에 비추어 본다면, 격조라는 용어는 글자 수와 행의 수의 제한을 일차적으로 의미한다. 김억 또한 "音節에 마초아 지은 格調詩"[144]라는 표현을 쓴 적이 있어서 이러한 인식을 공유했음을 알 수 있다. 그는 더 나아가 격조시에는 운(韻)이 있어야 함을 언급했다.[145] 즉 격조시는 글자 수나 행의 수가 정형이며, 운이 있는 시이다. 이는 한시의 형태와 매우 유사하다. 더 나아가 시의 형태를 '격조시'라 명명한 것은 김억이 한문전통의 개념을 전유하는 자세와 연결된다. '격조'라는 단어 그대로의 의미는 '바로잡고 균형을 잡는다'는 뜻으로, 사물 자체의 걸맞은 모습을 의미하며, 특히 문예 작품에서는 격식과 운치에 어울리는 가락[146]을 의미한다.

또 한편으로 한시의 주류 시론으로서의 격조론은, 시에는 유가적인 도덕적 감화를 주는 내용이 들어있어야 함을 주장하며, 시성의 권위를 존중하며 형식을 중시하는 시론이다. 따라서 복고적 면모를 보이며 성당시대의 시에서 모범을 찾으려는 경향과도 연결된다.[147] 분명 김억은 한시에서의 '격조'의 의미를 알고 있었을 것이다. 그리고 김억의 「격조시형론소고」를 읽는 독자들도 한시에서의 '격조'의 의미를 떠올렸을 것이다.[148]

---

143) 「문예현상공모」, 『청춘』 7, 1917·5.

144) 「「조선시형에 관하야」를 듯고서」, 『조선일보』, 1928.10.18.

145) "이미 격조시형론을 말한 이상에는 압운문제에 대하야서도 나의 소견을 말하는 것이 당연한일이외다." 「격조시형론소고」, 『동아일보』, 1930.1.30.

146) 국립국어원 표준국어대사전 '격조' 항목.

147) 彭鐵浩, 「격조설·신운설·성령설의 상관관계」, 『중국 문학』 41, 한국중국어문학회, 2004, 65~66면. 곽명숙은 이런 중국 시가의 '격조'의 의미와 김억의 '격조'의 의미를 연결해 해석한 바 있다. 곽명숙, 「김억의 '조선적 시형'에 대한 고찰」, 『인문연구』, 영남대 인문과학연구소, 2008, 280면.

148) 김억은 여러 곳에서 자기 글의 대상 독자를 한문전통에 친숙한 이들로 설정하는 면모를

그럼에도 '격조시'라는 용어를 사용한 이유는, 자신의 시가 당대 및 후대 시인들에게 일종의 모범으로 기능하기를 바라는 마음이 담겨 있기 때문이다.

김억은 14회에 걸친 「격조시형론소고」에 숫자를 붙여 6개의 마디로 구분해 놓았다. 이를 각각 정리해보면, 1은 시가에서 운율과 언어 조탁의 중요성 및 시가의 번역불가능성, 2는 시가에서의 음조미의 중요성을 다루는 한편 자유시는 산문과 혼동 가능하다는 점에서 한계가 있음을 지적하고, 조선어에서는 음절수의 定形으로서만 운율미가 가능함을 주장, 3은 운율의 기층단위인 음력 소개, 4는 격조시에서 의미와 음률의 조화와 음률미의 필요성, 5는 調마다 어울리는 사상과 감정 및 우수조와 기수조의 운율적 차이, 6은 민요와 동요의 한계 및 7·5조가 서정형 중 가장 좋은 형식이라는 것을 설명하고 있다. 이처럼 각 마디를 정리해보면, 결국 시가에서는 음악성이 중요함에도, 현재 시단은 이를 무시한 자유시만이 유행하고 있음을 비판하고, 이를 바탕으로 조선어에서 음악성이 있는 시는 음절수의 정형(定形)을 통해서만 가능하다고 설명한다. 이 과정에서 운율의 기층단위인 음력(音力)을 소개한다. 음력을 바탕으로 우수조와 기수조의 운율적 차이를 설명하며, 단조로운 우수조보다는 변화가 많은 기수조가 운율적으로 뛰어남을 지적한다. 이후에는 定形의 調마다 어울리는 사상과 감정을 설명하여, 결국 7·5조가 서정형 중 가장 좋은 형식이라고 결론을 내린다.

김억은 이러한 '소고'를 통해 조선어 시의 '격조'를 세우고자 했다. 즉 시형의 모범으로 당대 시를 쓰는 사람들이 참고로 할 수 있도록, 어떤

보인다. 한시는 번역을 하지 않고 제시하거나, 한시를 떠올리게 하는 표현들을 쓰는 등의 면모들이 그러하다. 이 책의 Ⅱ장 1절 참조.

사상과 감정을 시로 쓰고 싶을 때는 이 '격조'를 사용하면 된다는 식의 일종의 시 창작 교과서로서 기능하고자 했다.[149] 또 시를 읽는 상황에서, 시의 바람직한 낭송방법을 설명하는 데도 주의를 기울인다.[150] 그는 시는 의미만을 따라서 읽는 것이 아니라, 음률적 율동 요구에 따라서 읽어야 한다고 하며, 12음절을 두 호흡에 읽는 것이 적절할 것이라고 한다.[151]

한시와 이 '격조시'와의 관련성은, '격조'라는 이름뿐만 아니라, 운율의 기층단위 설정을 '음력(音力)'이라 한 것에서부터 드러난다. 김억은 음력을 토대로 반음과 전음이라는 개념을 운율의 기층단위로 설정한다. 반음은 1음절, 전음은 2음절이며, 이것이 결합하여 기수조와 우수조가 성립한다. 이는 한시의 기층단위인 돈(頓)과 일치한다. 한시에서 두 개의 음절이 조합하여 하나의 음보를 이루는 것을 돈이라 칭한다. 가령, 4언시(四言詩)는 두 개의 돈(2-2), 오언시(五言詩)는 세 개의 돈(2-2-1 혹은 2-1-2), 칠언시(七言詩)는 네 개의 돈(2-2-2-1 혹은 2-2-1-2)으로 이루어진다. 이처럼 돈은 리듬을 이루는 가장 기본요소이고, 시가의 리듬 효과는 매구 속에서 나누어지는 돈의 기우(奇偶)에 따라 결정된다. 즉, 4언시는 우수 두 개로 이루어져 리듬의 변화가 적어 단조롭지만, 5, 7언은 기수와 우수가 교차하여 매끄럽고 생동적인 느낌을 준다.[152] 그래서 한시의 근체시는 오언이나 칠언의 형식으로 굳어지게 되는 것이고, 이는 김억이 우수조가 아니라

149) 예를 들어 다음과 같은 대목이 그러하다. "만일 75조에는 가벼운 감이 있고 57조로는 좀 무거운 듯할 때에는 이 77조가 비록 음보로는 길다 하더라도 그러한 생각을 잘 표시해 주지 아니할까 합니다." (「격조시형론소고」, 『동아일보』, 1930.1.29.)

150) 「격조시형론소고」 『동아일보』, 1930.1.20. 이는 「시가의 음미법」(5:392)에서도 마찬가지로 나타나서 시가를 읽는데는 "매절을 두 호흡으로 읽는 것이" 좋다거나 "시를 읽을 때에 구를 뗀 것은 쉬어서 읽어주기" 등을 당부하고 있다.

151) 「격조시형론소고」, 『동아일보』 1930.1.23.

152) 吳戰壘, 유병례 역, 『중국시학의 이해』, 태학사, 2003, 206~208면.

기수조의 음률이 뛰어나다고 하며 결국 7·5조를 서정시에 가장 적합한 형식으로 주장한 것[153]과 정확히 일치한다.

이를 바탕으로 앞서 김억이 1925년에 번역한 한시를 다시 1934년에 격조시형으로 재번역한 것과 비교해보자.

> 하늘하늘 봄바람 버들과 노네.
> 야속타, 님의맘을 난 몰으겟네. (『망우초』, 한성도서, 1934.9.)

1925년도의 번역이 원래 한시보다 정보량을 더 주어 원시를 이해하기 쉽게 번역했다면,[154] 34년도의 '격조시' 형태로의 번역은 원시보다도 더 압축적으로 이루어져있다. 원시를 모르는 사람이 읽었을 때는 해당 시의 의미를 해석하기 매우 힘들 정도로 압축이 된 것이다. 버들이 임과의 이별이라는 의미를 지녔다는 것을 전제해두고 읽어야만 뜻을 짐작할 수 있을 정도다. 원시가 버드나무가 바람에 수동적으로 흔들리는 것과 화자의 마음을 비교하고 있다면, 이 번역본에서는 오히려 대조적으로 버드나무는 바람과 놀고 있는데, 나는 님과 떨어져 님의 마음을 모르겠다는 것으로 제시된다. 내재적 리듬은 마찬가지로 원시의 것을 더 강조하며, "하늘하늘"이나 "노네"라는 표현을 통해서 부드럽고 온화한 분위기를 강조하다가, "야속타"라는 표현을 통해 화자의 애타는 심정을 드러낸다. 외재적 리듬으로는 2구를 7·5조의 2행으로 번역하고 '네'로 압운을 했다. 1925년의 번역보다 엄밀하게 음수율을 지켰으나 7·5조 안에서는 변화를 주었다.

153) 「격조시형론소고」, 『동아일보』, 1930.1.23.

154) 분석은 이 논문의 Ⅳ장의 3.2절 참조.

기존 연구들은 이러한 격조시형의 음절수의 정형성만을 지적[155]하며, 이것이 기계적인 음률을 초래했다고 비판한 바 있다.[156] 그러나 이는 김억이 「격조시형론소고」에서 음수율을 넘어서 기층단위인 전음과 반음이라는 개념으로 고정된 7·5조 속에서도 율격적인 변화가 가능하다고 주장했다는 점을 간과한 것이다. 이러한 관점에서 김정화는 한시와의 연관성을 논의하지는 않았지만, 김억의 「격조시형론소고」에서 음력을 논의했다는 점을 강조하고 있다.[157] 김정화는 이것이 도이 코우치(土居光知, 1886~1979)의 '시형론(詩形輪)'을 그대로 모방했다고 보고, 반음과 전음이라는 음력(音力)[158]이 한국 시의 율격을 설명하는 기층단위로는 적절하지 않고 결국에는 격조시형도 고정음수율로 귀착되었다고 본다. 그러나 김억의 격조시를 그의 의도대로 읽게 되면, 고정음수율이라 볼 수 없다. 김억은 고정된 음절수에 기층단위인 음력의 변화를 주어 반복성과 유동성을 함께 구현하고자 했고, 여기에 운을 도입하여 리듬감을 더하고, 이러한 특성을 부각할 수 있는 적절한 율독 방법도 직접 제시하였기 때문이다.

앞서 언급했듯이 한시는 두 개의 음절을 조합해서 '돈'이라는 음보를 이루고, 한시에서 운율효과는 매구 속에서 나누어지는 돈의 짝수와 홀수(기수와 우수)에 따라서 결정된다. 김억은 이를 받아들여, 전음(2)와 반음(1)이라는 음력을 운율의 기층단위로 파악한다. 그리고 띄어쓰기도 율독의 중요한 표지로 여겼다.[159] 이러한 김억의 시각으로 이 시의 운율을 파

155) 강재철, 앞의 글, 최미란, 앞의 글. 이규호, 앞의 글. 박종덕, 앞의 글.

156) 노춘기, 앞의 글, 291면.

157) 김정화, 「근대 초기 시형의 모색과 율격 논의 -김억의 '격조시형론'을 중심으로」, 『한국문학이론과 비평』 50, 한국문학이론과비평학회, 2011.

158) 김억의 용어로, 한 번에 발음할 수 있는 단위를 일컫는다. 1음절이나 2음절을 의미한다. (「격조시형론소고」) 이는 土居光知의 개념에 영향을 받은 것으로, 이는 福士幸次郎의 「二音の環」 논의에서 비롯한다고 한다. 김정화, 앞의 글, 각주 11번 참조.

악하면,[160)]

> 하늘하늘 봄바람 버들과 노네. 22 21 21 2
> 야속타, 님의맘을 난 몰으겟네. 21 22 1 22

로 되어, 기계적인 7·5조의 음수율이 아니라, 7·5라는 반복 속에서도 각기 7 음력을 이루고, 그 7 음력은 동일하게 반복되는 것이 아니라 다시 내부에서 기수와 우수 위치의 변화, 그리고 띄어쓰기를 통해서 변화를 꾀하고 있다는 것을 알 수 있다.

물론 김억 스스로 밝히고 있는 것처럼,[161)] 운율의 기층단위를 전음과 반음으로 설정한 것, 음절수와 정조와의 연관성을 논의한 것은 『文學序說』의 직접적 영향이다.[162)] 그러나 도이 코우지(土居光知) 자체도 한시의 운율 단위인 돈과 완벽하게 일치하는 논의를 하였기 때문에 한시의 영향을 추정해볼 수 있고, 김억이 도이의 논의를 받아들여서 음력을 논의하는 까닭도 그가 익숙했던 한시와 유사하기 때문일 것이다. 더 나아가 「격조

---

159) "구와 구를 떼어읽은 것에도 시를 읽음에는 주의하지 아니할수 없는 것이외다. 가령 '하소연많은 열여덟 이내 심사' 같은 것은 '하소연만흔열여덟'하고나서 '이내심사'하는 것과 '하소연많은' 쉬어서 '열여덟'하고 끊었다가 '이내심사'하는 것과 주는 느낌이 다릅니다. 나로는 후자를 택하거니와 아래의 시를 읽을때에 구를 뗀 것은 쉬어서 읽어주기를 바랍니다." 「시가의 음미법」, 『조선일보』, 1929.10.19.

160) 예를 들어 김억은 "살아지다 살아지다 億年이나 살아지다/百子千孫 엉기엉기 十萬里나 퍼저지다"는 222222의 우수로 되었고, "개와집 먼는눈과 모옥에 뿌리는눈이/뉘라서 한눈이라도 한눈은 아닌 것이"를 분석하며 초장은 21 22 21 212 중장은 21 221 21 22로 되었다고 하였다. 「격조시형론소고」, 『동아일보』, 1930.1. 22.

161) "이 小考에는 土居氏 文學序說에서 얼마큼 暗示바닷다는 것을 告白해둡니다." 「격조시형론소고」, 『동아일보』, 1930.1.30.

162) 土居光知, 『文學序說』, 岩波書店, 1922초판, 1927 제2판. 김억이 어떤 판본을 접했는지는 확인할 수 없다.

시형론소고」가 『문학서설』과 다른 지점도 지적해야 하는데, 바로 운의 긍정이라는 점이다. 김억은 이전까지 조선어에서 '운'이 불가능하다는 관점이었지만, 「격조시형론소고」에서는 운이 가능하고 필요하다는 관점으로 바뀐다.[163] 여기에서 김억은 압운문제는 재론하겠다고 약속하고, 6개월 후에 「시형, 언어, 압운」에서 이 약속을 지킨다. 이 글은 제목처럼 시형, 언어, 압운에 대해서 논의하고 있는데, 시형의 부분은 앞선 「격조시형론소고」의 내용과 겹치고, 언어 부분에서는 조선어 표현력에 대한 칭송이 나타난다.

> 要約되고 含蓄된 言語가 詩作上에 가장 必要한 用語라고 한다면 이点에서는 朝鮮말처럼 이러한 可能性을 가진 것은 없는 줄 압니다. (…) 朝鮮말의 性質로 본다하면 朝鮮말은 그 性質로 보아 定形詩形을 가지기에 가장 適當하고 또는 詩歌의 기지지 아니하여서는 아니될 押韻 같은 것에는 그야말로 注文감이라할만한 只今까지의 다른 人士들의 主張과는 反對의 結果를 있게 된 것은 나로서도 異常하다는 感을 禁할수가 없습니다. 그리고 그 同時에 朝鮮詩歌의 未來에 대한 約束많은 希望을 기뻐하지 아니할 수가 없습니다.

이는 앞서 1925년 「작시법」에서 조선시가의 무지와 조선어의 한계를 지적했던 태도[164]와는 완전히 다른 모습이다. 이는 그동안 이론상의 정리와 이에 수반한 자신의 시 번역과 창작에 말미암은 것이었다. 특히 운의 긍정은 한시 번역과정에서 생긴 시각차 때문이다. 한시에서 운은 운

163) 「격조시형론소고」, 『동아일보』, 1930.1.30.

164) "朝鮮말처럼 單純한 것은 없습니다, 形容詞와副詞가 如만不足이 아닙니다. 勿論첫재에 모든어렵음보다 싹한 것은 形容詞와 副詞엿습니다. 참말로 悲哀가아니고 悲慘한생각이 낫습니다. 될수만 잇으면 形容詞와副詞는 英文그대로라도 쓰고십헛습니다" (「서문대신에」, 『잃어진진주』, 앞의 책).

율을 형성하는 중요한 요소이다.[165] 한시를 번역하면서 이에 더 주목하게 된 것으로 추정된다. 물론 그가 번역한 영시나 프랑스 시에서도 운은 있지만, 김억은 이 작품들을 조선어로 번역할 때는 운을 중요시하지 않았다.[166] 하지만 한시를 조선어로 번역, 혹은 '이식'을 할 때는 김억은 운을 중요하게 고려해서 번역하게 된다. 이로 미루어보아, 한시 번역과정에서 운을 더욱 중시하게 되었다고 할 수 있다. 앞서 논의했듯이 이러한 「격조시형론소고」 발표 이후에 김억은 한시를 이러한 격조시형으로 번역한다.[167]

---

165) "근체시의 韻은 율격에서 커다란 비중을 차지한다. 동일 韻母를 가진 글자가 일정한 위치에서 반복되는데 이것은 작품의 聯과 句를 구분하는 역할을 한다. 곧 詩想 전개가 韻字를 중심으로 단락을 이루어 가다. 근체시의 독자와 청자는 韻字 위치를 파악하여 시인의 意境을 추적한다." 박수천, 「근체시의 율격과 번역」, 『한국한시연구』 1, 한국한시학회, 1993, 141~142면.

166) 서구시를 번역할 때에 동일음의 반복은 자주 있다. 예를 들어 종결어미 '~라'와 같은 것의 반복은 있지만, 이는 음절 자체의 반복이지 동철이의어(homograph: 同綴異義語)는 아니다. (김대행, 「압운론」, 앞의 책, 44~45면 참조) 넓은 의미에서는 이 또한 각운으로 볼 수 있지만, 의식적으로 '~라'라는 종결의미를 압운했다기보다는, 종결어미의 반복으로 보이는 경우가 많다.

167) 『忘憂草』, 한성도서, 1934.9.10.는 165편 중 161편을 7·5조로 번역하였다. 이 중 「春思」, 「送別」는 7·7조이고 「東陽酒家贈別」은 7.4조, 「旅燈」은 7·5/7.6/7·5/7·5이고 나머지 161편은 모두 7·5조이다.

『同心草』, 조선출판사, 1943.12.31. 총 100편 가운데, 나머지 85편은 7·5조이다. 나머지들도 7·5조의 틀 안에서 변격을 주고 있다고 할 수 있다. 「날점을고」는 4.5, 「님에게」, 「別恨」, 「靑山」, 「등잔불」, 「梅花꽃」, 「대가 부러워」, 「배」, 「님과나」는 7/7·5/7/7·5, 「그림자」, 「꽃과 실버들」, 「臺우에서」는 7/7/7·5/7·5, 「비」는 7·5/7/7/7·5, 「버들가지」는 8.5/7·5/7·5/7·5, 「나이들어」는 7·5/7·5/6·5/7·5이다. 이 중 10편은 『망우초』에 실렸던 시들이다.

『꽃다발』, 박문서관, 1944, 4.20. 은 한국여성 시인의 한시를 번역하면서 모든 한시를 7·5조와 시조형으로 번역했다. 김억은 시조형은 3.4.3.4/3.4.3.4/3.5.4.3 으로 간혹 종장의 마지막 구만 생략하는 시조창 형태로 변형하는 것을 제외하고는 엄격하게 음수율을 지킨다. 이를 해방 후에 재편집해서 나온 것이 이다. 이 중 23편은 『망우초』에 실렸던 시들이다.

그가 자신이 주창한 '조선적 시 형식'으로서의 격조시와 같은 형태로 한시를 번역하는 것의 의미는 무엇일까? 실제 그가 「격조시형론소고」로 격조시라는 형태를 '실험적'으로 제출한 이후에, 이 격조시형으로 조선어 시를 쓰면서 동시에 몰두한 것이 바로 한시 번역이었다. 실제 그가 쓴 조선어 격조시보다 격조시로 번역한 한시가 더 많다.[168] 그가 '조선심'이나 '조선혼'의 실질적인 내용 중 하나일 수 있는 시조와 민요를 거부하면서, 조선시에 대해 무지를 밝힌 후 그는 한시를 번역하기 시작하고, 「격조시형론소고」를 발표한 이후에는 800편에 달하는 한시를 맹렬하게 번역한다. 이는 결국 한시의 풍요로운 자산을 조선의 시형태[169]로 바꾸는

『支那名詩選 2』, 한성도서, 1944.8.28.이는 양주동의 「詩經」과 김억의 「白樂天詩選」이 묶여있다. 총 60편의 시 중에 53편은 완전한 7·5조이고 나머지는 7·5조의 변격이다. 『支那名詩選』, 여기에서 「上陽宮아가씨」는 앞서 「上陽아가씨」와 동일하다. 「潛別離」는 4/5/4/5/7·5조이다. 「太行路」에서 3연 처음이 7. 「短歌行」에서 2연에 7·7, 「生離別」에서 4연에 7·7 이들은 오언이나 칠언이 아니라 한시에서 3언과 같은 경우 7·5조가 아니라 다른 형식으로 번역한 것이다. 3언인 경우도 가급적 7·5조로 번역하고자 노력했다는 것을 알 수 있다. 「賣炭翁」은 첫행만 6, 나머지는 7·5조이다. 「南山路有感」은 4.4/3.4/4.4/3.4이다. 이중 14편은 『망우초』에 실렸던 시들이다.

『夜光珠』, 조선출판사, 1944.12.31.는 총 27 편 중에서 24편은 7·5조이다. 「上陽아가씨」는 첫연은 5/5/7·5 2~5연 7·5조, 6연 7/7/7.4/ 그 이후 7·5조이고 마지막연은 5/4.5/7·5로 5행이 이어진다. 「大行길」도 마찬가지로 8연 중에서 2연의 첫행만 7이다. 「가을밤」도 앞의 두 행만 5이다. 이 중 5편은 『지나명시선』 2에 실렸던 시들이다.

『금잔듸』, 동방문화사, 1947.4.10. 이는 '이조규수한시찬집(李朝閨秀漢詩撰集)'이라는 부제가 붙어있다. 모두 7·5조와 시조형으로 번역되어있다. 총 157편 중 34편이 신작이며, 나머지는 구작이다. 7편은 『망우초』에 실렸던 시들이고, 116편은 『꽃다발』에 실렸던 시들이다.

『玉簪花』, 이우사, 1949.2.5. 조선시편은 『꽃다발』에서 75편을 가져왔고, 『망우초』에서 4편을 가져왔고, 새로 25편을 번역했다. 중국 시편은 『망우초』에서 1편을 가져왔고, 『동심초』에서 4편을 가져왔고, 새로 105편을 번역했다. 중국여성시나 한국여성시 모두 7·5조와 시조형으로 번역하였다. 「携手曲」만 시조로 번역하지 않고 7·5조로 하였다. 마지막 시인 관계로, 지면 관계상 시조 번역 부분을 게재하지 못한 것으로 보인다.

168) 창작시는 600여 편, 한시 번역 시는 800여 편이다.

169) 그는 『꽃다발』(1944), 『금잔듸』(1947), 『옥잠화』(1949)에서 한시를 시조형과 격조시형

것이었고, 이를 통해 한문전통을 조선어로 재창작함으로써, 풍요로운 한문전통을 조선어로 끌어오는 것이었다.[170)]

김억은 800여 편의 한시를 번역하고, 한시에 영향을 받은 국문시를 초기부터 꾸준하게 짓고, 마침내 한시와 긴밀한 관계에 있는 '조선적 근대시'로서의 '격조시'를 창안하지만, 공식적인 매체에 자신의 한시를 발표하지는 않았다. 다만 지인과의 서간에서 한시를 썼던 것이 근래에 발견되어 한문맥의 문화관습을 지속하고 있었음이 확인될 뿐이다. 여기에 최남선, 이광수와 김억의 분기점이 보인다. 김억에게 한시는 개인적인 서간 왕래에서만 쓸 수 있는 것이었고, 공식적인 근대 매체에서는 발표하지 못할 성격의 것이었다. 근대 매체에서는 국문시만을 썼던 것은, 그만큼 한시의 전통을 타자화하고, 그것을 타자화한만큼 이를 더욱더 국문시 전통으로 전유하고자 했던 그의 면모를 확인되는 근거이다.[171)] 그는 분명히

으로 동시에 번역한다. 김억은 시조를 제한적으로만 긍정하며, 이것이 현대 조선의 사상과 감정을 담는 데에는 적절치 못함을 비판했었다. 그럼에도 이렇게 격조시형으로만 한시를 번역하다가 시조형과 격조시형으로 동시에 번역하게 되는 것은, 하나는 전통(시조)으로 다른 하나는 새로운 '근대적 조선시형'인 격조시형으로 번역함으로써, 고유어 시가의 전통을 만들면서 동시에 이를 현대적 조선시로 변형시키는, 소위 문학적인 '이중과제'를 실현하고 있는 모습으로 보인다.

170) 특히 김억은 1944년을 전후로 한 시기에 집중적으로 한시 번역 시집을 발간한다. 이 시기 김억은 폐색된 상황에 놓여있었다. 그가 몸담았던 음반산업 분위기의 변화, 일제 말기 총동원체제 아래에서 조선어 문학이 (불)가능했던 한계적 조건 등은 그를 한시 번역에 집중하게 하였던 것도 물론 사실이다. 이에 대해서는 구인모, 「한시의 번역 혹은 고전으로의 피란 -김억의 『동심초』와 『꽃다발』을 중심으로」, 『번역의 거처, 한국문학의 내부와 외부』, 고려대학교 번역인문학연구원 심포지엄 자료집, 2015.에서 자세히 다루어진 바 있다. 여기서 구인모는 김억이 주장한 한시 번역의 의의를 "당시 시인으로서 침체를 면하지 못하던 김억이 자신의 고심참담과 암중모색을 조선문학의 궁경에 대한 진단과 처방인 양 전가한 측면이 크다"라고 지적하였다. 그러나 이것이 동시에 참일 수는 없을까? 즉 김억의 한시 번역은 자신의 고심참담과 암중모색이면서 동시에 조선문학의 궁경의 진단과 처방으로서의 의미도 있다고 볼 수 있다.

'조선적 특수성'과 '근대성'에 대한 고민을 처음부터 갖고 있었다. 그래서 그는 쉽게 한시나 영시 또는 일어시의 형식, 시조나 민요의 형식을 그대로 도입하는 것에 거부감이 있었다. 따라서 그는 조선어에 대한 이론적 탐구를 통해 조선어가 어떠한 가능성을 지녔는지, 이는 시어로서 어떠한 음악성을 담보할 수 있는지에 대한 이론적 논의를 반복하면서 자신의 시론을 가다듬었다. 그는 조선인이 한시를 지으면서 평수운에 따르고 평측을 맞추는 것은 무용한 것이라 주장했다. 그에게 현재 음악적 효과가 없는 관습은 지킬 필요가 없었다. 중요한 것은 당대 조선에서 어떠한 음악적 효과가 있는가였기 때문이다. 그럼에도 그는 한시를 강하게 의식하면서 국문시를 썼다. 그의 국문시는 한시의 대우 구조를 그대로 도입한 결과였으며, 조선적 근대시 형식을 창안하기 위해서 한시로 돌아가서 한시를 번역하며 한시를 전유하여 자기화, 국문화하려고 했다.

171) 이와 관련하여 김억의 『시경』 번역과 그 의미에 대해서는, 정기인, 「경전에서 텍스트로-20세기 초 『시경』에 대한 근대 시인들의 인식 변화」, 『민족문학사연구』 69, 민족문학사학회, 2019 참조.

제Ⅴ장

한문맥의 절합과 근대시의 중층성-김소월

소월 시의 민요적 특징은 일찍부터 주목되어, 전통적 율조, 정서, 민요적 소재, 언어 표현 등의 측면에서 탐구된 바 있다.[1] 특히 신범순은 소월 시에 나타나는 민요시의 형식적 특성을 넘어선, 민요적 정신을 탐구했다는 점에서 주목을 요한다.[2] 민요의 형식적 차원을 계승하는 것을 넘어서, 정신적 차원에서 소월 시는 한국 근대시사에 깊고도 높은 정신을 지니고 있음이 밝혀진 것이다. 분명 김소월 시에 나타나는 민요와 연관된 중요한 지점들은 소월이 민요를 계승하면서, 그 전통이 소멸해가는 시대에 마지막으로 그 '어두운' 깊이를 잘 계승했다는 점을 보여준다.[3]

이 장에서는 이러한 기존 연구를 바탕으로 하여, 소월이 민요뿐만 아니라 한문맥도 적절히 활용하면서 자신의 정신적 깊이를 형성했음을 서

1) 오세영, 「소월 김정식 연구」, 『한국 낭만주의 시 연구』, 일지사, 1980, 318~322면.

2) 신범순, 『노래의 상상계 -'수사'와 존재 생태 기호학』, 서울대학교출판문화원, 2011. 이 중 특히 3장 「김소월 시에서 꽃-나라-국가의 메나리 나라」와 6장 「「산유화」의 신성한 기원과 그 계승」 참조.

3) 이후 Ⅴ장 2.1에서 「시혼」 분석을 통해 밝힐 것이지만, 소월에게 늘 '어두움' 또는 '그늘'이 깊이나 높이와 관련되어 있었다.

술하고자 한다. 소월 시가 한국 근대시의 깊이와 풍요로움을 보여줄 수 있는 까닭은, 이렇게 민요로 대표되는 국맥, 그리고 서구 낭만주의와 연관된 구문맥, 그리고 주역의 세계관과 관련된 한문맥을 절합하여 자신만의 고유한 미적 세계를 창출했기 때문이다.

1. "정성위음(鄭聲衛音)"의 추구와 한시 번역

김억이 '천리'나 '사무사'와 같이 한문맥에서 중시되는 개념을 전유해서 자신의 시론을 전개했다면, 그의 제자 김소월은 한문맥에서 부정적으로 사용되는 개념을 오히려 옹호하면서 자신의 시론을 펼친다. 『소월 시초』에 실린 「팔벼개 노래調」 앞에는 김소월 작품에서는 이례적으로[4] 시서(詩序)의 형식으로 '팔벼개 노래'를 기생 채란에게 듣게 된 경위와 그에 대한 소월의 생각이 적혀 있다. 이에 따르면 소월은 갑자년(1924) 가을에 영변읍에서 진주(晋州) 출생의 스물 한 살 된 기생 채란이의 청원처절(淸怨凄絶)한 노래와 그녀가 청루(靑樓)의 기생으로 팔려오기까지의 사연을 듣게 된다. 이후 어떻게 이 시를 쓰게 되었는지를 밝히면서, 이 노래는 "정성위음(鄭聲衛音)"이지만, 이 노래를 발표하는 것에 대한 어떠한 비난도 감수하겠다고 한다.[5]

---

4) 『삼천리』 제7권 9호, 1935.10. 여기에는 시만 실리고, 나중에 김억이 편집한 『소월 시초』(박문출판사, 1939, 84~88면)에는 이 글이 실려 있다. 『소월 시초』가 김억의 편집과정을 거쳤으며, 이전 김소월 작품에도 김억의 가필이 있었다는 점을 염두에 두면서(정한모, 「소월 시의 정착과정 연구」, 『현대시연구』, 정음문화사, 1984, 294면) 이 사설을 살펴볼 필요가 있다.

5) 이 팔벼개노래調는 채란이가 부르던 노래니 내가 寧邊을 떠날 臨時하여 빌어 그의 親手로써 記錄하여 가지고 돌아왔음이라. 무슨 내가 이 노래를 가져 敢히 諸大方家의 詩的 眼目

청원처절한 정성위음은, 유학에서 배척하는 바이다. 공자가 『시경』에 대해 평한 가장 유명한 말은 '사무사'와 함께, "樂而不淫 哀而不傷"[6]이다. 즐거워하되 음란하지 않고, 슬퍼하되 상하지는 않는다는 뜻으로, 절제가 있으며 중용을 지켜야 한다는 의미이다. 이러한 낙(樂)은 늘 인(仁)과 밀접한 관련 속에서 논의되었고[7], 인의 완성은 음악을 통해서 가장 잘 이루어질 수 있다고 믿었다.[8] 이러한 맥락 속에서 공자는 "정성(鄭聲)"을 미워하며 이는 음(淫)이라고 주장했다.[9] 정나라 음악은 내용과 형식이 새롭고 음이 높고, 선율의 변화가 많으며, 템포도 빠르다고 한다.[10] 또 무엇보다도, 정성은 음악의 표현을 중시하여, 생활 정감을 충분히 표현하고자 노력했으며, 망국의 노래이며, 슬퍼서 시름에 찬 음악이 많으며 여자가 남자를 유혹하는 내용이 많다.[11] 이는 위음(衛音)도 마찬가지로, 일반적으로 정성위음은 '정성'으로 압축되어 표현되기도 한다.

이러한 관점에서 소월이 "팔벼개 노래"를 정성위음이라 표현한 것은, 적확하게 그 개념을 사용한 것이다. 소월은 채란이의 노래를 듣고 이것이 청원처절하였고, 그 곡조는 고저와 끊고 이어짐이 많아서 마치 구멍이 많

을 辱되게 하고저 함도 아닐진댄 하물며 이 맛 鄭聲衛音의 현란스러움으로써 藝術의 神嚴한 宮殿에야 하마 그 門前에 첫발걸음을 건들어 놓아보고저 하는 僭濫한 意思를 어찌 바늘끝만큼인들 念頭에 둘 理 있으리오마는 亦是 이 노래 野卑한 世俗의 浮輕한 一端을 稱道함에 지내지 못한다는 非難에 마출지라도 나 또한 구태여 그에 대한 遁辭도 하지 아니 하려니와, 그 以上 무엇이든지 사양없이 받으려 하나니 『소월 시초』, 87~88면.

6) 「八佾」, 『논어』 關雎 樂而不淫 哀而不傷

7) 仁近于樂, 義近于禮. 故聖人作樂以應天, 制樂以配地. 『禮記, 樂記』 人而不仁, 如禮何, 人而不仁, 如樂何

8) 박은옥, 「공자의 음악사상에 대한 고찰 -"正樂"의 提唱과 "惡鄭聲"을 중심으로」, 『한국음악연구』 30, 2001, 192면.

9) 「衛靈公」, 『논어』 樂則韶舞, 放鄭聲, 遠佞人. 鄭聲淫, 佞人殆.

10) 박은옥, 앞의 글, 200면.

11) 위의 글, 200~202면.

은 산길을 허둥지둥 오르는 듯 급박하고도, 새롭고 듣는 이를 눈물짓게 하는 노래였다고 적었다.[12] 이는 앞서 정성위음이 새롭고 선율의 변화가 많으며 템포가 빠르고, 시름에 찬 음악이 많다는 것과 일치한다. 또 내용상 여자가 남자를 유혹하는 면이 있는 노래라는 점에서도 정성위음의 특성을 보인다.

여기에서 중요한 것은, 소월이 이를 옹호하고 있다는 것이다.[13] 그는 이러한 기생의 정성위음을 내세우면 뭇 사람들의 비난을 얻게 될 것을 알고 있지만, 어떠한 변명도 없이 비난을 감수하겠다고 한다. 사실 초점은 '정성위음'인 것이 아니라 '기생'의 노래를 "藝術의 神嚴한 宮殿"에 제시했기 때문에 비난을 받을 수 있다는 것이다. 그러나 몸을 파는 천한 청루의 기생임을 부각하지 않고, 오히려 '정성위음'이라는 한문맥의 개념어로 이를 가리면서 그 기생의 노래를 옹호하는데 소월의 혁신적 전략이 엿보인다.

이는 앞서 김억이 사대부의 시보다는 기생의 시가 더 '사무사'라고 하며 유교적인 "존천리 멸인욕"의 관점과 반대되는 의미로 사용한 것과 상

12) 문득 隔墻에 가만히 부르는 노래노래 淸怨淒絶하여 사뭇 오는 찬 서리 밤빛을 재촉하는 듯, 고요히 귀를 기우리매 그 歌詞됨이 새롭고도 質朴함은 이른 봄의 지새는 새벽 寂寞한 狀頭의 그늘진 花瓶에 芬芬하는 紅梅꽃 한 가지일시 分明하고 律調의 高低와 斷續에 따르는 豐富한 風情은 마치 泉石의 우멍구멍한 山길을 허방지방 오르나리는 듯한 感이 바이없지 않은지라. 꽤 事情있는 사람으로 하여금 그윽한 눈물에 옷깃 젖음을 깨닫지 못하게 하였을레라. 『소월 시초』, 87~88면.

13) 기존 연구들은 오히려 반대로 이러한 정성위음에서 김소월이 거리를 두려고 했다고 해석하는 경우도 있다. 물론 김소월은 채란의 노래가 정성위음이라서 예술의 신성한 궁전에 발을 들일 생각이 없지만, 그러한 비난을 감수하고서라도 채란의 노래를 기록한다는 데에 소월의 이러한 '정성위음'의 옹호를 읽을 수 있다. 소월이 정성위음과 거리를 두었다는 논의 중 대표적인 것은 김윤식, 「김소월론」, 『한국 현대시론비판』, 일지사, 1975. 그리고 김소월의 근본 사상이 원이불로(怨而不怒), 애이불상(哀而不傷), 낙이불음(樂而不淫) 등의 유교 정신이라는 주장은 노재찬, 앞의 책.

통한다. 다만 전략에 있어 반대이다. 김억이 천리와 사무사라는 한문맥에서 존숭 되는 개념을 전유하여 자신의 주장에 근거로 제시한다면, 김소월은 오히려 이 시는 "정성위음"이라고 하며 비난을 감수하겠다고 하면서 자신의 주장에 적합한 한문맥적 개념을 제시하고 있다.

이는 김소월의 한문맥적 문화자본과 시론을 보여준다. 중용과 절도, 애이불비(哀而不悲)보다는 오히려 청원처절한 정성위음이야말로 김소월이 생각하는 시였다. 그리고 이는 분명 민요와 그 정신과 깊은 관련이 있다.[14] 김억과 김소월이 민요를 중시하는 것과 사대부의 시가보다 기생의 시를 더 좋은 시라고 주장하는 것은 유사한 맥락에서 기인한다. 양반층의 한문맥적 문화보다는 서민층의 국맥의 문화를 주창하고 있다. 그럼에도 한문맥의 자원이 어떻게 근대시론과 근대시 형성에 활용되는지에 초점을 맞추는 이 책의 관점에서 중요한 것은, 소월은 이러한 자신의 시론을 설득하기 위해서 한문맥을 활용하는 전략을 취한다는 점이다. 그는 기존의 한문맥에서 부정적으로 사용되던 '정성위음'이라는 개념을 오히려 긍정적으로 사용하여 자신의 주장을 개진한다. 이는 "혁신적 이념가"의 면모를 보여주는 것으로, 17~18세기 상업자본주의의 전개과정에서 자본가들이 기독교 어휘들의 화행 가능성을 조작하면서 부정적인 어휘들을 긍정적인 의미로 사용한 것과 매우 흡사한 전략이다.[15]

---

14) 유랑하던 기생의 노래에 대한 깊은 관심은 두 차원에서 논의될 수 있다. 하나는 '표랑'에 초점을 맞춘 것이고, 하나는 '기생'이라는 존재자의 특성과 관련된 것이다. 소월은 표랑하는 삶에 대해 깊은 관심이 있었고, 이는 뿌리 뽑힌 식민지인들의 삶의 표상이기도 했다. 표랑하는 삶과 관련된 뿌리 깊은 민요 「산유화」와 소월 시의 연관성에 대해서는 신범순, 「「산유화」의 신성한 기원과 그 계승」, 앞의 책. 에서 자세히 다루었다. 또 한편으로 기생이라는 존재는 최남선, 이능화 등에 의하면 본래 신성한 제의를 주도했던 존재들, 즉 고대의 일종의 샤먼과 같은 존재로, 그들의 노래 속에는 이러한 깊은 전통이 계승되고 있다고 볼 수 있다. 이에 대해서는 신범순에 의해 소월의 시 「무덤」과의 관련성이 논해졌다. (신범순, 「무덤 속의 꿈하늘」, 앞의 책 참조.)

이러한 전략은 한시 번역에서도 나타난다. 소월은 한시를 번역하면서 '정성위음'적 특질을 강화한다. 지금까지 김소월 한시 번역에 관한 논의들은 주로 한시 번역의 형식에 집중하여 이와 창작시 형식 사이의 연관성을 탐구해왔다.[16] 그러나 소월의 한시 번역을 최초로 본격적으로 탐구한 이규호는 김소월의 번역이 재창작의 측면이 있고, 중국 지명을 조선으로 번안했고, 이미지들을 상징적으로 처리하였음을 지적하고 창작시와 번역시의 연관성을 폭넓게 지적하고 있다는 점에서 주목할 수 있다.[17] 또 최근의 금지아의 연구에서 김소월이 한시 원시보다 훨씬 강한 분위기와 격정적인 정서로 번역했다는 점이 논의됐다.[18] 이 책은 이러한 연구의 연장선 위에서 김소월의 한시 번역의 원본 시의 '정성위음'적 특질을 강화하는 방향으로 이루어지고 있음을 논의할 것이다.

김소월의 한시 번역은 총 17편이 남아있다. 이 중 1920년대의 번역과 1930년대의 번역은 형식이나 정조가 많이 달라지기 때문에, 여기에서는 1920년대에 번역한 6편을 대상으로 한다. 유학에서는 절제에서 벗어난 것으로서 '음(淫)'한 것으로 배척당했던 정성위음을 옹호했던 김소월이 최초로 번역한 한시는 백거이의 「寒食野望吟」이다. 원시를 제시하고, 가능한 직역의 한국어 번역을 제시한 후에 김소월의 번역을 제시한다.

---

15) 스키너, 앞의 책, 235~242면 참조.

16) 노춘기, 앞의 글. 정소연, 앞의 글. 손종호, 「소월의 번역한시와 시의식」, 『한국시학연구』 8, 한국시학회, 2003.

17) 이규호, 「소월의 한시 번역과정」, 이규호 외, 『한국시가의 재조명』, 형설출판사, 1984.

18) 금지아, 「김소월의 唐詩 번역과 창작시의 관계」, *Comparative Korean Studies* 21권 2호, 국제비교한국학회, 2013.

「寒食野望吟」[19)]

丘墟郭門外, 寒食誰家哭.
風吹曠野紙錢飛, 古墓累累春草綠.
棠梨花映白楊樹, 盡是死生離別處.
冥寞重泉哭不聞, 蕭蕭暮雨人歸去.

「한식날 들판을 바라보며 읊다」

성곽 문밖에 무덤 터에서, 한식날 어느 집이 통곡하는가?
바람 불어 빈 들판 지전이 날리고, 오래된 무덤 무더기에 봄풀이 푸르네.
팥배나무 꽃이 백양나무 비추니, 다 죽고 살아남아 이별한 곳이네.
아득한 저승에는 곡소리 들리지 않을 것이니, 쓸쓸히 저녁 비 내리고 사람들은 돌아가네.

성묘하는 한식에 통곡 소리가 들려온다. 지전을 날리고 봄풀만 무심히도 무덤에 나 있다. 그러나 이미 저승과 이승은 건널 수 없으니, 사람들은 죽은 자를 위해 곡을 하지만 죽은 자는 들을 수 없고, 비가 내리자 산 사람들은 돌아가고 무덤만 남아있다. 원시 자체가 쓸쓸한 정조를 바탕으로 삶과 죽음 사이의 건널 수 없는 단절감을 읊었다. 이를 김소월은 어떻게 번역했는지 살펴보자.

「寒食」[20)]

가지가지엇득한놉흔나무에
가마귀와 까치는울고 지즐때

19) 『全唐詩』 中國基本古籍庫 인용.
20) 『동아일보』, 1925.2.2.

二月에도 淸明에 寒食날이라
들려 오는哭소리오 오哭소리

거츤벌에는 벌에부는 바람에
조희돈은 흐터저 써다니는곳
무덕이쏘무덕이널닌무덤에
푸릇푸릇봄풀만도다나누나

드믄드믄둘너선白楊나무에
청가싀의흰쏫치줄로달닌곳
아아모두아주간깁흔서름의
참아말로다못할자리일너라

가도 가도 쏘가도사라못가는
黃泉에서 哭소리 어이드르랴
서럽어라 저문날 쓰리는비에
길손들은 제각금 도라갈네라

7·5조로, 한 구를 한 연으로 번역하며 김소월은 원시에 없는 내용을 삽입한다. 특히 원시의 첫 구는 10언으로 다른 구보다 4언이 적어서 소월이 첨가한 내용이 많다. 특히 "哭소리오 오哭소리"라고 영탄하며 "깁흔서름의/참아말로다못할자리"라는 내용을 삽입하고 "서럽어라"와 같이 직접적인 탄식을 노출하여, 격정적인 감정을 강조한다. 이는 앞서 기생 채란이의 노래를 "청원처절"하였다고 하며 이를 정성위음이라 표현한 정조와 연장선에 있다. 애이불비와 중용이 아니라, 차마 말로 하지 못할 정도의 깊은 설움을 표현하고 있다. 이는 「초혼」의 마지막 대목을 떠올리게 한다.

서름에겹도록 부르노라.
서름에겹도록 부르노라.
부르는소리는 빗겨가지만
하눌과땅사이가 넘우넓구나.

선채로 이 자리에 돌이되여도
부르다가 내가 죽을이름이어!
사랑하든 그사람이어!
사랑하든 그사람이어! (「초혼」 부분)

화자는 여기에서도 죽은 사람의 이름을 부르는 초혼의식을 진행한다. 이는 일종의 곡(哭)이라고 할 수 있다. 그러나 이 소리는 저승과 이승 사이의 거리에 막혀서 전달되지 못한다. 화자는 처절하게 자신의 슬픈 감정을 영탄조로 토로한다. 이 또한 "청원처절" 즉, "정성위음"의 연장선에 있다.

이러한 관점에서 김소월의 1920년대 번역한시를 살펴보면 죽음을 암시하며 봄이 지는 것에 관한 「춘효」(『동아일보』 1025.4.13.), 임과의 이별에 관한 「밤가마귀」(『조선문단』 14, 1926.3 이하 모두 동일), 기녀의 노래에 관한 「진회에배를대고」, 망국에 관한 「봄」, 기녀의 죽음에 관한 「蘇小小무덤」이 망국, 기녀, 죽음, 이별에 대해서 공통으로 노래하여, "정성위음"에 가깝다고 할 수 있다. 특히 정성은 망국지음이라고 하며 슬프고 시름에 차, 그 백성들이 괴롭다고 평가되었다.[21] 소월이 채란이의 노래를 "정성위음"이라 표현했던 것은 망국 백성의 자의식이었을지도 모른다.[22] 먼저 한시

21) 亡國之音哀以思, 其民困. 『禮記 樂記』

22) 신범순은 김소월이 망국민으로서, 백제가 망했을 때 백제 유민들의 노래인 「산유화가」의 정조를 이어받았음을 지적한 바 있다. 신범순, 「김소월 시의 여성주의적 이상향과 민요시

원문과 필자의 직역을 제시하고, 그 아래에 김소월의 번역시를 제시한다.

「春望」[23] (원문)

國破山河在, 城春草木深.
感時花濺淚, 恨別鳥驚心.
烽火連三月, 家書抵萬金.
白頭搔更短, 渾欲不勝簪.

「봄에 바라보네」 (직역)

나라가 부서졌으나 산하는 남아있으니,
성에 봄이 와서 초목이 우거졌네.
시절을 느끼어 꽃을 보고 눈물을 흩뿌리고,
이별을 한하여 새 소리에 마음이 놀라네.
봉화가 석달을 계속하니, 집에서 온 편지는 만금에 이르네.
하얀 머리 긁으니 더 짧아져, 거의 비녀를 감당하지 못하겠네.

「봄」[24] (번역시)

이나라 나라은 부서젓는데
이산천 엿태산천은남어잇드냐
봄은 왓다하건만
풀과나무에뿐이어

적 성과 1」, 『관악어문연구』 32, 서울대 국어국문학과, 2007, 248~252면 참조. 이에 대해서 신범순은 『노래의 상상계』(서울대학교 출판문화원, 2012)의 6부「「산유화」의 신성한 기원과 그 계승」에서도 상세히 논했다.

23) 『杜詩詳註』 4, 中華書局, 1999, 320면.

24) 『조선문단』 14, 1926.3, 35면.

오! 설업다 이를두고 봄이냐
치어라 쏫닙페도 눈물쌘 훗트며
새무리는 지저귀며 울지만
쉬어라 이두군거리는가슴아

못보느냐 밝핫케 솟구는봉숫불이
숫숫내 그무엇을태우랴함이료
그립어라 내집은
하늘박게잇나니

애닯다 긁어 쥐어쓰더서
다시금 쪌어젓다고
다만 이 희긋희긋한머리칼뿐
인저는 빗질할것도 업구나

여기에서도 앞서 번역 시들과 마찬가지로 영탄조로 "오! 설업다/치어라/애닯다"와 같은 문구를 삽입하여 직접 감정을 표출하고 있다. 이렇게 망국의 설움과 고향에 가지 못하는 심정은 그의 마지막 발표시이자 한시의 차운 형식을 차용한 「三水甲山 −次岸曙三水甲山韻」[25]과 연결된다. 3연에서 "그립어라 내집은/하늘박게잇나니"는 원시에 없는 구절로, 소월이 삽입한 문구이다. 고향에 돌아가고 싶어도 망국과 전란의 현실 속에서 돌아가지 못함을 하늘 밖에 있다고 표현한 것은 육신을 가진 존재로서는 가닿을 수 없는 곳이라는 것을 의미한다. 이는 망국의 현실을 일개 시인이 바꿀 수 없다는 체념으로 읽을 수도 있지만, 그의 국문시 전체와 연결해 볼 때 이 문제는 더 많은 논의가 필요하다. 5.3절에서 더 논의하겠지

25) 『신인문학』 3, 1934.11, 87~88면.

만, 이는 영원한 것과 변화하는 것 사이의 간극 때문에 나타난 표현이다. 이 절에서는 김소월이 민요에 대한 애정을 한문맥의 개념어인 "정성위음"을 통해 표현했고, 이러한 특성이 그의 한시 번역과 국문시에서 잘 드러나고 있다는 점을 서술했다.

2. 영원과 변화 사이의 긴장과 조화

1) "생생불식(生生不息)"하는 역(易)의 세계와 "영원불변(永遠不變)"하는 영혼(靈魂)의 절합[26)]

김소월은 자신의 유일한 시론인, 「시혼(詩魂)」[27)]에서 타인의 시로는 두 편의 작품을 예로 든다. 하나는 송나라 때 소식(蘇軾, 1037~1101)의 「승천사에서의 밤놀이(記承天寺夜遊)」이며, 다른 하나는 영국의 아더 시몬스(Arthur Symons, 1865~1945)의 「세관에서(At Dogana)」이다. 매우 다른 시대의, 멀리 떨어진 두 문인의 글을, 각각 하나씩 예로 들며 시론을 설명하고 있는 소월의 균형감각은 그의 문화적 배경의 이중성을 반영한다.

김소월은 평안북도 구성에서 공주 김 씨 종손으로 태어나 4~5세 때 할아버지로부터 천자문을 배우고, 그 후에 홀로 한문 선생을 모시고 3~4년 한학을 수학하였다.[28)] 이후 남산보통학교를 졸업하고 오산학교[29)]를

26) 이 절은 정기인, 「주역의 세계 속 기독교의 영혼」, 『한국현대문학연구』 46, 한국현대문학회, 2015.을 수정 보완했다.

27) 김소월, 「시혼」, 『개벽』, 1925.5.

28) 김학동, 『김소월평전』, 새문사, 2013, 206면. 그 이후 『사서삼경』을 배웠다는 기록이 있다. 김영삼, 『소월정전』, 성문각, 1961, 244면. 김학동 앞의 책, 297면에서 재인용.

29) 오산학교에서도 한문은 주요 교과목 중 하나였다. 이 책의 Ⅱ장 2.1절 참조.

거쳐 배재고보를 졸업하고 동경상과대학 예과에 입학했다가 관동대지진으로 중퇴하고 귀국했다. 그는 16편의 한시 번역을 남기겼지만, 동시에 투르게네프, 타고르, 예이츠, 아더 시몬스 등을 섭렵했다.[30]

이러한 김소월의 배경에 근거하여 「시혼」 관련 기존 연구들 역시 한문 전통[31]과 서구 문학의 영향[32]을 고찰하는 두 가지 큰 방향으로 이루어졌다.[33] 그러나 여기에서 문제적인 것은 이 두 가지 연구 경향들이 서로를 참조하는 경우가 매우 드물다는 점이다. 한문전통과 「시혼」의 관련성을 주장하는 논의들과 서구 문학이나 이에 기원한 개념들로 「시혼」을 분석하는 논의들은, 마치 진공에서 시작하는 것처럼 서로를 고려하지 않는다. 그리고 소월의 시론을 하나의 사상이나 문예사조로 환원하려고 하다 보면, 논리적으로 맞지 않는 지점들이 계속 발견된다.[34] 물론 대개의 연구

30) 심선옥, 「김소월의 문학 체험과 시적 영향」, 『한국문학이론과 비평』 15, 한국문학이론과 비평학회, 2002.6., 56면.

31) 대표적으로 다음과 같은 연구를 들 수 있다. 정순진, 「소월 시론고 -시경론과의 관련을 중심으로」, 『어문논지』 6, 7, 충남대 국어국문학과, 1990. 염철, 「김소월 시혼 고찰」, 『어문논집』 27, 중앙어문학회, 1999. 심선옥, 「김소월 시의 근대적 성격 연구」, 성균관대 박사 논문, 2000. 조두섭, 「김소월의 시론 「시혼」에 대하여」, 『인문예술논집』 25, 대구대학교 인문과학 예술문화연구소, 2003. 박경수, 「천기론의 관점에서 본 김소월의 시학의 전통성과 근대성」, 『우리말글』 32, 우리말글학회, 2004. 김지혜, 「김소월 「시혼」의 이기론적 연구」, 경북대학교 대학원 석사논문, 2010.

32) 대표적으로 다음과 같은 연구를 들 수 있다. 송욱, 『시학평전』, 일조각, 1963. 송욱, 『문학평전』, 일조각, 1975. 오세영, 『한국낭만주의 시연구』, 일지사, 1980. 김옥순, 「김소월 시의 파라독스 연구」, 이화여대 석사논문, 1980. 마광수, 「김소월의 『시혼』에 대하여」, 신동욱 편, 『김소월 연구』, 새문사, 1982. 신명경, 『한국 낭만주의 문학론』, 새문사, 2003. 주영중, 「김소월 시의 숭고 미학」, 『한국시학연구』 28, 2010.8.

33) 이러한 경향과는 다소 거리를 둔 경향으로는 소월의 시론과 샤머니즘의 영향을 다룬 신범순, 소래섭의 연구가 있다. 신범순, 「샤머니즘의 근대적 계승과 시학적 양상 -김소월을 중심으로」, 『시안』 18, 시안사, 2002. 소래섭, 「김소월의 「시혼」에 나타난 혼과 감각의 의미」, 『인문논총』 27, 울산대학교 인문과학연구소, 2008.

34) 한 예로, 오세영은 소월의 「시혼」에서 영혼을 유한한 것 시혼을 무한한 것으로 구분하고

가 그러하듯, 이러한 연구들은 텍스트의 일부 층위의 진실을 담고 있다. 김소월의 「시혼」은 서구 낭만주의와 밀접한 관계를 맺으면서도, 유학의 그림자를 드리우고 있으며 1920년대 국맥과도 연결되는 측면이 있다. 하지만 이를 지적하는 것보다 더 중요한 것은, 이들로 환원되지 않는 김소월만의 독자적인 사유를 파악하는 일이다. 이 책은 김소월 사유의 독자성을 밝히기 위해, 김소월 「시혼」을 대상 텍스트로 이의 사상적 계보의 중층성을 밝히고, 이의 의미를 탐색하는 데 초점을 둔다.

(1) 인식기관으로서의 영원불변한 영혼

「시혼」은 소월이 시론을 전개하다가, 김억의 소월 시에 대한 평가를 반박하는 것으로 끝을 맺는다. 김억의 소월 시평에 대한 반박은 "같은 한 사람의 시혼 자체가 같은 한 사람의 시작에서 금시에 얕아졌다 깊어졌다 할 수 없다[35]" 즉 같은 한 사람인 한에서 시혼은 영원불변이라는 점과 음영은 각기 고유한 미가 있다는 두 가지 차원에서 이루어진다. 이러한 결론에 이르기 위해서 소월은 「시혼」을 세 개의 장으로 구분하여 영혼, 시

있고, 순간적이고 가변적인 영혼이 영원한 시혼으로 낭만주의적 영감에 의해 승화되는 것으로 설명하고 있다고 봤으나, 이는 명백한 오독이다. (오세영, 앞의 책, 136~138면) 이러한 오독은 소월의 「시혼」을 서구 낭만주의와 직접 연결하려는 연구자의 과도한 의욕에서 빚어진 결과로 보인다. 소월은 분명하게 영혼이 불변한 존재자라고 규정하고 있고, 이러한 영혼의 한 양태로서의 시혼을 설정하기 때문에 영혼도 시혼도 영원불멸이라 주장했다. 반면 염철은 운양 김윤식(雲養 金允植, 1835~1922)과 김소월의 시론의 유사성을 지적한 바 있다. 그러나 어구의 유사성만을 지적하고, 이를 상세히 분석하지는 않았으며, 단지 어구적 유사성만을 근거로 김소월의 시론이 19세기 조선 시대 시론과 연장선에 있다고 성급하게 결론을 내리고 있다. 게다가 염철의 논의에서는 소월의 영혼을 성(性)으로 파악하며 시혼을 정(情)으로 파악한다. 그러나 이는 성(性)이 인간에게 보편적인 것인데 비해서, 소월의 영혼은 개인마다 고유한 것이므로 전혀 맞지 않다. (염철, 앞의 글)

35) 이 책에서, 소월 「시혼」의 인용은 이해의 편의를 위해서 현대 맞춤법에 따라 고쳐서 인용한다.

혼, 음영에 대해서 논의를 시작한다.

영혼에 관한 서술인 첫 번째 장은 네 단락으로 이루어져 있고, 단락마다 중심 생각이 뚜렷하게 제시되어 있으며, 단락 간의 연결도 매우 긴밀하다. 첫 번째 단락에서 소월은 "평범(平凡)한 가운데서는 물(物)의 정체(正體)를 보지 못하며, 습관적(習慣的) 행위(行爲)에서는 진리(眞理)를 보다 더 발견(發見)할 수 없"다고 주장하는 것에서부터 출발한다. 두 번째 단락에서 습관적 행위는 대낮이라는 시간과 연결되며, 진리를 발견할 수 있는 평범하지 않은 시간은 밤과 연결된다. 세 번째 단락은 어둠이라는 공간을 진리를 발견할 수 있는 공간으로 제시하며, 벌레의 슬픔, 여위는 갈대, 난바다의 뛰노는 물결이 각기 사람의 정조, 사람의 무상과 전변, 사람의 자유를 사랑한다는 계시와 연결된다. 마지막 단락에서는 적막 가운데서 환희, 고독 안에서 동정, 슬픔 가운데서 선행을 느낄 수 있다는 역설적 사유를 제시하며, 어둠의 거울에 비쳐야만 우리가 볼 수 있고, 죽음에 가까운 곳에서 사람의 아름다운 생명을 직시할 수 있다고 주장한다. 즉 이 단락에서 제시하는 내용을 간추리자면, 영혼은 죽음, 어둠과 가까우며, 일상과 멀리 떨어져 있어서 진리를 발견할 수 있게 하는 힘으로 제시된다. 두 번째 장은 시혼을 설명하는 대목이지만, 영혼에 대해서 "절대(絶對)로 완전(完全)한 영원(永遠)의 존재(存在)며 불변(不變)의 성형(成形)"이며 "시간(時間)과 공간(空間)을 초월(超越)한 존재(存在)"라고 설명한다.

1920년대 식민지 문단에서 영혼은 중요한 개념이었다. "영(靈), 육(肉), 성(聖), 죄, 죽음, 사랑" 등은 "예술=문학=꿈"이라는 관념을 예술적으로 표현하기 위한 단어들이었고,[36] 한편으로 이는 영원히 가 닿을 수 없는 대상에 관한 시인들의 욕망을 보여주는 기호로써 개별성의 미적 체험을

36) 조영복, 『1920년대 초기 시의 이념과 미학』, 소명출판, 2004, 139면.

보여준다는 점에서 중요했다.[37] 특히 당시의 영혼은 낭만적 분위기 속에서 현실을 거부하고 이를 초월하려는 자유로운 상상적 주체라는 의미로 묘사되었다.[38]

이 책에서 주목하는 바는, 김소월에게는 영혼이 진리를 발견할 수 있게 하는 힘[39]이며 동시에 영원불변의 존재자이자 시간과 공간을 초월한 존재자임을 뚜렷하게 강조한다는 점이다. 불멸하는 영혼이라는 개념은 보편적인 종교의 전개과정에서 나타난다. 원시의 집단적 정령에 대한 개념이 왕, 영웅, 제사장과 같은 개인들의 영혼이라는 개념으로 이행되면서 개인의 영혼도 불멸한다는 관념이 생겨난다.[40] 이런 점에서, 김소월이 영혼의 '영원성'을 강조하는 것에 대해, 그의 시에서 빈번히 등장하는 샤머니즘과의 연관성도 고려할 필요가 있다.[41] 또한, 박은식과 신채호나 이돈화를 중심으로 한 개벽파의 영혼담론에서도 영원한 영혼을 강조했기 때

37) 여태천, 「1920년대 초기 시의 관념 표상과 그 양상」, 『정신문화연구』 30권 1호, 2007, 275~276면.

38) 김옥성, 「김소월 시에 나타난 '영혼'과 '꿈'의 역할」, 『한국현대문학연구』 15, 한국현대문학회, 2004, 166~170면. 박현수, 「1920년대 동인지의 '영혼'과 '화원'의 의미」, 『어문학』 90, 한국어문학회, 2005, 575면.

39) 신범순은 이러한 점에서 『시혼』에 나타나는 '영혼의 인식론'에 주목한 바 있다. 신범순, 『한국 현대시사의 매듭과 혼』, 민지사, 1992, 75~81면.

40) F. M. 콘퍼드, 『종교에서 철학으로 -서구 사유의 연원에 관한 연구』, 남경희 옮김, 이화여대학교 출판부, 1995, 122~133면 참조. 특히 고대 이집트에서 모든 인간은 영(靈)이 있다고 믿었으며 이는 불변한다고 믿었다. 플라톤의 이데아론에는 이러한 사상이 영향을 미쳤다고 한다. 서규석 편저, 『이집트 사자의 서』, 문학동네, 1999, 88~89면.

41) 엘리아데에 따르면, 샤머니즘은 '접신술'로 정의될 수 있다. 샤머니즘은 시베리아와 중앙아시아에서 특히 두드러졌던 종교 현상으로, 이 종교에서 샤먼은 인간으로서 죽은 자, 악령, 자연의 영신들과 친교 하되 도구가 되지 않는 존재이다. (미르치아 엘리아데, 『샤마니즘 -고대적 접신술』, 이윤기 옮김, 까치, 1992, 24~27면) 그는 한국 샤머니즘은 남방적인 요소와 터키적 요소, 유목 문화가 혼합된 것으로 보고 있다. (위의 책, 398면) 김소월 시에 나타난 샤머니즘에 관해서 이 책의 V장의 2.2절에서 서술될 것이다.

문에 이와의 연관성도 추정해 볼 수 있다.

19세기 말 동도서기론(東道西器論)은 서양과 동양을 물질문명 대 정신문명으로 이분하고, 동양의 정신문명(東道)을 유지하면서, 서양의 물질문명(西器)를 수용하고자 했다. 이를 계승한 것이 바로 박은식으로, 그는 조선의 역사를 정신문명에 해당하는 '국혼(國魂)'과 물질문명에 해당한다고 볼 수 있는 '국백(國魄)'으로 나누고, 국혼을 강조한 바 있다.[42] 이는 신채호의 「大我와 小我」[43]의 논의와도 비교해볼 수 있다. 신채호는 여기서 물질적, 육체적인 필멸하는 가아(假我), 소아(小我)와 정신적, 영혼적으로 불사하고 자유자재한 진아(眞我), 대아(大我)를 구분한다. 박은식과 신채호 모두 물질적, 육체적 개인을 초월하는 '국혼'이나 '대아'를 강조했고, 특히 신채호는 이것이 불사하고 자유자재함을 강조했다. 이의 배경에는 서양의 물질보다 동양의 정신을 강조하는 의도도 내재해 있다.

이러한 흐름은 1920년대 천도교 계열 이론가인 이돈화에게도 유의미하게 계승된다. 이돈화는 「祭祀問題를 機會로 하야 靈魂問題를 一言하노라」[44]에서 기독교, 유교, 불교의 영혼관을 비판하면서, 천도교의 영혼관을 주장한다. 이에 따르면 우주에는 인격 신이 있는 것이 아니라, 만상의 정령 총체가 신이 되는 것이고, 특히 사람은 진화의 최고점에 서 있으므로 신의 최고표현이다. 이러한 사람이 죽으면 영혼이 신에 융합한다.

---

42) 박은식, 「한국통사」, 『박은식전서』 상, 단국대학교출판부, 2002(2쇄). 이철호는 이러한 박은식의 '국혼' 개념이 개인을 넘어서 민족공동체의 역사로 확장될 때 불멸성을 보유하게 되며, 이는 기독교 영혼론의 영향이라 파악한다. 다른 한편으로는 영혼 개념은 도덕적 자율성의 의미와 친연성이 있어서 이는 양명학의 양지와도 유사한 측면이 있고, 따라서 박은식의 '국혼'은 기독교 담론과 양명학적 사유체계를 절충하여 형성되었다고 보고 있다. 이철호, 『영혼의 계보 -20세기 한국 문학사와 생명 담론』, 창비, 2013, 52~57면 참조.

43) 신채호, 「대아와 소아」, 『대한협회회보』 5, 1908.8.

44) 이돈화, 「祭祀問題를 機會로 하야 靈魂問題를 一言하노라」, 『개벽』 5, 1920.11.

여기서 신은 다시 만상의 정령 총체이고, 사람이 최고표현이기 때문에 사람이 죽으면 그 영혼이 신에 융합한다는 것은, 인류 정신 또는 사회정신과 융합한다는 의미가 된다. 이돈화는 여기서 더 나아가 사회정신을 구분하면서, 기독교의 정신은 기독교를 믿는 신도들의 총정신 속에서 영생하고, 공자의 정신은 공자를 믿는 총정신 속에서 영생한다고 주장한다. 이는 앞서 박은식이나 신채호가 말하는 민족 정수로서 불사하는 '진아' 또는 '대아'와 흡사하지만, 기독교, 유교, 불교와 대결하면서 '영혼'과 '신'의 관계를 설정하고, 신을 '사회정신'의 층위로 놓았다는 점을 특기할 수 있다. 일 년여 후 이돈화는 「吾人의 新死生觀, 意識과 死生=生命과 死生=靈魂과 死生」[45]에서 기계론자나 물질주의자에 맞서서 "영혼"의 "永久不滅"함을 강조한다. 그는 인간의 육체는 외부로부터 물질을 흡수하여 살아가고, 혈통은 과거에서부터 미래로 이어지며, 정신은 외부의 객관과 주관이 결합한 것이기 때문에 개인과 우주는 절대적 구분이 없다고 한다. 즉, '자아'라는 것은 세계와 관계 속에 존재한다. 결국 사람은 우주의 생명과 활력을 흡수해서 살아가는 것이고, 이를 달리 표현하면 사람은 우주의 생명이 표현된 것이다. 이런 관점에서 죽음이 끝이 아니고, 인간은 영원무궁하게 변천하면서 영구불변한 존재이다. 앞서 박은식이나 신채호가 '국혼'과 동도서기의 입장에서 불사하는 영혼을 강조하고 이를 통해 자주적인 역사를 서술하고자 했다면, 이돈화는 영혼을 우주적 차원이나 사회정신의 차원으로 설정하여 이의 영원무궁, 영구불변성을 강조하고 있다.[46]

---

45) 이돈화, 「吾人의 新死生觀, 意識과 死生=生命과 死生=靈魂과 死生」, 『개벽』 20, 1922.2.

46) 이러한 관점에서 신범순은 김소월의 시혼을 개벽파의 자아담론과 연관지어 논의한 바 있다. 신범순, 「김소월의 「시혼」과 자아의 원근법」, 『20세기 한국시론1』, 한국현대시학회, 2006 참조.

소월은 이돈화나 『개벽』의 주요 필자였던 徐椿에게 오산학교에서 배웠다. 그의 「시혼」에서 말하는 영원불변하며 시간을 초월하는 영혼은 이러한 영혼론의 영향에서 완전히 자유롭지는 않을 것이다. 그러나 이들과 분명한 차이를 보이는 지점도 존재한다. 소월에게 영혼은 집단적인 민족 정수인 '대아'나 사회정신의 차원과는 구분된다. 소월은 분명하게 시인별로 다른 영혼을 지니고 있다고 주장하며, 또 진리를 발견할 수 있게 하는 인식기관이라 설명한다. 이런 점에서 불멸[47]하며, 인식능력의 기관으로서의 '영혼'(靈魂)은 고대 서구에서 비롯했고, 한문맥에서 16세기 말 기독교 선교사들이 anima의 번역어로 사용하기 시작한 용어와 매우 흡사하다.[48] 영혼의 인식 능력에 관심을 가지고 이를 주장한 철학자는 헤라클레이토스에서 비롯하고[49], 영혼 불멸설은 오르페우스교의 가르침에서 기원한다.[50] 이러한 두 관점은 플라톤과 아리스토텔레스에 이어지고, 이후 신플라톤주의를 거쳐 아우구스티누스와 토마스 아퀴나스에 이르러 기독교 철학의 핵심적인 교리로 확립된다. 영혼이 시간과 공간을 초월한다는 주장은 한문맥에 마테오 리치의 『천주실의』나 프란체스코 삼비아소의 『영언여작』의 한문 번역으로 소개되며[51] 열띤 논쟁의 대상이 된다. 특히 조

47) 이러한 서구 기독교의 영혼론이 동북아에 처음 들어왔을 때도, 이 '불멸'성이 논쟁의 대상이 된다. 이에 대해서 조선에서는 불멸성을 아예 부정했던 논자와 제사를 지내기 때문에 혼백이 일정 기간은 존속할 수 있다는 주장으로 나뉜다. 그러나 결국 '영원불변'하며 '시공간을 초월'할 수 있다는 주장은 기존 유학에서는 받아들이기 힘든 주장이었다. 금장태, 「서학의 영혼론과 조선 후기 유학의 논변」, 『한국유학의 심설 -심성론과 영혼론의 쟁점』, 서울대학교출판부, 2002 참조.

48) "지각능력을 의미하는 '靈'이나 마음의 사후 존재를 의미하는 '魂'이라는 연관된 한자어를 결합시켜 '아니마'의 번역어로서 '영혼'이란 용어를 만들어 낸 것이다." 위의 책, 202면.

49) 장영란, 『영혼의 역사』, 글항아리, 2010, 115면.

50) 이강대, 「희랍 자연철학자들의 영혼관」, 『사회사상연구』 4, 원광대학교 사회사상연구소, 1994, 81면.

선에서는 이 '아니마'라는 개념을 유학의 혼이나 심성과 대비하며, 신후담과 같은 이는 치열하게 논박하며 이것을 거부한다. 신후담은 여러 지점에 걸쳐서 기독교적 영혼관을 비판하는 데, 특히 영혼 불멸설을 한문맥의 '혼' 개념에 의거해서 비판한다.[52] 정약용과 같은 이는 이러한 영혼론에 깊은 영향을 받아서 자신의 심성론을 전개하기도 한다.[53] 박은식 또한 '영혼'이 기독교에서 중요하다고 파악하고 있었다.[54]

이러한 영혼관은 김소월의 고향이자 자라난 곳인 서북지방의 분위기와 그가 받았던 제도 교육과도 연결되어 있다. 김소월이 태어나고 자라나던 당시 서북지방은 기독교가 강력한 영향력을 발휘하고 있었다.[55] 이 지역

---

51) 마테오 리치, 『천주실의』, 송영배, 임금자, 장정란, 정인재, 조광, 최소자 옮김, 서울대학교출판문화원, 1999, 111~153면. 프란체스코 삼비아시, 『영언여작』, 김철범, 신창석 옮김, 일조각, 2007, 14~15면.

52) 신후담 지음, 재단법인 실시학사 편, 『하빈 신후담의 돈와서학변』, 김선희 옮김, 사람의무늬, 2014, 91~93면.

53) 금장태, 「다산의 심 개념과 마테오 리치의 영혼론」, 앞의 책 참조.

54) "蓋 此 神聖혼 主人은 帝舜 所謂 道心이오. 成湯 所謂 上帝 降衷이오 孔子 所謂 仁이오 孟子 所謂 良知오 釋迦 所謂 話頭오 耶蘇 所謂 靈魂이라." 박은식, 「告我學生諸君」, 『西北學會月報』 10, 1909.3.

55) 서북지역에서 기독교가 강한 영향력을 발휘할 수 있는 원인을 Chull Lee는 다음과 같이 정리한다. 정치적으로는 '정부 관료의 부패에 대해 실망하고, 청일전쟁 러일전쟁의 피해를 입었으며, 지역 인사들이 출세의 제약을 받은' 지역이고, 경제적으로는 '서북인들은 정치적 경력을 대신해서 경제적 경력을 쌓으려 했고, 중국과의 교역에 있어서 지리적인 이점'을 가지고 있었으며, 문화적으로 서북은 '다른 지역보다 유교적 영향을 덜 받았으며, 양반 계급이 부재하고, 바깥세계의 소식에 대한 수용성'을 지닌 지역이었다. (Chull Lee, "Social Sources of the Rapid Growth of the Christian Church in Northwest Korea: 1895-1910", Ph. D. Boston University Graduate School of Arts and Sciences, 1997, pp. 246~247. 정주아, 「한국 근대 서북 문인의 로컬리티와 보편지향성 연구」, 서울대 국문과 박사 논문, 2011, 32면에서 재인용) 「조선문화의 기본조사 -평안북도 특집호」, 『개벽』, 1923.8, 77~78면. 이에 따르면 1921년 당시 예수교의 신도 수는 33,961명이며 교회는 195개소라고 한다.

의 교육을 비롯한 공공 부문의 제도화나 일상적인 부분까지 영향을 미쳤다. 따라서, 한 개인이 기독교도인가 여부와 상관없이[56], 기독교적 사유와 생활 방식은 서북지역 사람들에게 영향을 미치고 있었다고 판단할 수 있다.[57] 특히 김소월이 받은 제도교육과 기독교의 연관성은, 김소월이 기독교적 개념들과 친숙했을 것이라고 추정하게 한다. 김소월은 오산학교 중학부에 다니다가 3·1운동 후 잠시 폐교가 되자, 배재고등보통학교에 편입하여 졸업했다. 김소월이 다녔던 오산학교는 기독교 신앙을 기반으로 한 학교였고[58], 그가 졸업한 배재고보는 우리나라 최초의 감리교 선교사인 아펜젤러가 세운 미션학교로서 신앙교육을 중시하는 감리교 소속의 교육기관이었다.[59] 아펜젤러가 세웠던 신학회(Theological Class, Theological Association)의 커리큘럼에도 당시 '영혼론'이라는 강좌가 있었던 것으로 기록되어 있다.[60] 이때 영혼은 일종의 인식론으로서, 인간의 인식기능을 담고 있었다. 이렇게 영혼학이 중시된 이유는 하느님을 어떻게 인식할 수

56) 김소월이 기독교도라는 기록은 없다. 김소월의 조부 김상주(金相疇)는 단발하고 신문명에 이해가 있는 이였으나, 엄격한 유교적 전통을 고수하고자 하였다. 그래서 기독교를 배척하여, 서북 지방에서 번창했던 기독교가 소월의 마을에는 전파되지 못하였다고 한다. 그러다가 그의 부인이 회갑을 넘어서 기독교 교인이 되기를 청원하자 이를 허락했다고 한다. 또 그의 고모부 김시점(金時漸)(오세영은 김시점이라 표기하고 있고 김영철은 김시첨이라 표기하고 있다. 오세영이 한자까지 표기하는데 비해 김영철은 한글로만 표기하고 있어서, 일단은 오세영의 표기를 따르려 한다.)은 개화한 기독교 전도사였고 105인 사건에 연루되어 옥고를 치르기도 했다. 김시점은 김소월이 남산학교에 다녔던 시기에 종종 초대되어 강연했고, 소월은 이런 고모부에게서 많은 영향을 받았다고 한다. (오세영, 『김소월, 그 삶과 문학』, 서울대학교출판부, 2000, 13~14면; 김영철, 『김소월 -비극적 삶과 문학적 형상화』, 건국대학교출판부, 1994, 19면)

57) 정주아, 앞의 글, 43면.

58) 오산학교는 기독교를 학교의 종지(宗旨)로 하는 학교였다. (오산팔십년사편찬위원회, 『오산팔십년사』, 대해실업주식회사, 1987, 118면)

59) 강영택, 「초기 기독교학교의 신앙교육 비교 고찰」, 『신앙과 학문』 17, 2012.3., 16~20면.

60) 이덕주, 『초기한국기독교사 연구』, 한국기독교역사연구소, 1995, 41면.

있는가 하는 인식론에 관계된 것이었기 때문이다. 당시 감리교 매체물인 『신학회보』에는 '영혼' 관련 문답식 강의가 이루어졌음을 알려주는 기록이 있다. 영혼의 방능(方能)에는 세 가지가 있으니 그것은 의견, 감각, 주의(思考)이며 이를 통해 신성으로서의 하느님의 존재를 인식할 수 있다.[61] 이러한 영혼론을 체계적인 기독교 수업을 했던 배재학교에서 학생들에게 가르쳤을 것이 분명하고, 김소월도 여기에서 영혼이라는 개념에 친숙해졌을 것이다.

소월은 「제이·엠·에스」[62]라는 시에서 오산학교 교장, 독립운동가, 기독교도인 조만식(曺晩植, 1883~1950)에 대한 존경의 마음을 표하기도 했다. 특히 소월의 「신앙」(『개벽』, 1925.1)이라는 시는 소월의 기독교적 배경을 방증한다.

「信仰」

눈을감고잠잠히생각하라
묵업은짐에우는목숨에는
바다가질安息을더하랴고
반드시힘잇는도음의손이
그대들을위하야기다릴지니.

그러나, 길은다하고날이저므는가.
애처럽은人生이어
鐘소리는배밧비흔들리고
애구즌弔歌는빗겨올때,

61) 이덕주, 앞의 책, 43면.

62) 『소월시초』, 147~148면.

머리숙으리며그대歎息하리.

그러나, 숙러안저고요히
빌라, 힘잇게敬虔하게.
그대의맘가운데
그대를직키고잇는아름답은神을
놉히우럴어敬拜하라.

멍에는괴롭고짐은무겁어도
두다리든門은멀지안아열릴지니,
가슴에품고잇는明滅의그燈盞을
부드럽은叡智의기름으로
채우고또채우라.

그러하면, 목숨의봄두던의
살음을感謝하는놉흔가지
니젓든眞理의봉우리에닙흔피며
信仰의불붓는고흔잔듸
그대의헐버슨靈을싸덥흐리.

위 인용시의 화자는 "무거운 짐" "우는 목숨"이라는 힘든 상황에서, 안식을 위해 "도움의 손"을 기다리라고 말한다. "도움의 손"은 시편에서 자주 등장하는 표현으로, 예를 들어 시편 57:3에 "주께서 하늘에서부터 도움의 손길을 뻗어 나를 건지십니다"[63]와 같은 표현으로 나타난다. 2연에 그럼에도 여전히 애처로운 인생에 탄식하는 사람을 바라보며, 그래도 겸

63) 아가페 편집부 엮음, 『쉬운성경』
http://bible.godpia.com/read/reading.asp?ver=easy&vol=psa&chap=57&sec=3&positionId=easy_psa_57_3#easy_psa_57_3

허하게 그대의 맘 가운데 그대를 지키고 있는 아름다운 신을 경배하라고 노래한다.[64] 그러면 "두드리던 문은 열릴 것"이라고 한다. 이는 구하면 받을 것이고, 찾으면 얻을 것이며, 문을 두드리면 열릴 것이라는 성경 구절[65]을 떠올리게 하며 멍에와 괴로운 짐에서 벗어날 것이라는 구원의 가능성을 암시한다. 특히 "명멸의 잔등"을 "부드러운 예지의 기름"으로 채우라는 것은, 성경에서 기름 부음이 선지자와 연결되어 있다는 점[66]에서 앞선 구원의 가능성을 믿고 끊임없이 신을 경배하라는 뜻으로 연결된다. 그렇게 신을 경배하다 보면, "잊었던 진리의 봉우리"에 다시 잎이 필 것이며, 신앙의 불붙는 잔디가 헐벗은 영을 감싸줄 것이라고 한다. 신앙의 불붙는 잔디는, 모세가 불붙는 떨기나무를 보고 신을 믿게 되는 것을 연상하게 한다.[67] 그랬을 때 다시 "잊었던 진리의 봉우리"에 잎이 핀다는 것은, 선악을 알게 하는 나무가 있는[68] 에덴동산을 회복한다[69]는 의미로 해

64) 하나님께 경배하라는 표현은 성경에 매우 자주 등장한다. 특히 시편 중에서 인용하면 "그 일흠의 합당ᄒᆞᆫ 영광을 여호와ᄭᅴ 돌니고 거륵ᄒᆞᆷ으로 화목ᄒᆞ야 여호와ᄭᅴ 경ᄇᆡᄒᆞᆯ지어다." (시편 29:2, 美國聖書公會, 『구약젼셔』, 福音印刷合資會社, 1911.)

65) 마태복음 7:89 "구ᄒᆞ라 ᄯᅩᄒᆞᆫ 주실 거시오 ᄎᆞ져 보아라 ᄯᅩᄒᆞᆫ 맛날 거시오 문을 두ᄃᆞ리라 ᄯᅩᄒᆞᆫ 열어 주실 거시니 구ᄒᆞᄂᆞᆫ이 ᄆᆞ다 엇을 거시오 ᄎᆞ자 보ᄂᆞᆫ이가 맛날 거시오 두ᄃᆞ리ᄂᆞᆫ이의게 열어 주시리라." 성경 번역위원회 공동번역, 『신약젼셔』, 美以美 감리교 선교회, 1900. 조선에서 최초로 번역자회의 공식적인 의결을 거친 완역본이다. 이는 이후 개정을 거쳐 1906년에 다시 출판된다. 이는 1938년 『개역신약성서』가 출판되기까지 한국에서 사용된 공인 신약성경이다. (이상규, 「한글 성경은 어떻게 번역되어 우리 손에 들려지게 되었을까?: 한국성경번역사 개관」, 『고신신학』 13, 고신대학교 고신신학연구회, 2011, 246면.) 따라서 김소월 또한 이 성경본을 보았을 가능성이 매우 높다. 더군다나 김소월이 다닌 배재고보는 감리교 계열의 학교라서 감리교 선교회에서 펴낸 이 성경을 보았을 것이 틀림없다.

66) 기독교에서 신이 인간 중에 왕, 제사장, 선지자를 선택할 때 기름을 붓는다. (출애굽기: 30:30) 이러한 기름 부음을 통해 실제 예언의 능력을 발휘하게 된다. (사무엘상: 10:1~10)

67) 출애굽기 3:1~5

68) 창세기 2:9

석된다.

이처럼 소월의 「시혼」에 나타난 영원불변하며 인식기관으로서의 영혼이라는 개념은 서구 고대 그리스에서 비롯하여 오르페우스교를 거쳐 기독교 교리에 영향을 미친 기독교적 '영혼' 개념과 관련성이 있다.[70] 그러나 그의 「시혼」은 기독교적인 영향만으로 환원되지는 않는다. 김소월은 이러한 영원불변하는 영혼을 낭만적인 분위기와 혼합한다. 영원불변하고 인식능력이 있는 인간의 본질이라고 할 수 있는 영혼은, 낮, 도회, 일상이 아니라 밤, 자연, 골방과 연결되며, 영혼은 그림자에 비유된다. 이러한 점은 기독교적 영혼관과 분명한 차이를 드러낸다. 기독교 영혼관에서 영혼은 그림자와 비교될 수 없으며, 오히려 반대된다. 그림자는 플라톤에서부터 시작해서, 서구 종교와 철학사 전통에서 부정적인 것으로 여겨지기 때문이다. 플라톤은 유명한 '동굴의 우화'에서 그림자를 실재에서 멀리 떨어진 허위의 것으로 제시하며, 아우구스티누스가 악을 선의 부재한 것으로 인식한 것[71]에서 드러나듯이, 그림자는 악과 같은 것으로 여겨졌다.[72]

이렇게 영혼의 인식능력을 밤, 자연, 골방과 연결한 것은, 앞선 연구가

---

69) 에덴 동산은 하나님이 회복할 곳 (사무엘상 51:3)으로, 천국을 상징한다. 가스펠서브, 「에덴 동산」, 『라이프성경사전』, 생명의말씀사, 2006 참조.

70) 이런 점에서 김윤식, 김현이 김소월의 「시혼」을 플라톤주의에 깊은 영향을 받았다고 설명한 것은, 플라톤주의의 영향을 받은 기독교 교리의 영향에 주목하지 못한 것이다. 물론 김소월이 플라톤주의에 영향을 받았을 수도 있지만, 그의 전기적 사실들을 통해 추론해볼 때, 기독교 영혼론의 영향으로 설명하는 것이 더 타당해 보인다. 김윤식, 김현, 『한국 문학사』, 개정판, 민음사, 1996, 237면.

71) Seung Won Son, *The Origin of Sin in St. Augustin's Thought*, Ph. D. Wesley College, 1979, 9~15면.

72) 탁양현, 「그늘과 그림자의 사유방식 -삼현(역, 노, 장)을 중심으로」, 『동양철학연구』 68, 동양철학연구회, 2011, 145~146면.

지적했듯이, 김소월이 낭만주의에서 받은 영향과 연결된다.[73] 특히 '적막' 속에서 '환희'를 경험하고, '고독'에서 '동정'을 알 수 있으며, '슬픔' 가운데 '선행'을 느낄 수 있다는 식의 역설적 사고는 낭만적 아이러니와 관련[74]이 있다.[75] 낭만주의 사상은 "통합의 형이상학"이라고 요약할 수 있을 정도로, 낭만주의는 "나누어진 것, 반대 되는 것, 모순되는 것의 종합 또는 화해[76]"를 추구한다. 이는 대립되는 것을 변증법으로 통합하여 완성의 합일을 지향하는 사유이다.

그런데 흥미롭게도, 이는 한문맥 사상의 핵심적 원리 중 하나인 역설로도 해석된 바 있다.[77] 소월은 '적막/환희, 고독/동정, 슬픔/선행, 죽음/

73) 이는 독일 낭만주의가 자연적인 것과 순박한 것을 숭배한 것과 연결되어 있다고 지적된 바 있다. 신명경, 앞의 책, 55면. 김춘식은 김소월의 밤은 낭만주의적인 탕진과 방탕의 원리가 죽음과 동일시되며 미화되고 있다고 지적한다. 김춘식, 「미적 근대성과 근대적 시어 -밤, 어둠의 이미지를 중심으로」, 『한국사상과 문화』 28, 한국사상문화학회, 2005.

74) 노영덕, 「낭만주의 미학 연구 -사상적 배경과 미적 특징을 중심으로」, 『기초조형학연구』 11권 6호, 한국기초조형학회, 2010, 204면.

75) 우리는 **적막(寂寞)한 가운데서** 더욱 사무쳐 오는 **환희(歡喜)를 경험**(經驗)하는 것이며, **고독(孤獨)의** 안에서 더욱 보드라운 **동정(同情)**을 알 수 있는 것이며, 다시 한 번, **슬픔가운데서야** 보다 더 **거룩한 선행(善行)을 느낄** 수도 있는 것이며, **어두움의 거울**에 비치어 와서야 비로소 우리에게 **보이며**, **살음**을 좀 더 멀리한 **죽음**에 가까운 산(山)마루에 서서야 비로소 살음의 아름다운 빨래한 옷이 생명(生命)의 봄두던에 나부끼는 것을 볼 수도 있습니다. 그렇습니다. 곧 이것입니다.

우리는 우리의 몸이나 맘으로는 일상(日常)에 보지도 못하며 느끼지도 못하던 것을, 또는 그들로는 볼 수도 없으며 느낄 수도 없는 **밝음을 지워버린 어두움의 골방**에서며, **살음**에서는 좀 더 돌아앉은 **죽음의 새벽빛**을 받는 바라지 위에서야, 비로소 보기도 하며 느끼기도 한다는 말입니다. 그렇습니다, 분명(分明)합니다. (강조 인용자) 김소월, 「시혼」, 『개벽』, 1925. 5.

76) "Romantic philosophy is thus primarily a metaphysics of integration, of which the key principle is that of the "reconciliation," or synthesis, of whatever is divided, opposed, and conflicting." M. H. Abrams, *Natural Supernaturalism: tradition and revolution in romantic literature*, New York: Norton, 1973, 182면.

77) 정순진은 소월의 사유구조가 역설에 기반을 두고 있고, 이 역설은 유불선 삼교에 공통된

생, 어둠/밝음'의 대립을 강조하고 있는 것이 아니라, '이면의 연속성'을 제시하고 있다.[78] 특히 적막, 고독, 슬픔, 죽음, 어둠에서야 비로소 환희, 동정, 선행, 생, 밝음을 더 잘 알 수 있다는 것은, 대극 되는 것의 변증법적 화해라기보다는, 오히려 한문맥의 역(易)의 사상에 더 가깝다.[79] 주역은 양을 통해 음을 보고 음을 통해 양을 보는 것을 기본으로 한다. 음양의 이질성 자체가 '상반상성相反相成'으로 서로 반대되며 서로를 이루어주는 것[80]이다. 주역에서는 변화의 법칙성을 '물극필반(物極必反)'으로 설명하는 데, 이는 사물이 궁극에 달하면 반드시 반대로 돌아간다는 의미이다.[81] 또 '출생입사(出生入死)'라고 하여 생과 사가 서로 이어지며 둘이면서 하나인 것도[82], 소월의 생사관과 연결된다. 소월이 음양의 연속성을 제시하며, 오히려 음의 가운데서 양을 더 잘 보고 느낄 수 있다는 것은 이러한 주역의 사고에 기초해 있다.

소월은 더 나아가 영혼을 '음(陰)'에 해당하는 것으로 서술한다. 앞서 그는 "어두움의 거울"과 "밝음을 지워버린 어두움의 골방"에서 인식능력이 극대화된다고 하며, 바로 뒤이어 "그림자같이 가깝고" "그림자같이 반듯한" "가장 높이 느낄 수도 있고 가장 높이 깨달을 수도 있는 힘"을 가진 "모든 물건이 가장 가까이 비치어 들어옴을 받는 거울"로서의 영혼을 제

사유구조라는 점에서 이들과 연속적이고, 일상적이고 습관적인 것에서 사물의 본질을 파악하고자 하는 자세는 유가 문학의 전통을 계승한 것이라 보았다. 정순진, 앞의 글.

78) 김정수, 앞의 글, 243면.

79) 조동일은 변증법적 사유를 비판하며, 특히 이것이 상극(相克)에만 초점을 맞추는 것이 문제가 있다고 지적한 바 있다. 조동일, 「생극론의 역사철학 정립을 위한 기본 구상」, 『한국의 문학사와 철학사』, 지식산업사, 1996.

80) 이진오, 「음양의 상상력과 창조성」, 『대동철학』, 대동철학회, 2012, 467면.

81) 박정근, 『중국적 사유의 원형 -주역과 중용을 중심으로』, 살림, 2004, 32면.

82) 위의 책, 36~42면.

시한다. 이는 곧 영혼을 극단적인 어두움, 즉 극음과 연결한 것이다. 이는 주자학적인 혼백론과 연결된다. 주자학은 주역적인 음양을 바탕으로 세상을 이해한다. 주자에 따르면 "음양이 합해져, 혼이 응결하고 백이 모여서 사람이 태어난다."[83] 특히 이 중 "입과 코가 호흡하는 것을 혼으로 여기고, 귀와 눈이 정밀하고 밝은 것을 백으로 여겼다."[84] 즉, 인간의 인식 능력은 음에 해당하는 백이 담당한다.

이런 점을 종합해서 보면, 소월의 영혼은 영원하고 불변하며 또 개인마다 독특하다는 점에서는 기독교의 영혼관과 연결되고, 인식하는 능력을 지니고 있다는 점에서는 기독교적 영혼관은 물론 주자의 혼백관과도 연결된다. 특히 영혼을 음의 존재자라고 보았다는 것은, 백(魄)이 음(陰)에 해당하는 것이며 이것이 본래 인식기관과 연결된다는 점에서 주자의 혼백(魂魄)관과 연속성이 있다. 특히 그가 세계를 파악하는 데, 음과 양을 연속적인 존재자로 파악하고 있다는 점은 주역의 세계관에 가깝다고 할 수 있다.[85]

(2) 거울－영혼 비유와 몸/마음/영혼의 인식론적 힘의 단계

위에서 살펴본 것처럼 김소월의 영혼관에는 서구 기독교, 낭만주의, 그리고 한문맥의 역(易)사상의 영향을 찾아볼 수 있다. 그러나 영혼을 "모든 물건이 가장 가까이 비치어 들어옴을 받는 거울"라는 은유는 이러한 영향만으로는 충분히 설명될 수 없다. 특히 이 은유가 「시혼」 전체에 지

83) 『中庸或問』 16 陰陽合, 則魂凝魄聚而有生.

84) 『中庸或問』 16 口鼻之嘘吸者爲魂, 耳目之精明者爲魄.

85) 이런 점에서 소월의 영혼론을 서구 영혼론에 영향을 받아 이를 유학의 틀에서 소화한 다산이나 단재의 영혼론과 본격적으로 비교하는 것도 흥미로운 탐구 주제일 것이다.

배적인 힘을 행사하고 있다는 점[86]에서 이는 충분히 설명되어야 한다.

거울은 예술 모방론의 가장 중요한 비유이다.[87] 플라톤부터 영국 경험주의자들과 18세기 고전주의자들에 이르기까지, 예술은 자연을 모방하는 것으로써 거울로 비유되었다. 특히 로크는 마음을 어두운 방에 비유하고, 감각을 그 방에 있는 창으로 들어오는 빛으로 비유한 바 있다.[88] 소월의 영혼관도 이러한 모방론적 예술관과 유사한 지점들이 있다. 앞서 언급했지만, 기독교적 영혼관 아래에서, 그는 영혼을 외부 객관을 인식하며, 어떤 것을 깨달을 힘으로 제시한 것 때문에 그러하다. 소월은 끊임없이 '보다, 느끼다, 듣다, 깨닫는다'라는 동사로 영혼의 능력을 표현한다.[89]

---

86) 뒤에 설명할 것이지만, 음영을 설명할 때도, 영혼-거울 은유가 동원된다. 소월의 시론과 같은 비평 텍스트와 같은 추상적 사고는 많은 경우 은유적 사고를 이용하고, 이러한 은유적 사고가 추상적 사유를 가능하게 한다. 따라서 어떠한 담론 분석 방법의 하나로 그 은유를 분석하는 것은 효과적인 방법이다. G. 레이코프, M. 존슨, 「철학의 인지과학」, 『몸의 철학: 신체화된 마음의 서구 사상에 대한 도전』, 임지룡 외 옮김, 박이정, 2002 참조.

87) 애브람스는 서구 예술사가 거울이라는 모방론적 관점에서, 등불이라는 표현론적 관점으로 변화해 가는 모습을 플라톤부터 낭만주의 시인들에 이르기까지 폭넓게 살피고 있다. M. H. Abrams, *The Mirror and the Lamp -Romantic Theory and the Critical Tradition*, New York: Oxford University Press, 1953. '거울'은 식민지 시인들에게도 매우 중요한 소재로 나타난다. 대표적으로 이상의 「거울」과 윤동주의 「자화상」을 들 수 있다. 신범순은 이상의 작품에 나타나는 거울 이미지를 '제논적 거울무한'과 '바흐적 거울무한'으로 설명하면서, 이 거울 이미지 안에는 근대나 탈근대적 사유가 함께 담아져 있고, 이를 넘어서려고 했다고 분석한 바 있다. 신범순, 『이상의 무한정원 삼차각나비 -역사시대의 종말과 제4세대 문명의 꿈』, 현암사, 2007. 박형준은 1930년대부터 2000년대까지 한국시에 나타나는 거울 이미지를 분석하여, 이 특징을 반사상과 신체화된 거울 이미지로 파악했다. 박형준, 「현대시의 거울 이미지에 나타난 소외와 분열 극복 양상 -반사상의 거울과 신체화된 거울을 중심으로」, 『어문연구』 87, 어문연구학회, 2016.

88) Locke, *Essay Concerning Human Understanding*, ed. A. C. Fraser (Oxford, 1894), pp. 211~212. M. H. Abrams, 위의 책, 57면에서 재인용.

89) 적어도 평범(平凡)한 가운데서는 물(物)의 정체(正體)를 **보지 못하며**, 습관적(習慣的) 행위(行爲)에서는 진리(眞理)를 보다 더 **발견(發見)**할 수 없는 것이 가장 어질다고 하는 우리 사람의 일입니다. 그러나 여보십시오. 무엇보다도 밤에 깨여서 하늘을 우러러 **보십시오**.

서구 낭만주의 시인들처럼, 어떤 것을 주체가 '상상'해서, 주체 내부의 것을 표현한다기보다는, 외부를 관찰하고 깨닫는 것이 영혼의 능력인 것으로 서술되고 있다. 즉 영혼은 낭만주의적 의미에서의 '영감에 의한 창조'라기보다는, 외부의 객관세계를 보고 느끼고 듣고 깨달을 수 있는 인식능력에 가까운 것이다. 이런 점에서 영혼–거울 비유는, 예술–거울 비유와 연결된다. 영혼이 거울로서 세상을 비추며, 이 영혼의 시적 정신인 시혼이 세상을 비춘 것이 시가 되기 때문에, 세상을 비추는 거울로서의 예술과 통한다.

이러한 시론은 한문맥과도 친연성을 가지고 있다. 더욱이 "모든 물건이 가장 가까이 비치어 들어옴을 받는 거울"이라는 표현은 운양 김윤식의 시론에서도 유사하게 반복되기 때문에 고찰해볼 필요가 있다.[90] 김윤식은 신(神)을 설명하며, 이것을 텅 비고 밝은 거울에 비유한다.[91] 신은 음

우리는 낮에 보지 못하던 아름답움을, 그곳에서, **볼 수도** 있고 **느낄 수도** 있습니다. (…) 우리가 대낮에는 **보지도** 못하고 **느끼지도** 못하던 것들입니다. (…) **듣습니다**. (…) 느낄 수도 있는 것이며, 어두움의 거울에 비치어 와서야 비로소 우리에게 **보이며**, 살음을 좀 더 멀리한 죽음에 가까운 산(山)마루에 서서야 비로소 살음의 아름다운 빨래한 옷이 생명(生命)의 봄두던에 나부끼는 것을 **볼** 수도 있습니다.

우리는 우리의 몸이나 맘으로는 일상(日常)에 **보지도** 못하며 **느끼지도** 못하던 것을, 또는 그들로는 **볼 수**도 없으며 **느낄 수**도 없는 밝음을 지워버린 어두움의 골방에서며, 살음에서는 좀 더 돌아앉은 죽음의 새벽빛을 받는 바라지 위에서야, 비로소 **보기도 하며 느끼기도 한다**는 말입니다. (…) 가장 높이 **느낄 수**도 있고 가장 높이 **깨달을 수**도 있는 힘, 또는 가장 강(強)하게 진동(振動)이 맑지게 울리어 오는, 반향(反響)과 공명(共鳴)을 항상(恒常) 잊어버리지 않는 악기(樂器), 이는 곧, 모든 물건이 가장 가까이 비치어 들어옴을 받는 거울, 그것들이 모두 다 우리 각자(各自)의 영혼(靈魂)의 표상(標像)이라면 표상(標像)일 것입니다. (생략과 **강조**는 인용자) 김소월, 「시혼」, 『개벽』, 1925.5.

90) 염철은 운양 김윤식과 김소월의 시론의 유사성을 지적한 바 있다. 그러나 유사성만을 지적하고, 이를 상세히 분석하지는 않았으며, 운양 김윤식과의 유사성만을 근거로 김소월 시론이 19세기 조선 시대 시론과 연장선에 있다고 성급하게 결론을 내리고 있다. 염철, 앞의 글.

양의 신묘한 작용을 설명한다.[92] 여기에서는 일반적인 마음을 뛰어넘은 신묘한 인식작용으로 사용하고 있다. 특히 김윤식에게 눈, 마음, 영혼이라는 인식론적 힘의 단계는, 소월이 몸, 마음, 영혼으로 점점 더 강한 인식론적 힘이 있는 것으로 설정한 것과 일치한다. 이렇게 가장 인식론적인 힘이 강한 '영혼'은 소월과 김윤식 모두에게 거울로 비유되며, 삼라만상의 참모습을 밝게 드러나게 하는 인식론적 힘을 지니고 있는 것으로 제시된다. 김윤식에 따르면 영혼은 상승의 시인만이 갖는 것으로, 인위적으로 배워서 익힐 수 있는 것은 아니다.

이러한 김윤식의 시론은 '난거(蘭居)'라는 시인 시집에 1920년[93]에 쓴 서문으로, 이를 김소월이 보았을 가능성은 적다. 그럼에도 "모든 물건이 가장 가까이 비치어 들어옴을 받는 거울"과 "삼라만상이 참모습을 드러내는 텅비고 밝은 거울"이라는 비유와 몸, 마음, 영혼이라는 인식론적 단계, 그리고 영혼과 신(神)의 태생성은 놀랄 만큼 유사하다. 만약 김소월이 김윤식의 글을 읽지 않았다고 한다면, 이렇게 소월의 영혼과 김윤식의 신(神)이 유사할 수 있는 원인은 이 둘이 영혼/신에 대해 가지고 있는 사상

---

91) 시는 사람의 성정을 감발하는 것이다. 무릇 눈으로 상황을 만나면, 그 느끼는 것이 얕고, 마음으로 상황을 만나면, 그 느끼는 것이 깊다. 만약 마음과 눈을 사용하지 않고도, 상황 밖으로 초월할 수 있는 것은, 오로지 정신(神)이다. 비유하면, 거울이 텅 비고 밝은데 사물이 오는 대로 저절로 비추어져, 삼라만상이 그 참모습을 숨길 수 없는 것과 같다. 이것이 정신의 묘함이다. 그 정신을 얻는 것은, 시인의 상승이니, 배워서 되는 것이 아니다. (詩者, 所以感發人之性情也. 夫目與 境遇, 其感也淺, 心與 境遇, 其感也深. 若不用心目, 而超絶境外者, 惟神是已, 譬猶鏡之虛明, 而物來自照, 森羅萬象, 莫逃其眞, 此神之妙也. 得其神者, 爲詩家之上乘, 非可以學爲也.)『蘭居詩鈔序』, 『운양속집』 권2 장 45 앞. 염철, 앞의 글, 323면에서 재인용. 김윤식, 『운양집 8』, 기태완, 백승철, 이지양 옮김, 혜안, 2014, 147면의 번역을 참조하여, 논자가 재번역함.

92) 금장태, 앞의 책, 209면.

93) 김윤식, 앞의 책, 148면.

이 유사하기 때문일 것이다. 기존의 김윤식 관련 연구에 따르면, 김윤식이 서구문학을 접했다는 기록이 없고, 김윤식은 온건 개화파로 유신환(兪莘煥, 1801~1859)과 박규수(朴珪壽, 1807~1877)의 학풍을 이었다고 평가된다.[94] 또 그가 동도서기(東道西器)론자로서, 서양의 자연관 인간관보다 과학기술을 배우는 데 초점을 두었고,[95] 그의 문학론 또한 서구보다는 조선의 학풍을 이었다는 것이 사실이라면[96], 결국 소월의 영혼론은 김윤식의 신과 그 배후에 있는 유학 사상과 연결된다고 볼 수 있다.

주자는 성인의 마음을 거울에 비유하여, 미발(未發)의 상태는 물거울의 본체이고, 이발(已發)의 상태는 물과 거울의 작용이라 언급한 바 있다.[97] 여기에서 거울은 대상을 있는 그대로 비추어준다는 의미를 지닌다. 또한 『장자』에서는 성인의 마음을 매우 고요하기 때문에 천지를 그대로 비추며, 만물을 그대로 비추는 거울이라고 묘사한다.[98] 이런 점에서 마음은 '밝은 거울'(明鏡)로 은유된다.[99] 이것이 김윤식이 말하는 "경지허명(鏡之虛明)"중 '밝음(明)'의 의미이다. 두 번째 허(虛)의 의미는 주자가 마음을 "허령지각(虛靈知覺)"이라 설명한 것과 연결된다. 여기에서 "허령"이라는 것은 잡된 것이 없이 신령함을 뜻해서, 이러한 마음이 리(理)를 인지할 수 있다.[100] 특히 여기에서 신(神)이 정(精)하고 명(明)하면 영(靈)이라는 풀

94) 이상일, 「운양 김윤식의 사상과 활동 연구」, 동국대 박사 논문, 1996.

95) 강만길, 「동도서기론의 재음미」, 『한국민족운동사론』, 한길사, 1985, 161~163면.

96) 정민, 「조선 후기 고문론 연구」, 한양대 박사 논문, 1989, 163~198면.

97) 주희, 「중용혹문」, 『주자전서』 6, 561면. 이향준, 앞의 글, 29면에서 재인용. 마음을 거울에 비유하는 것은 『논어』 주자 주에서도 나타난다. 如鑑之照物, 姸媸在彼, 隨物應之而已, 何遷之有. 『논어』 「雍也」장 2.

98) 『장자』, 안동림 역주, 현암사, 2008, 345면.

99) 이향준, 앞의 글, 30면.

100) 위의 글, 38면.

이[101]에 따르면, 이는 곧 영(靈)이라고 할 수 있다. 이렇게 마음의 지각작용을 거울에 비유하는 것은 많은 성리학자, 특히 율곡학파에서 주로 사용한다.[102] 이러한 점을 봤을 때, 소월의 영혼관과 여기에서 작동하는 '거울'의 은유는 장자나 유학적인 심성론과 연결된다.[103] 현상 안에 내재한 리를 인식할 수 있는 영을 거울로 비유한 유학자들의 생각과 일상을 뛰어넘는 깨달음을 인식할 수 있는 영혼을 거울로 비유한 소월은 그 연장선에 있다.

(3) 낭만주의적 포에지로서의 시혼과 한문맥의 '그늘'로서의 음영

「시혼」의 두 번째 장은 시혼에 대해서 논의하며, 시혼은 영혼처럼 불변하는 존재자이고, 같은 작가이면 모든 작품이 같은 시혼을 지니지만, 왜 개별 시작품은 다르게 느껴지는지에 대해서 설명한다. 요약하면 다음과 같다. 시혼은 "우리의 영혼(靈魂)이 우리의 가장 이상적(理想的) 미(美)의 옷을 입고", 운율과 정조, 심상, 추억, 즉흥 속에서 "현현(顯現)"된다. 이는 "대소심천(大小深淺)을 자재 변환(自在變換)하는 것도 아닌 동시(同時)에, 시간(時間)과 공간(空間)을 초월(超越)한 존재(存在)"이다. 시혼의 "본체(本體)"인 영혼이 "절대(絶對)로 완전(完全)한 영원(永遠)의 존재(存在)며 불변(不變)의 성형(成形)"이기 때문에 시혼도 그렇다. 따라서 시작품의 우열과 차이에 따라 한 사람의 시혼이 바뀌는 것처럼 보이지만, 그렇지 않다. 개별 작품은 시상의 범위, 리듬의 변화, 또는 정조의 명암에 따라 차이가

---

101) 황종연, 앞의 글, 41면.

102) 이향준, 「리, 사물, 사건 -이이의 경우」, 『율곡사상연구』 29, 율곡연구원, 2014

103) 다산은 마음을 가리키는 말인 '심, '신', '영', '혼'이 모두 빌어온 말이라 하며 '영체(靈體)'라는 개념을 도입한 바 있다. 소월의 '영혼'도 종합적인 의미에서의 '마음'을 지칭하는 또 다른 말로, 심, 신, 영, 혼이라는 개념과 통한다.

생기며, 읽는 사람에게 다른 인상을 주기도 한다. 그러나 이는 자연이 한 때의 음영에 따라 달리 보이는 것처럼 시작품도 달리 보일 뿐, 시혼은 불변한다. 시대, 사회, 당시 정경의 여하에 따라 작자의 "심령(心靈)" 상에 무시로 나타나는 음영의 현상이 변환되어서 개별 시작품들이 달리 보이는 것뿐이다.

소월은 영혼이 시혼으로 현현되는 순간을 다양한 비유를 동원해서 묘사한다.[104] 음율, 정조, 심상, 추억, 즉흥이라는 네 가지 요소가 제시된다. 주목해야 할 점은, 이러한 상황 속에서 시혼이 우리에게 "현현"된다는 표현이다. 이는 "우리"가 주체적으로 우리의 영혼을 시혼으로 변모시키기 위해서 노력하는 것이 아니라, 시인은 수동적으로 시혼의 현현됨을 받아들이는 존재자라는 점을 보여준다.[105] 이러한 시혼은 문자화되기전 시의 정신이라는 점에서 일종의 포에지라고 할 수 있다.[106]

이와 같은 시혼-포에지는 시인의 노력으로 달성하는 것이 아니라, 어떤 순간에서야 비로소 시인에게 현현되며, 시를 가능하게 하는 조건이라는 점에서 낭만주의적 영감과 유사하다. 낭만주의적 영감은 본래, 플라톤

---

104) 우리의 영혼(靈魂)이 우리의 가장 이상적(理想的) 미(美)의 옷을 입고, 완전(完全)한 음률(音律)의 발걸음으로 미묘(微妙)한 절조(節操)의 풍경(風景) 많은 길 위를, 정조(情調)의 불붙는 산(山)마루로 향(向)하여, 혹(或)은 말의 아름다운 샘물에 심상(心想)의 작은 배를 젓기도 하며, 이끼 돋은 관습(慣習)의 기험(崎驗)한 돌무더기 새로 추억(追憶)의 수레를 몰기도 하여, 혹(惑)은 동구(洞口) 양류(陽柳)에 춘광(春光)은 아리땁고 십이곡방(十李曲坊)에 풍류(風流)는 번화(繁華)하면 풍표만점(風飄萬點)이 산란(散亂)한 벽도화(碧桃花) 꽃잎만 저흩는 우물 속에 즉흥(卽興)의 두레박을 드놓기도 할 때에는, 이 곧, 이르는 바 시혼(詩魂)으로 그 순간(瞬間)에 우리에게 현현(顯現)되는 것입니다. 김소월, 「시혼」, 『개벽』, 1925.5.

105) 마광수는 이런 점에서 "시인은 마치 영매자나 무당과도 같은 역할을 수행하고 있는 셈"이라고 지적한다. 마광수, 「김소월의 「시혼」에 대하여」, 신동욱 편, 『김소월 연구』, 새문사, 1982, 54면.

106) 이는 신용협이 지적한 바 있다. 신용협, 「김소월의 시정신 연구」, 『어문연구』 16, 어문연구학회, 1987, 5면.

이 말하는 "창조적 영혼[107]"에 기원을 두고 있다. 플라톤에게 있어 영혼은 신적인 것과 연결되어 있고, 이 영혼이 초월적인 세계와 접촉하는 것이 바로 신적 영감이었다.[108] 근대에 들어 낭만주의자들이 이 초월적인 것이 인간 주체에 내재한 신적인 것으로 보았던 것이다.

그럼에도 주의할 것은, 이 시혼은 개개인에게 고유한 영혼의 한 양태로서, 이 또한 영원불변하며 개인에게 고유한 것이라는 점이다. 영혼이 시혼으로 현현하는 순간은 낭만주의적 영감과 흡사하지만, 그 시혼이 개개인에게 고유하다는 점[109]에서는 낭만주의적 영감만으로 환원될 수 없는 특징을 이 시혼은 지니고 있다.

---

107) "the experience of beauty itself is non-rational. Men who have experienced the Idea of Beauty have achieved immortality. They possess creative souls. Their souls are pregnant with Ideas and they practice creative arts, arts that are inventive in contrast to those available to the technician. Men who have been inspired and have experienced beauty produce processes by means of which non-being passed to being. By implication, the experience of beauty is creative of creativity." (미의 체험 자체는 비합리적이다. 미의 이데아를 체험한 사람은 불멸성을 획득하게 된다. 그들은 창조적 영혼을 갖게 된다. 그들의 영혼은 이데아들을 갖게 되고, 그들은 창조적인 예술을 실행하게 되며, 이들이 만드는 예술은 장인들이 만드는 것과는 다른 창조적이다. 영감을 받고, 미를 경험한 사람들은 비존재자에서 존재자로 나아가는 과정을 생산한다. 따라서, 미의 경험은 창조성의 창조를 뜻하다. 필자 번역) (Milton C. Nahm, *Readings in Philosophy of Art & Aesthetics*, New Jersey: Prentice-Hall Inc., 1975, 63면)

108) 노영덕, 앞의 글, 202면.

109) 이런 점에서 기존에 소월의 개성적 시혼을 유학에서 보편에 해당하는 개념들과 연결하고자 했던 논의들은 모순점을 보인다. 정순진은 소월의 시혼을 성(性)과 연결하며, 음영은 정(情)으로 파악하고, 염철은 영혼을 성(性)으로 파악하며 시혼은 정(情)으로 파악한다. 김지혜는 율곡학파에서 주장하는 이(理)와 기(氣)의 특성 및 관계가 시혼과 음영의 의미 및 양자의 관계를 구성하는 사유와 유사하다고 지적한다. (정순진, 앞의 글. 염철, 앞의 글. 김지혜, 앞의 글) 그러나 성(性)은 인간에게 보편적인 것이라는 점에서 소월의 영혼이나 시혼이 개성적이라는 점에서 맞지 않고, 이(理) 또한 보편적이라는 점에서 개성적인 시혼과 부합하지 않는다.

세 번째 장은 음영과 시혼의 관계에 대해서 논의한다. 요약하면 다음과 같다. 모든 존재자에는 음영이 있으며, 같은 존재자라도 시공간에 의하여 음영의 강약이 변화될 뿐이다. (1~3단락) 시혼은 변화하지 않으며, 한 시인의 시에 우열이 생기는 것은 음영의 변환 때문이다. (4단락) 음영에 따라 미적 가치는 차이가 날 수 있는데, 이를 판가름하기는 매우 어렵다. (5~6단락) 한 시인의 시에는 같은 시혼이 있으며, 이 시혼은 변화할 수 없다. 그러한 점에서, 김억의 소월에 대한 시평은 옳지 못하다. (7단락) 봄의 꾀꼬리 소리나 가을의 실솔 소리는 분명 음영의 명암의 차이는 있지만, 이의 미적 가치는 우열이 없다. (8~10단락) 시혼은 직접 시작에 이식되는 것이 아니라, 음영으로써 현현되고, 현현된 음영의 우열은 현현된 정도, 태도, 형상에 따라 창조되는 각각의 미적 가치에 따라 판정되어야 한다. (11단락)

여기에서 음영은 시의 음영과 그 이외에 존재자의 음영으로 나뉘어 설명된다. 김소월이 사용하는 '음영'의 의미를 파악하기 위해서는 이 둘의 의미를 따져봐야 한다. 시의 음영은, 시혼이 각각 개인에게 고유하며 또 영원불변함에도 불구하고, 시 작품은 왜 차이를 보이느냐는 예상 반론[110] 에 대해 시혼 자체가 변화하는 것이 아니라 시에 현현된 음영이 변화하는 것이라 답변하면서 도입되는 개념이다. 이러한 음영은 "그 시대(時代)며 그 사회(社會)와 또는 당시(當時) 정경(情境)의 여하(如何)에 의(依)하여 작자(作者)의 심령(心靈) 상(上)에 무시(無時)로 나타나는" 것이다. 즉 앞서 영혼이 "모든 물건이 가장 가까이 비치어 들어옴을 받는 거울"이며 시혼은 그러한 영혼이 음율, 정조, 심상, 추억, 즉흥이라는 조건 속에서 발현하

110) 앞서 설명했지만, 이는 김억이 소월의 시를 평가하면서 시혼이 어떤 시는 얕고, 어떤 시는 아름답다고 평가한 것의 반박이다.

는 것이라 할 때, "거울"은 그대로이지만, 이 거울이 비추게 되는 것들이 변화하기 때문에 시도 변화하게 된다는 논리이다.

이는 달리 말하면, 시혼이라는 시인 주관에 비친 시대, 사회, 정경이라는 세계가 만들어내는 것이 바로 음영이다.[111] 영혼이라는 거울에 시대, 사회, 정경이 빛을 가리면 음영이 만들어지는 것으로, 김소월은 '음영'이라는 개념을 통해, 이 '거울'이라는 이미지를 계속 사유하고 있음을 알 수 있다.

이렇게 시에서 '음영'이라는 개념을 사용할 때는 이것이 시인의 시혼에 비친 세계가 형성하는 음영이 변환되어 나타나는 것이라고 설명한다. 그러나 시가 아닌 다른 존재자에도 음영이 있다고 할 때, 이것 또한 주관에 의한 음영인지 아니면 그 존재자임 자체에 부속되는 것인지는 따져볼 필요가 있다. 만약 전자라면, 음영은 주관의 투영물인 것이며, 후자라면 존재자의 고유성에 속한 것이다.

소월은 존재자에는 반드시 음영이 따른다고 하며, 그 음영은 각 존재자마다 고유하다고 주장한다. 이러한 음영의 의미는, 음영의 본래 뜻이 '그늘'이라고 했을 때 설명될 수 있다. 모든 존재자는 각기 고유한 특성이 있고, 이 특성은 음영에도 반영된다. 따라서 모든 존재자에는 각기 고유한 음영이 있다. 그런데 '그늘'이 물체를 둘러싼 빛의 조건에 따라서 크기나 명암이 변화하듯이, 음영은 그 주변 상황에 따라서 달라질 수 있다는 논리이다. 이는 소월이 동탁독산(童濯禿山)의 음영과 울울창창(鬱鬱蒼蒼)한 산의 음영을 대비하면서 설명하는 것에서 잘 드러난다. 같은 산이라도 이를 둘러싼 환경의 변화에 따라, 다른 음영을 지닐 수 있다. 이

111) 이런 관점에서 신범순은 김소월이 음영의 가치를 강조한 것은 사회와 정경이라는 계기를 포함시켰다는 점에서 고평하고 있다. 신범순, 앞의 책, 79면.

런 점에서 음영은 모든 존재자에게 고유한 것이며, 그 존재자의 주변 상황에 따라서 변화하는 것이지, 그 존재자를 인식하는 주관에 따라 변화하는 것은 아니다.

이처럼 시의 우열은 시에 나타난 음영의 변환에 따른 것이지만, 동시에 "또는 그 음영(陰影)을 보는 완상자(翫賞者) 각자(各自)의 정당(正當)한 심미적(審美的) 안목(眼目)에서 판별(判別)"된다고 주장한다. 여기에서 소월이 '또는'이라는 접속사로 두 가지를 연결한 것에 주목할 필요가 있다. 이렇게 시에 나타난 음영을 시의 우열과 직결시키는데 유보적인 태도를 취하는 이유는, 음영이 두 단계에 걸쳐 반영될 수 있기 때문이다. 첫째는 시혼을 둘러싼 세계의 음영이 시에 변환되어 나타날 때, 둘째는 그 시를 보는 완상자 자신을 둘러싼 음영의 영향이다. 앞서 소월은 인식론적인 영혼-거울을 이야기하며, 이것에 세계가 음영을 드리울 수 있다고 했다. 따라서, 완상자의 영혼에도 마찬가지로 음영이 드리울 수 있다. 결국 "그 음영을 보는 완상자 각자의 정당한 심미적 안목에서 판별"된다는 것은, '각자'는 영혼이 개인마다 다르다는 점에서, '정당한'은 완상자를 둘러싼 세계가 드리우는 음영에 따라 판단이 왜곡될 수 있으므로, '심미적'이라는 말은 시의 감상이 시혼과 같이 미에 관련된 것이기 때문에 사용되는 단어이다.

소월이 시의 우열을 판결하는 것에 대해서 이렇게 조심스러운 태도를 보이는 이유는, 이 글이 김억의 시평을 반박하는 성격을 지니고 있어서이기도 하지만, 소월의 시론에서 나타나는 영혼, 시혼, 음영이라는 세 가지의 개념망이 이러한 논리로 귀결될 수밖에 없기 때문이기도 하다. 영원불변하고 개개인에게 특징적인 영혼과 시혼이 세계와 만나 음영이라는 형태로 시에 변환되는 것이고, 이 시를 완상하는 이도 마찬가지의 영혼을 가진 것이기 때문에, 변하지 않는 시혼이 변하는 세계와 만나서 시에 그 음영이 변환되기는 하지만, 그렇다고 이러한 음영을 가지고 반영된 시를 섣불리 평가할 수는 없다. 모든 영혼과 시혼은 고유하며, 음영 또한 고유하고 나름의 가치를 지니기 때문이다.

이러한 소월의 논리에 따르면 한 시인의 시는 모두 같은 '시혼'의 것이라는 점에서 공통점을 지니지만, 개별 시들은 그 시혼에 반영된 음영이 나타난 것이라는 점에서 차이가 있다. 그렇다면 그 '시혼'자체는 평가의 대상이 될 수 있을 법하다. 예를 들어, 김소월의 시 세계 전체를 파악한 후, 이것과 김억의 시 세계 전체를 파악해서 이 둘의 '시혼'을 비교하는 식은 가능할 수 있다. 그러나, 소월에게 시공간을 초월하고 영원불변하고 각기 고유하며 자체 변환은 절대로 없는 영혼의 예술적 현현으로서의 시혼은 평가 대상이 아니다. 이는 모든 인간이 하느님 앞에서 영혼의 평등을 주장했던 기독교적인 사상[112]과도 연결되어 있을 것이다.

음영(陰影)은 '그늘'이나 '색조나 느낌 따위의 미묘한 차이에 의하여 드러나는 깊이와 정취[113]'를 의미한다. 소월은 음영을 후자에 가깝게 사용한다. 그는 '꾀꼬리의 노래'에도 음영이 있다고 하여, 이것이 단지 물리적인 의미의 '그늘'만이 아님을 명확히 한다. 그는 달밤의 고유한 음영이 있다고 하며 소식의 「승천사에서의 밤놀이(記承天寺夜遊)」 중 "積水空明"이라는 구절[114]을 예로 들고, 모든 것에는 음영이 있다고 하며 아더 시몬

112) 사라 에번스, 『자유를 위한 탄생 -미국여성의 역사』, 조지형 옮김, 이화여대출판부, 1998, 50면.

113) 국립국어원 표준국어대사전 '그늘' 항목.

114) 소식의 「승천사에서의 밤놀이(記承天寺夜遊)」를 제시할 때는 "積水空明"이라는 구절만을 제시하며, 아더 시몬스의 시는 전문을 제시하는 것은 흥미로운 대목이다. 이러한 태도는 김억에게서도 나타나는데, 이는 김소월, 김억 등이 가정하고 있는 독자가 한문에 익숙하기 때문에, 한문은 유명한 구절만 주어도 독자가 이를 충분히 이해할 것이라 생각하기 때문이다. 이 논문의 Ⅱ장 1절 참조.

느의 「세관에서(At Dogana)」를 제시하고 있다. 해당 부분을 살펴보면 다음과 같다.

> 뜰아래는 마치 맑고 투명한 물이 고여 있고 그 물속에 말과 마름이 얼키설키 얽혀 있는 것 같았다. 아마도 대나무와 측백나무 그림자이리라. 달 없는 밤이 어디 있으며 대나무 없는 곳이 어디에 있으랴, 단지 우리 둘처럼 한가한 사람이 적을 뿐이다.[115]

여기에서 소식은 뜰아래 대나무와 잣나무의 그림자를 마치 수중에 수초와 마름들이 얽혀있는 모습으로 비유하고 있다. 바람에 일렁이는 그림자의 모습을 물속에 해초들의 일렁이는 모습으로 아름답게 비유하고 있다. 이를 소식은, 어디에나 대나무와 잣나무가 있고 달이 밤에 뜨지만, 이러한 감상은 우리처럼 한가로운 이만이 체험할 수 있는 것이라 말한다. 소월이 달밤의 고유한 음영이라고 한 것은, 이러한 환상적이고 아름다운 분위기를 의미하면서 동시에 존재자의 영혼, 즉 고유성을 드러내주는 것이다.

> Night, and the silence of the night;
> In the Venice far away a song;
> As if the lyrics water made
> Itself a serenade;
> As if the waters silence were a song,
> Sent up in to the night,

115) 庭下如積水空明, 水中藻荇交橫, 蓋竹柏影也. 何夜無月, 何處無竹柏, 但少閑人如吾兩人者耳. 소식, 『소동파 산문선』 류종목 옮김, 지만지, 2013, 103면. 소동파, 『소동파산문선』, 조규백 역주, 백산출판사, 2005, 175면. 이 둘을 참조해서 재번역했다.

Night a more perfect day,
A day of shadows luminious,
Water and sky at one, at one with Us;
As if the very peace of night,
The older peace than heaven or light,
Came down into the day.

밤, 그리고 밤의 고요;
베니스에서는 멀리서 노래가;
가사는 물로 만들어진 것 같고
그 자체가 사랑노래 같네;
물의 고요는 밤으로 보내는
노래와 같네,

밤은 낮보다도 더 완벽하고,
빛나는 그림자들의 낮,
물과 하늘이 하나가 되고, 우리와도 하나가 되어;
밤의 평화가 마치
천당이나 빛보다 더 오래된 평화처럼
낮 속으로 내려오네.

이 시는 베니스의 낮과 밤의 바다를 노래한 것으로서, "낮의 바다에서 시작된 침묵의 노래가 밤으로 이어지고 다시 밤의 오랜 평화가 낮으로 스며들어가는", "실체와 그림자가 몸을 바꾸며 이루어내는 우주의 순환과 조화로움"[116]을 보여주고 있다고 평가된다. 여기에서도 그림자는 낮에도 빛나는 것으로 제시되고 있다. 환상적이고 아름다운 광경을 노래했다는

116) 심선옥, 「김소월의 문학 체험과 시적 영향」, 『한국문학이론과 비평』 15, 한국문학이론과 비평학회, 2002.6., 53~54면.

점에서 소식의 글과도 통한다. 소월이 모든 것에 음영이 있다고 하면서 이 시를 거론한 까닭은, 시몬스가 그림자를 낮에도 빛나는 것으로 제시하기 때문이다. 자신이 말하는 '음영'이 단지 사전적 의미의 그늘이 아니라, 존재자의 고유한 것이며 동시에 모든 것에 존재하는 것이라는 점을 설명하기 위해서, 소월은 위의 동서양 두 편의 작품을 예로 든다.

이렇게 모든 존재자를 감싸고 있는 음영이라는 개념은 한문맥의 '그늘'이라는 사유와 맞닿아 있다. 한문맥 철학의 원류라고 할 수 있는 주역[117]에서 양(陽)이 존재하기 위해서는 음(陰)이 반드시 존재해야 한다. 소월에게 모든 사물에 각기 고유한 음영이 존재하는 것처럼, 주역적 세계관에서는 음과 양은 공거(共居)[118]하고 있는 것이고, 음(陰)의 원래적 의미가 바로 그늘이다.[119]

그림자를 부정적인 것으로 파악했던 서구와 대비되게, 역철학에서 음(陰)은 만물이 생성하는 바탕이며 무대이다.[120] 소월은 음영을 설명하기 시작하면서, 밝은 보름달 밤을 상상해보라고 권유한다.[121] 그늘에도 어슴푸레하지만 또 이상하게도 빛나는 밝음이 살아있듯이, 밝음 속에서도 고유한 음영이 있다는 설명에는 한문맥에서 음과 양이, 볕과 그늘이 '공거(共居)'하는 사유가 나타나 있다.

---

117) 박정근, 『중국적 사유의 원형 -주역과 중용을 중심으로』, 살림, 2004, 10면.

118) 탁영현, 앞의 글, 134면.

119) 양계초, 풍우란 외, 『음양오행설의 연구』, 김홍경 편역, 신지서원, 1993, 56면.

120) 탁양현, 앞의 글, 136면.

121) "사방(四方)을 두루 살펴도 그 때에는 그늘진 곳조차 어슴푸레하게, 그러나 곳곳이 이상(異常)히도 빛나는 밝음이 살아있는 것 같으며, 청랑(淸朗)한 꾀꼬리 소리에, 호젓한 달빛 아닌 것이 없습니다. 그러나 여보십시오, 그 곳에 음영(陰影)이 없다고 하십니까. 아닙니다 아닙니다, 호젓이 비치는 달밤의 달빛 아래에는 역시(亦是) 그에뿐 고유(固有)한 음영(陰影)이 있는 것입니다."

이는 소월의 시에서 다음과 같이 표현된다.

「녀름의달밤」[122)]

서늘하고 달밝은녀름밤이어
구름조차 희미한녀름밤이어
그지업시 거룩한하늘로서는
젊음의붉은이슬 저지나려라.

幸福의맘이 도는놉픈가지의
아슬아슬 그늘닙새를
배불너 긔여도는 어린버레도
아아모든물결은복바다서라.

버더버더 오르는가싀덩굴도
稀微하게흐르는 푸른달빗치
기름가튼煙氣에 멕감을너라.
아아 너무죠와서 잠못드러라.

우긋한풀대들은 춤을추면서
갈닙들은 그윽한노래부를때.
오오 내려흔드는 달빗가운데
나타나는永遠을 말로색여라. (… 중략 …)

현재는 여름의 달밤이다. 밤은 소월에게 일상에서 보고 느끼지 못했던 것들을 볼 수 있는 시간이다. 여기에서 달빛은 "영원"을 나타나게 한다. 그 영원은 곧 존재자의 영원불변한 영혼이다. 이는 다른 말로 하면 존재

---

122) 김소월, 『진달내꽃』, 매문사, 1925, 125~129면.

자의 고유성인 것이고, 이는 달빛을 매개로 드러나는 존재자의 그늘(음영)이다.

소월은 이러한 한문맥의 '그늘' 사상을 배경으로 한 음영의 시론을 전개한다. 영원불변하며 개개인에게 고유한 영혼과 이의 낭만주의적 현현인 포에지로서의 시혼만으로는 왜 같은 시인(시혼)의 시가 변화하는지 설명하지 못한다. 이는 영혼–거울의 은유를 매개로, 세계를 반영하고 인식하는 영혼에 끊임없이 변화하는 세상의 그늘이 비추기 때문에 이것이 음영으로서 시에 반영된다는 논리로 나아간다.

(4) 기독교–한문맥 미학과 고유성의 미학적 인식으로서의 「시혼」

이상에서 소월의 '영혼', '시혼', '음영'이라는 각 개념어들의 사상적 배경을 살펴보았다. 소월은 인간에게는 시공간을 초월하며 영원불변하고 고유하며 인식능력을 가진 영혼이 있다고 설명한다. 그 영혼은 낭만주의적인 영감의 순간에 시혼으로 현현되며, 이 시혼을 둘러싼 세계의 정황은 시에 음영으로서 반영된다. 이를 통해 소월은 한 시인의 시들은 어떻게 연속성을 갖는지(시혼)를 설명함과 동시에, 또 그럼에도 왜 시들은 각기 다른 개성을 지니는지(음영)를 영혼–거울 비유를 통해 설명했다. 더 큰 층위에서 소월은 인간은 어떤 존재자이며 어떻게 인식하는지(영혼), 그리고 문학은 어떻게 가능한지(시혼), 또 문학에서 주체와 세계의 관계(시혼과 음영의 관계)는 어떠한지를 서술하고 있다. "예술이론이 철학을 갖추면 미학이 된다[123]"고 할 때, 소월은 예술 창작의 주체인 인간과 그 대상인 세계와, 언제 인간은 예술을 하게 되는가를 해명함으로써, 자신의 미학을

---

123) 조동일, 「변증법의 생극론의 소설미학 토론」, 『미학예술학연구』 11, 한국미학예술학회, 2000, 77면.

세우고자 했다.

이 절은 이러한 소월의 미학이 그의 교육적 배경과 당대 문화적 환경 속에서 어떠한 영향을 통해서 형성되었는지를 추적해보았다. 소월이 자신의 시를 설명하기 위해서 소식과 아더 시몬스의 문학을 두 편 내세우는 것은, 소월이 크게 보아 한문맥과 구문맥이라는 두 맥락 속에 있다는 것을 보여준다. 시공간을 초월하며 영원불변하고 고유한 영혼관은 기독교적 영혼관의 영향이며, 그 영혼이 인식능력이 있다는 것은 기독교적 영혼관과 주자적 혼백관을 동시에 반영한다.[124] 특히 영혼이 음과 연결되는 것은 후자와 연속성을 띠며, 그가 음과 양에 내재하는 연속성을 강조한다는 점에서는 주자적 세계관의 바탕에 있는 주역의 논리가 흐르고 있다. 「시혼」 전체의 논리를 관통하는 영혼-거울 비유는 서구 모방론적 예술관과 동시에 한문맥의 심성론, 특히 율곡학파의 지각작용 관련 논의와 맞닿아있다.

그가 시혼의 현현을 논의하는 대목은 낭만주의적 포에지와 매우 유사하지만, 이것이 영원불변하고 개인마다 고유하다는 점은 낭만주의적 포에지와는 다른 그의 영혼론의 미적 확장이다. 그가 개개의 시와 사물에 고유한 특징으로 설정한 음영은 모든 곳에, 심지어 밝음 속에서도 존재한다는 점에서 한문맥의 '그늘' 사유와 밀접하게 연결되어 있다.

이와 같은 서구의 기독교와 한문맥의 주역적 사고와 1910~20년대 역사회복과 개벽운동의 사유는 각 문명권의 핵심적 사유라 할 수 있다. 영원불변하고 시공간을 초월한 개벽운동과 기독교적인 인식하는 영혼이라는 주관과 내재적이며 생생(生生)하여 끊임없이 변화하고 생성하는 주역

124) 이렇게 동시에 두 사상의 영향을 받은 것은 분분하게 해석될 수 있다. 유학적 배경 하에서 서구를 받아들였다고 할 때, 유학과 친근성이 있는 서구의 부분을 먼저 받아들였다는 것이 개연성 있는 해석일 것이다.

적 세계를 소월은 절합[125]하여 제시하고 있다. 그렇기 때문에 소월에게 인간의 영혼과 이것의 낭만주의적 시 정신인 시혼은 영원한 것이다. 그러나 세계는 끊임없이 변화하고, 영원한 거울로서의 주관에 비추어지는 변화되는 세계가 반영되어, 시는 변화를 겪는다.

그렇다고 소월이 기독교도이면서 동시에 주역의 세계관을 지니고 있다고 주장하는 것은 아니다. 소월은 소식과 아더 시몬스라는 다른 두 전통을 제시할 수밖에 없었지만, 소월의 사상은 이를 통합한 하나로 존재한다. 물론 이 통합의 수준이 얼마나 깊이가 있었는가는 「시혼」이라는 짧은 텍스트를 통해서는 온전히 파악하기 힘들다. 소월의 영혼관은 영원불변하며 개인에게 고유한 것이라는 점에서는 기독교적 영혼관과 친밀성을 지니지만, 그의 텍스트 내부에서는 이를 가능하게 하는 초월적인 신의 존재는 드러나 있지 않다. 또 그의 시 전반을 살펴보면 이는 1910~20년대 신채호 등의 역사연구와 개벽운동의 영구불변한 영혼의 사유와도 연관성이 있지만, '개별적' 영혼을 강조한다는 점에서는 차이가 있다. 그의 음영론에서 밝음에도 그늘이 내재하고 있다는 점과 영혼이 음의 존재자라는 것은 역의 사상과 이에 기반을 둔 주자의 혼백론과 밀접한 연관성을 지닌다. 그러나 그는 음양(陰陽)이라는 표현이나 이기(理氣)라는 개념으로 만물의 변화를 설명하지 않는다.

---

125) 절합은 articulation의 번역어이다. 이는 야콥슨이 음소에 의한 분할과 그것의 결합으로 정의한 후, 마르티네(AndréMartinet)가 형태소와 음소로의 이중분절을 강조한 바 있다. 이진경, 『노마디즘 1』, 휴머니스트, 2002, 99~100면. 이러한 개념은 레비스트로스, 알튀세르, 들뢰즈 등의 구조주의, 탈구조주의자들이 확장해서 사용했다. 공통으로 이는 몸의 마디처럼 분리하면서 동시에 연결하는 것을 의미한다. 소월의 경우, 영원불변의 주체와 변화하는 세계로 두 가지를 분명히 구분하면서, 이를 동시에 연결하여 같은 시인이 쓴 시가 어떻게 같은 시혼의 발현이라는 점에서 동일하지만, 음영이 반영된다는 점에서 지속하면서도 변화하는지 설명한다는 점에서 '절합'이라는 개념을 사용했다.

그러나 중요한 것은 소월이 「시혼」에서 인간, 문학, 세상의 관계를 서술하는 데, 이들의 사상적 배경을 절합하여, 하나의 통합된 체제로 설명하고 있다는 점이다. 소월은 미적 가치를 "완상자(翫賞者) 각자(各自)의 정당(正當)한 심미적(審美的) 안목(眼目)에서 판별(判別)"해야 함을 주장한다. 이는 시가, 나아가 예술작품이 고유하고 영원불변하는 영혼과 고유하고 변화하는 세계가 동시에 관여해서 창작되는 것이기 때문이다. 이렇게 영혼과 사물의 고유성을 주장하는 것은 멘케가 설명하는 '미학적 인식'에 가깝다. 그에 따르면 미학적 인식은 대상을 미리 주어진 일반적 규칙으로 파악하는 것이 아니라, 감각적, 경험적으로 인식하며 대상의 개체성을 생생하게 파악한다.[126] 이런 점에서 소월의 미학은 기독교와 한문맥의 절합을 통해 시를 설명하고, 고유성에 관한 미학적 인식을 강조했다고 할 수 있다.

2) 영원과 변화의 매개로서의 '산'과 '그림자'

(1) 선조적 시간의 변용을 통한 영원의 변화 포괄

영원과 변화를 어떻게 화해시킬 수 있을 것인가는 소월의 궁극적인 주제이다. 그리고 이는 각기 구문맥과 한문맥에서 대표하는 세계관의 충돌로 앞 절에서 해석한 바 있다. 영원한 주체와 변화하는 세계, 즉 기독교적 '영원불변'한 주체와 주역적 '생생하는' 세계는 불화에 빠지기 쉽다. 이는 소월뿐만 아니라, 영원한 것과 변화하는 것을 동시에 상정하는 모든 이들의 숙제이다. 이는 서구 고대철학의 핵심적인 과제이기도 했다. 변화하고

126) 크리스토프 멘케, 『미학적 힘 -미학적 인간학의 근본개념』, 김동규 옮김, 그린비, 2013, 57면.

생성하는 세계를 부정하고 영원한 일자를 상정한 파르메니데스는 서구 철학에 강력한 영향을 끼쳤다. 이는 플라톤에서 기독교에 이르기까지 공통되는 지점으로, 특히 플라톤에 이르러 초월적인 이데아의 세계를 상정하고 이러한 초월세계의 영원성을 추구하는 방식으로 나아가게 된다.[127] 이러한 서구 고대, 중세철학 및 기독교를 비판하며, 변화와 생성을 긍정한 혁신적인 사상가가 바로 니체이다. 그리고 현대철학은 니체를 거쳐 차이의 철학을 꽃피우게 된다.[128]

그러나 소월은 손쉽게 변화를 부정하고 영원으로 초월하고자 하지 않으며[129], 동시에 변화와 생성만을 주창하고 영원한 것에서 눈을 돌리지도 않았다. 이는 각기 기독교적 영혼관과 주역적 세계이기도 했고, 소월이 받았던 서구적 교육과 한문전통 교육의 반영이기도 했다. 소월은 (일본을 경유한) 서구와 전통, 둘 중의 하나를 포기하지 않고, 이들 사이의 긴장을 동력으로 시를 썼다.[130] 그가 「시혼」에서 제시한 것처럼, 영원한 주체와

---

127) 김상봉, 『자기의식과 존재사유 -칸트철학과 근대적 주체성의 존재론』, 한길사, 1998, 10~12면 참조.

128) 진은영, 『니체, 영원회귀와 차이의 철학』, 그린비, 2007, 13~21면 참조.

129) 한승억과 김윤정 등은 '영원성'에 주목하였다. 다소 인상 비평적인 글에서 한승억은 소월의 영혼 불멸의 절대적 세계는 실존적 자아의 비애감 표현이라 보고, 죽음과 영원을 소월이 동경하는 것으로 보아 소월 시를 인간 존재의 허무함과 자기 존재 추구라는 일반적인 해석으로 환원하고 있다. (한승억, 「김소월의 실존적 인식과 영원의식」, 『문학과종교』 11, 한국문학과종교학회, 2006) 김윤정은 소월의 '영원성'에 주목하여 '사랑'과 '태극'이 영원성 구현의 계기로 보았다. 사랑은 부재 극복을 향한 의지를 일으키며, '태극'은 김소월 시에서 물과 불의 상상력과 이미지가 결합하는 원리를 의미했다. 임과 만남을 영원성의 세계로 보고, 님을 향한 그리움이 불의 속성이며 이를 다스릴 수 있는 것이 물의 속성이라는 논의를 하고 있다. (김윤정, 「김소월 시에 나타난 "영원성"의 감각 연구」, 『어문논총』 49, 한국문학언어학회, 2008)

130) 장철문은 김소월이 무상과 영혼, 삶과 죽음, 과거와 현재를 통합하고 합일하고자 했다고 보았으며, 그의 시 세계를 동일성의 회복으로 파악한 바 있다. 따라서 김소월이 영원불변하는 영혼과 변화하는 세상을 지각하고 이를 통합하고자 했다는 점에서는 본고와 시각을

변화하는 세계는 소월 시의 핵심적인 주제이다. 말을 조금 바꾸어, 영원한 주체가 어떻게 변화되는 세상을 견디는가가 소월 시의 주제라고도 할 수 있다. 영원이 변화와 관계 맺는 몇 가지 가능한 방식은 영원이 변화 속에 함몰되어 자신의 정체성을 잃거나, 아니면 영원이 변화를 자신 안에 포괄하고자 하거나, 혹은 영원과 변화가 어느 쪽에도 치우치지 않고 긴장을 유지하거나 조화로운 관계를 맺는 것이다.[131] 김소월 시에서는 이러한 다양한 영원과 변화의 관계가 나타나 있다.

영원한 주체와 변화하는 세계는 시에서 임을 향한 영원한 내 사랑과, 임의 떠나감으로 각각 표상된다.[132] 실제 『진달내꽃』(매문사, 1925)[133]에 수록된 127편의 시들 중에, 임을 향한 내 사랑과 임의 떠나감이 명백히 나타난 시만 해도 55편에 달한다. 떠나간 님은 바다 건너에 있거나(「바다」, 「旅愁」) 산을 넘은 먼 곳에 있거나 (「삭주구성」)아니면 사별한 것으로 (「님의 말슴」, 「초혼」, 「金잔듸」, 「나는 세상 모르고 사랏노라」, 「녯님을짜라가다가 숆쌔여歎息함이라」 또는 어디 있는지 알 수 없는 것((「봄 밤」, 「밤」)으로 그려진다.

갈이하지만, 그가 님이 속한 곳과 고향이 곧 영원성의 공간이라고 본 점은 본고와 다르다. 본고는 오히려 님은 변화하는 세상의 주요한 상징이며, 이와 영원한 주체의 사랑이 대립한다고 보았다는 점에서 김윤정이나 장철문의 논의와 다르다. (장철문, 「동일성의 시학과 시간 -김소월 '진달내꽃'을 중심으로」, 연세대 석사논문, 2008)

131) 김영석, 신범순, 소래섭, 김만수 등의 연구는 김소월 시의 샤머니즘적 특성이라는 중요한 부분을 지적한 바 있다. 소월의 시에서 화자가 사자(死者)들의 목소리를 듣는다는 점에서 소월 시의 몇몇 시들의 화자는 죽음과 삶을 매개하는 샤먼과 유사한 점이 있다. 그러나 소월은 영원으로 초월하지 않고, 변화와 영원 사이의 긴장과 갈등을 시화한다는 점에서 소월의 시를 초월적인 종교적인 것으로 환원할 수는 없다. 또 그의 「시혼」과 시들을 전체적으로 시야에 넣었을 때, 중요한 것은 '샤먼'적인 것이 영원과 변화를 포괄하기 위한 방법론 중의 하나라는 측면이지, '샤머니즘'이 그의 근본적 사상이 아니라는 점이다.

132) 이는 구체적으로 식민지적 변화에 관한 비판적 시선으로도 나타난 바 있다. 「바라건대는 우리에게 우리의 보습 대일 땅이 있었더면」, 「고락」 등.

133) 김소월, 『진달내꽃』, 매문사, 1925.

때문에 이러한 님을 만날 수 있는 방법은 초혼이나 굿과 같은 죽음이라는 벽을 넘는 방법이나, 아니면 꿈(「님의 노래」, 「失題」, 「님에게」, 「꿈꾼 그 옛날」, 「꿈으로오는한사람」, 「닭소래」, 「꿈자리」, 「넷님을따라가다가 꿈깨여歎息함이라」, 「잠」, 「聲色」)과 같은 시공간을 초월할 수 있는 방법 밖에는 없다. 이렇게 시공간을 초월하려는 방법의 하나는, 선조적 시간을 비트는 것이다. 시집의 첫머리에 실려 있는 「먼後日」을 보자.

「먼後日」[134)]

먼훗날 당신이 차즈시면
그때에 내말이 '니젓노라'

당신이 속으로나무리면
'뭇척그리다가 니젓노라'

그래도 당신이 나무리면
'밋기지안아서 니젓노라'

오늘도어제도 안이닛고
먼훗날 그때에 '니젓노라'

시적 상황은 현재 "당신"이 화자를 떠난 상황이다. '먼 훗날'이 되어서야 당신이 화자를 찾을 것이라는 기대를 할 수 있을 뿐이다. 당신이 먼 훗날 화자를 찾는 미래 상황을 가정하고, 화자는 그때 당신에게 "니젓노라"라고 말하겠다고 다짐한다. 이것은 반어적으로 "오늘도 어제도" 잊지

---

134) 김소월, 『진달내꽃』, 매문사, 1925, 3면.(『개벽』 26호, 1922.8.발표)

않고, 아주 "먼홋날"이 되어서야 "니젓노라"라고 말함으로써 얼마나 긴 시간 동안 당신을 그리워했는지를 고백한다. 또, 어떠한 사람을 잊었다면, 잊었다는 것조차도 잊게 되는데, 먼 훗날 당신이 나를 찾으면 "니젓노라", "무척 그리다가 잊었노라"라고 말을 하는 것을 통해서 오히려 잊지 않고 기억하고 있다는 것을 강조하며, 원망하며 애틋한 마음을 표현하고 있다.[135)]

이렇게 영원히 님[136)]을 사랑하는 마음을 간직하고 있는 주체가 떠나는 님, 즉 변화하는 세상을 대하는 하나의 중요한 방법은 선조적 시간을 비트는 것으로 나타난다. 영원한 것과 변화하는 것을 조화시키는 하나의 방법은 영원과 변화가 분화하게 되는 매체인 선조적 시간 자체를 조작하는 것이다. 따라서 영원한 사랑의 마음은 떠나는 님, 즉 변화에 대해서 그 변화가 다시 변화하여 원래의 자리로 돌아올지도 모를 아주 먼 미래의 상황(즉 님의 귀환)을 가정하면서, 영원성도 변화했을지 모른다는 반어(니젓노라)로 영원성 자체(변함없는 마음)를 표현한다.

이 시의 리듬의 측면에서도 이러한 영원과 변화를 조화시키려는 노력이 나타나 있다. 리듬은 같은 것의 반복에서 유래한다. 1연은 3·3·4/3·3·4로 정확히 일치하는 음절수와 어절수를 반복한다. 이렇게 한 행에 10음절의 반복은 모든 연에 공통되어 변하지 않는다. 그러나 여기에 연마다 띄어쓰기를 통해서 미묘한 차이들을 발생시켰다. 2연에서는 "속으로나무리면"을 붙여 쓰고, 4연에서는 "오늘도어제도"를 붙여 써서, 띄어 썼

---

135) 이는 「님에게」에서도 마찬가지로 나타난다. 여기에서 화자는 "축업는 벼개까의쑴은잇지만" "당신은니저바린서름이외다"라고 하며, 잊었다고 함으로써 오히려 님을 사랑하는 화자의 마음이 얼마나 크고, 님을 그리워하는 것이 얼마나 고통스러운지를 강조하고 있다.

136) 여기에서 '당신'이 사랑하는 '님'이라는 것은 김소월 시를 상호텍스트적으로 보았을 때 분명하다. 장철문, 앞의 글, 338~341면 참조.

을 때보다는 더욱 빠른 리듬감을 나타낸다.[137] 1연과 4연에 화자의 발화인 "니젓노라"가 동일하고, 2연과 3연은 1행 전체 10음절이 화자의 발화인 점도 동일하다. 즉 리듬의 측면에서도 소월은 반복하면서도 동시에 변화를 주려고 했다. 그리고 이러한 변화는 결국 10음절이라는 동일성의 반복 속으로 녹아든다. 즉 변화는 다시 영원으로 귀결된다. 이러한 리듬의 반복과 변화가 님의 떠남과 그의 귀환을 바라는 화자라는 시적 상황, 화자의 님을 향한 영원한 사랑과 님의 떠남이라는 세상의 변화와 절묘하게 상동성을 지닌다. 또 이 시에서는 두운과 각운의 사용도 주목할 수 있다.[138] 이는 ㅁㄱ/ㄷㅁ/ㄱㅁ/ㅇㅁ으로 'ㅁ'의 반복을 기본으로 하되, 그 속에서 변화를 주고, 'ㅁ'으로 시작해서 'ㅁ'으로 끝난다는 점에서 변화는 다시 영원 속에 포괄된다. 각운에서도 면/라//면/라//면/라//고/라의 형태로 되어, '면/라'의 반복 속에서, 마지막에는 '라'로 끝나면서도, 단 한 번 '고'라는 변화를 주었다는 점에서 음절수, 각운, 누운은 모두 변화가 다시 영원이라는 반복으로 귀결되기를 바라는 화자의 심정과 상동성을

137) 김소월의 스승이자, 소월의 『소월 시초』를 편집한 장본인인 김억은 띄어쓰기에 유념해서 율독해야 한다고 주장한 바 있다. "구와 구를 떼어읽은 것에도 시를 읽음에는 주의하지 아니할수 없는 것이외다. 가령 '하소연많은 열여덟 이내 심사' 같은 것은 '하소연만흔열여덟'하고나서 '이내심사'하는 것과 '하소연많은' 쉬어서 '열여덟'하고 끊었다가 '이내심사' 하는 것과 주는 느낌이 다릅니다. 나로는 후자를 택하거니와 아래의 시를 읽을때에 구를 뗀 것은 쉬어서 읽어주기를 바랍니다." 김억, 「시가의 음미법」, 『조선일보』, 1929.10.19. 물론 안서가 이러한 주장을 김소월이 이 시를 쓰기 전부터 소월에게 했고 소월이 이를 받아들였는지, 김소월이 이를 받아들인 것이 시집에 제대로 반영되었는지를 정확하게 알 수는 없다. 그러나 텍스트상, 다른 단어들은 띄어 쓰는데 어떤 단어들은 띄어 쓰지 않는다면 율독에 분명한 차이를 발생시킨다. 장철문 또한 띄어쓰기를 고려하여 음절수를 파악하고 있으며 이 시에서 띄어쓰기가 호흡 단위로 이루어지고 있다는 점에서 중요한 율독의 표지로 보았다. (장철문, 「시적 의미와 리듬의 생성 맥락 -김소월 「먼 후일」을 중심으로」, 『현대문학의 연구』, 한국문학연구학회, 2015)

138) 장철문은 이러한 소월의 운의 체계가 한시의 운의 체계를 차용했다고 보았다. (위의 글, 360~361면.)

지닌다.

이렇게 변화를 영원 속에 조화하려는 시도는, 「진달내쏫」에서는 이별의 미래를 가정하고 이 상황 속에서 자신의 다짐을 표출하는 현재의 화자라는 내용이 국맥의 「영변가」와 같은 노래와 한문맥적인 두견화 설화에 뿌리를 두고 노래된다.[139]

「진달내쏫」[140]

나보기가 역겨워
가실째에는
말업시 고히 보내드리우리다

영변에약산
진달내쏫
아름짜다 가실길에 색리우리다

가시는거름거름
노힌그쏫츨
삽분히즈려밟고 가시옵소서

---

139) 두견새와 접동새는 엄연히 다른 새이지만, 전통적으로 이 둘은 같은 새로 오해되어 혼용됐다. 「정과정곡」에서 접동새는 두견새로, 『두시언해』, 『훈몽자회』에서 두견은 접동새로 옮겨지는 등, 옛 한시나 시조에서 이 둘은 구분 없이 혼용되었다. 미당도 「귀촉도」에서 두견새를 접동새의 다름 이름이라고 적고 있다. 이런 점에서 소월의 「접동새」도 두견의 후신 모티브로 해석된 바 있다. (김주수, 앞의 글, 307~309면). 또한, 「새타령」 같은 민요에서도 두견새와 접동새를 혼용하고 있다. (신범순, 앞의 책, 707~708면). 이런 점에서 두견새와 접동새가 우리 시가(詩歌)에서 뚜렷하게 구분되지는 않고 있으며, 소월의 시편에서는 양쪽의 설화에 담긴 풍부한 상징들을 활용하고 있다고 볼 수 있을 것이다.

140) 김소월, 『진달내꽃』, 매문사, 1925, 190~191면.

나보기가 역겨워
가실때에는
죽어도아니 눈물흘니우리다

화자는 첫 연부터 아직 오지 않은 변화를 즉, "나보기가 역겨워/가실때"를 가정한다. 이렇게 떠나는 임과 대비되는 것은 그를 변함없이 사랑하며 그를 축원하는 화자의 모습이다. 화자는 진달래꽃을 따다가 가시는 길에 뿌리고, 죽어도 눈물 흘리지 않겠다는, 즉 영원히 눈물을 흘리지 않겠다는 의지를 표명한다. 꽃은 화자의 사랑을 나타내는 객관적 상관물이라 할 때, 이를 밟고 가라는 권유는 임이 그 꽃을 밟고 갔을 때 짓눌린 진달래꽃의 이미지가 처참한 화자의 마음을 연상하게 한다. 이러한 처참함 때문에 이 시의 화자의 태도는 이중적으로 해석된 바 있다. 임이 추억을 영원히 간직하기를 바라면서도, 자신은 독한 태도로 사랑의 온기를 끊어버렸다는 것이다.[141] 그러나 여기에서 주목해야 할 것은, 지금 화자는 임이 나를 "역겨워 가실때"라는 미래의 가정적 상황을 상정하고 이를 바탕으로 자신의 심정을 노래하고 있다는 것이다. 이를 염두에 둔다면, 이 시가 뿌리를 두고 있는 「영변가」에서 임에게 다시 돌아와 달라는 청원과 기대감[142]은 여전히 「진달내꼿」에도 배면에 존재함을 알 수 있다. 未來의 극단적 이별의 상황을 설정하고 그것은 상대의 변화 때문일 것이라고 노래하는 것은 역설적으로 자신의 임에 대한 마음은 미래에도 변하지 않을 것이라는 점을 전제하기 때문이다. 이렇게 영원한 자신의 마음을 표현하는 것은, 현재의 영원한 사랑의 소망 때문에 발생한다. 소월은 「영변가」

141) 신범순, 앞의 책, 732면.

142) 신범순, 앞의 책, 709~733면. 여기에서 신범순은 「산유화가」의 오랜 전통 속에서 이 시를 살피면서, 구체적으로 약산의 봄축제와 연관 지어 논의한다.

를 기조로 하여 영원히 변화하지 않을 자신의 마음을 임과의 이별이라는 미래의 상황에 투사하여 노래하고 있다.

운율적으로도 1연과 4연은 같은 음수율을 보여준다. 3행에서 띄어쓰기가 "말업시 고히"와 "죽어도아니" 사이의 차이가 있을 뿐, 같다. 2연과 3연은 일정한 틀 속에서 변화를 주었다. 각 연의 마지막 행도 다//다//서//다라는 점에서 시에서 반복이 우세하며 처음과 끝이 동일하고, 변화는 반복으로 귀결된다. 결국, 시의 심층적 의미인 변화를 가정하고 이 변화에도 불구하고 나는 영원히 당신을 사랑할 것이라는 점과 임이 다시 돌아올 것이라는 믿음, 즉 변화가 다시 변화하여 영원 안에 포괄될 것이라는 믿음은 시의 리듬에서도 그대로 나타나고 있다.

(2) 죽음의 극복 시도로서의 샤먼-되기

이렇게 영원의 관점에서 변화를 포괄하려는 소월의 시편들은, 일반적으로 비가역적인 이별이라고 인정할 수밖에 없는 이별, 즉 사별에 대해서는 다른 방법으로 접근하게 된다. 소월의 시편들에는 유독 죽음, 특히 임과의 사별에 관한 시들이 많다. 이는 소월 시가 깊은 뿌리를 두고 있는 민요의 전통과도 연관되어 있다. 민요는 사랑의 본질을 노래하기 위해서 극한적 상황인 사별을 주제로 한 노래들이 많이 있다. 분명 소월은 이러한 민요적 전통 위에서 사별을 노래했을 것이다.[143)]

「山우헤」는 「먼훗날」처럼 님이 떠난 상황이지만, 만약 님이 떠나고 아주 오랜 시간이 지나서 님이 나를 다시 찾는다고 해도 나는 이미 산에 "고히깁피 잠"든 상태, 즉 이미 죽어있다.[144)] 이는 변화가 다시 영원 속으

143) 신범순, 「「산유화」의 신성한 기원과 그 계승」, 『노래의 상상계 -'수사'의 존재 생태 기호학』, 서울대학교출판문화원, 2011, 690~691면.

로 귀결되지 못한 상태로 보인다. 이러한 사별에 관한 절절한 마음은 「招魂」에서 매우 잘 그려져 있다.

「招魂」[145]

산산히 부서진이름이어!
虛空中에 헤여진이름이어!
불너도 主人업는이름이어!
부르다가 내가 죽을이름이어!

心中에남아잇는 말한마듸는
끗끗내 마자하지 못하엿구나.
사랑하든 그사람이어!
사랑하든 그사람이어!

붉은해는 西山마루에 걸니웟다.
사슴이의무리도 슬피운다.
써러저나가안즌 山우헤서
나는 그대의이름을 부르노라.

서름에겹도록 부르노라.
서름에겹도록 부르노라.
부르는소리는 빗겨가지만
하늘과짱사이가 넘우넓구나.

선채로 이 자리에 돌이되여도

144) 김소월 시에서 '산'은 죽음의 공간이며, 산자가 죽은 자를, 영원이 변화를 매개할 수 있는 장소로 그려진다. 이에 대해서는 다음 절에서 더 자세히 논의할 것이다.

145) 김소월, 『진달내꽃』, 매문사, 1925, 164~165면.

부르다가 내가 죽을이름이어!
사랑하든 그사람이어!
사랑하든 그사림이어!

초혼은 사람이 죽었을 때 그의 이름을 부르며 그 혼이 다시 돌아오기를 기원하는 상례의 한 절차이다.[146] 이 시에 대해서는 여러 분석이 있으니, 여기에서 주목하고 싶은 것은, 리듬의 변화와 반복되는 구절의 관련성 부분이다. 앞서 「먼훗날」과 「진달내쏫」이 형식상으로 영원의 관점에서 변화를 포괄하고자 했다면, 즉 리듬의 변화를 반복의 우월성 속에 포섭시킨다면, 이 시는 정반대로 변화의 우월함 속에서 반복이 흩어져있다. 1연에서 "이름이어!"라는 구절을 반복하며, 2연과 5연에서 "사랑하든 그사람이어!", 4연에서 "서름에겹도록 부르노라."를 반복하지만, 전체적으로는 음절수가 통일성이 없어서, 각 연이 통일감이 없다. 여기에서 반복하는 것은 "이름", "사랑하던 그사람", 그리고 그를 부르는 행위로 내가 그를 사랑하던 것, 그가 나에게 있어서의 의미라는 점에서 내가 그를 영원히 사랑하는 마음을 표상한다.

그러나 이러한 영원성은 전체적인 리듬의 변화 속에서 흩어져있을 뿐이다. 이 시의 심층적 내용도 변화와 영원이 주제라고 할 때, 임을 사랑하는 화자의 영원한 마음은, 임과의 사별 때문에, 변화가 다시 변화하여 영원 속에서 조화될 것이라는, 어떠한 낙관적인 미래도 기대할 수 없게 되고 말았다. 이는 1, 2연에서 사랑하던 사람의 죽음을 노래한 직후 3연에 나타나는 슬피 우는 사슴의 무리로도 상징적으로 표현된다. 여기에서 사슴은 천계와 교통하는 동물로 지상과 천상을 매개할 수 있는, 즉 변화와

146) 오세영, 『한국낭만주의 시론』, 일지사, 1983 (4쇄), 336~337면.

영원을 매개하는 능력을 가진 동물이다.[147] 그들조차 극복할 수 없는 간극에 슬피 울고 있다는 것으로 어떠한 가능성도 단절되어 있음을 나타낸다. 이러한 영원과 변화의 조화 불가능성은 이 시의 운율적 측면에서도 시 전체에 통일감을 주는 반복성이 아니라 시의 부분적 반복으로 제한되고, 이것이 변화 속에 흩어져있는 것으로 나타난다.

또한, 주목해야 할 것은, 소월이 「招魂」이라는 제목을 짓는 순간, 『시경』과 더불어 한문맥 시의 전범이라 할 수 있는 『초사(楚辭)』에서부터 비롯하는 초혼사류 애사(招魂辭類 哀辭)의 한문맥을 환기한다는 것이다. 앞서 지적했지만, 이 시를 쓴 소월은 물론이고 이 시를 읽는 당대 대상 독자들은 모두 "초혼"이라는 제목을 읽으면서부터 송옥(宋玉, 기원전 290~222년 추정)의 「招魂」을 떠올렸을 것이다. 송옥의 「초혼」은 무가(巫歌)에 의탁하여 굴원의 혼백을 부르는 노래로, 혼을 부르게 된 경위를 설명하고, 그 이후에는 동, 남, 서, 북, 하늘, 지하 모두 위험을 경고하고 초나라의 아름다움과 풍요로움을 반복하여 초나라로 돌아오라는 설득을 주된 내용으로 한다.[148] 김소월의 「초혼」은 이와 다르다. 송옥은 기괴한 저승과 이국을 묘사하고 초나라의 아름다움과 풍요로움을 탐미적으로 노래한다. "魂兮歸來"(혼이여 돌아오라)라고 반복적으로 표현하지만, 여기에 절절한 슬픔은 느껴지지 않는다. 물론 조선 시대 「초혼」을 바탕으로 지어진 초혼애

147) 무당이 사슴뿔을 사용해서 하늘과 교통하고자 하였고, 사슴이 지옥에서 태양 처녀를 구하는 신화 등은, 사슴이 하늘과 지상, 저승과 지상으로 매개할 수 있는 능력을 지닌 신성한 존재자임을 보여준다. 이와 관련한 내용은 신범순, 앞의 책, 691~695면 참조. 이런 관점에서 「님을ᄯᅡ라가다가 숨ᄺᅢ여歎息함이라」에서 "ᄲᅮᆯ못염근사슴이의무리"가 슬피 운다는 것은 의미심장하다. 아직 뿔이 완전히 여물지 못해서 천계와 소통을 할 수 없기 때문에 더욱 슬피 운다는 의미로 해석된다.

148) 「초혼」의 한국어 번역은, 굴원 외, 『초사』, 권용호 옮김, 글항아리, 2015, 266~293면 참조.

사 중에는 송옥의 「초혼」보다 더 절절한 슬픔이 느껴지는 작품들이 있다. 예를 들어, 평양에서 「관서악부」로 유명했던 석북(石北) 신광수(申光洙: 1712~1775)도 「東招」라는 작품을 남겼다. 석북은 자신의 고종사촌 이광후의 죽음을 목도하고 고모와 망자의 아내를 위로하기 위해 이 시를 쓴다. 여기서는 "북방의 부모가 엉엉 울며 곡하고/남방의 홀어미는 오장이 다 녹도다."[149] 라며 슬픔을 생생하게 드러내지만, 죽음 또한 만물 전변의 현상으로 파악하고 있다.

따라서 김소월의 "부르다가 내가 죽을이름"과 같은 극도의 애절함은 나타나지 않는다. 이는 더 가까이는 신채호의 「招魂歌」[150] 에서 『국민신보』와 『대한신문』을 비판하면서 초혼애사의 형식을 차용한 것과도 비교해볼 수 있다. 소월의 「팔벼개 노래調」나 「바라건대는 우리에게 우리의 보습 대일 땅이 있었더면」 또는 「春望」 번역에서 나타나는 것처럼, 망국의 자의식을 염두에 둔다면, 소월의 「초혼」도 잃어버린 공동체에 대한 애절한 슬픔으로도 해석될 수 있다.

여기서 강조하고 싶은 것은, 소월 앞에 있는 「초혼」이라는 시들의 계보를 배면에 깔고서, 소월이 행하고 있는 혁신의 측면이다. 한문맥의 「초혼」이라는 전통을 활용하면서, 초혼행위라는 관습은 이용하면서도 그 안에 "청원처절한 정성위음"과도 같은 심정을 드러내어 기존의 한문맥을 전복한다. 한문맥의 시에서 중요한 기준인 "애이불상(哀而不傷)"이 아니라, "부르다 내가 죽을" 정도로 극도의 슬픔을 노래한다. 한문맥의 "초혼(招魂)"을 연상케하며, 이를 정반대되는 처절함으로 전복하는 방식으로 김소

149) 이기현, 「석북의 「동초」 연구」, 『동아시아 문화연구』 28, 한양대학교 한국학연구소, 1996에서 재인용. "北方之父母然哭阿/南方之寡母五內阿" 글자의 출입이 있어 보인다. 원문 확인 필요.

150) 『대한매일신보』, 1907.12.17.

월은 한문맥을 활용한다.

물론 이러한 「초혼」은 서북지역의 무속적 의식인 죽은 자의 영혼을 위안하는 초혼제를 배경으로 하는 것으로 추정된다. 이에 대해서는 이러한 제례의식을 바탕으로 한 서도잡가인 『제전』과의 관련성도 논의된 바 있다.[151] 또한, 당시에 불리던 민요인 탄가(嘆歌)와의 관련성도 생각할 수 있다.[152] 이은상은 『진달래꽃』이 출간되고 일 년 후인 1926년에 「청상민요소고」(『동광』 7, 1926.11.)에서 金海老人(馬山)의 노래를 채록하고 이의 문학적 가치를 주장한다. 이 노래에서도 하늘을 바라보며 통곡하고 초혼하는 것으로 시작하며, 님과 단절된 심정을 절절하게 노래한다. 특히 "서쪽산에 지는해"와 같은 상징이 소월의 「초혼」과 공통으로 사용되었음을 지적할 수 있다. 이런 점에서 소월의 「초혼」은 한문맥적인 '초혼'에 국맥인 민요를 절합하여 그 절절한 애달픔을 노래한 것으로 볼 수 있다.

이렇게 죽음은 필멸자인 인간들이 결국 받아들여야 하는 가장 크고도 부정할 수 없는 변화이다. 그러나 「시혼」에서 소월이 죽음을 초월하여 불멸하는 영혼과 시혼을 주장했듯이, 소월은 죽음은 완전한 끝이 아니라고 여긴다. 죽음은 끝이 아니고, 영원한 마음은 죽음 뒤로도 이어지는 것(「접동새」)이다. 죽음은 끝이 아니라는 인식은, 죽음을 초월하는 방법에 대해서 고민하게 한다.

---

151) 전영주, 「김소월 시의 서도성과 근대성 -「진달래꽃」 「초혼」과 서도민요 『영변가』 『제전』의 비교 분석」, 『우리문학연구』 33, 우리문학회, 2011 참조.

152) 특히 신범순은 이러한 관점에서 소월의 「초혼」을 탄가의 계보 속에서 검토하고 있다. 신범순, 앞의 책, 411~413면 참조.

「비난수하는맘」[153]

함께하려노라, 비난수하는나의맘,
모든 것을 한짐에묶거가지고가기까지,
아츰이면 이슬마즌 바위의붉은줄로,
긔여오르는해를 바라다보며, 입을버리고.

떠도러라, 비난수하는맘이어, 갈메기가치,
다만 무덤뿐이 그늘을얼는이는 하눌우흘,
바다까의. 일허바린세상의 잇다든모든것들은
차라리 내몸이죽어가서업서진것만도 못하건만.

쪼는 비난수하는나의맘, 헐버슨山우헤서,
떠러진닙 타서오르는, 낸내의한줄기로,
바람에나붓기라 저녁은, 흐터진거믜줄의
밤에매든든이슬은 곳다시 떠러진다고 할지라도.

함께하려하노라, 오오 비난수하는나의맘이어,
잇다가업서지는세상에는
오직 날과날이 닭소래와함께 다라나바리며,
갓가웁는, 오오 갓가웁는 그대뿐이 내게잇거라!

이 시는 "비난수하는나의맘"[154]과 변화하는 것을 대비시키고 있다. 1연에서 이슬 맞은 바위에 떠오르는 해를 바라보며, "모든 것을 한짐에묶거가지고가기까지" 즉 죽을 때까지 귀신에게 비는 마음과 함께할 것이라 다

153) 김소월, 『진달내꽃』, 매문사, 1925, 160~161면.

154) 귀신에게 비는 소리를 한다는 의미이다. 권영민 엮음, 『김소월 시전집』, 문학사상, 2007, 252면.

짐한다. 이슬은 태양이 떠오름에 따라 곧 사라질 것이며, 태양도 보이지 않다가 "긔여오르는" 것으로 시간과 변화를 상징한다. 즉 죽음이라는 변화가 올 때까지, 시간의 변화를 바라보며 귀신에게 비는 마음과 함께하겠다는 의미이다.

2연도 1연과 같이 도치되어 있어서, 진술을 순서에 맞게 바꾸어보고 오늘날의 표준어로 바꾸어보면 다음과 같다. "잃어버린 세상의 있다던 모든 것들은 차라리 내 몸이 죽어가서 없어진 것만도 못하지만, 귀신에게 비는 마음이여, 무덤만 그늘을 얼른거리는 하늘 위를, 바닷가의 갈매기같이 떠돌아라." 화자는 영원한 세계, 즉 "잃어버린 세상"을 부정하면서도, 무덤만 그늘이 얼른거리는 하늘보다 더 높이 귀신에게 비는 마음이 떠돌기를 바란다. 여기에서도 마찬가지로 무덤, 죽음, 그늘, 얼른거리다와 같이 변화를 나타내는 어휘들이 사용되었다.

3연에서도 비난수하는 마음과 변화가 대비되고 있다. 곧 다시 이슬이 떨어질지라도 귀신에게 비는 마음은 낙엽을 태우는 매운 연기로 바람에 나부끼라고 한다. 4연에서 이러한 모든 변화가 압축적으로 제시된다. "잇다가업서지는세상에는/오직 날과날이 닭소래와함께 다라나바리며". 시간을 나타내는 닭 소리는 세상의 것들을 있다가 없어지게 한다. 단지 화자에게 가까운 것은 "비난수하는나의맘"뿐이다. 여기에서 중요한 것은, 화자가 "비난수하는나의맘"의 구체적 내용을 제시하지 않는다는 것이다. 보통 귀신이나 신에게 빌 때, 비는 것의 내용을 중요하게 여겨서, 그 바람을 이루어달라고 기도한다. 그러나 여기에서 화자는 "비난수하는나의맘" 자체를 중요시한다. 이렇게 비는 마음 자체를 중요시하는 것은 자기보다 더 큰 것, 즉 죽음을 초월한 존재에게 기원하는 마음 자체를 중요시하는 것이며, 이 마음과 함께하고자 하는 것은 마찬가지로 산 자와 죽은 자의 경계인 죽음을 초월하고자 하는 욕망과 연결된다. 이렇게 귀신에게 비는 화자는 죽은 자들의 목소리를 듣게 되며, 그 죽은 자들의 목소리는 적극적으로 화자를 불러냄으로써 (「무덤」), 화자는 죽은 자의 목소리를 듣는 '샤먼'과 같은 존재가 된다. (「찬저녁」).

(3) 영원과 변화의 매개 공간으로서의 산

화자는 마치 샤먼처럼 사자(死者)들의 목소리를 듣게 되지만, 역시 여전히 이러한 사자들의 세계로 완전히 초월할 수는 없다. 소월 시에서 산이라는 공간이 중요하게 나타나는데, 산은 지상에서 가장 높아서 하늘과 가장 가까운 공간이다. 소월 시에서 산에는 늘 무덤이 있는 것으로 나타나서, 죽은 자들이 거(居)하는 곳으로 제시된다.[155] 「시혼」에서도 직접 "살음을 좀 더 멀리한 죽음에 가까운 산(山)마루"라고 표현하고 있다.

앞서 「초혼」을 통해 살펴보았듯이, 화자는 죽은 자의 이름을 부르면서 죽은 자가 거하는 하늘과 지금 화자가 있는 땅 사이의 거리가 너무 넓어서 자신의 목소리가 닿지 않음을 절망했다. 도식적으로 표현하자면, 죽음-하늘/삶-땅이며 산은 무덤이 있는 곳으로 죽음과 삶을 매개하는 공간이다. 따라서 산은 죽은자들이 부활했을 때 사는 공간 (「접동새」)이며 님의 무덤이 있어서 님을 그리워하는 공간 (「나는 세상 모르고 사랏노라」, 「달마지」) 이다.

이러한 산의 공간성을 인식하고 읽게 되었을 때, 「山有花」는 새롭게 해석될 수 있다.[156]

---

155) 이런 점에서 산소(山所)가 묘지를 뜻하는 것은 한문맥에서 산과 죽음의 관계를 암시한다.

156) 이 시는 김동리가 '저만치'라는 거리에 주목하여, 이를 "청산과 자기와의 거리" 즉 인간과 자연 사이의 간극으로 해석한 것에 대해서 많은 논자가 동의한 바 있다. 김동리, 「청산과의 거리」, 김동욱 편, 『김소월』, 문학과 지성사, 1981; 이미순, 『한국 현대시와 언어의 수사성』, 국학자료원, 1997; 남기혁, 「김소월 시의 근대와 반근대 의식」, 『한국시학연구』

「山有花」[157]

山에는 꼿픠네
꼿치픠네
갈 봄 녀름업시
꼿치픠네

山에
山에
픠는꼿츤
저만치 혼자서 픠여잇네

山에서우는 적은새요
꼿치죠와
山에서
사노라네

山에는 꼿지네
꼿치지네
갈 봄 녀름업시
꼿치지네

이 시는 '山有花'라는 제목부터 한문 통사구조를 그대로 도입하고 있다. 이는 백제 유민들의 노래로 한시 '山有花歌'나 조선의 민요로 남아있

11, 한국시학회, 2004. 신범순은 백제 망국의 노래인 「산유화」와 이 시를 연관성 속에 놓고, 이 '저만치'의 거리감을 역사의 망각과 기억에 대한 것으로 논의했다. 신범순, 「「산유화」의 신성한 기원과 그 계승」, 『노래의 상상계 -'수사'와 존재 생태 기호학』, 서울대학교출판문화원, 2011 참조.

157) 김소월, 『진달내꽃』, 매문사, 1925, 202~203면.

다.[158] 소월은 분명 이를 의식하고, 한문을 그대로 제목으로 가져온다. 이 시는 산의 변함없음과 꽃의 변함을 대비하고 있으며, 동시에 계절에 따른 꽃의 변화의 순환성을 지적한다는 점에서, 「먼훗날」의 구조와 동일하다. 즉 「먼훗날」이 변함없는 내 사랑과 님의 떠남을 대비하며, 마침내 님이 돌아올 것이라는 믿음을 리듬과 진술로 표현했듯이, 이 시도 마찬가지이다. 산은 변함없이 그 자리에 있지만, 꽃은 봄, 여름, 가을 계속 피고, 또 진다. 리듬상으로도 1연과 4연은 변함없이 같고, 2연과 3연만이 변화를 주고 있으며, 특히 1, 3, 4연은 총 20음절로 동일하며 2연만 18음절로 다소 차이가 있다. 결국, 이 또한 완전하지는 않지만, 반복 속에 변화를 포괄하고자 한 시도이며, 처음과 끝이 완전히 동일하다는 점에서 순환적인 구조를 보여준다.

이러한 영원과 변화의 대비가, 김소월 시에서 핵심적으로 반복되는 산과 꽃이라는 두 가지 상징과 연관되었다는 점에서도 의미가 있다. 앞서 언급했듯이, 산이라는 공간은 영원과 변화를 매개할 수 있는 공간이며, 동시에 무덤의 공간이다. 꽃은 생명의 상징이며 (「님의말슴」), 임과 나의 사랑의 상징(「진달내꼿」, 「니젓든맘」, 「愛慕」)이며 동시에 이별과 죽음의 상징이다. (「진달내꼿」, 「봄비」, 「몹쓸꿈」, 「半달」) 생명, 사랑, 이별, 그리고 죽음은 서로 반대되는 것이지만 동시에 소월 시에서 변화와 관계되는 것들이다.[159] 이는 소월이 변화를 지양하고, 영원성으로 초월해버리지 않는 이

158) 특히 신범순은 이 시에 산유화와 산유해의 광대한 두 전통이 결합하여 있다고 보고, 산유화, 산유해의 오래된 흐름을 광대하게 추적하고 있다. (신범순, 앞의 책 참조.) 이런 관점에서 '漢文脈'이라는 것은 특정한 국가(예를 들면 중국)의 것이 아니라 여러 나라에서 사용되던 '한자'라는 표기 매체를 둘러싼 맥락임이 강조되어야 한다. 한글이라는 표기체제가 온전히 성립하기 이전의 것들, 그리고 훈민정음이 반포된 이후에도 많은 전래의 기록들은 한자로 기록되었기 때문이다.

159) 따라서 여기에서 '저만치'의 거리는 자아와 자연 사이의 거리라고 하기보다는, 자아와

유이기도 하다.

파르메니데스, 플라톤, 기독교에 이르는 서구 초월철학이 변화의 의미를 부정하고 영원성으로 초월하는 것과는 달리, 소월에게 변화는 크나큰 슬픔을 가져다주지만, 동시에 매우 아름답고 추구해야만 하는 것이기도 한 것이다. 이런 점에서 이 시 「산유화」는 산이라는 영원과 변화를 매개하는 공간에서, 꽃이라는 변화의 희로애락을 모두 품고 있는 존재자의 변화를 지켜보며, 여기에서 꽃이 좋아 함께 "우는" "작은새"[160]를 통해 김소월의 심경을 잘 보여주고 있다. 소월은 "꽃"이 좋아서 "산"에 살 수밖에 없다. 꽃은 아파서 "울"게 하지만, 그 슬픔도 좋아할 수밖에 없다.

그러나 여기에는 늘 "저만치"의 거리가 전제되어 있다. 영원과 변화는 끝내 합일되지는 못한다. 즉 「산유화」는 김소월 시의 핵심적 주제를 압축적으로 제시했다. 영원의 관점[161]에서 변화에 대해 아파하고 그리워할 수밖에 없는 운명은, 산이라는 영원과 변화를 매개하는 공간 속에서, 꽃이라는 아름답지만 가변적인 것을 좋아하며, 이와 함께 살며 또 이것 때문에 울 수밖에 없게 한다. 또한, '산유화'라는 백제 유민들이 사라져버린 옛 공동체를 추억하며 남긴 노래의 형식을 차용했다는 것이 의미심장하

변화, 영원과 변화 사이의 거리를 함축한다. 이는 '산' 속의 '꽃'이 '저만치' 혼자 피어있다는 점에서 더욱 그러하다. 만약 이것이 자아와 자연 일반 사이의 거리라고 하였을 때는, '산'과 자아의 거리감 또한 문제 되어야 하기 때문이다.

160) 김만수는 여기에서의 '산'이 북망산이며 망자의 공간이라 보고, 새는 김소월의 많은 다른 시나 민간전승에서 그러한 것처럼 이승과 저승을 매개할 수 있는 존재라 본 바 있다. 김만수, 「김소월 시집 〈진달래꽃〉에서 송신의 양상과 의미」, 『건지인문학』 13, 전북대학교 인문학연구소, 2015, 42~45면.

161) 이러한 관점에서 장석남의 논의는 많은 시사점을 준다. 그는 이 시에서 언급되지 않고 있는 '겨울'의 시간 속에 화자는 있으며, 이러한 겨울의 시간은 죽음의 시간이며 동시에 영원의 시간이라고 보았다. 장석남, 「김소월 시집 『진달래꽃』의 유기적 구성에 대한 연구」, 인하대 석사논문, 2002, 63~64면.

다. 없어지고 변화하는 것을 그리워하는 마음을, 노래라는 지속되고 영원한 것이라는 형식 속에 담고 있다.

(4) 영원과 변화의 만남으로서의 그림자

이렇게 변화와 영원을 다 끌어안고 이를 조화시키려는 소월의 시도는, 그늘(陰)이라는 한문맥 특유의 상징[162]을 통해서 아름답게 표현된다. 소월은 「시혼」에서 영원불멸하는 영혼이 변화하는 세계와 만나서 만들어지는 것을 음영이라 설명한 바 있다. 소월이 영혼을 "모든 물건이 가장 가까이 비치어 들어옴을 받는 거울[163]"이라고 했을 때, 영혼은 광원과는 반대로 빛을 흡수하는 블랙홀에 가깝다. 그늘이 지기 위해서는 광원, 사물, 그늘이 지는 표면이 필요하다. 즉, 광원에서 나오는 빛을 사물이 가려서 표면에 빛이 도달하지 않아서 빛이 도달하는 주변보다 어두운 것을 우리는 그늘이라 부른다. 소월이 말하는 그늘은 이러한 그늘의 의미를 변형한 것이다. 빛을 발하는 광원이 아니라 빛을 빨아들이는 영혼이 세계와 만날 때, 그 세계가 영혼을 가리면 영혼에 그늘이 생기고, 그 그늘이 다시 영혼이 보는 세계에 반영되어 그늘이 생긴다. 따라서 그늘은 존재자마다 고유한 특성을 반영하며, 동시에 그 존재자를 둘러싼 환경에 따라 변화한다.

이러한 그늘의 의미는 그의 시에서 더욱 깊게 다루어지고 있다. 앞서 살펴본 「비난수하는맘」에서도 그늘이 의미심장하게 놓여있다.

> 써도러라, 비난수하는맘이어, 갈메기가치,
> 다만 무덤쌘이 그늘을얼는이는 하늘우흘,

---

162) 이 논문의 V장 2.1절 참조.

163) 김소월, 「시혼」, 『개벽』, 1925.5.

> 바다까의. 일허바린세상의 잇다든모든것들은
> 차라리 내몸이죽어가서업서진것만도 못하건만. (「비난수하는맘」 2연)

여기에서 화자는 무덤만이 하늘에 그늘을 얼른거리게 한다고 진술한다. 무덤이 하늘에 그늘을 얼른거리기 위해서는 광원이 하늘 반대편에 있어야 한다. 이는 밤에 인공적으로 불빛을 하늘에 대고 쏘지 않는 이상, 불가능하다. 따라서 여기에서 그늘은 은유적 의미로 읽어야 한다. 그렇다면, 하늘에 무덤만이 그늘을 얼른거린다는 진술은 무덤이라는 죽음의 상징만이 하늘에 그늘을 생기게 한다는 의미로 읽을 수 있다. 그의 「시혼」에서도 서술되어 있듯이, 그늘은 영원한 것과 변화하는 것이 만나는 접점에서 이루어지는 현상이다. 이런 점에서 무덤과 하늘이 만나는 곳에 그늘이 생긴다는 진술은, 영원한 하늘과 죽음이라는 무덤과의 대비를 보여준다.

이러한 영원과 변화의 만남으로서의 그늘은 다른 시들을 통해 그 의미가 더 명료해진다. 「풀따기」[164]도 부재한 임과 화자의 변함없는 사랑을 주제로 한다.

> 우리집뒷山에는 풀이푸르고
> 숩사이의시냇물, 모래바닥은
> 파알한풀그림자, 떠서흘너요.
>
> 그립은우리님은 어듸게신고.
> 날마다 퓌여나는 우리님생각.
> 날마다 뒷山에 홀로안자서
> 날마다 풀을따서 물에던져요.

164) 김소월, 『진달내꽃』, 매문사, 1925, 4~5면.

흘러가는시내의 물에흘너서
내여던진풀닙픈 엿게써갈제
물쌀이 해적해적 품을헤쳐요.

그립은우리님은 어듸게신고.
가엽는이내속을 둘곳업섯서
날마다 풀을싸서 물에썬지고
흘너가는닙피나 맘해보아요.

우선 여기에서도 시적 공간이 산이라는 점에 주목할 수 있다. 앞서 언급했듯이, 산은 영원과 변화가 만나는 공간이다. 이러한 산에서 화자는 풀 그림자가 시냇물에 떠서 흘러가는 것을 바라본다.(1연) 2연에서는 님을 생각하면서 풀을 따서 강물에 던진다. 풀 그림자를 바라보다가 문득 님을 생각하게 되고, 님을 생각하게 되면 풀을 따서 물에 던지는 것은 일견 어떠한 연관 관계도 없는 사건들의 시간적 배열인 것처럼 보인다.

그러나 이들은 밀접하게 연결되어 있다. 풀을 따서 물에 던지는 행위가 임을 그리워하는 행위와 연결되는 이유는, "풀그림자, 써서흘너요"라는 대목을 통해 알 수 있다. 풀은 그림자를 통해 강물에 닿는다. 화자가 님을 그리워하지만 임과 만나지 못하고 있는 상황과 연결된다. 즉 내가 직접 님을 못 만나지만 내 마음은 님에 닿아있는 것이 내가 님을 그리워하는 상황이라고 한다면, 풀이 그림자를 강물에 드리우고 있는 상황은 풀이 강물과 직접 만날 수 없지만 강물 쪽으로 자신의 그늘을 드리우고 있는 것이다.

따라서 화자가 풀을 따서 강물에 던져 넣는 것은, 내가 님에게 가서 닿고 싶은 마음의 표현이다. 이는 마지막 연에서 잘 드러난다. 여기에서 "맘해본다"는 것은 마음속에 새긴다는 의미로, 님이 어디 계시는지 모르는 상황에서 화자는 나에게서 방향성을 알 수 없게 퍼져나가는 그리움을, 나에게서 멀리 흘러가는 강물에 실어서, 그림자로 강물에 향해 있던 풀을 따서 물에 던지고, 이를 마음속에 새기고 있다는 것이다.

형식상으로도 7·5조를 기본 리듬으로 하여, 2연의 3행만 3.3.5이며 다른 연은 모두 7·5조로 띄어쓰기에 변화를 통해 통일성 속에 변화를 주었다. 흥미로운 것은, "홀로"라는 단어를 쓰는 유일한 행만이 "홀로" 3.3.5로 7·5조가 아니라는 점이다. 그리고 그 연은 3행만 다른 것을 "날마다"의 반복으로 통일감을 더 부각했다. 이런 점에서 이 시의 리듬은 반복을 기조로 하되 변화와 반복이 만나고 있다고 할 수 있다.

이처럼 그림자와 님을 향한 그리움을 동일시하는 것은 「해가山마루에 저므러도」에서 잘 드러난다. 여기에서 "이러한맘쌘은, 쌔가되면,/그림자갓치 당신한테로 가우리다."라고 하여 그리움과 그림자를 연결하고 있다. 여기에서 그림자는 중의적 의미로 해석된다. 첫째는 화자의 그림자로, 그림자가 늘 한쪽으로 드리우듯이 님을 향한 방향으로 간다는 것이며, 둘째는 그림자를 당신의 그림자로 해석하여 늘 당신에게 떨어지지 않고 함께 있는 것으로 해석할 수 있다. 둘 다, 그림자는 그리운 마음과 연결되며, 또 그림자가 영원과 변화의 만남의 의미와 통한다.

그러나 이러한 그림자는 영원과 변화의 '행복한' 만남이자, 둘 사이의 갈등과 긴장의 해소를 의미하는 것은 아니다. 여전히 영원은 변화에, 변화는 영원에 그림자만을 드리울 뿐이다. 이러한 단절은 뿌리 깊은 슬픔을 일으킨다. 그의 유고시에는 이러한 그림자의 아름다움과 슬픔이 잘 표현되어 있다.

「무제」[165)]

날젊을눈은繡노하라
天女의손에거츠른물싸우헤.
나는바라보고는우노라
인제에의
모든이는넷날의그림자라고,

날은 저물어가고 눈은 물가에 내린다. 이를 天女의 손길이라 표현한다. 눈은 아름다운 수를 놓지만, 이는 화자를 못내 슬프게 한다. 이 광경을 보고 화자는 모든 이가 옛날의 그림자임을 깨닫게 된다. 눈은 잠시 아름답게 내리지만 금세 물속에 녹아든다. 물은 영원하지만, 눈은 순간이다. 이와 마찬가지로 모든 이는 금방 세상에 왔다가 사그라들 뿐이다. 이들은 옛날이라는 영원하게 축적되는 시간으로 회귀할 뿐인 현재이고 변화이다. 영원한 것이 변화하는 것과 만나서 만들어지는 그늘은 물가에 내리는 눈과 옛날이라는 시간으로 계속 회귀하며 현재 살아가는 인간이라는 두 가지 대상으로 아름답게 표현되었다. 이것은 아름답지만, 결국에는 사라진다는 점에서 덧없이 슬픈 것이다.

그러나 소월은 이것을 슬퍼하면서도 이를 희망이라고 부른다.

「希望」[166)]

날은저믈고 눈이나려라

---

165) 이를 김용직은 「天女의 손」이라고 제목을 달았다. 미발표 육필시라 김종욱 판본(김종욱 엮음, 『소월전집』, 명상, 2005)과 김용직(김용직 편, 『김소월전집: 못잊어 생각나겠지요』, 문장, 1982)판본이 모두 다르다. 김용직(『김소월 전집』, 서울대학교출판부, 1996)판본을 인용한다.

166) 김소월, 『진달내꽃』, 매문사, 1925, 217~218면.

낫서른물까으로 내가왓슬때.
山속의올뱀이 울고울며
떠러진닙들은 눈아래로 깔녀라.

아아 蕭殺스럽은風景이어
智慧의눈물을 내가 어들때!
이제금 알기는 알앗건만은!
이세상 모든 것을
한갓 아름답은눈얼님의
그림자뿐인줄을.

이우러 香氣깁픈 가을밤에
우무주러진 나무그림자
바람과비가우는 落葉우헤.

날이 저물고 눈이 내리는 가을밤에, 화자는 낯선 물가에 와서 낙엽이 눈에 깔리는 것을 바라본다. 이를 쓸쓸한 풍경이라 하며, 이 세상 모든 것은 눈에 보기에만 그릴싸한 그림자뿐임을 깨달았다고 한다. 낙엽 위로 눈이 덮이는, 겨울이 오기 시작하고 밤이 되는 순간에 모든 것은 사라지는 그림자일 뿐이라는 깨달음이 새롭지는 않다. 그러나, 그럼에도 이것을 "희망"이라고 명명한 데에 소월 시의 새로움이 있다. 그는 마지막 연에서 향기 깊은 가을밤 움츠러진 나무 그림자가 "바람과비가우는 낙엽" 위에 드리우는 것을 바라본다.

앞서 다른 시들에서 살펴보았듯이, 그림자는 어떤 것에 가 닿기 위한 마음과 같다고 할 때, 움직일 수 없는 나무가 온 힘을 다해 낙엽 위에 그림자를 뻗고 있는 모습은 새롭게 해석된다. 비록 그 위에 바람과 비가 울어도, 가 닿을 수 있는 것이 그림자뿐이라고 할지라도, 이것이 향기 깊다는 것을 깨달았기 때문에 소월은 이 시에 "희망"이라고 제목을 붙였다. 한편으로 여기에는 물극필반(物極必反)의 주역(周易)적 사유가 내재하여 있다. 1연의 날이 저물고 눈이 내리는 상황과 2연에서 이 세상 모든 것은 한갓 그림자뿐임을 깨달았을 때, 즉 극음의 절망적인 상황은 "향기깊은 가을밤"으로 반전되고, 이를 "희망"이라 노래한다는 데에 절묘함이 있다.

(5) 영원히 반복되는 옛이야기

이렇게 영원의 관점에서 변화와 관계를 맺고자 하는 소월의 시편들은, 영원히 되풀이되는 옛이야기를 제시한다.

「**옛니야기**」[167)]

고요하고 어둡은밤이오면은
어스러한灯불에 밤이오면은
외롭음에 압픔에 다만혼자서
하염업는눈물에 저는 웁니다

제한몸도 예젼엔 눈물모르고
죠그만한世上을 보냇습니다
그때는 지낸날의 옛니야기도
아못서름모르고 외왓습니다

그런데 우리님이 가신뒤에는
아주 저를바리고 가신뒤에는
前날에 제게잇든 모든 것들이
가지가지업서지고 마랏습니다

---

167) 김소월, 『진달내꽃』, 매문사, 1925, 10~11면.

그러나 그한쌔에 외와두엇든
옛니야기뿐만은 남앗습니다
나날이짓터가는 옛니야기는
부질업시 제몸을 울녀줍니다

님의 떠남, 즉 변화를 모르던 시절에 이미 옛이야기는 있었고, 화자는 이를 외웠다. 당시에는 이는 삶과 유리된 지식으로 이에 대해 어떠한 서러움도 느끼지 못했다. 그러나 님이 떠난 후, 변화를 체감한 후에는 화자가 가지고 있다고 생각했던 것들이 변화 속에서 녹아 없어지고 말 가변적인 것일 뿐이라는 것을 깨닫게 된다. 이때 이르러서야, 옛이야기가 얼마나 서러운 것인지를 화자는 깨닫는다. 그렇다면 이때의 옛이야기의 내용도 짐작할 수 있다. 이 옛이야기는 님의 떠남에 관한 이야기, 죽음, 사별에 아파하는 어떤 사람의 이야기일 것이다. 즉, 소월의 시와 같은 이야기이다.

이를 3연 4행의 8.5만을 제외하고는 7·5의 반복 속에서 노래하고 있다. 변화가 다시 반복 속으로 귀결하기를 바라지만, 화자는 이미 이것이 '부질'없는 일임을 알고 있다. 이러한 이별 후의 깨달음은 「예전엔밋처몰낫섯요」[168]에서도 잘 드러난다. 달이 설움이라는 것을 예전에는 미처 몰랐다는 것이다. 달과 밀접하게 연관되고 이별을 노래하는 고전 시가들을 떠올려 볼 때, 이 달은 '옛이야기'와 상통한다. 이러한 옛이야기는 화자를 매개로 끊임없이 이어질 것이라는 점이 「부모」에서 나타나 있다.

이는 김소월 시 자체가 일종의 '이야기'라는 점에서 자기 시에 대한 메타적인 함의도 띤다. 즉, 자신의 시=영원으로 변화에 가 닿겠다는 의지의 표명이자, 자신의 시도 소월의 영원불멸의 시혼의 담지자이자 매개체로

168) 김소월, 『진달내꽃』, 매문사, 1925, 37면.(『개벽』 35호, 1923.5.발표)

서 독자들에게 이어져 내려갈 것이라는 의미로 해석될 수 있을 것이다.

이렇게 김소월 시는 영원과 변화의 긴장과 조화의 모색을 노래한다. 이러한 영원은 서구 기독교의 영혼과 관련되며, 변화는 생생하는 주역적 세계에서 기인한다. 따라서 영원과 변화라는 보편적이고 시대를 초월한 듯 보이는 주제도, 단지 관념적인 갈등에 그치는 것이 아니라, 구문맥과 한문맥을 어떻게 조화시킬까라는 시대적인 과제를 함축하고 있었으며, 세계관 차원에서 구문맥과 한문맥을 내재화하여 이 둘의 긴장과 갈등을 시적 원동력으로 삼았다고 할 수 있다. 이는 기존 최남선, 이광수가 문사의식을 바탕으로 한시의 형식을 변형시켜 조선어로 근대시를 실험했던 것, 또 김억이 서구적 예술관을 한문 전통적 어휘들과 세계관을 전유함으로써 이룩하려고 하며 동시에 한시의 형식을 조선어로 이식하고자 하고, 한시 번역을 통해 조선의 근대시 형식을 창안하려고 했던 것과 연결되며 동시에 한 층 더 심화한 것이라 할 수 있다.

요컨대 김소월은 앞선 선배들이 한문맥의 세계관을 바탕으로 서구 근대를 모색하거나(최남선, 이광수), 서구적인 개성 중시 문학관을 바탕으로 한문맥을 전유하고자 했다가 한문맥으로 회귀하고 마는(김억) 모습을 보이는 것이 아니라, 구문맥과 한문맥 사이의 긴장과 갈등을 시로 예술적으로 표현했다는 점에서 우리 근대시사의 중요한 성취라고 할 수 있다. 또한, 이를 민요의 깊은 정신적 세계의 자원들을 토대로 이룩했다는 점에서, 한국 근대시의 풍요로운 중층성을 잘 보여준다. 민요로 대표되는 국맥을 바탕으로, 구문맥과 한문맥이라는 이중성을 조화하려 했다는 것이야말로 김소월 시가 이룩한 높은 경지이다. 그의 유일한 시론도 구문맥과 한문맥의 작품을 동등한 위상으로 소개한다. 이러한 이중성은 영원성과 변화로 표상되며, 이 둘의 긴장과 갈등, 그리고 이것의 조화를 민요의 정신적 측면을 바탕으로 꾀하려는 것이 김소월 시의 원동력이었다.

또한, 김소월에게 한시는 시적 창작의 하나의 원천으로 기능했다. 최남선, 이광수가 근대 매체에 한시를 발표하고, 김억은 사적인 서간에 한시를 썼지만, 김소월에게서는 그것마저 발견되지 않는다. 아직 발견되지 않았을 뿐이지 그 또한 한시를 썼을 가능성은 물론 있다. 그러나 공적 매체에 한 번도 한시를 발표하지 않았다는 것과 한시의 영향이 세계관의 차원에서 하나의 원천으로 작용한다는 데에 김소월의 특징이 있다. 그 또한 김억 시를 차운하는 것을 통해서 스승을 존경하는 마음을 표해, 한문맥의 문화관습을 국문시로 보여주었다. 최남선, 이광수, 김억 등이 마련해 놓은 국문시의 토대 위에 있었기 때문에, 김소월은 한시 형식을 바탕으로 국문시를 실험하는 것을 넘어서, 한시의 자원을 충분히 녹여내면서 국문시를 심화시켰다고 할 수 있다.

3. 한시 번안과 유배객의 슬픔을 통한 식민지 현실에 대한 고발

이처럼 소월은 시집 『진달내꽃』에서 영원과 변화 사이의 긴장과 그 조화를 모색한다. 이후 소월은 작품 활동에서 멀어졌고, 말년에는 유폐된 심정을 밝힌 「次岸曙先生三水甲山韻」을 남기고 자살한다.[169] 이 시는 Ⅱ장에서 서술했듯이, 한문맥의 문화적 관습인 차운시를 토대로 김억에 대한 존경의 의미를 밝힌 것이다. 여기서는 시 내적으로 어떻게 한문맥을 활용하고 있는지를 검토하고, 이러한 유폐된 심정에 이르기까지의 과정

169) 당시 김억과 김동환의 글을 바탕으로 권정우는 소월이 작품발표를 하지 못하게 된 원인으로 김억과의 불화를 꼽고 있다. (권정우, 「김소월의 전기적 사실 비판적 고찰」, 『구보학보』 15, 구보학회, 2016.)

을 논의하기 위해서 2장에서 다루지 못한 소월시의 다른 계보에 주목하고자 한다. 이를 위해서 먼저 검토해야 할 것은 『진달내쏫』 상재 후 발표된 한시 번안이다. 그의 「대수풀 노래」[170]가 그것으로, 소월 스스로가 "劉禹錫의 竹枝詞를 本받음"이라 기록해 두었다. 이 장에서는 그의 한시 번안 작품을 살펴보고, 이의 의미를 살핀다.

「죽지사(竹枝詞)」는 건평(建平) 민요를 바탕으로 당나라 문인 유우석(劉禹錫, 772~842)이 굴원의 「九歌」를 참조하여 악부시로 쓴 것이다. 이는 유우석이 당시 혁신 운동에 가담했다가 실패하고 폄적된 시기에 쓴 시로, 당대(唐代)에 서글픔을 대표하는 노래였다.[171] 죽지사 한시와 그 번역을 제시하고 이에 대응하는 소월의 시를 제시한다. 「竹枝詞九首」의 시는 1-몇째 수인지를, 「竹枝詞二首」실린 시는 2-몇째 수인지를 밝혔다. 각기 Ⅰ과 1수, Ⅱ, Ⅲ와 4수, Ⅳ와 7수, Ⅴ, Ⅵ와 9수, Ⅷ수와 2-1수, Ⅸ와 5수가 대응된다.

① 1

백제성 위에는 봄풀이 돋아나고,	白帝城頭春草生
백염산 아래에는 촉강이 맑네.	白鹽山下蜀江淸
남쪽 사람들 나와서 한 곡조 노래하고,	南人上來歌一曲
북쪽 사람은 나오지 못하고 고향 생각 일으키네.	北人莫上動鄕情

「竹枝詞九首」, 「竹枝詞二首」 劉禹錫

170) 『가면』 6, 1926.7. 『여성』 41, 1939. 8. 『가면』은 현재 전하지 않으므로 직접 확인하지 못했다. 여기서는 『여성』에 게재된 것을 바탕으로 한다.

171) 김보성, 「18, 19세기 죽지사에 담긴 동아시아 지식 정보의 한 조각」, 『한문학보』 28, 우리한문학회, 2013, 199~200면.

Ⅰ
王儉城꿈에 잔디돗고
牡丹峯아레 물맑았소.
西道사람의 제노래에
北關각씨네 우지마소.

대수풀 노래(竹枝詞) -김소월

② 4

해가 중천에 뜨니 봄 안개가 사라지고,	日出三竿春霧消
나루터의 촉객은 목란으로 만든 노를 멈추네.	江頭蜀客駐蘭橈
부탁하여 내 님에게 편지 한통을 부치니,	憑寄狂夫書一紙
집은 성도 만리교에 살고 있다네.	家住成都萬里橋

「竹枝詞九首」, 「竹枝詞二首」 劉禹錫

Ⅱ
곱지서발을 해올나와
봄철안개는 슬러저가
江우에 둥실뜬 저배는
西都손님을 뫼신배라.

Ⅲ
저분네 잠간 내말듯소
이글자 한장 전해주소
나사는집은 平壤城中
배다릿골로 차자보소.

대수풀 노래(竹枝詞) -김소월

③ 7

구당은 시끄러운 열두 여울인데,	瞿塘嘈嘈十二灘

사람들이 이 길은 예전부터 어려웠다고 하네. 人言道路古來難
인심이 물과 같지 않아 長恨人心不如水
까닭 없이 평지에서 파란이 일어남을 늘 한스러워하네. 等閒平地起波瀾
「竹枝詞九首」, 「竹枝詞二首」 劉禹錫

Ⅳ
장산고지는 열두고지
못다닌다는 말도있지
아하 山설고 물설은데
나 누구차자 여기왔늬.

대수풀 노래(竹枝詞) –김소월

④ 9
산 위에 겹겹이 쌓인 것은 복숭화와 자두 꽃이요, 山上層層桃李花
구름 사이의 불때는 연기는 사람의 집이구나. 雲間煙火是人家
은가락지와 금비녀의 여인이 물을 지고 오고, 銀釧金釵來負水
긴 칼과 짧은 삿갓의 사내는 새밭에 불 놓으러 가는구나. 長刀短笠去燒畬
「竹枝詞九首」, 「竹枝詞二首」 劉禹錫

Ⅴ
산에는 총총 복숭아꽃
산에는 총총 외야지꽃
구름장아레 煙氣뜬다
煙氣뜬데가 나사는곳.

Ⅵ
가락지 쟁강하거든요
銀봉채 쟁강하거든요

大同江十里 나룻길에
물길려온줄자네아소.

대수풀 노래(竹枝詞) –김소월

⑤ 2-1

버들은 푸르고 강은 잔잔한데,	楊柳青青江水平
강가에서 낭군의 노래소리 들리네.	聞郎江上唱得聲
동쪽에 해가 뜨고 서쪽에는 비내리니,	東邊日出西邊雨
궂은 날이라 해야할지 맑은 날이라 해야할지.	道是無晴卻有晴

「竹枝詞九首」, 「竹枝詞二首」 劉禹錫

Ⅷ
江물은 맑고 평탄한데
江으로 오는 님의 노래
東에 해나고 西에는비
비오다 말고 해가나네.

대수풀 노래(竹枝詞) –김소월

⑥ 5

양쪽 언덕의 산 꽃은 눈이 핀 것 같고,	兩岸山花似雪開
집집마다 봄에 빚은 술이 은잔에 가득하네.	家家春酒滿銀盃
소군방에 여인들이 많으니,	昭君坊中多女伴
영안궁 밖으로 나들이하고 돌아오네.	永安宮外踏青來

「竹枝詞九首」, 「竹枝詞二首」 劉禹錫

Ⅸ
十里長林은 곧곧이 풀
近處멧집은 집집이술
오다가다도 들려주소

안자보아도 좋은그늘.

대수풀 노래(竹枝詞) -김소월

위의 인용을 보면, 소월은 백제성(白帝城), 백염산(白鹽山)과 같은 중국 지명들을 왕검성(王儉城), 모란봉(牡丹峯)이라는 평양 지명으로 대체했다. 소월이 劉禹錫의 竹枝詞를 그대로 번역하는데 그치지 않고 조선 지명으로 번안한 것은 이를 적극적으로 국문시로 변용하고 싶었기 때문일 것이다. 특히 "아하 山설고 물설은데/나 누구차자 여기왔늬."와 같은 원시에 없는 여음구를 삽입하여 직접적으로 자신의 심정을 토로했다. 앞서 살펴보았듯이 소월의 한시 번역은 이렇게 직접적으로 자신의 심정을 종종 토로했다. 그런데 이렇게 '본 받았다'라고 할만큼, 파격적으로 변용한 이유는 무엇일까? 이는 그의 다른 시들과의 관련 속에서 살펴볼 수 있다.

이러한 탄식은 그의 마지막 시편 중 하나인 「次岸曙先生三水甲山韻」[172)]와 직결된다.

三水甲山 내웨왓노 三水甲山 이 어듸뇨
오고나니 奇險타 아아 물도 만코 山 첩첩이라 아하히

내故鄕을 돌우가쟈 내고향을 내 못가네
三水甲山 멀드라 아아 蜀道之難이 예로구나 아하하

三水甲山 이 어듸뇨 내가 오고 내 못가네
不歸로다 내故鄕아 새가되면 써가리라 아하하

172) 「차안서삼수갑산운」은 『신동아』 40, 1935.2의 친필본과 『신인문학』 3, 1934.11 발표본, 『소월 시초』, 박문서관 1939 수록본이 있다. 여기에서는 친필본을 기준으로 한다.

님게신곳 내고향을 내못가네 왜못가네
오다 가다 야속타 아아 三水甲山이 날 가둡엇네 아하하

내고향을 가고지고 오호 三水甲山 날가둡엇네
不歸로다 내몸이야 아아 三水甲山 못버서난다 아하하

여기서도 유사한 여음구 "三水甲山 내웨왓노 三水甲山 이 어듸뇨"를 반복하면서 '삼수갑산'에 유폐되어 고향에 가고 싶은 자신의 심정을 토로한다. 이 시에서 "三水甲山 멀드라 아아 蜀道之難이 예로구나 아하하"도 이 시가 유우석의 「죽지사」와 연결되는 지점이다. 이는 원래 이백의 「蜀道難」에서 "촉으로 가는 길 푸른 하늘을 오르기보다 어려워라(蜀道之難 難於上靑天)"에서 비롯한다. 이는 그만큼 유폐되고 떠나기 힘든 곳이라는 점을 의미함으로써, 「次岸曙先生三水甲山韻」과 「대수풀 노래(竹枝詞)」를 연결하며, 동시에 「죽지사」가 본래 예전 촉나라 땅인 건평의 민요를 바탕으로 지은 시라는 점에서도 연결된다.

그런데, 소월은 왜 먼 험지에 유폐된 시인의 심정에 이렇게 공감을 했던 것일까? 왜 그는 "내故鄕을 돌우가쟈 내고향을 내 못가네"라고 했던 것일까? 1924년에 소월은 구성군 지평동(龜城郡 坪地洞)으로 이사하고 1926년에 구성군 남시(南市)에서 동아일보 지국을 경영하다 실패한다. 그리고 죽기 직전인 1934년에 고향 곽산에 돌아와 12월에는 자살한다. 구성에서 곽산까지는 40여km 밖에 되지 않는 만큼, 교통이 당시에는 불편했다고 해도 이 정도의 물리적 거리를 "蜀道難"이라고 하기는 어렵다. 그렇다면 이는 심리적 거리라고 보아야 한다. 자신이 거주하는 공간과 돌아가고 싶은 공간 사이의 심리적 단절감을 소월은 "촉도난", 즉 "푸른 하늘을 오르기보다 어려운" 길이라고 생각했고, 따라서 "아하 山설고 물설은데/나 누구차자 여기왔늬"나 "三水甲山 내웨왓노 三水甲山 이 어듸뇨"라고 반복해서 절망적인 심정을 토로한 것이다.

이는 일차적으로는 당시 『동아일보』 지국 경영난 때문에 경제적으로 고향에 돌아갈 수 없는 심정을 토로한 것으로 생각할 수도 있으나, 동아일보 지국 경영은 1927년 3월로 끝이 난다.[173] 따라서 이를 1934년에 쓰인 「次岸曙先生三水甲山韻」과 연결할 수는 없다. 다른 한편으로는 화자의 유폐된 심정을 김억과의 문제로 인해 문단에 시를 발표하지 못하게 된 상황이라는 해석도 가능하다.[174] 그러나 이러한 해석이 전제하고 있듯이 소월이 시 발표를 뜸하게 한 것은 1929년부터이고, 그렇다면 1926년 7월에 발표된 「대수풀 노래」에서도 유폐된 심정을 노래한 것을 설명할 수 없다. 따라서 이는 소월만의 개인적인 특수한 사정이 아니라 일반적인 당대 상황에 대한 은유로 읽는 것이 합리적이다.

이런 관점에서 「대수풀 노래」와 「次岸曙先生三水甲山韻」 모두 화자가 자신의 의지로 이 공간에 찾아왔지만("아하 山설고 물설은데/나누구 차차 여긔왔늬", "三水甲山 내웨왓노 三水甲山 이 어듸뇨") 여기서 벗어나지 못하고 고향을 그리워하는 마음을 표출하는 것에 주목할 수 있다. 앞서 살펴보았듯이 실제 소월이 이주한 구성군은 그의 고향인 정주에서 멀지 않은 곳이었기 때문에, 여기서 화자가 돌아가고 싶은 '고향'이나 현재 화자가 처해 있는 '삼수갑산'이라는 공간은 상징적인 공간으로 해석해야 한다. 고향을 떠나서 새로운 것을 찾으러 도달한 '삼수갑산'이라는 공간은 애초에 찾으려던 것이 부재한 공간이었고, 더 나아가 여기서 빠져나갈 수 없게 유폐

173) 김종욱 편, 『원본 소월 전집』 하, 홍성사, 1982, 1056면.

174) 권정우, 「김소월의 전기적 사실 비판적 고찰」, 『구보학보』 15, 구보학회, 2016, 143~145면.

시키는 공간이다. 이렇게 고향을 떠나게 된 이유와 절망의 원인을 「바라건대는우리에게우리의보섭대일ᄯᅡᆼ이잇섯더면」은 잘 보여준다.

「바라건대는우리에게우리의보섭대일ᄯᅡᆼ이잇섯더면」[175)]

나는 ᄭᅮᆷ꾸엿노라, 동무들과내가 가즈란히
벌ᄭᅡ의하로일을 다맛추고
夕陽에 마을로 도라오는ᄭᅮᆷ을,
즐거히, ᄭᅮᆷ가운데.

그러나 집일흔 내몸이어,
바라건대는 우리에게 우리의보섭대일ᄯᅡᆼ이 잇섯드면!
이처럼 ᄯᅥ도르랴, 아츰에점을손에
새라새롭은歎息을 어드면서.

東이랴, 南北이랴,
내몸은 ᄯᅥ가나니, 볼지어다,
希望의반ᄶᅡᆨ임은, 별빗치아득임은.
물결ᄲᅮᆫ ᄯᅥ올나라, 가슴에 팔다리에.

그러나 엇지면 황송한이心情을! 날로 나날이 내압페는
자칫가느른길이 니어가라. 나는 나아가리라
한거름, ᄯᅩ한거름. 보이는산비탈엔
온새벽 동무들 저저혼자…山耕을김매이는.

집"과 "ᄯᅡᆼ"을 잃은 나는 원래 그 집과 땅이 있던 고향을 떠날 수밖에 없다. 이는 나 개인의 문제가 아니라, "동무"들의 일이며 곧 "마을" 공동

---

175) 김소월, 『진달내꽃』, 매문사, 1925, 145~146면.

체 전부의 일이다. 그럼에도 화자는 여전히 "希望의반짝임"을 지니고 있다. 1연에서 동무들과 함께 이상적 공동체, 즉 고향을 회복하는 꿈을 꾸었듯이, 4연에서 다시 그는 회복할 '오래된 미래'를 본다. 이미 동무들이 혼자서 김매고 있는 공간으로 자신도 걸어 들어가는 환상을 보는 것이다. 1925년 『진달내꼿』에 수록된 이 시는 1930년대 「삭주구성」이나 「대수풀 노래」에서는 보이지 않는 희망을 노래하며, 동시에 그 시들에서 보이는 절망의 원인인, "집"과 "쌍"의 박탈을 구체적으로 제시한다.

『진달래꽃』에서 이 시 바로 뒤에 수록된 「밧고랑우헤서」는 소월의 이상향을 잘 보여준다. 그가 생각하는 이상향은 노동, 특히 자신의 밭에서 사람들과 함께 농사를 짓는 공동체적 공간이었다. 「밧고랑우헤서」는 그의 시 중 흔치 않게 티 없는 기쁨을 노래하는 시이다.

「밧고랑우헤서」[176)]

우리두사람은
키놉피가득자란 보리밧, 밧고랑우헤 안자서라.
일을畢하고 쉬이는동안의깃븜이어.
지금 두사람의니야기에는 쏫치필때.

오오 빗나는太陽은 나려쪼이며
새무리들도 즐겁은노래, 노래불너라.
오오 恩惠여, 사라잇는몸에는 넘치는恩惠여,
모든은근스럽음이 우리의맘속을 차지하여라.

世界의씃튼 어듸?慈愛의하눌은 넓게도덥혓는데,

176) 김소월, 『진달내꽃』, 매문사, 1925, 147~148면.

우리두사람은 일하며, 사라잇섯서,
하눌과太陽을 바라보아라, 날마다날마다도,
새라새롭은歡喜를 지어내며, 늘 갓튼쌍우헤서.

다시한番 活氣잇게 웃고나서, 우리두사람은
바람에일니우는 보리밧속으로
호믜들고 드러갓서라, 가즈란히가즈란히,
거러나아가는깃븜이어, 오오 生命의向上이어.

이 시에서는 "우리 두 사람"이 거듭 강조된다. 모든 연에는 "우리"라는 표현이 계속 등장한다. 이 시는 고독한 개인이 내적 독백을 하는 것이 아니라, 이 시를 읽고 있는 독자에게 함께 꿈꾸자고 청유하는 식으로 되어 있다. 이 두 사람은 "늘 갓튼쌍"에서 일하며, 이 일을 통해 살아있음을 확인하고 매일 새로운 환희를 경험한다. 늘 같은 땅이라는 것은 이 두 사람이 장기적으로 안정적으로 그 땅에서 일한다는 것을 의미한다. 이는 달리 말하면, "우리" 소유의 땅이라는 것을 알 수 있다. 이러할 때 "世界의쯧"은 궁금하지도 않다. 온전한 충일감 속에 있는 "우리"이기 때문에 이 공간 자체가 세계이자 이상향이다.

이러한 이상향과 이의 박탈, 그럼에도 희망을 지니고 있던 1925년 『진달내쏫』의 시들을 거쳤을 때, 비로소 「대수풀노래」와 「次岸曙先生三水甲山韻」의 절망을 이해할 수 있다. 「밧고랑우헤서」에서 티 없이 맑은 이상향을 노래하며 함께 밭을 갈던 "우리"는 「바라건대는우리에게우리의보섭대일쌍이잇섯더면」에서 그 이상향을 빼앗기고 새로운 이상향을 찾기 위해 떠나는 화자로 그려진다. 이들은 현재 고향은 박탈당했지만 새로운 곳에 가면 새로운 땅을 찾을 것이라는 희망을 지니고 있었다.

그러나 새로운 곳에 도착해도 이상향은 없었다. 고향을 빼앗기고 떠난

“산설고 물설은데” (「대수풀노래」)에, 이상적 고향은 어디에도 없고 삼수갑산이라는 유폐된 공간, 즉 식민지적 현실이 나를 가로막고 있을 뿐이다. (“내고향을 가고지고 오호 三水甲山 날가둡엇네” 「次岸曙先生三水甲山韻」) 여기에서 이러한 심정을 묘사하기 위해 소월이 유우석의 폄적된 시절의 슬픔을 토로한 「죽지사」를 번안하고, 안서의 시에 차운하고 이백의 시 구절 촉도지난(蜀道之難)을 인용하며 심정을 토로했다는 것에 주목해야 한다.

한문맥 전통에 친숙했던 소월은, 자신의 심정을 토로하기 위해 한시 전통에서 큰 비중을 차지하는 유배객의 슬픔이라는 모티브를 차용한다. 고향에 돌아가고 싶어도 돌아갈 수 없는 유배객의 심정에, 이상적 공동체인 고향을 잃어버려서 다시 돌아갈 수 없는 자신의 심정을 기탁하는 것이다. 특히 “삼수갑산(三水甲山)”은 조선 중기 대표적인 시인인 윤선도(尹善道, 1578~1671)가 유배된 함경도 삼수(三江)를 의미한다. 그가 삼강에서 유배하며 쓴 한시를 살펴보자.

「三江記事-1」 **(삼강에서 쓰다 1)**

산에 갇혔으니 울타리에 갇힌 것 말할 필요 없네　　囚山不必說囚籠
얼음장 추위가 세 철이요 여름은 불 때는 시루라.　　氷鑑三時夏紙飲
누군가 지옥을 말하기에 믿지 않았더니　　地獄誰云信無有
사마온공이 와보지도 않고 이미 알고 있었구나.　　溫公盜未到而知

「偶吟」 **(우연히 읊다)**

(전략)
80에 갇혔다는 귀양살이 일찍이 못 들었고　　八十囚荒曾未聽
삼천 리 고향 돌아갈 길 아득하여 기약도 없네.　　三千歸路杳無期
(후략)[177]

위와 같은 윤선도의 한시는 유배객의 대표적인 정서를 잘 보여준다. 바로 갇혔다는 "囚"의 유폐감과 이로 인해 고향을 그리워해도 갈 수 없는 절망감이다. 이는 소월이 「次岸曙先生三水甲山韻」에서 "내고향을 가고지고 오호 三水甲山 날가둡엇네"라는 구절과 공명한다. 유배객에게는 산과 물이 쇠창살이다. 소월은 '상징적' 유배객으로서 망국민의 심정을 노래하면서, 함경도의 "삼수갑산"을 떠올렸다. 이는 조선 시대에 대표적인 험지이자 유배지였고[178], 많은 유배객이 이곳에 유배하면서 한시를 남겼다. 소월은 이러한 한문맥을 활용하여, 한문맥의 풍요로운 자산을 국문화하면서 망국민의 설움을 표현했다.

177) 『孤山遺稿』 卷之一 詩, 72~73張. 용찬선, 「윤선도의 한시 연구: 유배와 은거지의 작품을 중심으로」, 우석대 박사논문, 2004, 110면.에서 재인용. 번역은 용찬선의 것이다.

178) 예를 들어 유몽인은 "我國之地之僻。莫如三水甲山"(내 나라의 땅의 궁벽함 중 삼수갑산 만한 곳이 없다)라고 했다. 「雜著」, 『於于集後集卷之五』 (한국고전종합DB)

제Ⅵ장
결 론

이 책은 한국 근대시 형성과 한문맥의 연관성을 해명하기 위해 최남선, 이광수, 김억, 김소월의 시와 시론과 한문맥의 관계에 대해서 논의하며, 그들의 국문시, 한시, 한시 번역, 시론을 통합적으로 고찰했다. 근대 시인이 쓴 한시는 근대문학연구 대상으로 온전히 자리매김 되지 못했는데, 이 책은 이를 국문시와 통합적으로 고찰함으로써 근대문학연구의 대상을 확장했다. 기존의 한국 근대시 형성은 서구문학, 일본문학, 조선(어) 전통과의 관계 속에서 조명되었다. 그러나 이 연구는 근대시가 한문맥을 강하게 의식하고 이를 원천으로 활용하여 형성되었음을 입증하고자 했다. 최남선, 이광수, 김억, 김소월 등은 시론에서 한문맥의 개념어를 논리적 계기로 사용하며, 이에 근거해서 논의를 전개했다. 그들은 한시를 국문으로 번역하는 것을 통해 국문시의 형식을 실험했으며, 이를 통해 국문시를 풍요롭게 하려고 노력했다. 이는 이들이 의식한 당대 독자들이 한문맥에 친숙했기 때문에 이들을 설득하기 위한 수단이었으며, 동시에 최남선 등이 한문맥에 친숙했고 한문학이 뛰어난 자산임을 인식하고 있었기 때문에 이를 국문으로 전유하기 위한 노력이었다. 특히 그들이 '시(詩)'를 사유할 때, 시경에 근거해서 사유한 흔적들이 공통으로 나타난다. 그러나 이는 이들 시의 단일한 기원(基源)이 한문맥이라고 주장하는 것이 아니다. 한문맥은 그들의 중층적 원천(源泉) 중의 하나였다. 이 논문은 근대시인들이 한문맥을 활용하면서 새로운 창작을 했던 면모를 부각했다. 이는 기존의 한국 근대시사에 대한 탐색이 구문맥, 일문맥, 국맥과의 관계에 집중되었던 것을 넘어서, 한문맥과의 긴밀한 관계에 있었다는 것을 논의함으로써 한국 근대시사를 새롭게 조명한 것이다.

지금까지 한문맥과 근대시의 관계가 전혀 논의되지 않은 것은 아니다. 그러나 한문맥은 단지 지엽적인 소재나, 당대 시인이라면 누구나 지닐 수밖에 없었던 교양 수준으로 간주되어 왔고, 소논문 분량이나 저서에서 단편적으로 언급되는 것에 그쳤다. 따라서 최남선, 이광수, 김억이 썼던 한시는 본격적으로 그들의 국문시와의 관련 속에서 논의되지 않았고, 과거 유습으로만 여겨졌다. 마찬가지로, 그들의 시론에서 유의미하게 빈복적으로 등장하는 한문맥의 개념어들도 충분히 주목되지 못했다. 이는 근본적으로 한국 근대시의 형성을 (일본을 경유한) 구문맥에 초점을 맞추거나, 민족주의적 열망을 토대로 조선(어) 전통의 지속만을 강조하려는 욕망 때문이다. 실증적으로 한국 근대시사를 재조명하기 위해서 이러한 욕망에 가려있던 한문맥의 영향을 조명하는 것을 통해서, 구문맥과 조선(어) 전통을 상대화하고 이들 사이의 교섭을 포착하려 했다. 물론 이러한 논의 구도 자체가 '서구적 근대'나 '조선(어) 근대'를 대타항으로 놓고 이와 구분되는 것으로서의 '한문맥 근대'를 문제화하는 것이라는 비판도 가능하다.[1] 그러나 이미 서구적 근대나 조선(어) 근대와의 관계 속에서 구성된

---

1) 근대라는 것은 역사적 현상이자 개념적 구성물이라는 두 가지 층위를 지닌다. 물론 개념적 구성물은 역사적 현상에 기대어 규정된다. 그럼에도, 개념적 구성물로서의 '근대' 그리고 이것의 특성으로서의 '근대성'은, 모든 개념이 그러하듯이, 현상을 모두 포괄하지 못하

한국 현대시 연구의 주류적 흐름을 상대화하기 위해서는 이로 설명되지 않는 다른 차이들을 부각하는 일이 필요했다. 이러한 관점에서 한문맥은 근대시의 선구자들이 중요하게 활용했던 원천이었다는 것을 부각함으로써, 시에서 드러나는 한시적 요소, 한문맥적 사상, 시론에서 한문맥적 개념이 논리적 계기로 활용되는 것, 그들이 썼던 한시와 한시 번역을 통합적으로 고찰했고, 이것이 그들의 시와 시론에 중요한 역할을 하고 있다는 것을 밝히고자 했다. 이는 근대문학은 서구-중심부, 비서구-주변부라는 도식을 바탕으로, 비서구의 근대문학은 "서구의 형식과 지역의 현실"[2]을 바탕으로 구성된다는 전제를 비판할 수 있는 지점이다. 즉, 근대시 형성기 선구자들은 일방적으로 서구나 일본 문학에 함몰되거나, 조선(어) 전통만을 계승하고자 했던 것이 아니라, 한문맥, 구문맥, 국맥이라는 기존에 존재하는 중층적 맥락들을 활용해서 근대시를 고민하고 이를 창안했다. 그리고 이러한 모습이야말로 특정 맥락의 왜곡된 결여나 모방 또는 이의 실패로 한국 근대시 형성을 묘사하는 것을 넘어서, 한국 근대시의

고 특정한 면모만을 부각한다. 이 책은 특히 한국 근대시 연구에서, 한국 근대시의 실상을 탐구하기에 앞서 서구적 근대에 비추어서 한국 근대시를 이해하는 것에 대해 문제를 제기하며, 다시 새롭게 한국 근대시를 탐구해야 한다는 문제의식 아래에서 쓰였다. 때문에 '근대성'을 서구적 근대의 특징이라고 규정하는 것을 비판하며, 비서구 현대와 연속적인 근대의 복잡다단한 특성 등을 적극적으로 '근대성'으로 규정하며 이의 의미를 찾으려고 한다. 여기서 '비서구 근대'라고 하는 것은, 역사적 현상으로서의 비서구의 '근대'라는 중층성을 의미한다. 이는 다중적(multiple) 근대라는 개념에 근거하고 있다. Tu Wei-Ming에 따르면, 이는 근대화 과정에서 전통의 적극적 에이전트로서의 존재, 비서구 문명의 근대 서구에 관한 이해, 그리고 지역적 지식의 전지구적 중요성이라는 세 가지 상호연관된 가정 때문에 상정되는 개념이다. Tu Wei-Ming, 'Multiple Modernities: A Preliminary Inquiry into the Implications of East Asian Modernity', Lawrence E. Harrison & Samuel P. Huntington ed., *Culture Matters -How Value Shape Human Progress*, NY: Basic Books, 2000, p. 256.

2) Franco Moretti, "Conjectures on World Literature", *New Left Review*, Jan 1, 2000, p.60.

풍요로운 지평을 보여주는 것이다.

이를 위해 Ⅱ장에서는 근대시 형성기에 근대시를 읽었던 독자와 이를 의식하며 시를 썼던 시인들이 한문맥 문화관습을 지속하고 있었다는 것을 해명하려 했다. 이의 배경으로 당대 한문 교육의 비중과 그 의미를 설명하고, 한시도 융성하고 있었음을 밝혔다. 이러한 한문맥은 박제된 전통이 아니라, 한편으로는 구문맥을 수용하고 번역하면서 갱신되는 중이었고 다른 한편으로는 국문으로 번역되면서 국문을 풍요롭게 만들었다.

본론에서는 최남선, 이광수를 Ⅲ장에서 김억을 Ⅳ장에서 김소월을 Ⅴ장에 다루어, 시인별로 그들의 시론, 한시 번역, 한시와 국문시를 통합적으로 살펴보고자 했다. 결론에서는 이들의 시론, 한시 번역, 한시와 국문시가 어떠한 연속성과 차이를 지니는지를 서술해서, 한문맥과 근대시 형성의 통시론적 관계를 조망하고자 한다.

근대시론과 한문맥의 관계에서, 최남선과 이광수는 한문맥의 이념, 즉 문(文)과 사(士)의 이념을 활용했다. 최남선은 '입지(立志)'나 '성(誠)'과 같이 한문맥의 존숭받는 개념을 활용해 과거의 권위를 공개적으로 이용하면서 자신의 논리를 펼쳤다. 이에 해당하는 서구나 일본의 문헌들을 번역하며 적극적으로 이와 한문맥을 병치하며 자신의 주장을 강화했다. 이광수는 표면적으로는 기존 한문맥과 단절을 주장했지만, 근본적으로 사의 이념을 지속했다. 그는 '확이충지(擴而充之)' 등 맹자의 논리를 그대로 사용했지만, 이 권위를 공개적으로 이용하지는 않았다. 또 기존 한문맥에서 배척당한 '정(情)'을 주장했지만, 실상 그 논리는 기존의 '양성(養性)'의 내용이었다. 즉 최남선은 적극적으로 한문맥을 다른 문맥들과 병치하면서 다른 문맥들을 한문맥을 바탕으로 이해하려고 하였고, 이광수는 표면적으로는 한문맥을 거부하였지만, 그 거부의 논리 속에는 한문맥이 계기로서 작용하고 있었다. 김억은 개성적인 문학을 옹호하며 언어 자체의 심미성에 지대한 관심을 기울였다는 점에서 문이재도론에서 벗어나며, 서구 낭만주의적 문학론과 밀접한 연관성을 보인다. 그러나 '천리(天理)'나 '사무사(思無邪)'와 같이 한문맥에서 존숭받는 개념을 적극적으로 사용하며 그 의미를 전유하여 자신의 논거로 삼았다. 김소월 또한 시인마다 고유한 미학적 인식을 강조하고 시어 하나하나의 울림에 각별한 주의를 기울였다. 그는 「시혼」에서 한문맥의 세계관인 '생생(生生)하는 역(易)'의 세계와 구문맥의 '영원불변(永遠不變)하는 영혼(靈魂)'의 주체를 절합하여 독특한 시론을 전개했고, '정성위음(鄭聲衛音)'과 같이 기존 한문맥에서 부정되던 개념을 오히려 긍정적 의미로 사용하며 자신의 주장을 전개했다. 즉 김억과 김소월은 한문맥 개념어의 화행 가능성을 조작하여, "혁신적 이념가"로서 새로운 사상을 한국근대문학에 도입했다. 최남선에서 김소월에 이르기까지 한문맥은 시론에서 중요한 개념들로 사용되었지만, 최남선이 기존의 한문맥적 문학론과의 거리가 가장 밀접하다면, 김소월에 이르기까지는 점점 그 한문맥의 개념을 활용하면서도 기존의 한문맥적 문학론과 거리를 벌리면서 자신들의 독특한 문학론을 주장했다. 이러한 차이에도 불구하고, 한문맥은 이들의 시론에서 공통적으로 중요한 역할을 했다. 한문맥은 시인들의 논지와 다양한 관계를 맺으면서 활용되어서 더욱 풍요롭고 중층적인 시론을 생성하는 원천으로 기능했다.

최남선은 한시를 공식 매체에 발표했고, 국문시보다 한시를 짓고 싶은 마음이 자신도 모르게 생긴다고 고백했다. 그만큼 그에게 한시는 친숙한 것이었고, 국문시도 한시에 중요한 이미지와 상상력을 바탕으로 썼다. 이광수도 공식 매체에 한시를 발표했지만, 주로 한문맥의 문화적 관습과 연관된 시였다. 그는 한시의 다양한 형식을 국문시로 실험했으며, 그의 국문시에는 '선비'라는 자아상이 나타났다. 반면에 김억은 수많은 국문시를 공식 매체에 발표했지만 한시는 한 번도 발표한 적이 없다. 그에게 한시는 근대매체에 발표할 수는 없는 타자의 형식이었다. 그러나 그는 개인적인 서간에는 한시를 써서 지인들에게 보내며, 한시의 형식을 그대로 국문시로 전유해서 썼고, 한시를 번역하는 것이 낙이라고 고백했다. 또 최남선과 이광수가 평수운에 근거해서 한시를 썼다면, 김억은 이러한 형식은 조선인에게 아무런 의미가 없다고 주장하며 운을 자유롭게 사용하여 한시를 썼다. 최남선에게 한시는 국문시와 거의 동등하게 자기 생각을 펼치는 도구였다면, 이광수에게는 문화관습을 유지하기 위한 수단으로서만 기능했다. 이들은 공식 매체에 한시를 발표했지만, 김억에게는 한시는 개인적인 서간으로만 쓸 수 있었고, 한시는 번역을 통해 국문시로 탈바꿈할 대상이었다.

최남선, 이광수, 김억, 김소월은 각기 상상력과 이미지, 언술 구조, 세계관이라는 다양한 층위에서 한문맥과의 연관성 속에서 국문시를 썼다. 최남선은 '인자요산, 지자요수(仁者樂山, 知者樂水)' 그리고 '서자(逝者)로서의 물'이라는 상상력 아래에서 국문시를 창작했다. 이는 최남선이 지속했던 '문'의 이념하에서는 당연한 귀결로, '인자요산, 지자요수' 그리고 '서자로서의 물'은 결국 열심히 수양하자는 계몽적 의도를 가장 잘 표현할 수 있는 이미지와 상상력이었다. 바꿔 말하면, 문의 이념과 계몽에의 의지가 한문맥적 상상력을 바탕으로 한국 근대시의 선구적 모습들을 추동했다고 할 수 있다. 이는 '인자요산'을 바탕으로 한 준비론적인 수양론의 상상력을 토대로 일제의 국권침탈 이후 조선의 특수성을 강조할 수 있는 산의 이미지로 변화된다. 이광수 또한 '문장보국(文章報國)'을 내세우면서 기존의 사(士)와 문의 이념을 자신의 한시와 국문시에 담았다. 그는 자주 과거 한문전통과의 급격한 단절을 주장하였지만, 결국 한문맥적인 '문'과 '사'의 이념을 바탕으로 '문사(文士)의 수양(修養)'을 주장했다. 또한, 그의 시에서는 초기에서부터 계속 '선비'라는 전통적인 지식인이 이상적 이미지로 나타났다. 최남선과 이광수의 시는 개인적인 내면의 고백이나 풍경의 발견이 아니라 선재해있는 문의 이념을 바탕으로 형상적(figurative)인물의 이미지를 그리거나(최남선), 사의 이념을 바탕으로 시적 자아를 구성하고 있다(이광수). 즉 이들은 개성적인 내면이 아니라, 선재한 이념을 표출하는 것에 중점을 두었다.

또 최남선과 이광수는 한시의 형식을 의식하고 이를 변형하여 국문시를 썼다. 최남선은 어수와 구수의 정형을 인식하면서 어수를 고정한 채 4행씩 2연이나 8행씩 2연 구성으로 대부분의 국문시를 썼다. 특히 근체한시를 본격적으로 『청춘』에 게재하기 시작하면서, 그의 국문시 또한 4행 4연 7·5조를 기본형으로 하는 국문 정형시로 수렴되었다. 그는 시를 '읽는 시'와 '노래하는 시'로 구분하면서, 노래하는 시는 창가나 시조형식으로 썼다면, 읽는 시는 다양한 음수율과 운을 한시 번역을 토대로 실험했다. 이광수도 한시 형식에서 비롯한 언문풍월을 쓰고 한시형식인 송(頌), 송(送), 악부시(樂府詩)의 형식, 그리고 죽은 자를 애도하는 만시(輓詩) 형식을 차용하여 국문시를 지었다. 그러나 최남선과 이광수의 한시 번역은 일회적인 것이었고, 한시 형식을 그대로 국문으로 도입했을 뿐, 이것을 조선어의 특수성을 바탕으로 조선적인 새로운 시 형식으로 변용하려는 지속적인 노력을 보여주거나 새로운 조선적 시형에 대한 이론적 논의를 전개하지 않았다. 즉 그들은 조선적 근대시를 모색했지만, 아직 시론의 층위에서 조선적 특수성과 근대성에 대한 이론적 자각이 부족했다. 한시의 형식을 국문시로 재창작하기 위한 꾸준한 실험과 시론 층위에서의 조선적 근대시 천착과 개인 내면의 묘사는 이광수의 제자인 김억을 기다려야 했다.

김억은 한시의 언술 구조인 대장구조를 그의 초기 시부터 1920년대 시까지 반복했다. 그는 이러한 대의 구성으로 개인의 내면을 포착했다. 앞서 최남선과 이광수의 시에서는 선재하는 문과 사의 이념이 시에서 나타났다면, 김억에게는 그러한 선재하는 이념이 자아를 굳건하게 지탱하지 않는다. 그의 시적 자아는 '지평의 상실'로 인해 "해파리"처럼 의지할 곳 없이 유랑할 뿐이다. 아무런 방향성 없이 외부의 힘에 몸을 맡기는 해파리라는 상징은, 정체성을 굳건히 지탱하던 기존의 외부적 가치 지평 상실에 따른 정체성 혼란의 이미지를 포착한 것이다. 그럼에도 그러한 내면은 여전히 한문맥적인 대의 구성과 특히 자연과 인간의 대비를 통해서 포착되었다. 김억은 800여 편의 한시를 번역하여, 한문맥을 타자화하며 동시에 이를 국문으로 재창작하여 문화적 자산을 풍요롭게 하려고 시도했다. 그는 분명히 '조선적 특수성'과 '근대성'에 대한 고민을 처음부터 갖고 있었다. 그래서 그는 쉽게 한시나 영시 또는 일어시의 형식, 시조나 민요의 형식을 그대로 도입하는 것에 거부감이 있었다. 그는 조선어가 어떠한 가능성을 지녔는지, 이는 시어로서 어떠한 음악성을 담보할 수 있는지에 대한 이론적 논의를 반복하면서 자신의 시론을 가다듬었다. 그럼에도 그는 한시를 강하게 의식하면서 국문시를 쓰고, 한시 번역을 하면서 한시에 강력한 영향을 받은 '조선적 근대시' 형식인 격조시형을 창안했다.

김소월은 영원한 것과 변화하는 것, 그리고 빛과 그늘이라는 각기 구문맥과 한문맥이 상징하는 핵심적인 세계관의 충돌을 동력으로 삼아서 시를 썼다. 김억이 형식적인 대의 구성을 통해 개인의 내면을 드러냈다면, 소월은 심층적으로 영원한 것과 변화하는 것의 대립을 통해서 개인의 내면을 드러냈다. 그의 국문시는 한문맥의 영향을 드러내면서 동시에 기존 한문맥을 전복하여 충격을 선사한다. '애이불비(哀而不悲)'의 「초혼」류의 애사를 애끓는 절규로 변형시키거나 한문맥에서 기피하는 '정성위음' 추구를 한시 번역에서 보여주었다. 원시에 없는 영탄조와 직접적인 감정 토로를 삽입하여, 원시보다 격정적인 감정 표현을 했다. 한시의 주제도 망국의 설움, 기생의 죽음, 이별의 슬픔 등의 감정을 절실하게 노래한 것을 뽑아서 이를 더욱 격정적으로 표현했다. 또 유배객의 심정을 담은 한시를 번안하고 이를 기반으로 하는 국문시를 써서 망국민의 설움을 유배객이라는 한문맥의 주요한 전통에 기대어 표현했다.

최남선, 이광수, 김억, 김소월은 한문맥을 활용하여 자신들의 시와 시론을 전개했다. 그러나 분명 이는 그 이전 시기 시(詩)는 한시를 의미하고 가(歌)는 조선어 노래를 의미했던 것과는 분명히 구분된다. 근대시에 노래의 이념이 유지되고 있었고, 종종 시인들은 '시가'라는 이름으로 국문시를 지칭하기도 하였으며, 일부 시인들이 유성기음반 가사도 썼고, 많은 한국 근대시가 민요를 계승하고 '민요시'를 추구했던 측면이 있다는 것과는 별개로, 최남선 이후 '근대시'는 국문으로 쓰였고, 노래로 불리지 않았다는 점에서 앞선 시기와 단절이 있다. 그러나 당연하게도, 근대시는 그 이전 시와 전면적으로 단절된 것은 아니었다. 한문맥은 이들이 시론을 전개하고 시를 창작하는데 활용할 수 있는 중요한 자원이었고, 동시에 독자를 설득하기 위한 도구였다. 이렇게 근대시 형성과 한문맥의 관계를 해명한 작업은 한반도의 문학사가 한문 문학과 국문 문학의 상호교섭으로 이루어졌다는 장기적 안목을 근대 이후로까지 확장했다는 의미가 있다. 근대시와 한문맥과의 관계는 이 책이 중점적으로 다룬 1910~20년대에서 끝나는 것이 아니다. 이후 한용운, 양주동, 정지용, 이육사, 신석초, 조지훈, 박목월 등도 한문맥을 활용하며 자신들의 시와 시론을 전개했다. 그리고 이는 비단 식민지시기에 그치는 것이 아니라 해방 이후 김수영[3], 오세영, 김수복, 문태준, 손택수에게 이르는 현대 시인들에게까지 한문

3) 김수영과 한문맥의 관련성에 대해서는 김상환, 『공자의 생활난 -김수영과 「논어」』, 북코리아, 2016 참조.

맥이 여전히 작동하고 있다는 점에서 현재 진행형이다. 이런 이 책의 시각을 시점으로, 앞으로 한국 근대시사와 한문맥의 관계를 다방면에서 탐구하는 후속 연구들을 기대한다. 한문맥은 분명 당대 중요한 자원이었고, 근대시인들은 이를 활용해서 근대시를 창안했다.

이러한 한문맥, 구문맥, 일문맥, 국맥을 뒤섞으며 이를 원천으로 삼아 풍요로운 시들을 창출해 낸 것이야말로, 한국 근대시의 '근대성'을 특징짓는 것이라 할 수 있다. 서구사상과 문학을 소개하면서도 문과 사의 이념에 근거해서 시를 썼던 최남선과 이광수, 낭만주의적인 개성적 문학을 옹호하기 위해 한문맥의 개념을 전유한 김억, 구문맥, 한문맥, 국맥의 세계관의 긴장과 갈등을 샤먼이라는 국맥의 방법론과 노래의 정신을 바탕으로 풀어낸 김소월, 이러한 특징들은 한국 근대시의 '근대성'과 그 풍요로운 맥락들을 잘 보여준다. 한문맥을 방법으로 하여, 구문맥과 한문맥을 상대화하고, 내재적으로 한국 시사를 재구성하며, 잊혔던 실험들을 복원하는 것, 이를 통해서 한국 시사를 서구중심주의나 조선(어) 민족주의를 넘어서 복수의 근대를 복원하며, 나아가 동북아 한문 문화권의 유사와 차이를 견줄 수 있는 길이 생길 것이다.

참고문헌

1. 기본자료

『南華經』, 『論語集註』, 『杜詩詳註』, 『禮記』, 『孟子集註』, 『荀子』, 『詩經集傳』, 『與猶堂全書』, 『阮堂全集』, 『全唐詩』, 『中庸章句』, 『中庸或問』, 『楚辭』, 『退溪先生文集』, 『開闢』, 『官報』, 『大韓每日申報』, 『大韓興學報』, 『同光』, 『東亞日報』, 『每日新報』, 『博文』, 『白潮』, 『別乾坤』, 『三千里』, 『生長』, 『西北學會月報』, 『少年』, 『新世代』, 『新人文學』, 『靈臺』, 『朝鮮』, 『朝鮮文壇』, 『朝鮮日報』, 『中外日報』, 『創造』, 『青春』, 『太極學報』, 『泰西文藝新報』, 『學生界』 『皇城新聞』, 『彗星』

굴원 외, 『초사』, 권용호 옮김, 글항아리, 2015.
권영민 엮음, 『김소월 시전집』, 문학사상, 2007.
김소월, 『진달내꽃』, 매문사, 1925.
김　억·양주동, 『支那名詩選 2』, 한성도서, 1944.
______, 『금잔듸』, 동방문화사, 1947.
______, 『꽃다발』, 박문서관, 1944.
______, 『同心草』, 조선출판사, 1943.
______, 『忘憂草』, 한성도서, 1934.
______, 『민요시집』, 한성도서, 1948.
______, 『鮮譯 愛國百人一首』(日本和歌譯), 한성도서, 1944.

김 억, 『안서시집』, 한성도서, 1929.
_____, 『懊惱의 舞蹈』, 광익서관, 1921.
_____, 『夜光珠』, 조선출판사, 1944.
_____, 『玉簪花』, 이우사, 1949.
_____, 『해파리의 노래』, 조선도서주식회사, 1923.
김 억 선, 『소월 시초』, 박문출판사, 1939.
김용직 편, 『김소월전집: 못잊어 생각나겠지요』, 문장, 1982.
_____ 편, 『김소월 전집』, 서울대학교출판부, 재판, 2001.
『김우진전집』 2, 전예원, 1983.
金允植, 『운양집 8』, 기태완, 백승철, 이지양 옮김, 혜안, 2014.
김종욱 엮음, 『소월전집』, 명상, 2005.
김태준, 『교주 조선한문학사』, 태학사, 1994.
土居光知, 『文學序說』, 岩波書店, 제2판, 1927.
村岡典嗣, 『本居宣長』, 警醒社書店, 1911.
美國聖書公會, 『구약젼셔』, 福音印刷合資會社, 1911.
박은식, 『박은식전서』, 단국대학교출판부, 2002(2쇄).
『石顚詩抄』, 동명사, 1940.
성경 번역위원회 공동번역, 『신약젼셔』, 美以美 감리교 선교회, 1900.
蘇東坡, 『소동파산문선』, 조규백 역주, 백산출판사, 2005.
蘇軾・류종목 옮김, 『소동파 산문선』, 지만지, 2013.
실시학사 고전문학연구회 엮음, 『변영만 전집』, 성균관대학교대동문화연구원, 2006.
아더 시몬스, 『잃어진 진주』, 김억 옮김, 평문관, 1924.
『岸曙金億全集』, 한국문화사, 1987.
엄동섭, 웨인 드 프레메리, 『원본 『진달내꽃』 『진달내옷』 서지 연구』, 소명출판, 2014.
伊藤卯三郎, 『萬姓詩譜』, 萬姓詩譜社, 1920.
William Wordsworth, Lyrical Ballads, edited by R.L. Brett & A.R.Jones, London: Methuen and co Ltd, 1963.
이광수, 『동포에 고함』, 김원모, 이경훈 편역, 철학과 현실사, 1997.

『이광수전집』, 삼중당, 1971.
『일성록 고종 31년』
임화, 임규찬·한진일 편, 『개설 신문학사』, 한길사, 1993.
최남선, 『백팔번뇌』, 동광사, 1926.
______, 『시문독본』, 신문관, 1916.
______, 『산수 격몽요결』, 신문관, 1909.
______, 『육당최남선전집』, 역락, 2003.
최남선, 『육당최남선전집』, 현암사, 1975.
______, 『문학론 - 최남선 한국학총서 13』, 문성환 옮김, 경인문화사, 2013.
한용운, 『님의 침묵』, 회동서관, 1926.

2. 단행본

(1) 국내저서

가스펠서브, 『라이프성경사전』, 생명의말씀사, 2006.
강만길, 『한국민족운동사론』, 한길사, 1985.
강영심 외, 『일제 시기 근대적 일상과 식민지 문화』, 이화여자대학교 출판부, 2008.
강원봉 외, 『가지무라 히데키의 내재적 발전론을 다시 읽는다』, 아연출판부, 2014.
검열연구회 엮음, 『식민지 검열, 제도 텍스트 실천』, 소명출판, 2011.
고희탁 외, 『국학과 일본주의 - 일본 보수주의의 원류』, 동북아역사재단, 2011.
공제욱 외, 『식민지의 일상, 지배와 균열』, 문화과학사, 2006.
구인모, 『한국 근대시의 이상과 허상』, 소명출판, 2008.
권두연, 『신문관의 출판 기획과 문화운동』, 고려대학교 민족문화연구원, 2016.
권보드래, 『연애의 시대』, 현실문화, 2003.
_______, 『한국 근대소설의 기원』, 소명, 2000.
금장태, 『한국유학의 심설 - 심성론과 영혼론의 쟁점』, 서울대학교출판부, 2002.
______, 『한국의 선비와 선비정신』, 서울대학교출판부, 2000.
김대행, 『한국 시가구조 연구』, 삼영사, 1976.

김병국 외, 『장르 교섭과 고전 시가』, 월인, 1999.
김병철, 『한국근대번역문학사연구』, 을유문화사, 1975.
김상봉, 『자기의식과 존재사유 – 칸트철학과 근대적 주체성의 존재론』, 한길사, 1998.
김상준, 『맹자의 땀 성왕의 피 – 중층근대와 동아시아 유교문명』, 아카넷, 2011.
김상환, 『공자의 생활난 – 김수영과 「논어」』, 북코리아, 2016.
김선희, 『마테오 리치와 주희, 그리고 정약용 – 『천주실의』와 동아시아 유학의 지평』, 심산, 2012.
김성우, 『조선 후기사 연구의 현황과 과제』, 창작과비평사, 2000.
김열규, 신동욱 편, 『최남선과 이광수의 문학』, 새문사, 1981.
______, 『한국 근대문학연구』, 서강대출판부, 1969.
김영철, 『김소월 - 비극적 삶과 문학적 형상화』, 건국대학교출판부, 1994.
______, 『한국 개화기 시가 연구』, 새문사, 2004.
김용직, 『한국 근대시사』, 학연사, 1986.
______, 『한국문학을 위한 담론』, 푸른사상, 2006.
김욱동, 『근대의 세 번역가 – 서재필, 최남선, 김억』, 소명출판, 2010.
김윤식, 김현, 『한국 문학사』, 민음사, 개정판, 1997.
______, 『이광수와 그의 시대 1』, 한길사, 1986.
______, 『근대한국문학연구』, 일지사, 1973.
______, 『한국 현대시론비판』, 일지사, 1975.
김인환, 『비평의 원리』, 나남, 1994.
______, 『현대시란 무엇인가』, 현대문학, 2011.
김준오, 『시론』(4판), 삼지원, 2005.
김진균, 『모던한문학』, 학자원, 2015.
______ 외, 『근대주체와 식민지 규율권력』, 문화과학사, 2003.
김진송, 『서울의 딴스홀을 허하라』, 현실문화, 1999.
김 파, 『중국시의 창작과 번역』, 한국문화사, 1993.
김학동, 『김소월평전』, 새문사, 2013.
______ 외, 『김안서 연구』, 새문사, 1996.
김흥규, 『근대의 특권화를 넘어서』, 창비, 2013.

남기혁, 『언어와 풍경: 한국 현대시의 다양한 시선과 표정』, 소명출판, 2010.
동국대학교 문화학술원 한국문학연구소 엮음, 『식민지시기 검열과 한국문화』, 동국대학교출판부, 2010.
류시현, 『최남선 연구 - 제국의 근대와 식민지의 문학』, 역사비평사, 2009.
______, 『최남선 평전』, 한겨레출판, 2011.
류준필, 『동아시아의 자국학과 자국문학사 인식』, 소명출판, 2013.
문성환, 『최남선의 에크리티르와 근대 언어 민족』, 한국학술정보, 2009.
미야지마 히로시, 『나의 한국사 공부』, 너머북스, 2013.
박경수, 『현대시의 고전 텍스트 수용과 변용』, 국학자료원, 2011.
박슬기, 『한국 근대시의 형성과 율의 이념 - 자유시 리듬의 문제』, 소명출판, 2014.
박영석, 『일제하 독립운동사 연구』, 일조각, 1984.
박정규 엮음, 『신채호 시전집』, 기별미디어, 2013.
박정근, 『중국적 사유의 원형 - 주역과 중용을 중심으로』, 살림, 2004.
박진영, 『번역과 번안의 시대』, 소명출판, 2011.
박현수, 『전통시학의 새로운 탄생 - '너머-여기' 사유의 시학적 전개』, 경북대학교출판부, 2013.
박희병, 『유교와 한국문학의 장르』, 돌베개, 2008.
백낙청, 『새로운 전지구적 문명을 향하여: 민중과 민족, 지역 운동들의 역할』, 창작과비평사, 1996.
백 철, 『진리와 현실』, 박영사, 1975.
부산대 점필재연구소 고전번역학센터 편, 『한국 고전번역학의 구성과 모색』, 점필재, 2013.
서규석 편저, 『이집트 사자의 서』, 문학동네, 1999.
서영채, 『아침의 영웅주의 - 최남선과 이광수』, 소명출판, 2011.
서정주, 『서정주전집』 2, 일지사, 1972.
성기옥, 『한국시가 율격의 이론』, 새문사, 1986.
성백효 엮음, 『동몽선습. 격몽요결』, 전통문화연구회, 2006.
______ 엮음, 『시경집전』, 전통문화연구회, 2010.
______ 역주, 『맹자집주』, 전통문화연구회, 1991.

송기한, 『육당 최남선 문학 연구』, 박문사, 2016.
송 욱, 『문학평전』, 일조각, 1975.
_____, 『시학평전』, 일조각, 1963.
송재소, 『다산시 연구』, 창비, 개정증보판, 2014.
송철의 외, 『한국 근대 초기의 어문학자』, 태학사, 2013.
신동욱 편, 『김소월 연구』, 새문사, 1982.
신명경, 『한국 낭만주의 문학론』, 새문사, 2003.
신범순, 『노래의 상상계』, 서울대학교출판문화원, 2012.
_____, 『이상의 무한정원 삼차각나비 – 역사시대의 종말과 제4세대 문명의 꿈』, 현암사, 2007.
_____, 『한국 현대시사의 매듭과 혼』, 민지사, 1992.
신후담, 재단법인 실시학사 편, 『하빈 신후담의 돈와서학변』, 김선희 옮김, 사람의무늬, 2014.
안대회, 『18세기 한국한시사 연구』, 소명출판, 1999.
양승국, 『김우진, 그의 삶과 문학』, 태학사, 1998.
연세대학교 국학연구원 엮음, 『일제의 식민지배와 일상생활』, 혜안, 2004.
오산팔십년사편찬위원회, 『오산팔십년사』, 대해실업주식회사 1987.
오세영, 『김소월, 그 삶과 문학』, 서울대학교출판부, 2000.
_____, 『한국 근대문학론과 근대시』, 민음사, 1996.
_____, 『한국낭만주의 시연구』, 일지사, 1980.
원종찬 편, 『한국아동문학총서』, 역락, 2010.
육당연구학회, 『최남선 다시 읽기』, 현실문화, 2009.
__________, 『최남선과 근대 지식의 기획』, 현실문화, 2015.
윤덕진, 『전통지속론으로 본 한국 근대시의 운율 형성 과정』, 소명출판, 2014.
윤동재, 『한국 현대시와 한시의 상관성』, 지식산업사, 2001.
윤평중, 『푸코와 하버마스를 넘어서』, 교보문고, 1990.
이규호, 『개화기변체한시연구』, 형설출판사, 1986.
_____ 외, 『한국시가의 재조명』, 형설출판사, 1984.
이덕주, 『초기한국기독교사 연구』, 한국기독교역사연구소, 1995.
이돈주, 『한자학총론』 전면증보판, 박영사, 1992.

이몽희, 『한국 현대시의 무속적 연구』, 집문당, 1990.
이상하 외 역, 『당송팔대가문초 구양수 3』, 전통문화연구회, 2015.
이승훈, 『한국 현대시론사』, 고려원, 1993.
이영화, 『최남선의 역사학』, 경인문화사, 2003.
이재선, 『이광수 문학의 지적 편력 – 문학론의 원천과 형성』, 서강대학교출판부, 2010.
이종묵, 『한국 한시의 전통과 문예미』, 태학사, 2002.
이철호, 『영혼의 계보 – 20세기 한국 문학사와 생명 담론』, 창비, 2013.
이희목 외, 『식민지시기 한시자료집』, 성균관대학교 대동문화연구원, 2009
임형택, 『한국 문학사의 논리와 체계』, 창비, 2002.
장석만 외, 『한국 근대성 연구의 길을 묻다』, 돌베개, 2006.
장영란, 『영혼의 역사』, 글항아리, 2010.
정문길 외 엮음, 『동아시아, 문제와 시각』, 문학과지성사, 1995.
정병설, 『조선 시대 소설의 생산과 유통』, 서울대학교 출판문화원, 2016.
정요일, 『한문학비평론』, 인하대학교 출판부, 1990.
정우택, 『한국 근대 자유시의 이념과 형성』, 소명출판, 2004.
정인재, 『양명학의 정신』, 세창출판사, 2014.
정재서, 『동양적인 것의 슬픔』, 살림, 1996.
정주아, 『서북문학과 로컬리티 – 이상주의와 공동체의 언어』, 소명출판, 2014.
정진석, 『극비 조선총독부의 언론검열과 탄압』, 커뮤니케이션북스, 2007.
정한모, 『한국 현대시문학사』, 일지사, 1974.
______, 『한국 현대시의 정수』, 서울대학교출판부, 1979.
조동일, 『세계문학사의 전개』, 지식산업사, 2002.
______, 『한국 시가의 전통과 율격』, 한길사, 1982.
______, 『한국문학통사』 3, 제4판, 지식산업사, 2005.
______, 『한국문학통사』 4, 제4판, 지식산업사, 2005.
______, 『한국문학통사』 5, 제4판, 지식산업사, 2005.
______, 『한국민요의 전통과 시가 율격』, 지식산업사, 1996.
______, 『한국의 문학사와 철학사』, 지식산업사, 1996.
______, 『한국 문학사상사시론』 제2판, 1998.

조연현 해설, 『최남선과 이광수의 문학』, 새문사, 1981.
조영복, 『1920년대 초기 시의 이념과 미학』, 소명출판, 2004.
조해숙, 『조선 후기 시조 한역과 시조사』, 보고사, 2005.
주승택, 『한문학과 근대문학』, 태학사, 2009.
진은영, 『니체, 영원회귀와 차이의 철학』, 그린비, 2007.
채호석, 『한국 근대문학과 계몽의 서사』, 소명출판, 1999.
천정환, 『근대의 책 읽기』, 푸른역사, 2003.
최라영, 『김억의 창작적 역시와 근대시 형성』, 소명출판, 2014.
최현식, 『최남선 근대시가 네이션』, 소명출판, 2016.
하재연, 『근대시의 모험과 움직이는 조선어』, 소명출판, 2012.
하정일, 『20세기 한국문학과 근대성의 변증법』, 2000.
한계전 외, 『한국 현대시론사 연구』, 문학과지성사, 1998.
한국현대시학회 편, 『20세기 한국시론 1』, 글누림, 2006.
한수영, 『운율의 탄생 – 한국 근대시의 언어 공간과 7 · 5조』, 아카넷, 2008.
한철호 외, 『식민지 조선의 일상을 묻는다』, 동국대학교 출판부, 2013.
홍원식 외, 『실학사상과 근대성』, 예문서원, 1998.
황종연, 『탕아를 위한 비평』, 문학동네, 2012.
황호덕, 『근대 네이션과 그 표상들』, 소명출판, 2005.
______ · 이상현, 『개념과 역사, 근대 한국의 이중어사전 1 – 외국인들의 사전 편찬 사업으로 본 한국어의 근대』 (연구편), 박문사, 2012.
『20세기 호남 한문 문집 간명 해제』, 경인문화사, 2007.

(2) 국외저서 및 번역서
高坂史朗, 『근대라는 아포리아』, 야규 마코토, 최재목, 이광래 옮김, 이학사, 2007.
溝口三雄, 『방법으로서의 중국』, 서광덕, 최정섭 옮김, 산지니, 2016.
김성기 편, 『모더니티란 무엇인가』, 민음사, 1994.
渡邊學, 『朝鮮の民間流布初學入門書目錄』, 中央大學図書館, 1986.
梁啓超, 馮友蘭 外, 『음양오행설의 연구』, 김홍경 편역, 신지서원, 1993.
柳父章, 『번역어의 성립 – 서구어가 일본 근대를 만나 새로운 언어가 되기까지』,

김옥희 옮김, 마음산책, 2011.

劉勰, 『文心雕龍』, 성기옥 옮김, 지식을만드는지식, 2012.

____, 『文心雕龍』, 최동호 역편, 민음사, 1994.

徐前, 『礎石と子規の漢詩』, 明治書院, 2005.

安丸良夫, 『방법으로서 사상사』, 남춘모 옮김, 대왕사, 2010,

吳戰壘, 『중국시학의 이해』, 유병례 옮김, 태학사, 2003.

劉若愚, 『중국시학』, 이장우 옮김, 명문당, 1993.

子安宣邦 監修, 『日本思想史辭典』, ぺりかん社, 2001.

蔣紹愚, 『唐詩言語硏究』, 鄭州: 中州古籍出版社, 1990.

齋藤希史, 『근대어의 탄생과 한문 – 한문맥과 근대 일본』, 황호덕, 임상덕, 류충희 옮김, 현실문화연구, 2010.

齋藤希史, 『漢文脈の近代—淸末=明治の文學圈』, 名古屋大學出版會, 2005.

朱光潛, 『詩論』, 정상홍 옮김, 동문선, 1991.

板垣龍太, 『한국 근대의 역사민족지 – 경북 상주의 식민지 경험』, 홍종욱, 이대화 옮김, 혜안, 2015.

Abrams, Meyer, Natural Supernaturalism: tradition and revolution in romantic literature, New York: Norton, 1973.

____________, The Mirror and the Lamp :romantic theory and the critical tradition, New York: Oxford University Press, 1953.

Allan, Sarah, 『공자와 노자 그들은 물에서 무엇을 보았는가』, 오만종 옮김, 예문서원, 1999.

Aries, Phillipe, 『아동의 탄생』, 문지영 옮김, 새물결, 2003.

Austin, John, 『말과 행위 – 오스틴의 언어 철학, 의미론, 화용론』, 김영진 옮김, 서광사, 2005.

Bachelard, Gaston, 『공기와 꿈 – 운동에 관한 상상력 연구』, 정영란 옮김, 민음사, 1993.

Benjamin, Walter, 『독일 비애극의 원천』, 조만영 옮김, 새물결, 2008.

Bourdieu, Pierre, 『구별짓기–문화와 취향의 사회학』, 최종철 옮김, 새물결, 2006.

____________, 『자본주의의 아비투스 – 알제리의 모순』, 최종철 옮김, 동문

선, 1995.

Bourdieu, Pierre, 『파스칼적 명상』, 김웅권 옮김, 동문선, 2001.

Calinescu, Matei, 『모더니티의 다섯 얼굴』, 이영욱 외 옮김, 시각과언어, 1993.

Cornford, Francis, 『종교에서 철학으로 – 서구 사유의 연원에 관한 연구』, 남경희 옮김, 이화여대학교 출판부, 1995.

Eliade, Mircea, 『샤마니즘 – 고대적 접신술』, 이윤기 옮김, 까치, 1992.

Evans, Sara, 『자유를 위한 탄생 – 미국여성의 역사』, 조지형 옮김, 이화여대출판부, 1998.

Franco Moretti, Distant Reading, Verso, 2013.

Kant, Immanuel, 『판단력 비판』, 백종현 옮김, 아카넷, 2009.

Kohut, Heinz, 『자기의 회복』, 이재훈 옮김, 한국심리치료연구소, 2006.

Kwon, Nayoung Aimee, Intimate Empire, Duke University Press Books, 2015.

Lakoff, George & Johnson, Mark, 『몸의 철학: 신체화된 마음의 서구 사상에 대한 도전』, 임지룡 외 옮김, 박이정, 2002.

Lawrence E. Harrison & Samuel P. Huntington ed., Culture Matters - How Value Shape Human Progress, NY: Basic Books, 2000.

Liu, Lydua, 『언어 횡단적 실천』, 민정기 옮김, 소명출판, 2005.

Menke, Christoph, 『미학적 힘 – 미학적 인간학의 근본개념』, 김동규 옮김, 그린비, 2013.

Mielants, Eric, 『자본주의의 기원과 서양의 발흥』, 김병순 옮김, 글항아리, 2012.

Nahm, Milton, Readings in Philosophy of Art & Aesthetics, NJ: Prentice-Hall Inc., 1975.

Naoki, Sakai, 『번역과 주체』, 후지이 다케시 옮김, 이산, 2005.

Nietzsche, Friedrich, 『선악의 저편, 도덕의 계보』, 김정현 옮김, 책세상, 2002.

Ricci, Matteo, 『천주실의』, 송영배, 임금자, 장정란, 정인재, 조광, 최소자 옮김, 서울대학교출판문화원, 1999.

Said, Edward, Beginnings -Intention and Method, NY: Basic Books, 1975.

Sambiasi, Francesco, 『영언여작』, 김철범, 신창석 옮김, 일조각, 2007.
Shin, Gi-Wook & Robinson, Michael ed., 『한국의 식민지 근대성』, 도면희 옮김, 삼인, 2006.
Shirane, Haruo & Suzuki, Tomi ed., 『창조된 고전 - 일본문학의 정전 형성과 근대 그리고 젠더』, 왕숙영 옮김, 소명출판, 2002.
Skinner, Quentin, 『역사를 읽는 방법 - 텍스트를 어떻게 읽고 해석할 것인가』, 황정아, 김용수 옮김, 돌베개, 2012.
Swingewood, Alan, 『문화사회학 이론을 향하여 - 문화이론과 근대성의 문제』, 박형신, 김민규 옮김, 한울, 2016.
Taylor, Charles, 『자아의 원천들 - 현대적 정체성의 형성』, 권기돈 하주영 옮김, 새물결, 2015.
Wittgenstein, Ludwig, 『철학적 탐구』, 이영철 옮김, 서광사, 1994.
Woodside, Alexander, 『잃어버린 근대성들 - 중국, 베트남, 한국 그리고 세계사의 위험성』, 민병희 옮김, 너머북스 2012.

3. 논문 및 기타 자료
(1) 국내 논문 및 기타 자료
강내희, 「근대성과 번역」, 『비평과이론』 14권 1호, 한국비평이론학회, 2009.
강동호, 「한국 근대문학과 세속화」, 연세대 박사 논문, 2016.
강민호, 「압운의 미학으로 본 차운시의 특성에 대한 연구」, 『중국 문학』 72, 한국중국어문학회, 2012.
강영택, 「초기 기독교학교의 신앙교육 비교 고찰」, 『신앙과 학문』 17, 2012.3.
강재철, 「안서시에 나타난 한시 영향 관계 고찰」, 『국문학 논집』 14, 단국대 국어국문학과, 1994.
곽명숙, 「김억의 '조선적 시형'에 대한 고찰」, 『인문연구』, 영남대 인문과학연구소, 2008.
구인모, 「김억의 격조시형론에 대하여」, 『한국문학연구』 29, 동국대학교 한국문학연구소, 2005.
_____, 「김억 연구의 현 단계와 과제」, 『동악어문학』 71, 동악어문학회, 2017.
_____, 「번역의 가능성 혹은 불가능성 - 김억의 『잃어진 진주』(1924)에 대하여」,

『코기토』 78, 부산대 인문학연구소, 2015.
구인모, 「한시의 번역 혹은 고전으로서의 피란」, 『개념과 소통』 16, 한림과학원, 2015.
권문봉, 「전통적 선비정신에 대한 일고찰」, 『한문 교육연구』 23, 한국한문 교육학회, 2004.
권보드래, 「1910년대의 이중어 상황과 문학 언어」, 『한국어문학연구』 54, 한국어문연구학회, 2010.
_______, 「김성규와 김우진, 3·1 운동 전후 세대 갈등의 한 단면」, 『한국학연구』 31, 인하대 한국학연구소, 2013.12.
권유성, 「'시혼'의 반(反)시론적 성격 연구」, 『국어국문학』 159, 국어국문학회, 2011.
권정우, 「김소월의 전기적 사실 비판적 고찰」, 『구보학보』 15, 구보학회, 2016.
금지아, 「김소월의 唐詩 번역과 창작시의 관계」, Comparative Korean Studies 21권 2호, 국제비교한국학회, 2013.
김건형, 「이효석 문학에 나타난 개체성의 미학 연구」, 서울대 석사논문, 2014.
김경애, 「근대 남성지식인 소춘 김기전의 여성해방론」, 『여성과 역사』 12, 한국여성사학회, 2010.
김계환, 「중국적 공사 관념의 근현대적 전환에 관한 시론」, 『동양철학연구』 68, 동양철학연구회, 2011.
김광규, 「일제강점기 조선인 초등교원 시책 연구」, 서울대 박사 논문, 2013.
김균태, 「李鈺의 文學理論과 作品世界의 硏究」, 서울대 박사 논문, 1986.
김기현, 「공부론의 관점에서 본 퇴계 성리학과 양명학의 차이성」, 『퇴계학논총』 15, 퇴계학부산연구원, 2009.
김남이, 「1900~10년대 최남선의 '고전/번역' 활동과 전통에 대한 인식」, 『동양고전연구』 39, 동양고전학회, 2010.
______, 「조선전기 두시 이해의 지평과 『두시언해』 간행의 문학사적 의미」, 『한국어문학연구』 58, 동악어문학회, 2012.
______, 「1910년대 최남선의 '자조론' 번역과 그 함의 – 『자조론』의 변언을 중심으로」, 『민족문학사연구』 43, 민족문학사연구소, 2010.
______·하상복, 「최남선의 『자조론』 번역과 중역된 '자조'의 의미 – 사뮤엘 스마

일즈의 「자조」, 나카무라 마사나오의 「서국입지편」과의 관련을 중심으로」, 『어문연구』 65, 어문연구학회, 2010.

김도일, 「맹자의 감정모형 – 측은지심은 왜 겸애와 다른가?」, 『동아문화』 41, 서울대 동아문화연구소, 2003.12.

김동식, 「한국의 근대적 문학 개념 형성과정 연구」, 서울대 박사 논문, 1999.

김만수, 「김소월 시집 〈진달래꽃〉에서 송신의 양상과 의미」, 『건지인문학』 13, 전북대학교 인문학연구소, 2015.

김문주, 「번역과 조선시형의 창안 – 김억을 중심으로」, 『어문논집』 63, 민족어문학회, 2011.

김보겸, 「이광수 시론 연구: 전통시학을 중심으로」, 단국대 석사논문, 2016.

김상현, 「맹자의 사단으로 바라본 흄의 도덕감 이론」, 『사회과학교육』 16, 서울대 교육종합연구원, 2013.

김선미, 「일제식민지시대 지배세력의 성격에 관한 연구: 주임관 이상의 관직자를 중심으로」, 이화여대 석사논문, 1992.

김수성, 「조선 시대 희지들의 "사무사" 인식」, 『중국어문논집』 58, 중국어문연구회, 2013.

김숙경, 『혜강 최한기의 기학에 나타난 서학 수용과 변용에 관한 연구』, 성균관대 박사 논문, 2013.

김승영, 「'理', '發'자의 형성과 철학적 전개」, 『양명학』 34, 한국양명학회, 2013.

김승종, 「안서 김억의 시론 연구」, 중앙대학교 박사 논문, 1992.

김 영, 「김억의 『선역 애국백인일수』 고찰」, 『일어일문학연구』 89권 2호, 한국일어일문학회, 2014,

김영미, 「김안서 시연구 – 시어와 운율적 특성을 중심으로」, 이화여대 박사 논문, 2000.

______, 「정지용 시의 운율 의식」, 『한국시학연구』 7, 한국시학회, 2002.

김영철, 「언문풍월의 장르적 특성과 창작 양상」, 『한중인문학연구』 13, 한중인문학회, 2004.

김옥성, 「김소월 시에 나타난 '영혼'과 '꿈'의 역학」, 『한국현대문학연구』 15, 한국현대문학회, 2004.

김옥순, 「김소월 시의 파라독스 연구」, 이화여대 석사논문, 1980.

김용규, 「세계문학과 민족문학 사이에서: 문화번역과 '정'의 고고학」, 『「문학이란 하오」 100년 – '문학'의 근대를 다시 묻다』, 2016년 제34회 한국 근대문학회 정기학술대회 자료집, 2016.
김우형, 「주자학에서 혼백론의 구조와 심성론과의 관계」, 『정신문화연구』 105, 2006.12.
김유중, 「정지용 시 정신의 본질」, 『한국문학이론과 비평』 19, 한국문학이론과비평학회, 2003.
김윤규, 「『암재창수록』에 나타난 19세기 말 지방 인사들의 한시 창수문화」, 『동방한문학』 62, 동방한문학회, 2015.
김윤정, 「김소월 시에 나타난 "영원성"의 감각 연구」, 『어문논총』 49, 한국문학언어학회, 2008.
김재영, 「이광수 초기 문학론의 구조와 와세다 미사학」, 『한국문학연구』 35, 동국대학교 한국문학연구소, 2008.
김정수, 「소월 시론 「시혼」에 나타난 영혼과 음영 연구」, 『국어국문학』 166, 국어국문학회, 2014.
김정현, 「김소월 시에 나타나는 '영혼'의 의미 연구 – 구술성의 '열린 체계'와 '기억'의 재현양상을 중심으로」, 서울대 석사논문, 2011.
김정화, 「근대 초기 시형의 모색과 율격 논의 – 김억의 '격조시형론'을 중심으로」, 『한국문학이론과 비평』 50, 한국문학이론과비평학회, 2011.
______, 「한시 번역과 율격 – 한일 간의 비교를 중심으로」, 『동양예학』 14, 동양예학회, 2005.
김종태, 「한시 번역의 구성과 표현」, 『고전번역연구』 3, 한국고전번역학회, 2012.
김주현, 「근대 초기 문사 의식과 예술가 형상의 상관성」, 『한국문학논총』 54, 한국문학회, 2010.
김지녀, 「『소년』지에 나타난 '독립' 개념의 특징과 그 배경」, 『어문연구』 36(2), 한국어문교육연구회, 2008.
김지영, 「최남선의 『시문독본』 연구」, 『한국현대문학연구』 23, 한국현대문학회, 2007.
______, 「문학 개념체계의 계보학: 산문 분류법의 변화과정을 중심으로」, 『민족

문화연구』 51, 고려대 민족문화연구원, 2009.
김지혜, 「김소월 「시혼」의 이기론적 연구」, 경북대학교 대학원 석사논문, 2010.
김진균, 「벽초 홍명희의 한시에 대하여」, 『한문학보』 24, 우리한문학회, 2011.
_____, 「한학과 한국한문학의 사이, 근대한문학」, 『국제어문』 51, 2011.
김창근, 「'시혼'과 '음영'의 소월 시론」, 『동의어문논집』 5, 동의대학교 국어국문학과, 1991.
김춘식, 「1920년대 동인지 문단의 미적 근대성」, 동국대 국문과 박사 논문, 2002.
_____, 「미적 근대성과 근대적 시어 – 밤, 어둠의 이미지를 중심으로」, 『한국사상과 문화』 28, 한국사상문화학회, 2005.
_____, 「초창기 잡지의 시 월평과 신시론의 전개」, 『한국어문학연구』 50, 한국어문학연구학회, 2008.
김풍기, 「『해동집』의 편찬과 그 의미」, 『강원문화연구』 24, 강원대 강원문화연구소, 2005.
김해명, 「평안시대 아악과 당시의 관계」, 『중어중문학』 39, 2006.
김헌선, 「양명학적 개념으로 본 김소월의 「시혼」 – 자생적 낭만주의의 원천탐색」, 『논문집』 34, 경기대학교 연구교류처, 1994.
김효재, 「김소월 시의 사상적 배경 연구 – 오산학교의 이상향 추구를 중심으로」, 서울대 석사논문, 2013.
남기택, 「동화적 상상력과 근대문학의 성립 – 최남선을 중심으로」, 『인문학연구』 32, 2005.
남정희, 「김억의 시형론」, 『반교어문연구』 9, 반교어문학회, 1998.
_____, 「김억의 여성 한시 번역과 번안 시조 창작의 의의」, 『민족문학사연구』 55, 민족문학사학회, 2014.
_____, 「한시와 현대시 시학의 연계 문제」, 『반교어문연구』 20, 반교어문학회, 2006.
노경희, 「다산 저술의 전승과 유통에 대한 서지학적 고찰 – 다산가장의 고본에서 『여유당전서』에 이르기까지」, 『한국한문학연구』 50, 한국한문학회, 2012.
노영덕, 「낭만주의 미학 연구 – 사상적 배경과 미적 특징을 중심으로」, 『기초조형학연구』 11권 6호, 한국기초조형학회, 2010,

노춘기, 「안서와 소월의 한시 번역과 창작시의 율격」, 『한국시학연구』 13, 한국시학회, 2005.

_____, 「근대문학형성기의 시가와 정육론 연구」, 고려대 박사 논문, 2011.

노혜경, 「다산 저술의 전승과 유통에 대한 서지학적 고찰 – 다산가장의 고본에서 『여유당전서』에 이르기까지」, 『한국한문학연구』 50, 한국한문학회, 2012

류순태, 「김소월의 「시혼」에 나타난 미의식 연구 – 김억과의 관계를 중심으로」, 『인문학연구』 45, 2013.

류시현, 「1920~30년대 문일평의 민족사와 문화사의 서술」, 『민족문화연구』 52, 2010.

_____, 「한말 일제 초 한반도에 관한 지리적 인식」, 『한국사연구』 137, 2007.

류철균, 「1920년대 민요조 서정시 연구 – 서도 잡가와의 비교를 중심으로」, 서울대 석사논문, 1993.

박경수, 「"시혼"에 나타난 김소월의 시학」, 『정신문화연구』 27호, 한국정신문화연구원, 1985.

_____, 「천기론의 관점에서 본 김소월의 시학의 전통성과 근대성」, 『우리말글』 32, 우리말글학회, 2004.

박규태, 「모토오리 노리나가의 모노노아와레론 재고: 감성적 인식론의 관점에서」, 『일본연구』 17, 고려대 일본학연구센터, 2012.

박민수, 「김억의 초기 시의 상상력과 본질」, 『관악어문연구』 11, 서울대학교 국어국문학과, 1986.

박상천, 「한국 근대문학 성격구명 시고 2 – 김소월의 시론 「시혼」을 중심으로」, 『한국학논집』 10, 한양대학교 동아시아문화연구소, 1986.

박수천, 「근체시의 율격과 번역」, 『한국한시연구』 1, 한국한시학회, 1993.

박슬기, 「근대시의 인식과 언문풍월 – 국문으로 가능한 시의 모색」, 『한국시가연구』 38, 한국시가학회, 2015.

_____, 「김억의 번역론, 조선적 운율의 정초 가능성」, 『한국현대문학연구』 30, 2010.

_____, 「한국과 일본에서의 자유시론의 성립 – 근대시의 인식과 선언」, 『한국현대문학연구』 42, 2014.4.

박영미, 「친일의 도구, 한시 그리고 클리셰」, 『한문학논집』 31, 근역한문학회,

2010.
박영환, 「김소월 시 연구」, 『국어국문학』 96, 1986.12.
박은옥, 「공자의 음악사상에 대한 고찰 – "正樂"의 提唱과 "惡鄭聲"을 중심으로」, 『한국음악연구』 30, 2001.
박의수, 「개화기 대성학교의 교육사적 의의」, 『한국교육사학』 19, 한국교육사학회, 1997.
박종덕, 「김억의 번역 한시에 나타난 미의식 연구」, 『어문연구』 65, 어문연구학회, 2010.
_____, 「안서와 석정의 번역 한시 비교고 - 매창의 한시를 중심으로」, 『현대문학이론연구』 52, 현대문학이론학회, 2013.
박종선, 「일제 강점기(1920~30년대) 조선인의 서당개량운동」, 『역사교육』 71, 역사교육연구회, 1999.9.
박진영, 「번역가 김억과 임학수의 머리말 – 한시와 영문학 번역 계보의 성립 배경」, 『동아시아 문화연구』 60, 한양대 동이사아문화연구소, 2015.
박철희, 「한국시가의 지속과 변화연구: 시조, 가설시조, 개화기시가, 근대시의 순환적 전개」, 영남대 박사 논문, 1979.
박현수, 「1920년대 동인지의 '영혼'과 '화원'의 의미」, 『어문학』 90, 한국어문학회, 2005.
박형준, 「현대시의 거울 이미지에 나타난 소외와 분열 극복 양상 – 반사상의 서울과 신체화된 거울을 중심으로」, 『어문연구』 87, 어문연구학회, 2016.
박희병, 「천태산인의 국문학 연구(상)」, 『민족문학사연구』 3, 민족문학사연구소, 1993.
방민호, 「「문학이란 하오」와 『무정』, 그 논리구조와 한국문학의 근대 이행」, 『춘원연구학보』 5, 춘원연구학회, 2012.
배수찬, 「근대 초기 서양 수사학의 도입 과정 연구」, 『정신문화연구』(제30권 제4호), 한국학중앙연구원, 2007.12.
배항섭, 「19세기 지배질서의 변화와 정치문화의 변용 – 仁情 願望의 향방을 중심으로」, 『한국사학보』 39, 고려사학회, 2010.
백낙청, 「문학과 예술에서의 근대성 문제」, 『창작과비평』, 1993년 겨울호.
백지은, 「정의 문학론과 근대 문학 개념의 미분화 양상 고찰」, 『민족문화연구』

56, 고려대 민족문화연구원, 2012.

백지은, 「문(학)의 이념 – 근대 초기 문학 담론에서 "문(체)"의 문제」, 『민족문화연구』 65, 고려대 민족문화연구원, 2014.

裵寬紋, 「日本思想史學の方法と「宣長問題」」, 『일어일문학연구』 76권 2호, 한국일어일문학회, 2011.

서동수, 「아동의 발견과 '식민지 국민'의 기획」, 『동화와 번역』 16, 건국대 동화와 번역연구소, 2008.

서준섭, 「한국 근대시 형성의 이면 – 한문 세대의 근대 충격 경험과 그 문학적 대응의 몇 가지 양상」, 『국제학술대회』 8, 중한인문과학연구회, 2002.

서진영, 「소월의 '혼'과 그 공동체적 의미고찰 – 시론 「시혼」을 중심으로」, 『한국문화』 37, 서울대 규장각한국학연구원, 2006.

세리카와 테쓰요, 「일본 근대시 형성과정에 있어서의 한시의 위상」, 『한국시가연구』 26, 한국시가학회, 2009.

소래섭, 「김소월의 「시혼」에 나타난 혼과 감각의 의미」, 『인문논총』 27, 울산대학교 인문과학연구소, 2008.

손병규, 「1900년대 『광무호적』의 "사"와 『민적』의 "양반" 기재」, 『대동문화연구』 81, 성균관대 대동문화연구원, 2013.

손유경, 「한국 근대 소설에 나타난 '동정'의 윤리와 미학에 관한 연구」, 서울대 박사 논문, 2006.

손인수, 「율곡의 교육사상 연구」, 『율곡사상연구』 1, 율곡학회, 1994.

손종호, 「소월의 번역한시와 시의식」, 『한국시학연구』 8, 한국시학회, 2003.

송기한, 「최남선의 계몽의 기획과 글쓰기 연구」, 『한민족어문학』 57, 한민족어문학회, 2010.

신범순, 「김소월 시의 여성주의적 이상향과 민요시적 성과 1」, 『관악어문연구』 32, 서울대 국어국문학과, 2007.

______, 「샤머니즘의 근대적 계승과 시학적 양상 – 김소월을 중심으로」, 『시안』 18, 시안사, 2002.

______, 「현대시에서 전통적 정신의 존재형식과 그 의미 – 김소월과 백석을 중심으로」, 『국어교육』 96, 한국어교육학회, 1998.

신상필, 「근대한문학의 성격과 신해금사」, 『한문학보』 22, 우리한문학회, 2010.

신용협, 「김소월의 시정신 연구」, 『어문연구』 16, 어문연구학회, 1987.
신지연, 「민족어와 국제공통어 사이 – 김억을 바라보는 한 관점」, 『민족문화연구』 51, 고려대 민족문화연구원, 2009.
심경호, 「조선의 과거와 참고서, 그리고 운서」, 『열상고전연구』 46, 열상고전연구회, 2015.
_____, 「조선 후기 한시의 자의식적 경향과 해동악부체」, 『한국문화』 2, 서울대학교 한국문화연구소, 1981.
심선옥, 「김소월 시의 근대적 성격 연구」, 성균관대 박사 논문, 2000.
_____, 「김소월의 문학 체험과 시적 영향」, 『한국문학이론과 비평』 15, 한국문학이론과 비평학회, 2002.6.
안지영, 「1910-1920년대 '조선주의' 연구 – 최남선의 역사시학을 중심으로」, 서울대 석사논문, 2010.
양선이, 「원초적 감정과 도덕 감정에 관한 흄의 자연주의」, 『근대철학』 3권 1호, 서양근대철학회, 2008.
여태천, 「1920년대 초기 시의 관념 표상과 그 양상」, 『정신문화연구』 30권 1호, 2007.
염철, 「김소월 시혼 고찰」, 『어문논집』 27, 중앙어문학회, 1999.
용찬선, 「윤선도의 한시 연구: 유배와 은거지의 작품을 중심으로」, 우석대 박사 논문, 2004.
우인수, 「선비들의 임란 倡義精神과 의병 활동」, 『퇴계학과 유교 문화』 56, 2015.
유성호, 「근대시의 출현과 존재 방식」, 『한국시가학회』 41, 2016.
유인현, 「한국 한시에 나타난 "바다" 소재와 주제」, 『한국한문학연구』 43, 2009.
由村尙樹, 「육당 최남선 문학 연구」, 충남대 박사 논문, 2004.
윤영도, 「중국 근대 초기 서학 번역 연구: 『만국공법』번역 사례를 중심으로」, 연세대 박사 논문, 2005.
윤영실, 「단군과 신도: 1930년대 중반 최남선의 단군 신앙 부흥론과 심전개발」, 『한국현대문학연구』 37, 한국현대문학회, 2012.
이강대, 「희랍 자연철학자들의 영혼관」, 『사회사상연구』 4, 원광대학교 사회사상연구소, 1994.

이경돈, 「근대문학의 이념과 문학의 관습 – 「문학이란 하오」와 「조선의 문학」을 중심으로」, 『민족문학사연구』 26, 민족문학사학회, 2004.
이경림, 「오산학교의 교육이념과 실천 연구 – 정주시대의 남강, 교직원, 학생들의 활동에 대한 분석」, 인천교육대학교 교육대학원 석사논문, 2001.
이경숙, 「일제시대 시험의 사회사」, 경북대학교 박사 논문, 2007.
이경현, 「『청춘』을 통해 본 최남선의 세계인식과 문학」, 『한국문화』 43, 서울대 규장각 한국학연구원, 2008.
이경현, 「1910년대 신문관의 문학 기획과 한국 근대문학의 형성」, 서울대 박사 논문, 2013.
이규호, 「개화기 한시의 양식적 변모에 관한 연구」, 서울대 박사 논문, 1986.
______, 「안서의 한시 번역과정」, 『국어국문학』 86, 국어국문학회, 1981.
이기현, 「석북의 「동초」 연구」, 『동아시아 문화연구』 28, 한양대학교 한국학연구소, 1996.
이동인, 「『격몽요결』을 통해 본 율곡의 사상과 생애」, 『사회사상과 문화』 29, 동양사회사상학회, 2014.
이병담, 「근대일본과 조선총독부 초등학교 수신교과서 비교」, 전남대 박사 논문, 2006.
이병찬, 「이성과 감성의 관계로 본 조선 후기 문학론」, 『어문연구』 75, 어문연구학회, 2013.
이봉상, 「백거이 구로회와 그에 대한 고대 한국 문인의 인식」, 『동방한문학』 38, 2009.
이상규, 「한글 성경은 어떻게 번역되어 우리 손에 들려지게 되었을까?: 한국성경 번역사 개관」, 『고신신학』 13, 고신대학교 고신신학연구회, 2011.
이상섭, 「시조의 리듬과 현대시의 리듬」, 『동방학지』, 연세대국학연구원, 1978.
이상일, 「운양 김윤식의 사상과 활동 연구」, 동국대 박사 논문, 1996.
이새봄, 「나카무라 마사나오의 『서국입지편』 서문에 나타난 보편성 논의」, 『동방학지』 172, 연세대 국학연구원, 2015.
이선영, 「춘원의 비교문학적 고찰」, 『새교육』 134, 1965.
이수형, 「근대문학의 성립과 감정론, 미학의 의의 – 스코틀랜드 계몽주의, 사회적 상상, 공론장을 중심으로」, 『우리말글』 68, 우리말글학회, 2016.3.

이수형, 「세속화 프로젝트」, 『문학과 사회』 105, 2014.2.

이영호, 「『논어』 '천상탄'에 대한 한중일 경학가들의 해석과 그 사상사적 의미」, 『동방한문학』 23, 동방한문학회, 2002.

이은지, 「'최후예술'로서의 상징주의 문학」, 『민족문학사연구』 53, 민족문학사학회, 2013.

이종묵, 「일제강점기의 한문학 연구의 성과」, 『한국한시연구』 13, 한국한시학회, 2005.

이종호, 「최남선의 지리(학)적 기획과 표상」, 『상허학보』 22, 상허학회, 2008.

이진오, 「음양의 상상력과 창조성」, 『대동철학』, 대동철학회, 2012.

이향준, 「리, 사물, 사건 – 이이의 경우」, 『율곡사상연구』 29, 율곡연구원, 2014.

이혜령, 「식민지 근대문학과 신분제 – 양반은 말해질 수 있나」, 『식민성과 중첩된 시간들』, 2016년 성균관대학교 동아시아학술원 인문학연구소 학술회의, 2016.

이홍군, 「주희와의 관계 속에서 본 율곡 수양론의 특징」, 『퇴계학논집』 14, 영남퇴계학연구원, 2014.

이희목, 「일제 강점기 한시 소고」, 『인문과학』 45, 성균관대 인문과학연구소, 2010.

임상석, 「1910년대 『열하일기』 번역의 한일 비교연구 – 『시문독본』과 『연암외집』에 대해」, 『우리어문연구』 52, 우리어문학회, 2015.

______, 「일제강점기, 조선총독부의 조선어급한문 교과서 연구 시론」, 『한문학보』 22, 2010.

______, 「『시문독본』의 편찬 과정과 1910년대 최남선의 출판 활동」, 『상허학보』 25, 상허학회, 2009.

______, 「『산수격몽요결』 연구 – 서구 격언과 일본 근대 행동규범의 번역을 통해 굴절된 한국 고전」, 『코기토』 69, 부산대 인문학연구소, 2011.

임종찬, 「시조의 한시역과 한시의 시조역의 문제점 연구」, 『시조학논총』, 한국시조학회, 2007.

임형택, 「한민족의 문자 생활과 20세기 국한문체」, 『창작과비평』 107, 2000년 봄호.

장도준, 「유기체론과 영혼주의 – 김억과 김소월의 '시혼'의 거리」, 『한국말글학』

21, 2004.
장문석, 「댄디와 양반」, 『한국문학연구』 44, 동국대 한국문학연구소, 2013.
_____, 「문학이란 무엇인가 – 도남 조윤제와 가람 이병기의 해방 후 문학사 다시 읽기」, 『현대 문학의 연구』 57, 한국문학연구학회, 2015.
_____, 「1910년대의 문학의 지평과 「문학이란 하오」」, 『「문학이란 하오」 100년 – '문학'의 근대를 다시 묻다』, 2016년 제34회 한국 근대문학회 정기학술대회 자료집, 2016.
장석남, 「김소월 시집 『진달래꽃』의 유기적 구성에 대한 연구」, 인하대 석사논문, 2002.
장원석, 「주역의 시간과 우주론 – 비교철학적 관점에서」, 『동양철학연구』 24, 동양철학연구회, 2001.
장철문, 「동일성의 시학과 시간 – 김소월 '진달내꽃'을 중심으로」, 연세대 석사논문, 2008.
_____, 「시적 의미와 리듬의 생성 맥락 – 김소월 「먼 후일」을 중심으로」, 『현대문학의 연구』, 한국문학연구학회, 2015.
전병무, 「일제하 고등문관시험 출신 조선인 판, 검사의 사회경제적 배경」, 『한국학논총』 34, 국민대 한국학연구소, 2010.
전영주, 「김소월 시의 서도성과 근대성 – 「진달래꽃」 「초혼」과 서도민요 『영변가』 『제전』의 비교 분석」, 『우리문학연구』 33, 우리문학회, 2011.
전은경, 「유학생 잡지 『대한흥학보』와 문학 독자의 형성」, 『국어국문학』 169, 국어국문학회, 2014.12.
정기인, 「경전에서 텍스트로 – 20세기 초 『시경』에 대한 근대 시인들의 인식 변화」, 『민족문학사연구』 69, 민족문학사학회, 2019.
_____, 「김억 초기 문학과 한문맥의 재구성」, 『한국현대문학연구』 44, 한국현대문학회, 2014.
_____, 「김억의 한시 번역과 "조선적 근대시"의 구상」, 『민족문학사연구』 59, 민족문학사학회, 2015.
_____, 「주역의 세계 속 기독교의 영혼」, 『한국현대문학연구』 46, 한국현대문학회, 2015.
_____, 「최남선 「해에게서 소년에게」 재론 – 타이포그래피와 상상력을 중심으

로」, 『구보학보』 21, 구보학회, 2019.

정기인 · 채송화, 「『청춘』 소재 한시 연구」, 『한국한시연구』 25, 한국한시학회, 2017.

＿＿＿＿＿＿＿＿, 「『청춘』 소재 국문시와 한시의 역할 고찰」, 『한문학논집』 51, 근역한문학회, 2018.

정대성, 「한국 근대시의 먼동: 수산 김우진의 한시 - 전통의 변용과 창출, 전통과 근대의 변증법」, 『민족문화논총』 31, 영남대 민족문화연구소, 2005.

정 민, 「조선 후기 고문론 연구」, 한양대 박사 논문, 1989.

정병설, 「『무정』의 근대성과 정육(情育)」, 『한국문화』 54, 서울대학교 규장각한국학연구원, 2011.

정소연, 「1910~20년대 시인의 전통 한시 국역 양상과 의미 연구 – 최남선, 김소월, 김억, 이광수를 중심으로」, 『고전문학과 교육』 34, 한국고전문학교육학회, 2017.

정순진, 「소월 시론고 – 시경론과의 관련을 중심으로」, 『어문논지』 6, 7, 충남대 국어국문학과, 1990.

정요일, 「天機의 槪念과 天機論의 意義」, 『한문학보』, 우리한문학회, 2008.

정요환, 「공맹유학의 도덕 감정론」, 『철학연구』 128, 대한철학회, 2013.

정주아, 「한국 근대 서북 문인의 로컬리티와 보편지향성 연구」, 서울대 국문과 박사 논문, 2011.

정한모, 「소월 시의 정착과정 연구」, 『현대시연구』, 정음문화사, 1984.

조동일, 「변증법의 생극론의 소설미학 토론」, 『미학예술학연구』 11, 한국미학예술학회, 2000.

조두섭, 「김소월의 시론 「시혼」에 대하여」, 『인문예술논집』 25, 대구대학교 인문과학 예술문화연구소, 2003.

조은숙, 「한국 아동문학의 형성과정 연구」, 고려대 박사 논문, 2005.

조영복, 「'노래'를 기억한 세대의 '조선어 시가'의 기획」, 『한국현대문학연구』 46, 한국현대문학회, 2015.

조창록, 「조선기 한시 교육의 실제와 『백련초해』」, 『대동한문학』 21, 대동하문학회, 2004.

주영중, 「김소월 시의 숭고 미학」, 『한국시학연구』 28, 2010.8.

최관진, 「어문정책과 한문 교육정책의 변천 연구」, 『청람어문교육』 26, 청람어문교육학회, 2003.

최미란, 「김억의 한시 번역과 창작시의 관계 연구」, 한국학중앙연구원 박사 논문, 2011.

최봉영, 『조선 시대 유교 문화』, 사계절, 1997.

최서윤, 「자유시, 그리고 "격조시형"이라는 "장치"의 탄생」, 『비교한국학』 22권 2호, 국제비교한국학회, 2014.

최순열, 「김억은 왜 한시를 번역했나」, 『국어국문학 논문집』 16, 동국대 국어국문학부, 1993.

최재남, 「韓國 哀悼詩의 構成과 表現에 대한 硏究」, 서울대 국문과 박사 논문, 1992.

최정묵, 「朱子哲學에서의 理欲 관계론」, 『철학논총』 21, 새한철학회, 2000.

최주한, 「토쿠토미 소호와 이광수 – 이광수가 소호에게 보낸 14편의 서간을 중심으로」, 『자료로 보는 이광수』, 제12회 춘원연구학회 학술대회 자료집, 2016.9.

최준식, 「동북아 문명의 창조적 시원과 발전적 보전의 두 주역, 중국과 한국: 종교 사상과 의례를 중심으로」, 『한국문화연구』 23, 이화여대 한국문화연구원, 2012.

최호영, 「1920년대 초기 한국시에서의 숭고시학과 생명공동체의 이념」, 서울대 박사 논문, 2016.

탁양현, 「그늘과 그림자의 사유방식 – 삼현(역, 노, 장)을 중심으로」, 『동양철학연구』 68, 동양철학연구회, 2011.

彭鐵浩, 「격조설 · 신운설 · 성령설의 상관관계」, 『중국 문학』 41, 한국중국어문학회, 2004.

하정승, 「이숭인의 挽詩類 작품에 나타난 죽음의 형상화와 미적 특질」, 『한국한시연구』 21, 한국한시학회, 2013.

한기형, 「'이중출판시장'과 식민지 검열」, 『민족문학사연구』 57호, 민족문학사학회, 2015.

______, 「근대어의 형성과 매체의 언어전략 – 언어, 매체, 식민체제, 근대문학의 상관성」, 『역사비평』 71, 역사비평사, 2005.

한기형, 「근대잡지와 근대문학 형성의 제도적 연관」, 『대동문화연구』 48집, 성균관대학교 대동문화연구원, 2004.

______, 「최남선의 잡지발간과 초기 근대문학의 재편」, 『대동문화연구』 45집, 성균관대학교 대동문화연구원, 2004.

하상욱, 「최남선의 신대한 기획과 "로빈슨 크루소"」, 『동아 연구』 57, 서강대학 동아연구소, 2009.

한승억, 「김소월의 실존적 인식과 영원의식」, 『문학과종교』 11, 한국문학과종교학회, 2006.

한영규, 「20세기 전반 한국 한시선집의 존재상과 문학사적 위상」, 『근대 한자, 한문의 문맥과 한국어문학의 전개』, 반교어문학회 155차 정기학술발표회자료집, 2016.8.

______, 「벽초 홍명희와 한시 아비투스」, 『민족문화』 40, 한국고전번역원, 2012.

______, 「식민지시기 한시 작가로서의 崔益翰 – 연작체 만시 哭兒二十五絶을 중심으로」, 『반교어문연구』 33, 반교어문학회, 2012.

허권수, 「한국한문학에서의 백거이문학의 수용양상」, 『한문학보』 26, 2012.

홍승진, 「김억 문예비평에서 음률의 문제」, 『한국시학연구』 43, 한국시학회, 2015.

홍신선, 「한국 근대문학 이론 형성 과정에 관한 연구: 1894~1919년을 중심으로」, 동국대학교 박사 논문, 1988.

______, 「국문풍월에 대하여」, 『畿甸語文學』 3, 수원대 국어국문학회, 1988.

황재문, 「문학론, 문장론, 문학사론에서의 전통의 문제 – 이광수, 이태준, 임화를 중심으로」, 『한국학논집』 43, 2011.

______, 「『대동시선』의 편찬경위와 문학사적 위상」, 『진단학보』 103호, 진단학회, 2007.

황종연, 「낭만적 영성의 탄생 – 변영만 사상에서의 과학과 종교」, 『한국문학연구』 47, 한국문학연구소, 2014.

______, 「문학이란 역어: 「문학이란 하오」 혹은 한국 근대 문학론의 성립에 관한 고찰」, 『동악어문학』 32, 동악어문학회, 1997.

황호덕, 「근현대 동아시아에서 지성과 담론의 교류: 정체와 문체, 대한민국임시정부의 언어정치학과 조소앙 – 한문자의 맹서, 조소앙의 선언, 성명, 강령

집필과 『한국문원』을 중심으로」, 『사림』 45, 수선사학회, 2013.
황호덕, 「한문맥의 근대와 순수언어의 꿈」, 『한국 근대문학연구』 16, 한국 근대문학회, 2007.
_____, 「한문맥의 이미저리, 『대한민보』 만평의 알레고리 읽기 - 1909년 연재분을 중심으로」, 『대동문화연구』 77, 성균관대학교 대동문화연구원, 2012.
_____, 「한국 근대에 있어서의 문학 개념의 기원(들) – 신채호, 이광수, 『창조』파의 삼분법적 가치 범주와 '문학' 개념」, 『한국사상과 문화』, 한국사상문학학회, 2000.
_____, 「변비와 설사, 전향의 생정치: 「무명」의 이광수, 식민지(감옥)의 구멍들」, 『상허학보』 16, 상허학회, 2006.

(2) 국외 논문, 번역 논문, 및 기타 자료
嘉瀨達男, 「近現代における漢詩和譯について— 詩人、詞人、歌人と學者」, 『小樽商科大學人文研究』 130, 小樽商科大學, 2015.
孫歌, 「동아시아 시각의 인식론적 의의」, 조월회 옮김, 『아세아 연구』 52, 2009.3.
荻生茂博, 「崔南善の日本體驗と『小年』の出發 – 東アジアの〈近代陽明學〉3-1」, 『季刊日本思想史』 60, ぺりかん社, 2002.
Son, Seung Won, "The Origin of Sin in St. Augustin's Thought", Wesley College Ph. D., 1979.

찾아보기

ㄱ

「가난배」 113, 123

가라고코로(漢意) 182

「가을」 191

「가을뜻」 113, 123

감리교 264, 265, 267

강감찬 81

『개벽』 7, 58, 62, 262, 265

개벽운동 288, 289

개벽파 259

『격몽요결』 73, 78~80

격물치지(格物致知) 153

격조(格調) 232, 233, 234, 235

격조시 179, 212, 213, 214, 218~220, 231~238, 240~243, 339

「격조시형론소고(格調詩形論小考)」 212, 223, 232~234, 237, 239~241

견우직녀설화 165

『경남일보』 7, 58

경성제국대학 54, 55

『經世遺表』 117

경천위지(經天緯地) 85

「계초옹이 ~ 」 163

「고대 동서의 교통」 75

『고문진보(古文眞寶)』 100

고병(高駢) 100, 101

『고사기』 182

고시(古詩) 229

『고려시보』 7, 58

고자 143

고전주의자 272

고종 152, 153

고제시 186, 230

「哭 ~ 」 172

「공부의 바다」 114

공자 80, 83, 85, 116, 120, 134, 141, 157, 183, 185, 246, 261

「과수원(Le Verger)」 202

곽종석 197

곽진(郭振) 227, 230, 231

「관서악부」 302

「觀海詩」 94, 119, 127

紘一宇都 159

「교육조서」 152, 153

「九歌」 320

구양수(歐陽脩) 170

『국민신보』 302

군자 115, 116, 120, 121

「귤송(橘頌)」 172
굴원 138, 172, 320
궁리진성(窮理盡性) 153
궁사(窮士) 170, 171
궁시 171
「궁한 선비」 168~170
「권두사」 180
그리스 268
근체시 93, 186, 199, 230, 235
「금일 아한 청년과 정육」 140
「金잔듸」 292
기독교 261, 262, 264, 265, 268, 271, 272, 282, 288~291, 309
김부식 196
김수복 340
김수영 340
김윤식 273~275
金海老人 303
『꽃다발』 180, 184
「쑴쑨 그 옛날」 293
「쑴으로오는한사람」 293
「쑴의 노래」 203, 207, 208
「쑴자리」 293

ㄴ

「나」 105
「나는 세상 모르고 사랏노라」 292, 306
「나는 이나라싸람의자손이외다」 215
나은(羅隱) 95, 97
「나의 理想」 187
나카무라 미사나우 77, 78
나폴레옹 80
樂而不淫 哀而不傷 246
난거(蘭居) 274
「난홈의 노래」 188, 192
남산보통학교 57, 255
『남화경』 95
낭만주의 245, 269, 271, 273, 277, 278, 287~289, 336
내 몸 한 조각 (我身一片) 188
「내 소원 ~ 」 167
「내속」 105
「녀름의달밤」 286
「녯님을짜라가다가 쑴쌔여歎息함이라」 292, 293
「녯 사람은 이런詩를 짓쳣소」 88, 98
『논어』 5, 53, 72, 77, 85, 87, 114~116, 118, 121, 125, 145, 146, 157, 158
「니젓든맘」 308
니체 291
「님에게」 293
「님을 그리워 함(思君)」 193
「님의 노래」 293
「님의말슴」 292, 308

ㄷ

『茶山經論』 117
단군 125, 128, 129
「달마지」 306
「闥門潭」 130
「닭소래」 293
대구(對句) 180, 199, 201, 203, 206, 210, 213, 220

『대동시선』 71
대련 206, 210
대성학교 52
「대수풀 노래(竹枝詞)」 320, 325, 326, 328~330
「大我와 小我」 260
대우(對偶) 191, 199, 200, 206, 226, 228, 229, 243
대장(對仗) 38, 128, 131, 338
『대학(大學)』 56, 77, 79, 90
『대한매일신보』 32
『대한신문』 302
『대한흥학보』 145
덕성 86
데이비드 흄 143, 144
도붕시(悼朋詩) 197~199
「도솔가(兜率歌)」 91
도연명 56, 138
도이 코우지(土居光知) 237, 238
『도정절집』 56
『독립신문』 151
돈(頓) 225, 226, 235, 237, 238
『東國水經』 117
『동국통감』 71
『동광』 7, 58, 62, 303
동도서기론(東道西器論) 260
『동아일보』 7, 58, 62, 252, 326
동중서(董仲舒) 116, 118, 120
「東招」 302
「두견새」 19
두보(杜甫) 19, 68, 100, 199, 200, 202, 224
두운 226

ㄹ

「럼비니頌」 172
레미 드 구르몽 (Remy de Gourmont) 202
『레미제라블』 83
「旅愁」 292
로크 272
「流浪의노래」 192
劉禹錫 324
「栗谷李珥先生의自警文十七則」 73
리디아 리우(Lydia He Liu) 65
「林檎과 복송아」 201

ㅁ

마테오 리치 262
「막은물」 108, 114, 116
만시(輓詩) 172, 173, 196 ,338
『만엽집』 182
「만일에 잔물살치는 냇물을」 211
「亡友」 188, 192, 195
「매성유시서(梅聖兪詩序)」 170
『매일신보』 6, 7, 58, 62, 155, 160, 169
매창(梅窓) 225
맹자 5, 53, 56, 77, 90, 116, 141~146, 154, 171, 335
「먼後日」 293
「먼훗날」 298, 300, 308
멘케 290
「명당풍월 삼수」 156
모세 267

모토오리 노리나가 183
「몹쓸꿈」 308
「무덤」 306
「無明」 163
『무정』 169
「무제 (無題)」 118, 314
문사(文士) 15, 146, 149, 151, 153, 154, 171, 337
「文士와 修養」 17, 150, 154, 171, 172
『文心雕龍』 149
문이재도(文以載道) 17, 84~86, 89, 154, 181
문장보국(文章報國) 37, 157, 158, 160, 163, 164, 337
문태준 340
「문학강화」 154
「문학과 문사와 문장」 150, 154
「문학과 문장」 150
『문학서설』 238, 239
「문학쇄언」 154
「문학에 대한 소견」 154
「문학에 뜻을 두는 이에게」 154
「문학이란 하오」 17, 64, 147, 149, 154
물극필반(物極必反) 316
민요 241, 243~245, 248, 255, 303, 318, 320
민요시 244, 340

ㅂ

「바다」 292
「바라건대는우리에게우리의보섭대일쌍이잇섯더면」 302, 327, 329
박규수(朴珪壽) 275
박목월 340
박은식 259~261, 263
박한영 161, 162
「半달」 308
「밤」 292
「밤가마귀」 252
「밧고랑우헤서」 328, 329
「排蘆小船」 184
배재고보 57, 256, 264, 265
백거이(白居易) 44, 224, 249
백두산 (白頭山) 129, 130, 133
『百聯抄解』 194
『백팔번뇌』 41, 87
「벌(蜂)」 95
베니스 284
변영만 196
「病中吟」 162
「步虛詞」 105, 106
「봄」 252, 253
「봄노래」 230
「봄 밤」 292
「봄비」 308
『봄의 노래』 210
「봄의 仙女」 187, 188
「蜂」 95
부(賦) 127
「부모」 317
「북방의 소녀」 206
「北邦의 小女」 187
『分類杜工部詩諺解』 68
『붉은저고리』 71, 81, 82

「鵬」 95
「비난수하는맘」 304, 310, 311
빅토르 위고 83

ㅅ
「思君」 188, 191, 193
사뇌(詞腦) 91
사단 141, 143, 145
「사람의자랑」 105
『사랑』 163
『사략』 56
사무사(思無邪) 38, 180, 181, 245~248, 336
『시문독본』 74, 75
「思邊」 105, 106
사서삼경(四書二經) 146
「詞藻」 145
「삭주구성」 292, 328
『산수격몽요결』 30, 73, 74, 82, 90, 92
「山우헤」 298
「산유화」 306, 307, 309
「山中에서俗人에게 대답하다」 105
「살수전기(薩水戰記)」 80
「삼강에서 쓰다 1 (三江記事-1)」 330
『삼국사기』 71
『삼국유사』 71
「三年의녯날」 192
「삼수갑산」 43
「三水甲山 -次岸曙三水甲山韻」 254
『삼천리』 6, 7, 58, 62, 150
상징주의 213
새뮤엘 스마일스 77
『새별』 71, 81, 82, 123
샤머니즘 259
샤먼 306
서구 낭만주의 209
『西國立志編: 原名自助論』 77
서자(逝者)로서의 물 37, 109, 118, 121, 134, 337
徐椿 262
『석전시초』 42
선비 121, 146, 158, 168, 170, 171, 173, 337
설태희 197
성(誠) 36, 82, 83, 86, 335
성경 267
성리학 79, 82, 84, 90, 139, 176, 178~180
「聲色」 293
「聲樂」 188, 192
성정(性情) 17, 180, 181
성조 66, 225
성즉리 178
「세관에서(At Dogana)」 255, 283
소네트 5
『소년』 30, 32, 35, 69, 71, 72, 74, 76, 78, 79, 81, 82, 86, 88, 89, 94, 95, 98, 106, 108, 109, 111~115, 119, 122, 123, 125, 131, 135, 137, 146
「소년논어」 72, 87, 88
「少年時時 -여러분은 뜻을 엇더케 세우시려오」 78, 115
「소년한문교실」 69
「蘇小小무덤」 252

소식(蘇軾) 138, 224, 255, 282, 283, 285, 289
『蘇翁言志錄』 166
『소월 시초』 245
『소학(小學)』 79, 146
손택수 340
송(送) 37, 172, 338
송(頌) 37, 172, 173, 338
송옥(宋玉) 301, 302
수기(修己) 82
수시(數詩) 21
『修身要領』 73, 77
수양(修養) 83, 86, 146, 337
『순오지』 75
순자 116, 120
순황 127
스마일스 77
스코틀랜드 계몽주의 143~145
「스켓트」 211
「승천사에서의 밤놀이(記承天寺夜遊)」 255, 282
『시경』 8, 85, 90~92, 138, 149, 168, 172, 183, 185, 246, 301
『시경집전』 92
시교(詩敎) 81
시몬스 282, 285
「시문독본」 114
「詩三篇」 122
「示諸生」 89
시조 99, 100, 105, 135, 217, 242, 243, 338
『時調漢詩譯』 48
시편 266
「시형, 언어, 압운」 239
「詩形의 音律과 呼吸」 175, 187, 214
「시혼(詩魂)」 19, 20, 38, 255~257, 262, 268, 271, 276, 288~291, 303, 306, 310, 311, 336
신광수(申光洙) 302
신문관 71, 106
「辛未除夕韻」 163
『신민』 7, 58
『신생활』 7, 58
신석초 340
「신앙(信仰)」 265
신위(申緯) 48
『신자전』 71
신채호 259~261, 289, 302
신체시 66, 87
「신체시가대모집」 87, 93
신플라톤주의 262
『신학회보』 265
『신한민보』 7, 58
신후담 263
심즉리 178
심학 178
「失題」 293

ㅇ

아더 시몬스 255, 256, 288, 289
「아둥의 재산」 75
아리스토텔레스 262
「峨眉山月노래」 105
『我邦疆域考』 117

「我身一片」 188, 191
『雅言覺非』 117
아우구스티누스 262, 268
『아이들보이』 71, 81, 82, 123
아펜젤러 264
악부(樂府) 173, 229
「樂府(高句麗之部)」 172
악부시(樂府詩) 37, 172, 173, 320, 338
「安東縣의 밤」 207
『안서시집』 211, 219, 232
안창호 133
압운 66, 226, 228~230, 239
압헤는바다 124
애도시 197
「愛慕」 308
애사 339
애이불비(哀而不悲) 248, 251, 339
애이불상(哀而不傷) 302
「夜半吟」 188, 190, 192
양만춘 81
양명학 90, 178
양성(養性) 37, 139, 142, 147, 154, 335
양주동 215, 340
양지(良知) 90
「陽春調」 41
「漁翁」 106
『어우야담』 75
언문풍월(諺文風月) 21, 166, 167, 173
에머슨 138
『與猶堂集』 117
역(易) 270, 271, 336
역철학 285
연개소문 81
『열하일기』 71, 75
영국 경험주의자 272
영국 낭만주의 177
『영대』 185
「영변가」 296, 297
『영언여작』 262
『예기』 91
예이츠 256
「예전엔밋처몰낫섯요」 317
「옛니야기」 316
『오뇌의 무도』 35, 202
오륜(五倫) 153
오르페우스교 262, 268
오산학교 52, 57, 198, 255, 262, 264, 265
오세영 340
「烏夜啼」 229
「吾人의 新死生觀, 意識과 死生=生命과 死生=靈魂과 死生」 261
「誤診의 喜劇, 「漢詩에 對하야」」 186
「오호에 계신 토쿠토미 소호선생께 드림(呈德富蘇峰先生在五湖)」 159
「옹야(雍也)」 115, 116
와세다 대학교 160, 169
와세다 미사학 143, 144, 145
왕양명 89, 90
용운 226
「우덕송」 172
「우리의 運動場」 113

「牛頌」 172
「偶吟」 188, 190, 192, 330
운(韻) 225, 226, 233, 239, 240, 243, 337
워싱턴 80
워즈워스 177, 179, 182
원진(元稹) 44
위음(衛音) 246
『위정(爲政)』 87, 157
「流浪의 노래」 188, 193
유방 80
유신환(兪莘煥) 275
유우석 320
유종원(柳宗元) 100
유학 141, 181, 246, 275, 276
유학자 86, 276
윤선도 330
율곡학파 276, 288
율시 93, 94, 167, 199, 201
을지문덕 80, 81
음력(音力) 234, 235, 237
음수율 229
음양(陰陽) 289
이건방 197
이기(理氣) 289
이기론(理氣論) 20
이기성정 178
이데아 291
이돈화 259~262
而立 83
이백(李白) 100, 224, 229, 230, 325, 330
「이별을 슬퍼함」 199
「이솝의 이약」 83
이순신 81
이승희 197
이육사 340
이은상 303
이이 73, 78~80, 82
이황 88, 98, 114
인의예지 143
인자요산(仁者樂山) 37, 125, 128, 130, 337
인자요산, 지자요수(仁者樂山, 知者樂水) 115, 133, 134, 337
인조 79
『일리아드』 138
일본 창가 99
「읽어진봄」 204, 208
입지(立志) 15, 36, 76~83, 86, 99, 115, 335

ㅈ

「自序」 210
「자야춘가(子夜春歌)」 227, 229, 230, 231
자유시 66, 175, 179, 221, 234
『자조론』 78
「작시법」 216, 218, 220, 239
잔 다르크 80
「잠」 293
張道洽 47
장자 275, 276
「吊 朴龍喆君」 172

전고(典故) 180
전주(篆籀) 41
절구 5, 94, 99, 100, 229, 230
「접동새」 303, 306
정(情) 17, 37, 335
정성위음(鄭聲衛音) 5, 15, 20, 38, 245~249, 251, 252, 302, 336
정약용 117, 263
정육(情育) 137~139, 142, 145, 154, 171
정인보 196
정지용 340
「祭祀問題를 機會로 하야 靈魂問題를 一言하노라」 260
「제이」 265
『제선』 303
조만식 265
「조선 국민 문학으로서의 시조」 91
조선광문회 17, 117
『朝鮮廣文會刊行書目槪略』 117
『조선문단』 172, 252
조선문인협회 164
「조선 문학 개설」 91
조선심 215, 216, 218, 220, 241
「조선의 비행기」 75
『조선일보』 7, 58
『조선중앙일보』 7, 58
조선혼 215, 216, 218, 220, 241
조지훈 340
존천리 멸인욕 179, 181, 247
周敦頤 84
『주례』 91
주역(周易) 245, 270, 271, 285, 288~291, 316
주자 92, 149, 157, 271, 275, 288, 289
주자학 185, 271
「죽지사(竹枝詞)」 320, 324, 325, 330
「贈三笑居士 삼소거사에게 드림 -孤舟生」 160
『중용(中庸)』 56, 82, 120, 248, 251
「贈三笑居士」 160
「子規啼前腔」 48
「至誠」 82
지자요수(知者樂水) 37, 130
지학(志學) 80, 83
『진달내쏫』 292, 296, 303, 319, 320, 328, 329
「진달내쏫」 19, 296, 297, 300, 308
「진회에배를대고」 252

ㅊ

차사(嗟辭) 91
「次岸曙先生三水甲山韻」 319, 324~326, 329~331
차운(次韻) 5, 44, 45
찬송가 99
「찬저녁」 306
창가 형식 100
창가(唱歌) 99, 135, 338
창수(唱酬) 40
창작적 의역 226
『창조』 6
창화시(唱和詩) 44
채란이 245, 246, 251, 252

천기론(天機論) 20
천도교 260
천리(天理) 15, 38, 176~181, 245, 248, 336
천상탄(川上嘆) 116, 117, 120, 134
『천주실의』 262
「청상민요소고」 303
『청춘』 8, 16, 36, 41, 67, 71, 81, 82, 86, 94, 100, 105, 106, 113, 123, 137, 146, 168, 169, 338
『초사(楚辭)』 127, 301
「초혼(招魂)」 19, 251, 292, 299, 301~303, 306, 339
「招魂歌」 302
초혼사류 애사 301, 302
초혼의식 252
「蜀道難」 325
최익한(崔益翰) 196
최재소 197
「秋雨歎」 105, 106
「춘망(春望)」 19, 253, 302
「춘효」 252
층시(層詩) 21
치양지(致良知) 90
치지(致知) 90
친친(親親) 141, 142
칠언고풍 100

ㅋ
카모노 마부치(賀茂眞淵) 182
카알라일 138

ㅌ
타고르 256
탄가(嘆歌) 303
「탄식(歎息)」 210, 211
「태백산부(太白山賦)」 126
「太白山과우리」 128
『태백산시집』 125, 133
『태서문예신보』 198
『택리지』 71
토마스 아퀴나스 262
토쿠토미 소호(德富蘇峰) 155, 158, 159, 164
투르게네프 256

ㅍ
파르메니데스 291, 309
「把酒問月」 105
팔벼개 노래 246
「팔벼개 노래調」 245, 302
평측(平仄) 66, 226, 229, 230, 243
「漂海歌」 123
「풀따기」 311
풍교(風敎) 81, 153
『풍악기유』 8
프란체스코 삼비아소 262
플라톤 262, 268, 272, 277, 278, 291, 309

ㅎ
『학지광』 62, 198
『한글』 150
한니발 80

「漢詩鮮譯」 100
「한식(寒食)」 250
「寒食野望吟」 249
한용운 340
해동악부 173
「해가山마루에저므러도」 313
「海上大韓史」 112
「海에게서 少年에게」 35, 78, 93, 108, 109, 112, 113, 125, 134
『해파리의 노래』 35, 188, 189, 203, 206, 208, 210
향교 62
헤라클레이토스 262
현학(玄學) 41
『혜성』 156
홍명희 196
화운(和韻) 44
확이충지(擴而充之) 5, 37, 141, 142, 145, 335
『황성신문』 31, 32
「황조가」 91
皇化日彰 160
효제근신애인(孝弟根新愛仁) 141~145
후쿠자와 유키치 73, 76, 78
흄 144
『흙』 163
「희망(希望)」 314

기타

「1937년 4월 28일 이광수 삼가 (丁丑四月二十八日 李光洙 鞠躬)」 165
Self-help(自助) 77

민족문화연구총서 출간현황(~2020.05.15)

NO	서명		저자	정가
1	총서1	19世紀 韓國 傳統社會의 變貌와 民衆意識	진덕규	9,000
2	총서2	洪武正韻譯訓의 新研究	박병채	10,000
3	총서3	고조선에 대한 새로운 해석	김정배	35,000
4	총서4	韓國 近代教育法制 研究	안기성	13,000
5	총서5	韓國 近代戲曲史 研究	서연호	11,000
6	총서6	韓國 巫俗의 綜合的 考察	김인회	9,000
7	총서7	朝鮮 後期의 詩經論과 詩意識	김흥규	8,000
8	총서8	高麗時代 佛教詩의 研究	인권환	9,000
9	총서9	韓國 現代詩意識 研究	이기서	8,000
10	총서10	道家思想의 研究	이강수	8,000
11	총서12	西學에 대한 韓國實學의 反應	최동희	9,000
12	총서13	朝鮮前期 制度言論 研究	목정균	9,000
13	총서14	韓國 現代詩史의 代位的 構造	오탁번	7,000
14	총서15	개정증보-金鰲新話 研究	설중환	17,000
16	총서16	韓國의 傳統婚禮 研究	박혜인	9,000
17	총서17	古小說의 原始宗教思想 研究	박용식	10,000
18	총서18	가톨릭과 朝鮮後期 社會變動	노길명	10,000
19	총서19	1920年代 韓國小說 研究	송하춘	8,000
20	총서21	朝鮮後期 天主教史 研究	조광	8,000
21	총서23	朝鮮後期 小說讀者 研究	대곡삼번	7,000
22	총서24	전면개정판-한국의 옛길 嶺南大路	최영준	28,000
23	총서25	金東仁 研究	김춘미	9,000
24	총서26	韓國古代社會의 軍事와 政治	김영하	13,000
25	총서27	古墳出土 副葬品 研究	윤세영	10,000
26	총서31	云丁散藁	김춘동	15,000
27	총서32	韓國現代詩의 意識現象學的 研究	최동호	9,000
28	총서34	韓國 家庭小說 研究	우쾌제	10,000
29	총서36	國語被動 研究	배희임	8,000
30	총서37	韓國古典文學의 原典批評的 研究	정규복	11,000

31	총서38	企齋記異 研究	소재영	10,000
32	총서40	法을 통한 朝鮮植民地 支配에 관한 硏究	영목경부	14,000
33	총서42	국어내용연구1	배해수	14,000
34	총서43	日帝末期의 韓國小說 硏究	김종균	12,000
35	총서44	國語 體言化構文의 硏究	홍종선	8,000
36	총서45	羅末麗初의 豪族과 社會變動 硏究	김갑동	10,000
37	총서46	古代國語學 硏究	박병채	13,000
38	총서47	牧民心鑑 硏究	김성준	8,000
39	총서48	韓國傳統音樂 論究	한명희	9,000
40	총서49	漢字語系 歸化語 硏究	조세용	7,000
41	총서51	韓國近代敎育思想 硏究	차석기	11,000
42	총서53	古代國語의 語彙 硏究	천소영	9,000
43	총서54	春香傳의 辭說形成 原理	전경욱	9,000
44	총서55	近代轉換期의 言語와 文學	홍일식	9,000
45	총서56	北靑方言의 音韻論	이기동	7,000
46	총서57	韓國文學의 考證的 硏究	최강현	14,000
47	총서58	현대시 · 시조통합이론	민병기	15,000
48	총서59	高麗 武臣政權期 農民 · 賤民抗爭 硏究	이정신	10,000
49	총서60	白頭山 說話 硏究	정재호	18,000
50	총서63	朝鮮朝 畿湖學派의 禮學思想에 關한 硏究	배상현	13,000
51	총서65	栗谷李珥의 聖學硏究	장숙필	7,000
52	총서66	韓國古地名辭典	전용신	14,000
53	총서67	高麗 · 朝鮮時代 敍事文學 發展의 硏究	성택승	8,000
54	총서68	渤海史의 綜合的 考察	한규철	14,000
55	총서70	韓國 近代小說論 硏究	윤충의	9,000
56	총서72	韓國近世 禪家文學	서규태	8,000
57	총서73	조선 중기 정치권력구조 연구	정홍준	9,000
58	총서75	조선후기 운서 한자음 연구	정경일	11,000
59	총서77	高麗 前期 私田 硏究	윤한택	8,000
60	총서78	근대 한국 고등교육 연구	한용진	25,000
61	총서79	심능숙 문학의 연구	장효현	15,000

62	총서81 韓國 近代 文學批評論 硏究	신재기	10,000
63	총서85 한국 현대비평의 문체	이병헌	11,000
64	총서87 조선후기 시가의 현실인식	박노준	12,000
65	총서89 고구려 전기 정치사 연구	금경숙	9,000
66	총서90 독립국가연합 고려인의 생활과 의식	윤인진	10,000
67	총서91 美軍政下의 敎育政策 硏究	김용일	10,000
68	총서92 조선시대 성리학의 연구	윤사순	10,000
69	총서93 朝鮮後期 中人層 漢文學의 硏究	윤재민	14,000
70	총서94 범주문법	강범모	8,000
71	총서95 조선 후기 우화소설 연구	정출헌	12,000
72	총서96 高麗後期 政房 硏究	김창현	12,000
73	총서97 토끼傳·水宮歌 硏究	인권환	16,000
74	총서100 日帝下의 朝鮮貿易 硏究	송규진	10,000
75	총서101 지리산지 농업과 촌락 연구	정치영	20,000
76	총서103 高麗時代 中樞院 硏究	박용운	14,000
77	총서104 조선초기 전세제도 연구	강제훈	13,000
78	총서106 기정진 철학사상 연구	박학래	9,000
79	총서107 조선후기 인성·물성논쟁의 연구	이애희	13,000
80	총서109 서사문법시론	강헌국	9,000
81	총서110 북간도 한인사회의 형성과 민족운동	김춘선	32,000
82	총서111 주자학에서 실학으로	김용헌	35,000
83	총서113 朝鮮初期 性理學과 歷史學-기억의 복원, 좌표의 성찰	오항녕	18,000
84	총서114 조선후기 사회변화와 시가문학	정흥모	20,000
85	총서117 조선후기 시가사와 가곡 연행	신경숙	20,000
86	총서119 性理學 受容器 佛敎 批判과 政治思想的 變容-鄭道傳과 權近을 중심으로	이정주	13,000
87	총서122 조선후기 가집 연구	이상원	27,000
89	총서123 개정판-학교문법교육론	이관규	24,000
90	총서124 근대 동아시아와 한국 자본주의	김윤희	18,000
91	총서125 조선후기 자연학의 동향	김문용	13,000
92	총서127 한국 고전소설과 정신분석학	강상순	25,000
93	총서128 미국의 헤게모니와 한국민족주의	허 은	23,000

94	총서130 한용운과 근대성	김종인	15,000
95	총서131 大韓帝國期 民族談論과 國家構想	백동현	16,000
96	총서132 19세기 문예사와 기생의 한시	박영민	20,000
97	총서137 규방가사의 전통성과 근대성	백순철	20,000
98	총서138 일제 강점기 설화·동화집 연구-우리 옛이야기의 정체성 찾기	권혁래	18,000
99	총서139 신문관의 출판 기획과 문화운동	권두연	30,000
100	총서140 아동문학의 숨은 의미와 가치	노제운	16,000
101	총서142 한국의 자유민주주의와 『사상계』	이상록	24,000
102	총서144 조선조 오륜시가의 역사적 전개 양상	하윤섭	24,000
103	총서145 정약용의 철학사상과 체제개혁론-주희와의 비교를 중심으로	전성건	15,000
104	총서146 누정기를 통해 본 한국한문산문사	안세현	16,000
105	총서147 시적 정의와 시의 윤리	여태천	24,000
106	총서148 16세기 후반~17세기 전반 산문 연구	안득용	23,000
107	총서149 검열, 실종된 작품과 문학사의 복원	문한별	22,000
108	총서150 낙하생 이학규의 시문학 연구	이국진	20,000
109	총서151 방각본 영웅소설의 지역적 특성과 이념적 지향	엄태웅	22,000
110	총서154 19세기 상·하층 소설의 접점과 문화적 의미	장예준	30,000
111	총서157 한국 근대시의 형성과 한문맥의 재구성	정기인	23,000

民族文化研究叢書 157

한국 근대시의 형성과 한문맥의 재구성

2020년 5월 15일 초판 1쇄 펴냄
2022년 9월 23일 초판 2쇄 펴냄

저 자 정기인
발행인 이형대
발행처 고려대학교 민족문화연구원

등록번호 1964년 9월 28일 제6-18호
주소 서울특별시 성북구 안암로 145
전화 02-3290-1610~4
팩스 02-926-8385
http://riks.korea.ac.kr

ISBN 978-89-7155-178-3 (94810)
978-89-7155-073-1 (세트)

정가 23,000원

이 도서의 국립중앙도서관 출판예정도서목록(CIP)은 서지정보유통지원시스템 홈페이지(http://seoji.nl.go.kr)와 국가자료종합목록 구축시스템(http://kolis-net.nl.go.kr)에서 이용하실 수 있습니다. (CIP제어번호 : CIP2020018065)